元華文創
頂尖文庫 EA042

臺灣政經史系列叢書08 陳天授主編

臺灣

政治經濟思想史論叢

臺灣治安史略

Proceedings : The History of Taiwan Political and Economic Thought V

卷五

陳添壽 著

# 【臺灣政經史系列叢書】序

　　【臺灣政經史系列叢書】的印行，源自於拙作《臺灣政治經濟思想史論叢》(卷一)至(卷三)的出版之後，為了廣納更多海內外同好對這領域的研究與匯集，於是有了這系列叢書的出版計畫。

　　回顧臺灣過去 400 多年來的發展歷史，歷經了原住民時期、荷蘭西班牙時期、鄭氏東寧王國時期、大清時期、日本時期、中華民國時期的政治經濟發展。在這每一個歷史的階段，都曾經為我們留下許多珍貴的檔案文獻資料和著作。

　　檢視人類文明史的歷程，國際情勢發展到了 1980 年代以後新自由主義的全球化政治經濟浪潮，已經很明顯出現了世界性金融資本的掠奪，和社會貧富懸殊的嚴重現象，不但凸顯資本主義市場經濟的失靈與民主政治的失能，而且充斥著根本兩者就不公平，以及貪婪資本家與無恥政客頻頻演出相互利益勾結的危機。

　　面對當前政治與經濟體系運轉的失效，引發我們檢討過去政治經濟發展歷史的優劣缺失之外，更要關心 21 世紀政治經濟學對於國家與社會關係發展的深切思考，和相對特別關注其對於未來臺灣政治經濟發展與攸關人民生活所產生的影響。

　　有鑒於此，本系列叢書的涵蓋內容，主要針對政治經濟思想、政治經

濟體制、臺灣政經史與兩岸關係發展等相關著作的出版；在編輯方向除了採納多位作者、多篇論文的彙集成冊出書之外，對於採取作者個人論文集和以學術專書為主的不同方式出版，亦都在非常歡迎之列。

　　【臺灣政經史系列叢書】的出版，期望在眾人的全力支持與灌溉之下，慢慢地能累積出一些成果來，這是我們的至盼，還請大家不吝指教。

陳天授 謹識

2019 年 10 月 25 日於臺北市

# 自 序

　　我在中央警察大學講授「臺灣治安史」等相關課程，前後已近 20 年之久，迄今我仍然繼續在這學校講授此課程。我為了準備上課教材和編製各類型的講義資料，以及利用學術研討會發表論文的機會，先後整理出版了 2010 年的《臺灣治安制度史——警察與政治經濟的對話》、2012 年的《臺灣治安史研究——警察與政經體制的演變》，以及 2015 年的《警察與國家發展——臺灣治安史的結構與變遷》等三本學術性著作。

　　2016 年 8 月我從學校的屆齡退休下來，從專任的改聘兼任，本想可以有比較充裕時間來完成《臺灣治安史》的書寫，以遂了自己多年來的心願。可是計畫總比不上變化，自己萬萬沒想到因為答應了元華文創公司的邀約，一頭栽進了整理《臺灣政治經濟思想史論叢》的書寫與出版，日子反而過得比退休前的還要忙碌和緊湊。

　　《臺灣政治經濟思想史論叢》的書寫和出版計畫，是選列入我主編【臺灣政經史系列叢書】的一部分。最初構想是先從審修我以前發表過的論文著手，考慮日後視出版反應如何？再擴及邀集其他學人專著的出版。

　　於是我有了 2017 年 1 月該論叢（卷一）資本主義與市場篇、2018 年 2 月（卷二）威權主義與警政篇、2018 年 8 月（卷三）自由主義與民主篇，以及 2019 年（卷四）民族主義與兩岸篇，和 2020 年 7 月（卷五）《臺灣治安史略》的陸續出版，總字數約 150 萬字。

　　這五卷全部交由元華文創公司出版，而其《卷三》中有 6 篇是屬於與探討治安有關的文字，包括：〈中華民國大陸時期警政發展（1912-1949）、〈我的臺灣治安史研究、教學和書寫〉、〈臺灣治安史的檔案文獻探討〉、〈臺灣傳統治安史的分析（1624-1895）、〈臺灣日治殖民治安分析

（1895-1945）〉、〈中華民國臺灣時期戒嚴治安分析（1945-1992）〉。

　　這段時間裡，我還同時完成了自述性文字的書寫與出版，包括：【拙耕園瑣記系列】之壹《我的百歲母親手記》、之貳《臺南府城文化記述》、之參《近代名人文化紀事》，和【蟾蜍山瑣記系列】之壹《文創漫談》、之貳《生活隨筆》、之參《生命筆記》等 6 本，字數約 80 萬字，全部委請方集出版社交由 HyRead 電子書服務平台發行。

　　我在這種書寫壓力的情況之下，實在無心也無力再來旁及書寫一部完整《臺灣治安史》的學術著作。所幸 2013 年 10 月在前中央警察大學校長顏世錫策畫、中央警察大學警政管理學院院長章光明主編的《臺灣警政發展史》一書，已由內政部警政署和中央警察大書編印出版。

　　檢視《臺灣警政發展史》的內容，除了第一章〈警察與國家發展之關係〉是由章光明教授與本人一起執筆之外，其他內容更涵蓋警察組織、警察教育、警察政策、警察業務、警察勤務、警察法制、犯罪偵防、資訊科技與後勤經理等十大主題，其跨越時間部分章節已納入日治與國民政府時期的兩個階段。

　　從臺灣治安史的角度而論，《臺灣警政發展史》一書已經具備有現代與後現代臺灣治安史的完整論述，雖然尚缺的只是 1895 年清治臺灣以前的傳統治安史發展與變遷。對照之下，我的《臺灣治安史》書寫與出版就顯得不是那麼地急迫感了，儘管我還是那麼難於忘情《臺灣治安史》的書寫。

　　但是為了讓有興趣和有志研究臺灣治安史的讀者，進一步對臺灣治安史可以有歷史縱面與結構橫面的完整性輪廓的了解。特別是我將臺灣治安史的分為 1895 年之前的前現代傳統治安年代，1895 年至 1987 年的現代臺灣軍管治安年代，和 1987 年之後的後現代臺灣警管治安年代的三個大階段歷史變遷。

　　我的《臺灣治安史略》正可以彌補《臺灣警政發展史》在前現代臺灣傳統治安年代這部分論述的不足。我強調 1895 年以前的臺灣傳統治安史的重要性，我是誠摯希望臺灣與中國大陸的治安歷史連結，不要被關心兩岸關係發展的讀者所忽略。

　　感謝元華出版社在不考慮出版市場不景氣的狀況下，願意幫我出版這

本《臺灣治安史略》的電子書之外，特別以紙本書方式列入【臺灣政經史系列叢書】。

　　藉此，我也要再度感謝元華出版社團隊的辛勞協助，讓本書得以呈現在讀者面前。敬請大家不吝賜教，以利未來在內容上增修成一部更為完整的《臺灣治安史》，這是我的誠摯期盼。

陳添壽　謹識

2020 年 6 月臺北城市大學圖書館

# 目 次

# 第一章　緒　論

如果我們能為自己的歷史自豪，就是要看清楚我們的道德責任，我們不是要對當年的警察做什麼，而是身為他們後代的我們，扛起這份超越時間，延續好幾代的集體責任。

〜Michael J. Sandel(1953-，哈佛大學政治倫理學教授)

## 第一節　動機與目的

對於臺灣係指現在中華民國政府統治權所能及之意，基本上，它涵蓋臺灣本島、澎湖、金門和馬祖；大陸或中國大陸則是指相對於臺灣而言，泛指俗稱的中國，包括本文所指自元國、明國和清國等政權。

因此，本文主要使用西曆年代，必要時才註明各朝代的年號，對於「國號」名稱的使用，皆依其當時的統治政權的名稱稱之，有時純為求行文流暢而使用，儘量不涉主權、國號、國際承認、國際地位等爭議性議題，亦無任何隱射的政治意涵。

另外，也由於本書的研究涉及諸多古代地名或歷史考證的文字，本書亦儘量採用今名及現代白話來論述。當臺灣1987年宣布解嚴之後，警察治安與國家發展的關係產生了很大的變化，不僅是政經體制的轉型，經濟發展也開始隨著中國大陸的改革開放，促使臺灣經濟發展逐漸從依賴美國市場轉向以依賴中國大陸市場為主；同時，其亦相互牽動臺灣政經發展的權力重組。

特別是2000年民主進步黨（下簡稱民進黨）的依法取得執政，和隨著

2008 年政黨再輪替的將執政權轉移中國國民黨（下簡稱國民黨），以及 2016 年政黨的第三次輪替，中華民國民主化的警察治安角色與國家發展議題，更成為世人所關注的焦點。

民進黨是在 1986 年 9 月宣佈成立，中國國民黨雖成立於 1911 年的中國南京，但其統治臺灣的政權是指 1945 年 10 月從日本政權接收至 2000 年 5 月將政權轉到民進黨陳水扁政府手中，2008 年 5 月起第二次政黨輪替，國民黨馬英九政府取得執政權，2016 年 5 月第三次政黨輪替，民進黨蔡英文政府贏得執政權。

由於政黨為贏得選舉和取得執政機會，擬定了各項國家發展政策，而政策的執行和結果，關係到社會人民的支持度，這是國家發展的常軌。所以，政治經濟理論突顯了治安與國家發展之間的關係。

換言之，它是一種動態性、有組織的機構，它塑造了各類型社會團體和活動的潛在行為過程，也允許或阻礙新型社會組織形式的出現。本書所指的「政府」，是指擁有主權的廣義政府（the state），或稱為國家機關（器），近似於政府（government）。state 強調政治上的國家組織，而 country 是指地域意義上的國度。因此，不同的政治經濟政策決定了特定國家不同的發展走向。

特別是當今在中國大陸經濟發展崛起之後，臺灣與中國大陸之間的關係，更引發國際上越來越多國家的關注，並且憂心臺灣政經發展的過度向中國大陸傾斜所導致國家發展的安全性和自主性危機。

例如 2002 年 4 月間紀登斯（Anthony Giddens）應中華民國民進黨政府邀請來臺，紀登斯也藉機強調「第三條路」（The Third Way）不但是歐美政經潮流，也具有一定的普世價值；同時，提到兩岸關係的複雜性是歷史難解的問題。[1]

---

[1]　有關紀登斯的重要著作，*See The Nation-State and Violence* (Cambridge: Polity Press, 1985)；*Mordern Social Theory* (Cambridge: Polity Press, 1988)；*The Third Way : The Renewal of Social Democracy* (Cambridge: Polity Press, 1998).

　　這一現象突顯了本書所要分析政治經濟學中政治體制、經濟市場與社會文化之間相互關係的重要性，亦即論述治安（policing）與國家（state）發展之間的關聯性，有必要從臺灣治安史的結構與變遷加以深入分析。

## 壹、研究動機

　　臺灣從 1624 年開始受到荷蘭強權、歷經 1662-1683 年明鄭東寧政權、1683-1895 年大清國、1895-1945 年日本軍國的統治，以及 1945 年中華民國接收臺灣之後所面對的美國強權（great power），乃至於當前面臨網際網路的全球化挑戰。

　　檢視人類過去歷史在不同時代的發展經驗，有少數國家因在英明而有遠見的政治家領導下，把握經濟發展機會，經由不斷的努力，乃超越其他國家，而創造了輝煌政權；也有少數因為未能掌控時代脈動而失掉政權，和喪失了國家發展的契機。對照臺灣而言，亦即當國際政經環境激烈的變動時刻，國際環境的因素也都會影響國家發展，特別是國家安全和治安的環境。

　　換言之，臺灣歷經了四百年多來的政經發展，在國際強權國家的環伺下，是如何從無到有、嘗試建立制度，乃至於推動現代化的發展，臺灣是如何掙扎於「在地性」與「國際化」，或是「殖民化」與「現代性」，亦或「依賴」與「依賴發展」的桎梏中，臺灣的警察治安與國家發展到底如何生存於國際強權的陰影下，其間的互動關係又對臺灣治安結構與變遷的影響如何？因此，國際涉外性治安議題遂引發本書研究的動機之一。

　　同時，長期以來，臺灣內部一直面臨集體認同結構的變化。不同政權甚至於不同國家的統治臺灣，其組成的政治權力結構與運作方式也都關鍵性影響警察治安在國家發展中扮演的角色。

　　因此，在政治體制上，不論是原住民時期的村社體制、荷蘭和西班牙統治時期（下簡稱荷西時期）的重商體制、鄭氏王國（下稱東寧王國）統治時期的受封體制、大清國統治時期的皇權體制、日本統治時期的軍國體制，及中華民國統治時期的威權和威權轉型體制，乃至民主體制，臺灣在歷經這麼多階段的不同政權統治，其政治體制的運作機制是如何影響警察

治安結構與變遷？因此，政治性治安議題是引發本書研究動機之二。

　　人類自有文明以來，由於人口不斷地增加和土地資源的改變，原本沒有建立財產權的狩獵採集生產方式逐漸造成資源的耗費，於是有武力為基礎的權勢興起，建立共有制或私有制的財產權、發展農業並且形成國家組織，這是第一次的經濟革命；而人類第二次經濟革命是因技術與知識的結合，以及組織的改變所造成不斷創新的轉變。[2]

　　檢證臺灣經濟發展的產業結構與發展，從第一級的漁牧農產業開始，經 1860 年代晚清時期近代化工業的初露曙光、到日治臺灣末期的農工業轉型，以及中華民國政府統治臺灣的 1963 年，臺灣由第二級產業的工業（製造業）產值超越農業，乃至於到 1988 年的工業產值被第三級的服務性產業所取代。

　　臺灣經濟發展在歷經結構性的改變，其市場與不同政權所推動的經濟政策關係為何？經濟政策的制定與內容又為何？是自由開放或保護管制政策所實施的效果？經濟政策是否具有延續性？或有政策中挫現象而停滯發展？而更重要是其所引發經濟安全議題在警察治安結構與變遷又如何？因此，經濟性治安議題引發本書研究動機之三。

　　另外，臺灣社會的形成，基本上歷經初民社會、移墾社會、定耕農業社會、殖民社會，與公民社會的發展過程。換言之，臺灣政權更迭與市場轉向的頻繁，導致臺灣社會上不同族群並立，有抗爭、有融合，因而形成臺灣的多元文化發展，更孕育出臺灣社會發展的獨特性。

　　檢視臺灣社會發展的動力，其結構性的主要發展因素還有內在的、底層的，尤其是屬於民間活力的企業和非企業社會。企業（enterprise）的個體公司和產業（industry）集合體的如汽車產業等等，在本書中有時依行文需要而互用。[3]

---

[2] Douglass C. North, 劉瑞華　譯，《經濟史的結構與變遷》，（臺北：時報文化，1999 年 10 月），頁 ix-x。

[3] Michael E. Porter, Competitive Advantage: Creating and Sustaining Superior Performance（New York: The Free Press, 1985），pp. 56-61.

　　因此，代表臺灣民間私部門的社會文化對公部門治安結構與變遷的影響為何？這一社會性治安議題遂引發本書研究動機之四。

## 貳、研究目的

　　「史」與「志」是不同的，史是時間的演變中看政治，可有主觀的史觀；志是於政治中看時間的變遷，不可有史觀，是客觀、是事實，且應由多人進行志書的撰寫，地方志應詳今略古。[4]

　　本質上，本書「治安史」雖具有從「史」（history）的時間演變，論警察治安與國家發展的「史觀」，但它並非全然的「政治史」或「經濟史」，而是基於上述的研究動機，希望透過政治經濟學的研究途徑來達成以下的目的：

　　首先，從不同階段統治臺灣的涉外性議題治安，探討其在國際性因素的影響之下，對於治安與國家發展的治安結構與變遷，其所造成的衝擊和影響，不論是正面的或是負面的，都希望透過本分析而將其相互影響的結果顯現出來，以達到全面性因應涉外性治安問題的目的。

　　其次，希望藉由分析臺灣在不同階段國內政治性治安議題、經濟性治安議題，和社會性治安議題來釐清治安與國家發展的角色。透過對不同政權實施的經濟政策所導致民間社會資方產業的資本累積危機（accumulation crisis），和非資方的文化、農民、勞工階層所造成政府正統性危機（legitimacy crisis）之間糾葛關係的檢證，提供政府擬定治安政策的參考。

　　最後，是要藉由政治經濟學功能主義的整合理論，針對臺灣治安結構與變遷所受到國際政經因素，和國內因素的政治體制、經濟政策和社會文化之間關係所制約的實證之外，也要從中定位治安與國家發展中歷經不同統治政權時期所扮演的角色。

　　換言之，本書的個案實證分析採取的是政治經濟學的研究方法，透過

---

[4]　謝嘉梁、林金田　訪問，劉澤民　紀錄，《文獻人生──洪敏麟先生訪問錄／洪敏麟口述》，（南投：國史館臺灣文獻館，2010 年 6 月），頁 190。

政府、市場與社會之間的互動，分析治安與國家發展的關係，並從中藉由影響環境因素群的涉外性治安、政治性治安、經濟性治安、社會性治安等四項研究途徑，來檢視臺灣在歷經三不同階段治安史的結構與變遷，並歸納出結論與提出建議。

## 第二節　研究途徑

## 壹、臺灣治安史的意義

　　根據上述，警察治安與國家發展的關係有如政府與市場、社會之間的關係，基本上相互存在著汲取性（exploitative）、保護性（protective）和生產性（productive）的關係。透過汲取性與生產性使政府能取得必要資源，以鞏固國家公權力基礎，並使政府能順利運作以履行市場社會的保護；保護性與生產性使市場社會得到妥善照顧，並有能力支持政府的資源汲取。

　　因此，檢視這三者關係都存在於任何政策制定與實施的角色，與其分為三種本質不同的角色，不如將其視為同一政策的三種性質。汲取性指的是政府以其本身或其在市場社會的關係人利益的極大化為目標，從市場上汲取資源以維持政府在各部門的生存與權力運作，政府對於社會正義有其不可或缺的功能，政府要確保社會發展中過渡時期以及轉型陣痛期能夠合情、合理與合法的運作，也要防杜資本家的壟斷與剝削經濟利益。

　　保護性指的是某一領域內唯一能合法擁有武力的組織，以維持國內政經秩序與對抗外來威脅。政府除了確保國家安全之外，尚須保護國內企業的運作秩序、保護自然生態、調解勞資衝突，以及提升國民的公共健康，如果單靠市場是無法提供這些財貨與勞務的，或者在數量上是無法滿足所有需求的。因此，「夜警國家」的緣起，就是典型政府的保護性。

　　生產性指的是政府不只是提供基層教育、交通、資訊等公共投資和設施，因外部性而需要政府輔助的市場失靈（market failure）現象，政府有時會強力介入與私人市場競爭，更會完全壟斷某一生產部門，以創造社會

利潤。生產性角色最具體顯現在公（國）營，甚至於黨營企業的經營政策上。此外，國內健保政策、推動十項建設，以及設置科學園區和亞太營運中心等，皆是充分展現國家機關所扮演生產性角色。

因為，「角色」（role）指的是在特定情境中受到他人認可或期望的行為模式，亦即「治安角色」（role of policing）是指治安在特定情境中受到他人認可或期望的行為模式。換言之，國家發展與治安的角色亦沒有特定的本質或型態，它的性質與功能，隨歷史條件、政治經濟社會或策略的不同而轉變。如果說警察治安與國家發展是一種特定的政治形式，是一個策略場域，也是政治策略的執行。它提供結構性的特權給某些政治策略，可能是父權、封建，或是官僚主義，甚至是社會主義。[5]

由於警察治安的發端並存於國家的起源，作為一種公共權力，治安在其誕生之初，既是國家權力的組成部分，也是國家權力的標誌和象徵，並一直作為國家全能釋放的保證之一。所以，對於警察治安與國家發展隨著不同階段變遷而有不同的界說。

以 1989 年 5 月 21 日警政署所列出的警察業務為例，當時主辦業務有 13 項 87 目。13 項指的是：行政警察業務項有 5 目、2.警備保安業務項有 11 目、3.經濟警察業務項有 7 目、4.交通警察業務項有 6 目、5.戶口管理業務項有 5 目、6.消防救災項有 8 目、7.民防工作項有 11 目、8.外事警察業務項有 5 目、9.社會保防工作項有 5 目、10.安全檢查工作項有 6 目、11.犯罪預防業務項有 9 目、12.違警處理項有 2 目、13.入出境管理項有 5 目。協辦業務有 6 項 20 目，包括：1.協辦行政警察業務項有 4 目、2.協辦警備保安業務項有 3 目、3.協辦經濟警察業務項有 4 目、4.協辦交通警察業務項有 3 目、5.協辦民防工作項有 4 目、6.協辦犯罪預防業務項有 2 目。[6]

[5] See Bob Jessop, *State Theory: Putting Capitalist State in Their Place* (Cambridge: Polity, 1990), p.272-354; Bob Jessop, *The Capitalist State* (Oxford: Martin Robertson, 1982), p.253.
[6] 張淵菘、章光明，〈警察業務發展史〉，章光明主編，《臺灣警政發展史》，（桃園：中央警察大學，2013 年 10 月），頁 167-169。

　　換言之，警察治安作為公權力在早期和國家權力融合在一起，隨著國家的立法權、執法權和司法權的劃分，警察治安已從司法權中退出來，單一地成為國家行政管理權的一部分。

　　警察治安業務有國家安全的保衛、犯罪的預防、犯罪的壓制、公共安寧秩序的維護、交通管制與交通事故的處理、善良風俗的維持、災害的防止與搶救、戶口查察、為民服務，及諸般行政的協助與其他行政執行事項等十大項。

　　或簡化分為：行政、刑事、督察、戶口、保防、民防、保安、訓練等八大項；或從當代民主社會警察的本質思考認為，警察是秩序維護者，也就是社會秩序的維持；犯罪壓制者，也就是犯罪案件的防制；服務提供者，也就是為民眾提供必要的服務；或更簡化為警察具有秩序維護、執法及服務等三項角色。

　　梅可望指出，就警察業務的內容而論，其角色與職能的定義是很難明確強加區分。[7]基於警察是執行國家的法令，國家對市場社會的汲取性、保護性及生產性角色，是警察業務所應具備維護政權的汲取性、犯罪打擊的保護性，以及公共服務的生產性功能。

　　所以，本書對於治安或警察「角色」一詞的定義與處理則採取與「業務」、「型態」、「功能」相互使用。同時，將治安或警察角色整合界定為：重視戰時軍人與國家安全的「維護政權」、重視秩序維護與打擊犯罪的「執行法律」，及重視福利傳輸與效率追求的「公共服務」等三個角色，而只是特別比較指出其中較為偏重那一種角色而已。

　　因此，警察治安與國家發展是基於公權力的賦予，必須從市場社會汲取資源，並利用此資源去創造、支持其行政性與強制性（coercive）機關。在此關係下，警察治安必須負責維持經濟秩序，提供和創造市場的生利環境，保護企業的投資信心與伸張社會公平正義，否則資金外流或投資意願低落可能導致資本累積危機，進而引發治安所存在的正統性危機。當然警

[7] 梅可望，《警察學原理》，（桃園：中央警大，2000年9月），頁287。

察治安對於效率追求與福利傳輸亦正代表著對市場社會的服務性角色。

　　所以，對於「治安」（policing）一詞係由統治慢慢演變而來，所謂維持秩序，保持安定之義亦即所指透過法律的手段治理紛亂，使其安定之謂。而治安的對象是市場與社會，所憑藉的是法律。

　　所以，「警察人員」又被稱之為「治安人員」，乃至於「情治人員」，正說明警察治安是維繫社會安全與秩序的主要力量，這種力量來自法律的賦予，成效則視相關法律制度的健全與否而定。

　　而就警察治安的組織層級而言，在傳統時期，基本上包括了宮廷警衛、京城治安、地方治安、基層治安、邊界與水上治安，甚至於特務機關等等。尤其是傳統治安體系行政、司法不分，負責治安的人員鮮有專職，形成「亦法亦警」、「亦兵亦警」的警政（policing）制度。

　　承上述，通常地方行政首長，行政、司法、警察治安等權力集於一身的「政軍警同體」的治安制度。行政首長即警察首長，行政體系即警察體系，並無明確的劃分。換言之，所有警察治安方面的職官，不過於必要時發生鎮壓的力量而已！

　　然而，本書對於「治安」（policing）的定義，儘量從職權的範圍區考量，凡是職權與維護區域秩序、安全有關的人員皆該屬之，以凸顯「治安」的側重治理紛亂，秩序維護的特點。

　　臺灣雖然已於 1895 年割讓給日本，但是完整的現代警察制度在日本統治，乃至於中華民國政府統治臺灣之後，經過一段時間的磨合，才逐步建立完整體系。

　　因此，本書在使用「警察」（police）一詞時，會依行文的方便和「治安」（policing）、「警政」（policing）交互使用，有時候對於日治臺灣以前的所謂傳統治安，也會以傳統警察角色來論述，只是本書為表示其間的差異，而採取以傳統治安稱之。

## 貳、研究途徑

　　依據庫恩（Thomas Kuhn）的典範（paradigms）理論指出，典範是科

學社群所共有的範例，它包含理論、研究方法、研究工具等等的學科基礎，能夠界定具有挑戰性的研究問題，提供解決問題的線索，並且保證只要研究者有足夠的分析能力，能夠全力以赴，必然能獲得答案。[8]雖然社會科學的研究領域很難精確或「通則化」（generalization），但通則化仍不失為社會科學的研究方法之一。

政治經濟學源自於政府、市場、社會的同時存在。基本上，人群的合作秩序可分為長成的秩序和作成的秩序兩種。前者如市場，後者如原始的部落或現代政府的組織型態。

長成的秩序是其成員依據共同抽象的行為規範互動而自發形成的，這些行為規範例如財產權、家庭制度、倫理道德和法律傳統等等，主要是一些經過文明演化過程的沉澱與轉化，證明確實有利人群。

作成的秩序則是由某一權力核心依據群體共同具體的目的，著意安排每一成員的活動而形成的。長成的秩序和作成的秩序不管在概念上或實際上，也正式成為自由經濟與統制經濟的分界。

從廣義的論述，也就是分別運用在強調市場與政府之間的不同角色，亦即一般將政治經濟學的整合理論分為以強調經濟力為先而影響國際關係的功能主義論（functionalism），和以突顯政治力在整合過程扮演重要角色的新功能主義論（neo-functionalism）。[9]

因此，本書將以政治經濟學研究途徑（political economy approach）透過政府、市場、社會之間的相互關係，將治安同時化約於國際環境的涉外性治安，和國內環境的政治性治安、經濟性治安、社會性治安等研究途徑加以分析：

---

[8] See Thomas S. Kuhn, *The Structure of Scientific Revolutions* (Chicago: Chicago University Press, 1962).

[9] 高朗，〈從整合理論探索兩岸整合的條件與困境〉，收錄：包宗和、吳玉山　主編，《爭辯中的兩岸關係理論》，（臺北：五南，2000 年 4 月），頁 41-75。

## 一、涉外性治安研究途徑

根據上述政治經濟學的研究途徑，檢視警察治安與國家發展的國際涉外性治安議題可化約為以武力為基礎的競爭性國家系統（a system of competing states），及以生產技術為基礎的世界性資本主義系統（a world capitalist system）。

競爭性國家系統從政治權力的角度出發，分析國家如何實現其作為行為主體的自主性（autonomy），強調政府對國家資源的支配關係。紀登斯（Authony Giddens）指出，政府是在一定領域內，最主要的權力容器（power container），即現有權力集中的中心。[10]

世界性資本主義系統則從市場利益的角度出發，強調市場中財貨生產與交換體系的運作，市場形成了發現的過程，也就是一種用於創造、移動與散播知識的過程，而若是此一自由交易與競爭的機制不存在，則社會便無法支配這些知識。由於孕育市場的自升力量才讓所有人得以從大量的訊息、知識以及常識中獲得益處，於是市場的必要性變得更大，而其凌駕政府手段的地位也越發明顯，整個社會變得更為複雜，而市場運作機制亦即企業廠商在政府不介入下為社會的經濟合理化過程。[11]

因此，競爭性國家系統是強調偏重政府的政治體制和經濟政策，而世界性資本主義系統強調國際市場和民間社會。國家與市場的歷史關係曾引起激烈的學術爭論，無論市場產生了國家，或是國家產生了市場，或者是各自獨立地發展起來的，這些重要的歷史問題，以及的它們的解釋，暫且不論，不管它們各自的起源為何，國家與市場總是獨立存在，具有各自的邏輯，並且相互影響。

亦即政府指的是國家機關（the state）。the state 譯為國家、國家機器、國家機關，或廣義的政府、政府機關、公司政府、受封政府、邊陲政府、殖民現代性政府、黨國政府等型態的政府，指的是擁有主權的政府，如中

---

[10] Anthony Giddens, *The Nation-State and Violence* (Cambridge: Polity, 1985), p. 13.
[11] N. Gregory Mankiw, *The Principles of Economics* (Ohio: South-Western, 2004), p. 23.

華民國政府、美國政府，以有別於 government（政府）僅所指擁有主權的政府中的行政部門，不包括立法及其他部門的狹義政府，如馬英九政府、歐巴馬政府。

本書依不同政權統治的時期而交互使用，指的不僅是行政系統，也包括司法、立法等機關，特別是政治體制和經濟政策。民間社會指的是市場和企業，其間的分野在於公權力的有無。「民間社會」可細分為「市民社會（civil society）」、「政治社會（political society）」和「經濟社會（economic society）」。

所謂「市民社會」是「經濟體制和政治體制之間的社會互動領域，主要是由親密團體（特別是家庭）、社團（尤其是自動結社者）、社會運動，及各種形式的公共溝通所組成」；「政治社會」包括政黨、政治性組織和政治性的公眾（尤其是涉及國會與其它民意機關者）；「經濟社會」則由從事生產與分配的組織所組成，通常指公司、合作社等。

根據上述理論的核心，在概念上都將使政府與市場分處光譜中的兩個極端位置，兩者是互相對立，是互斥（mutually exclusive），不相統屬的；但在實際運作上，兩者存在著互生、互剋關聯，並互為限制關係。換言之，經濟或企業所關心的是手中市場資源的有效利用，而國家或政治所關心的是政府資源的增加。

所以，廣義的政府即政治權力體系，主要是追求資源汲取的利益極大化（maximization）；而廣義的市場即經濟利益，屬於民間活力為主的企業社會所追求產業發展的利潤極佳化（optimization）。

布勞岱爾（Fernand Braudel）指出，政府是政治權，也是經濟權，我們不能期待作為經濟世界中心的國家，在國際上放棄其特權利益，在一國之內誰能指望握著資本和政府，並獲得國際支持的統治集團，願意公平競爭和放棄自己的統治地位。[12] 這是國際強權國家的政治經濟利益觀，它是

---

[12] Fernand Braudel, 施康強 等譯，《15 至 18 世紀的物質文明、經濟和資本主義》（卷三），（臺北：貓頭鷹，2000 年 3 月），頁 34、568。

制約一個國家的政治體制和經濟政策，也同時影響民間社會在國內外政經權力體系中的運作。

承上論，治安的涉外性治安就如同重商主義（mercantilism）所指出，是由近代政治家的社會實踐發展而來，主張市場要服從警察與國家發展的目標。此觀點特別強調實力原則在市場中的作用，及國際經濟因素的對立本質，而經濟的互賴關係必有其政治基礎，從而為國際衝突開闢了另一戰場，並形成一個國家利用和控制另一個國家機制所導致的國際衝突。

當 1453 年東羅馬帝國解體以後，中古封建制度為君主獨裁國家及商人資本主義（merchant capitalism）所取代，政治家及貿易商也多關注國家與市場貿易。

資本主義和現代國家同時在市場經濟的範圍內出現，兩種運動之間的巧合不止一端，它們的基本相似之處在於，兩者都建立一種級制，資本的等級表現含蓄，國家的等級顯得突出和惹人注目，另一個相似點是，如同資本主義一樣，現代國家採用壟斷的手段投資致富，如葡萄牙的古月椒、西班牙的銀、法國的鹽、瑞典的銅、教皇的礬。

當這些逐漸建立起來的民族國家，為因應市場轉向所開始重構的經濟關係時，國際政治秩序的組織原則便成為第一優先考量。因此，國家與市場這兩似不相隸屬又極為相關的權力體系，就彼此交織在一起，貫穿整個人類社會的歷史，也因為政治與經濟的相互作用而日益增強，逐漸成為決定政經關係與發展的關鍵因素。[13]

涉外性治安必須積極追求國家民族的利益，並以其所處的世界權力體系，衡量自身所擁有的力量，做為計算國家民族利益的標準。這種強調治安與國家發展利益的生存法則，經由獨裁政體及計劃性經濟的運用，建立起連結國內外政經的網絡。

但過於強調治安與國家發展利益的結果是，軍警力量成為所有政治德

---

[13] Robert Gilpin, *The Political Economy of International Relations*（N. J. : Princeton University Press, 1987），p.5.

行的基礎，同時也犧牲了人民的權利與自由。市場利益必須遷就和受限於
治安與國家發展的利益。

治安與國家發展的因素確定市場與社會發展關係，此一正是經濟民族
主義所謂國家建設最基本的信條，突顯了國家採取關稅提高，或是藉由限
制國際勞工的引進，和管制資金的流動來對於本國產品的市場、本國勞工
的就業，以及本國資本的形成進行保護性經濟政策。

檢視治安與國家發展的反映了政治、經濟和軍警權力的擴張，以及社
會的反動。因此，治安與國家發展決定了市場和社會發展的順序，制定優
先政策，以克服稟賦（endowment）因素的不足。

諸如重商主義（mercantilism）分為二類：一類是保護本國海外經濟利
益，以利國家安全與生存的防守性觀點，即溫和派重商主義（soft
mercantilism）；另一類是將國際經濟視為帝國主義（imperialism）及民族
主義向外擴張的重要領域，這種較為激進的觀點，可稱為強硬派重商主義
（hard mercantilism）。

同時，重商主義又可分為財政性重商主義與產業性的重商主義。代表
財政性重商主義者如荷蘭東印度公司和法國，由於強調政府對於生產過程
的獨占利益和財政性剝奪，以支持對外殖民戰爭和絕對王權的擴張，以至
於無法促進近代資本主義的發展。

代表產業性的重商主義者如以清教徒革命後的英國為主，由於代表新
興中產階級的意志與利益的政府，採取了一系列商業重商主義措施，符合
了當時英國體制的政經結構性關係的特質，有利於促使近代資本主義快速
成長。

亦即國家發展理論在過去幾百年中經歷了無數變革，從重商主義、帝
國主義、保護主義、德國歷史學派到今日的新保護主義，其名稱雖不斷改
變，但基本主張都偏重於強調治安與國家發展是國際政經利益中主要行為
和經濟發展的工具；深切關注國家安全和政治利益在組織與處理國際經濟
關係時的重要性；重視經濟活動與政治活動的相互影響，以及認識到市場
必須在社會與國家發展的競爭下運作。

諸如 1929 年發生在美國的經濟大蕭條（great depression）導致了 1930

年6月美國國會通過了「斯莫特—霍利關稅法案」（Smoot-Hawley Tariff Act）調升進口關稅，以保護本國商品，不但沒有幫助美國渡過經濟危機，反而擴大為1930年代的經濟大恐慌。

承此觀點，涉外性治安起因於國際經濟活動成為唯一且永遠不變的「零和遊戲」（zero-sum game），一個國家獲益必導致另一個國家的相對損失；追求權力與財富通常互相矛盾，尤其是軍備競賽；而且缺乏一套完整的社會、國家和外交政策理論。[14]

特別是當過度膨脹治安與國家發展的發揮市場影響力，主觀地認為治安與國家可以解決國家經濟力脆弱的問題，或快速可以提昇國際地位和完成國家發展的目標。所以，廣義說來，外事警察是政治警察、是行政警察、是刑事警察，也是經濟警察，都屬於治安的範圍。

因此，涉外性治安可以泛指會牽扯到其他國家的犯罪案件，有關聯國家的就會啟動涉外治安單位開始偵辦，此時處理的方式及效率就會影響到政治性、經濟性、社會性治安層面議題，乃至發展到國家安全的層次等問題，因而引發涉外性治安凸顯在國家主權、領土、宗教、氣候變遷、國境與海防安全、漁權與海洋資源權益、外事與移民、海盜、劫機、走私、人口販運、危險物及武器販運、非法毒品販運、偷渡、跨國金融犯罪、跨國詐欺、跨國網路犯罪、貪汙與賄賂、洗錢、恐怖份子活動等相關議題。

## 二、政治性治安研究途徑

政治性治安是以政府中心理論的受到重視，起自斯科奇波特（Theda Skocpol）與伊文斯（Peter Evans）等主張「找回國家」（Bringing the State Back in）。[15]國家因對市場與社會具有強大影響力，國家應視為一自主的制度和

---

[14] Robert Gilpin, *The Political Economy of International Relations*（N. J. : Princeton University Press, 1987）, pp. 47-48.

[15] See Theda Skocpol, *States and Social Revolutions*（Cambridge, Mass. : Cambridge University Press, 1979）. And Peter Evans, Dietrich Rueschemeyer and Theda Skocpol, *Bringing the State Back in*（Cambridge: Cambridge University Press, 1985）. 及 Peter Evans, *Embedded Autonomy: States and Industrial Transformation*（Princeton: Princeton University Press, 1995）.

組織，亦即將國家視為較接近韋伯（Max Weber）所指在一個領域內，具有壟斷合法暴力的一套行政、立法、司法、國防和治安的組織和制度。[16]

　　治安與國家發展的第一項任務是要讓國民服從，控制社會中的潛在暴力，防止可能出現的各種偏激行動，並且代之以韋伯（Max Weber）的「合理暴力」（reasonable violence）；第二項任務是程度不同地監督經濟活動，管制財富的流動，掌握一大部分國民收入，以保證政府的開支；第三項任務是參與精神生活，沒有精神生活，任何社會都不能維繫，治安與國家發展有選擇地贊同宗教或向宗教讓步，藉以從宗教的強大精神價值中吸取補充的力量，同時，治安與國家發展還始終監視著往往向傳統挑戰的文化活動。[17]

　　缺乏治安與國家發展的市場和社會，將只是一個缺少方向感且毫不協調的瘋狂機器；而對於組成市場必要性的經濟與政治因素缺乏反抗能力的治安與國家發展，將會迅速變成一頭冷血怪獸，吞噬人民，並使人民生活更為窮苦。所以，霍布斯所指的巨靈（Leviathan），或譯為「利維坦」，語出聖經中敘述一個力大無窮的吃人妖魔或巨獸，霍布斯是以此比喻一個強大國家的政府對民間社會所汲取關係人利益的極大化為目標。[18]

　　由於治安與國家發展和市場、社會依然處於不同的領域，無論每一方面對其他方面有多大的影響，社會仍是地區經濟的基礎，商業為各地區經濟製造網絡，而治安與國家發展則具有調解各種足以威脅任何一方面正常運作危機的功能，雖然有時治安與國家發展令人難以相信能夠獨自面對國際性治安的能力，以成功地確保國人的生命和財產安全；相對地，也很難相信一個不受約束的國際強權可以維持國際的政經秩序。

　　治安與國家發展遂有「政治愛國主義」（political patriotism）或「經濟

---

[16] See Max Weber, *Economy and Society: An Outline of Interpretive Sociology*. 2 vols. (ed.), Guenther Roth and Claus Wittich（Berkeley：University of California, 1978）.

[17] Fernand Braudel, 施康強　等譯，《15 至 18 世紀的物質文明、經濟和資本主義》（卷二），（臺北：貓頭鷹，2000 年 3 月），頁 460-461。

[18] Thomas Hobbes, 朱敏章　譯，《利維坦》，（臺北：商務，20022 年 9 月）。

愛國主義」（economic patriotism）之稱。治安與國家發展的政府中心理論偏重「政權」（regime）特性的分析，而忽略國家的制度性和歷史性，以及其相對面市場所亟欲代表的民間社會。

對治安與國家發展強調國家利益的本質，表現在第一波中是追求權力；第二波是追求經濟發展；而第三波才是社會福利。亦即政府中心理論所引發的政治性治安凸顯在王位之爭、王室與貴族、黨派爭鬥、中央與地方、政府與人民之間權力機制的運作，和警備保安、戶口管理、民防、安全檢查等治安相關議題。

### 三、經濟性治安研究途徑

經濟性治安是以市場中心理論的起源於 18 世紀歐洲啟蒙時代古典經濟學（Classical Economics）和 19 世紀馬夏爾（Alfred Marshall）新古典經濟學派（Neo-classical Economics）的整合。

市場中心理論認為政治與經濟分屬不同領域，隨著市場經濟轉向應從效率、管理和消費者選擇的利益出發，不應受到政治干預，除了治安與國家發展在捍衛國家安全和維持社會治安等必要介入之外，治安與國家發展應該退居第二線。

市場為中心理論強調企業自由競爭、生產分工及財富累積的正當性，認為市場那隻看不見的手（invisible hand）所建立的機制，可以確保所有個體利益及彼此間互動關係的自由表現，群體利益應當是所有個體私有利益的總和。

所以，一切皆決定於市場價格機能，強力主張治安與國家發展和市場之間的關係應該是分離的，也因此忽略了受制於因市場資訊的缺乏、不當誘因、獨占扭曲和外部性的市場失靈（market failure），特別是生產與分配過程中弱肉強食的不公平現象。

市場為中心理論認為代表治安與國家發展的政府只不過是匯集民意，制定遊戲規則的中立行政組織而已。所以，在國際政經利益方面，強調跨國企業與國際貿易的市場利益，而無視於國家主權立場與自主性的存在；經濟發展與政治並非有必然的關聯性，但認為政治體制會制約經濟活動，卻也同時受到市場利益的反制。

據此，檢證 19 世紀末資本主義的發展，與 1870 年以後帝國主義的動亂，及 1914 年第一次世界大戰爆發之間並不存在任何重大關聯，經濟發展是完全建立在市場利益轉向的基礎上，是可以與政治並行不悖。

換言之，市場中心理論經濟性治安起因於市場奉最大效益、最高經濟成長及個人利益至上為圭臬；容易形成漫無限制的世界經濟主義，既不承認各國皆有其特性，也未考慮各國利益的滿足；同時受到唯物主義、利己主義與個人主義的影響，僅計算市場上物品交換，而忽視社會利益。因此，基本上排斥治安與國家發展的介入市場經濟。

承其觀點，從比較利益原理形成的國際分工，與逐漸擴張的市場互賴關係，出人意料地為充滿競爭卻又缺乏規範的國家體系奠定了和平合作的基礎。[19]具體而論，市場中心理論並未將治安與國家發展或治理視為自主的、具有決定影響力的機關，而僅將其視為社會團體競爭或遊說的應變項，而非自變項，其理論可謂「經濟理論」或「市場理論」，而非「政府理論」。

亦即市場理論當涉及經濟利益而出現失序狀況時，有必要藉由治安單位協助處理此類型事件，以免影響到正常市場經濟的運作，進而引發在獵場、水權、地權、糧荒、稅賦、查緝非法經濟活動等市場利益相關治安議題。

四、社會性治安研究途徑

社會性治安是出現於 19 世紀中葉的馬克思階級理論，主要認為經濟推動政治發展，和政治衝突起因於財富分配過程中的階級鬥爭。因此，政治衝突將終結於市場和階級的消除。[20]

儘管社會中心理論承認帝國主義階段的資本主義開創了國際市場經濟，但以階級為中心理論的馬克思主義觀點對於無產階級定義，是很難適用於財產權（property right）普遍化、價值多元化的近代社會，而且強調

---

[19] Charles Wolf, Jr. , Markets or Governments - Choosing between Imperfects Alternatives（Cambridge: The MIT Press, 1988），p. 9.

[20] Robert Gilpin, *The Political Economy of International Relations*（N. J. : Princeton University Press, 1987），pp. 13-14.

工人階級的貧窮化理論也與實際經濟發展的結果不完全符合。

　　馬克思主義認為對生產工具的控制，也無法作為階級分類的標準，而強調剝削觀點的勞動價值論，亦隨著勞動在生產過程中所占比率的遞減而被否定。近年來更隨著蘇聯解體、東歐國家及中國大陸轉向市場經濟，馬克思主義所強調的「國家機關是資產階級的管理委員會」已非國際強權主義國家的發展主流。

　　以「階級」為中心理論所引發的社會性治安當修正以「公民」為中心理論的社會性治安，較為符合關心社會公平與正義。亦即社會中心理論所引發國家內部動盪、民心不安、抗爭不斷等類型事件，其所導致社會性治安在馘首（不良風俗）、竊盜、殺人、流氓、賭博、酗酒、交通事故、消防救災、弱勢族群、貧富不均、勞工、環保、消費者意識等違反社會公平正義相關治安議題。

　　綜合上述治安議題的變遷，經濟民族主義以政府為中心理論的政治性治安、經濟自由主義以市場為中心理論的經濟性治安，和馬克斯主義以社會為中心理論的社會性治安等三項議題之間的互動關係，亦同時嵌入治安與國家發展所連結到涉外性治安議題之中。

　　從涉外性治安、政治性治安、經濟性治安與社會性治安的糾葛、相互影響而所構成的綜合性治安因素型塑了國家發展的傳統治安、軍管治安和警管治安等三大不同階段的治安史變遷。其相關議題所引發的治安項目可歸納、分類如表 1-1。

表 1-1　治安性議題分類表

| 議題 分類 項目 | 國際性環境治安因素 | 國內性環境治安因素 | | | 警察的綜合性治安角色 |
|---|---|---|---|---|---|
| | 涉外性 治安議題 | 政治性 治安議題 | 經濟性 治安議題 | 社會性 治安議題 | |
| | 主權、領土、宗教、國境與海防安全、魚權與海洋資源權益、外事與移民、瘟疫（瘧疾、痲瘋病等流行性疾病）、氣候變遷、走私、偷渡、危險物及武器販運、人口販運、劫機、非法毒品販運、貪污與賄賂、網路犯罪、跨國詐欺、跨國金融犯罪、恐怖份子活動等所引發的治安議題。 | 政治與宗教、王位或王室與貴族、中央與地方、政府與人民、政黨與政黨等權力剝奪與限制所引發的治安議題。 | 樵採、漁獵、水資源、地權、糧荒、稅賦等經濟活動與市場行為的管制與操縱所引發的治安議題。 | 鹹首（不良風俗）、竊盜、殺人、姦淫、流氓、賭博、酗酒、毒品、電玩、色情、暴力事件、交通事故、消防救災、弱勢族群、貧富不均、勞工、環保、消費者意識等社會動員與壓制所引發的治安議題。 | 傳統治安年代、軍管治安年代、警管治安年代的三階段角色變遷。 |

資料來源：本研究

# 第三節　理論架構

　　承上述，本書針對臺灣治安史結構與變遷的特質，提出「相互主體性」與「歷史整合性」的思維。這一深層意義，亦有要突顯臺灣所有各族群的

文化、思想觀念和生活習性，是移民社會發展的包容特色。

　　本書接受只要曾經居住在臺灣這一塊土地上，無論是原住民、漢人（閩南人、客家人）、荷蘭人、日本人，或是 1949 年隨國民政府來臺的所謂「外省人」，或是 1987 年解嚴後的融合主張中華民國式臺灣主體意識與臺獨式臺灣主體意識的所謂「新臺灣人」，以及現在正增加中的「外籍新娘」、「移民工」，甚至為這塊土地打拼的外國企業和員工，都是要透過「相互主體性」與「歷史整合性」的庶民史觀予以尊重和公平對待。

　　格羅秀斯（Hugo Grotius）提出的「分割主權」概念，亦即公司可以正當干預主權國家，而成為東印度殖民的基礎。[21]本書透過「歷史整合性」分析，來釐清臺灣治安史中「殖民」與「被殖民」的「分割主權」概念。

　　「相互主體性」則是根據「歷史整合性」的將整體性先區分政經發展的空間與時間之後，來確定臺灣治安史結構與變遷中的實存地理和歷史。因此，「相互主體性」的「分割主權」概念，不僅是關照臺灣這一塊土地，且是以治安的涉外性治安、政治性治安、經濟性治安、社會性治安為分析對象，在面對任何時期統治政權的興替，都要以接受和寬容的人民意識，來思考治安史發展與變遷的現象。

　　因而「相互主體性」亦可突顯對臺灣先後出現在每一時期統治政權都是採取包容的歷史觀，而從共同開發與經營臺灣的角度化解所謂「外來政權」的爭議。換言之，本書就是要從「庶民史觀」角度來論述臺灣治安史結構與變遷，亦即要拋棄「統治者史觀」，避免流於每次政權轉移就會出現維護執政者的官方立場來詮釋歷史。

　　承上所述，本書對所謂「本土」概念的處理，主要是認為使用「本土」字眼容易出現分離與對立。本書認為改以「主體」比較能深入表達認同臺灣的這塊土地意識。

　　這是強調「土地共同體」觀點的突顯對臺灣這塊土地的人文與人本的

---

[21] Edward Keene, *Beyond the Anarchical Society*: Grotius, *Colonialism and Order in World Politics* (Cambridge: Cambridge University Press, 2002).

關懷，亦即不會產生「本土」與「非本土」的對抗意識，而衍生成省籍、族群和社會的衝突。因此，相互接受主體認同的概念，不僅認同「臺灣」這個名詞，也包括了認同臺灣的制度（例如憲法）、生活方式、歷史文化和社會型態。

換言之，只要建立了集體認同的「庶民意識」，當可釐清臺灣社會尚存所謂「臺灣意識」、「中國意識」、「日本意識」，乃至於「美國意識」的偏頗意識型態。

具體而言，如果把「主體性」當作絕對價值，則只要能夠發展主體性即可，若把個體做為一個部份歸屬於一個整體，與整體本身和其他共存於該整體的個體之間形成一種互為主體、互相依存、互惠互補的關係，則非但不壓抑其主體性，反而有助於其主體性的充實。[22]

亦即論述治安史結構與變遷的隱含臺灣歷史、族群、文化、社會與政經發展，幾百年來一直處於「國家」形成的過程。因此，臺灣「相互主體性」的「互不否認主權」，或是「主權可以重疊」的概念，可由原住民族的來源、漢人移入後的土著化和定著化、日治時期的臺灣民族運動，以及中華民國移居者政府的統治，乃至於當前臺灣「生命共同體」，或是「相互承認治權」的建立等不同階段來檢視。

鑒之，這是臺灣治安史的獨特經驗，「相互主體性」與「歷史整合性」的庶民史觀發展，終將成為一項臺灣珍貴的歷史資產。

臺灣治安史也要進一步針對三個大階段歷史發展變遷的前現代、現代和後現代的分期，來探討每一分期臺灣治安史結構與變遷的特質，也就不能無視於「現代性」（modernity）是最早發生於西方的，亦即是歐洲的傳統社會經由政經社會、科技、文化各層面的轉變而形成的一種新的社會型態。

這個新的社會型態也就是政治經濟學整合理論的功能主義，其所強調

---

[22] 陳昭瑛，〈論臺灣的本土化運動：一個文化史的考察〉，《臺灣文學與本土化運動》【東亞文明研究叢書 84】，（臺北：臺大出版中心，2009 年 10 月），頁 165。

科技在生產與組織領域的應用,民族政治國家的出現、個人權利的重視等,而這個起源於歐洲的新社會型態在過去不斷向外輸出滲透,到了二次大戰之後幾乎已擴張到整個世界。

霍布思（Thomas Hobbes）指出,國家之生殖為何,殖民地是矣。蓋一國家獲得新土地,或本無人民,或因戰爭導致人口稀少,故命一官長率人民而移往居住。殖民地既成立,則或自成一國而脫離本國之管轄（古代多有之）,此正如子長離開父親而居;此時期本國稱為母國,彼此之關係只為榮譽的友誼的。又如羅馬之殖民地,則仍屬本國所管,故不自為國,特本國之一省耳。此類殖民地之權利範圍,以其本國給與之允許狀（license of letters）所列為根據。[23]

尤其到了後冷戰時期的 1997 年發生亞洲金融風暴,和 2008 年的全球金融海嘯之後,以美國為首偏重於市場自由經濟態勢,已有逐漸傾向政府採取監督金融自由程度,和重視社會貧富不均所衍生的現象,而兼顧政府、市場與社會間三者均衡的「新國家論」（neo-statism）。

因此,「存有」的歷史和「言語」的歷史是有落差的,就像「發現臺灣」或「發現美洲」一樣,在地理大發現的時代以前,這些地方和這裡的人類早已就存在許久,「歷史」和「發現」之說,的確有知識論的主體性問題。

過去臺灣史的研究、編寫、解釋、教育長期操縱在主政的統治者手中,不斷的「被發現」而邊陲化。臺灣人也被地緣政治剝奪了世界,喪失了作為人的條件。臺灣人成為沒有歷史記憶的人群,更缺乏立足斯土斯民的主體意識。

承上論,本書採取「相互主體性」論述,對於臺灣治安史的結構與變遷,突顯其與統治政權之間的關係,本書接受原住民族是最早擁有臺灣這塊土地的權利,也就對於後來在臺灣建立政府的荷蘭東印度公司、明鄭東寧王國、清國、日本和戰後的中華民國政府,不刻意強調其所謂「外來政權」或「殖民政府」的意涵。

---

[23] Thomas Hobbes, 朱敏章 譯,《利維坦》,（臺北：2002 年 9 月）,頁 118。

　　而以「相互主體性」觀點，一律使用「統治」一詞，諸如「荷蘭與西班牙佔據時期」（簡稱荷西時期）、「（明）鄭氏王國統治時期」（簡稱東寧時期）、「清領時期」（稱清治時期）、「日本占據時期」（簡稱日治時期）、「中華民國時期」（簡稱國治時期，包括國民黨政府執政時期、民進黨政府執政時期），來檢證各時期治安史結構與變遷，無論政權是有意識或無意識的政策，咸認為其兼具促進國家發展的「現代性」功能。

　　亦即我們都生活在歷史之中，任何現實問題都是歷史問題的延續，無論多麼遙遠的歷史故事也都包含現代性，以釐清「殖民」與「移民」，以及使用「荷據」、「日據」與「荷治」、「日治」的爭議。

　　本書希望藉由政治與經濟整合理論，分析治安發展的對人、事、物、土地、財產的支配關係，以及經濟對土地、勞力、資本、技術的不同組合與分工，導出權力體系與經濟合理化過程，來實證分析臺灣治安史結構與變遷在歷經原住民時期、荷西時期、東寧時期、清治時期、日治時期、國治戒嚴和轉型時期的涉外性、政治性、經濟性、社會性治安。

　　除了從中發現同時意涵「開放的在地化」特質，所形塑「在地化」與「國際化」過程的「雙重化」，和彰顯具有「依賴發展」所形塑「殖民化」與「現代化」的「殖民現代性」觀點，更要從中探討治安與國家發展中所扮演維護政權、執行法律、與公共服務的角色。

　　所謂「國家發展理論」（theories of national development）在十八、九世紀之時，已將所謂「發展」（development）的概念，普遍地被使用於人類社會變遷的探討。尤其到了第二次世界大戰之後，不僅是社會學者，經濟學者更對「發展」的概念加以外延和作內涵的詮釋，以用來界定和測量一個國家程度的指標。

　　所以，一般對「國家發展理論」的探討，主要有「現代化理論」（modernization theory），和「依賴理論」（dependency theory）。然而，不論套用「現代化理論」或「依賴理論」來詮釋臺灣發展的經驗都有其盲點，於是有些學者著重國家與社會在臺灣發展過程中所扮演的角色，亦即要把此兩者的理論，和臺灣發展的歷史與結構綜合起來，用這種「綜合途徑」（comprehensive approach）方式，來檢證臺灣發展的經驗，甚至將其特性

稱之為「依賴發展理論」。

　　因此，本書除了探討「國家性」（stateality）的主題之外，更要根據政治與經濟整合理論的「新國家論」（neo-statism），來建構一套整體性的治安與國家發展思維。[24]亦即「相互主體性」觀點不但要來處理當前「國家認同」的爭議，同時也要結合「歷史整合性」觀點，以因應臺灣治安史所面臨全球化的涉外性治安、政治性治安、經濟性治安，和社會性治安議題。

　　根據圖 1-1，主要分成三大部分：

　　第一部分是本書研究主題，藉由理論意涵的釐清；

　　第二部分是從治安與國家發展的透過研究客體的環境因素，分為國際環境因素所包含競爭性國家體系、世界性資本主義體系、全球性公民社會體系導出的涉外性治安議題，以及國內環境因素所包含政府的國家機關，和民間社會的政治社會、經濟社會、公民社會所導出國內政治性、經濟性、社會性的治安議題，同時可以將國際性和國內性的治安議題化約成綜合性治安議題；

　　第三部分是最後的研究成果呈現前現代傳統治安年代的偏重戰時軍人和國家安全的維護，現代軍管治安年代的偏重秩序維護和打擊犯罪的執行法律，以及後現代警管治安年代的偏重福利傳輸和效率追求的公共服務。最後是提出臺灣治安史發展的未來模式。

---

[24] Linda Weiss, & John M. Hobson, *States and Economic Development: A Comparative Historical Analysis* (London: Polity Press, 1995), p.8.

圖 1-1 臺灣治安史的研究架構圖

資料來源：本研究

## 第四節　研究範圍

　　承上論，治安與國家發展深受國內外政經環境的影響。檢視臺灣治安史的結構與變遷，根據華勒斯坦（Immunal Wallerstein）分析現代世界體系對於國際政經發展的分期：1450 年以前是中世紀教會時期；1450-1640 年資本主義農業和歐洲世界經濟興起，形成絕對君主制和國家主義；1640-1750 年是重商主義的荷蘭強權時期，荷蘭共和國在 1600 年前後以整個的進入資本主義時代，如此一個新型的民族國家，也才有足夠實力成為 17 世紀的強權國家。[25]

　　根據華勒斯坦的分期方式提供了本書在處理臺灣治安史分期從 1624 年以前的原住民時期開始、荷西時期和東寧王國時期的參考；另外，1763-1833 年是產業革命的英國強權時期；第一次世界大戰後則由美國稱強至今，這也提供了本書對近代臺灣治安史分期的依據，尤其布勞岱爾（Fernand Braudel）所指出「世界時間」的概念，將經濟史分成幾個長時段，而與臺灣治安史在 17 世紀已開始逐步進入資本主義市場經濟的時代相契合。[26]

　　雖然左派大師霍布斯邦（Eric Hobsbawn）指出，過去的一切，或者說，那個將一個人的當代經驗與前代人經驗承傳相連的社會機制，如今已經完

---

[25] Immunal Wallerstein, The Modern World-System, Vol. 1: Capitalist Agriculture and the Origins of the European World-Economy in the Sixteenth Century（New York: Academic Press, 1974）; The Modern World-System, Vol. 2: Mercantilism and Consolidation of the European World-Economy, 1600-1750（New York: Academic Press, 1980）; The Modern World-System, Vol. 3: The Second Era of Great Expansion of the Capitalist World-Economy, 1730-1840s（New York: Academic Press, 1989）.

[26] 參閱：布勞岱爾，《15 至 18 世紀的物質文明、經濟和資本主義（卷一～三）》，其書中提出三層經濟活動的概念，第一層（卷一）是日常生活的結構：可能和不可能，第二層（卷二）是形形色色的交換，第三層（卷三）是世界的時間，（臺北：貓頭鷹，2000 年 3 月）。

全毀滅不存，這種與過去割裂斷絕的現象，是 20 世紀末期最大也最怪異的特色之一。[27]

新歷史主義指出，歷史充滿斷層，歷史由論述構成，可以藉由各種論述去還原歷史，而該種論述，是根據當時的時間、地點、觀念建構的。歷史並不是對史實單一的記載，亦並不是對於過去的事件的單純的紀錄。

新歷史主義可用來檢視臺灣治安史的結構與變遷，由於它往往是受到每一時代政權興替割裂歷史的影響，如荷蘭政府走了，來了東寧王國、清國政權；東寧政府、清國政府走了，來了日本政權；日本政府走了，來了中華民國政權。亦如克羅齊（Giovanni Croce）所指出，一切歷史都是當代史。[28]

歷史上所發生的現象都是相互關聯的，特別是經濟活動，它不能脫離周圍的政治和社會環境，不能離開當時當地的可能限制而孤立存在，許多相關理論都有其歷史背景，歷史基礎是特別加深了時間觀念，集中焦點在歷史的特殊環境或過程。[29]

尤其是每一世代的思想都是建基於前一世代的，沒有一種思想是憑空突發的，我們可以體認到歷史的延續性、思想知識的連貫性。臺灣治安史的結構與變遷是要以長時間、遠距離、寬視界的宏觀「大歷史」（macro-history）角度加以檢討和論述。

綜合上述，本書探討臺灣治安史的結構與變遷，透過其國際的涉外性治安，和臺灣內部政治性治安、經濟性治安和社會性治安的相互之間影響因素，而將其聚焦所形成綜合性治安的歷史分期為前現代傳統治安（1349-1895）、現代軍管治安（1895-1987），和後現代警管治安（1987-迄今）的三個重要年代，從而就這三個年代分別論述每一時期的臺灣治安史。

---

[27] Eric Hobsbawn, 鄭明萱　譯，《極端的年代（1914-1991）》（上冊），（臺北：麥田，1997 年 2 月），頁 7。

[28] Giovanni Croce, *The New Cambridge Modern History*, Vol. I（Cambridge: Cambridge University Press, 1961），p. XIX.

[29] Charles Tilly, *As Sociology Meets History*（N. Y.：Academic, 1981），p. 26.

　　採用歷史社會學和發展社會學提出「前現代／現代／後現代」的思維，取代一般現代化理論的「傳統／現代」概念。因為，前者能在歷史的斷層之外，更深刻論述制度結構的延續和蛻變，而從歷史的結構和行動中，以尋找社會結構和社會變遷的模式，乃至模式的因果關係和變遷過程。這種分析方式，應該是相當整體的，在過程上注意細節的（micro）轉換、調整與關聯，在結果上注意整體的（macro）結構和變化。

　　所以，本文採用「前現代／現代／後現代」的分期方式，臺灣治安史第一大歷史階段的「前現代臺灣治安」（1895 以前）的結構與變遷涵蓋了原住民時期村社治安（1349-1624）、荷西時期商社治安（1624-1662）、東寧時期軍屯治安（1662-1683）、清治時期移墾治安（1683-1895）的「傳統警察」治安年代（1349-1895）。

　　臺灣治安史第二大歷史階段的「現代臺灣治安」（1895-1987）的結構與變遷則包括了日治時期殖民治安（1895-1945）、國治時期戒嚴治安（1945-1987）的「軍管警察」治安年代（1895-1987）。

　　臺灣治安史第三大歷史階段的「後現代臺灣治安」（1987 以後迄今）的結構與變遷則是指解嚴治安（1987-2019）和法治治安（2019 以後迄今）的「警管警察」治安年代（1987 以後迄今）。其分期和治安議題分類如表1-2。

## 表 1-2　臺灣治安史的分期和議題分類表

| 分期<br>分類 | | 國際性治安議題<br>涉外性治安議題 | 國內性治安議題 | | |
|---|---|---|---|---|---|
| | | | 政治性治安議題 | 經濟性治安議題 | 社會性治安議題 |
| 前現代臺灣傳統治安年 | 原住民時期民會治安 | 失竊時代的貿易、海盜、走私、漁場和海域資源等議題。 | 村社型的無中央政府狀態、村社民會、村社長老領導權 | 自足式的樵採、漁獵場域、水資源和地權等議題。 | 氏族化的馘首、竊盜、姦淫、賭博、傷害、殺人、酗酒、瘧疾等議 |

| 代（1895以前） | （1349-1624） |  | 等議題。 |  | 題。 |
|---|---|---|---|---|---|
|  | 荷西時期商社治安（1624-1662） | 大航海時代的主權、貿易、海盜、走私、宗教、天災、人口販運、海域資源等議題。 | 重商型的公司評議會、領邦會議、地方會議、政教衝突等議題。 | 複合式的軍費負擔、壟斷市場、人口稅等議題。 | 多國化的竊盜、姦淫、賭博、傷害、殺人、酗酒、麻疹等議題。 |
|  | 東寧時期軍屯治安（1662-1683） | 近世國家時代的主權、海盜、走私、人口販運等議題。 | 受封型的鄭氏家族權力內鬥等議題。 | 宗主式的飢荒、糧食不足等議題。 | 土著化的竊盜、姦淫、賭博、傷害、殺人、酗酒等議題。 |
|  | 清治時期移墾治安（1683-1895） | 工業革命時代的主權、非法入境、鴉片、人口販運、瘟疫、危險物及武器販運、開港通商等議題。 | 皇權型的漢人抗爭、中央與地方爭權等議題。 | 君主式的土地移墾、大小租戶等議題。 | 定著化的竊盜、姦淫、賭博、傷害、殺人、酗酒、民變、分類械鬥、痲瘋病等議題。 |
| 現代臺灣軍管治安 | 日治時期殖民治安 | 民族主義時代的主權、鴉片、非法入境、危險物及武器販運等議 | 軍國型的臺灣人武力抗爭、殖民化統治等議題。 | 統制式的土地資源掠奪、米糖相剋、農工業失衡等議 | 內地化的控制與鎮壓、瘧疾、痲瘋病、鴉片等議題。 |

| 年代（1895-1987） | （1895-1945） | 題。 | | 題。 | |
|---|---|---|---|---|---|
| | 國治時期戒嚴治安（1945-1987） | 極端主義時代的主權、非法入境、危險物及武器販運、劫機、貪污與賄賂、恐怖分子活動等議題。 | 威權型的兩岸關係、實施戒嚴令與動員戡亂時期臨時條款、鞏固政權、臺灣人與外省人權力之爭等議題。 | 家父長式的管制經濟政策、公營與黨營企業獨佔市場等議題。 | 黨國化的控制與鎮壓、毒品、電玩、色情、暴力事件等議題。 |
| 後現代臺灣警治安年代（1987以後迄今） | 國治時期解嚴治安（1987-2019） | 後冷戰時代的主權、洗錢、貪污與賄賂、非法毒品販運、非法入境、人口販運、恐怖份子活動、網路犯罪、跨國詐欺、跨國金融犯罪等議題。 | 政黨體制的兩岸關係、警備保安、戶口管理、民防、安全檢查、維護政權、修改憲法、總統直選、中央民意代表改選等議題。 | 夥伴式的經濟制度化、自由化、國際化、產業轉型等議題。 | 多元化的交通事故、消防救災、貧富差距、環保及原住民、勞工、消費者意識、老兵返鄉、外勞、外籍配偶、毒品、電玩等、簽賭議題。 |
| | 國治時期法治治安（2019以後迄今） | 全球化時代的主權、洗錢、貪污與賄賂、非法毒品販運、非法軍火販運、人口販運、恐怖份子活動、網路犯罪、 | 民主型的兩岸關係、警備保安、戶口管理、民防、安全檢查、權力分配、選舉、政黨競爭等議 | 市場式的企業公平競爭、市場秩序、金融犯罪、投資保障、食品安全、就業機會等議題。 | 公民化的交通事故、消防救災、流行性疾病、貧富不均、消費者意識、社會福利、外勞、外 |

| | | 跨國詐欺、跨國金融犯罪、海洋資源爭議、氣候變遷等議題。 | 題。 | | | 籍新娘、色情、毒品、電玩、簽賭等議題。 |
|---|---|---|---|---|---|---|

**資料來源：本研究**

　　根據上述四大環境因素之間的相互糾葛所凸顯的治安議題，又可以將之稱為足以對社會秩序與公共安全（public safety）所產生威脅的「綜合性治安議題」，諸如荷西時期的大員事件、麻豆溪事件、搭加里揚事件、大武壠等設事件、郭懷一事件等，清治時期朱一貴事件、林爽文事件、蔡牽事件、戴潮春事件等，日治時期西來庵事件、治警事件和霧社事件等，國治戒嚴時期二二八事件和美麗島事件等，解嚴之後的紅衫軍、太陽花事件等重大治安議題。

　　因此，根據「綜合性治安議題」，和臺灣治安史三大階段歷史變遷的前現代、現代和後現代的三個治安年代，建構了臺灣治安史的座標圖如圖 1-2。

　　臺灣治安史第一大階段歷史變遷的前現代臺灣傳統治安年代可分為：

　　原住民時期民會治安的議題主要是由失竊時代涉外性治安、村社型政治性治安、自足式經濟性治安，和氏族化社會治安議題所形塑會議政府型態的治安角色；

　　荷西時期商社治安的議題主要是由大航海時代涉外性治安、重商型政治性治安、複合式經濟性治安，和多國化社會治安所形塑公司政府型態的治安角色；

　　東寧時期軍屯治安的議題主要是由近世國家時代涉外性治安、受封型政治性治安、宗主式經濟性治安，和土著化社會治安所形塑封建政府型態的治安角色；

　　清治時期移墾治安的議題主要是由工業革命時代涉外性治安、皇權型政治性治安、君主式經濟性治安，和定著化社會治安所形塑邊陲政府型態的治安角色。

　　臺灣治安史第二大階段歷史變遷的現代臺灣軍管治安年代可分為：

　　日治時期殖民治安的議題主要是由民族主義時代涉外性治安、軍國型政治性治安、統制式經濟性治安，和內地化社會治安所形塑殖民政府型態的治安角色；

　　國治時期戒嚴治安的議題主要是由極端主義時代涉外性治安、威權型政治性治安、家父長式經濟性治安，和黨國化社會治安所形塑戡亂政府的治安角色。

　　臺灣治安史第三大階段歷史變遷的後現代警管治安年代可分為：

　　國治時期解嚴治安的議題主要是由後冷戰時代涉外性治安、政黨型政治性治安、夥伴式經濟性治安，和多元化社會治安所形塑轉型政府型態的治安角色；

　　國治時期法治治安的議題主要是由全球化時代涉外性治安、民主型政治性治安、市場式經濟性治安，和公民化社會治安所形塑服務性政府型態的治安角色。

2014 太陽花事件
2008 國民黨馬英九政府執政(第II次政黨輪替)
2000 民進黨陳水扁政府執政(第I次政黨輪替)
1996 李登輝總統由人民直接選出
1991 動員戡亂時期臨時條款廢止
1990 李登輝就任總統(任滿繼任)
1988 蔣經國逝世，李登輝繼任總統
1987 解除戒嚴
1986 民進黨成立
1979 美麗島事件
1978 蔣經國總統連任
國民黨全面改選 民主
1975 蔣介石逝世，嚴家淦繼任
1971 釣魚台事件
1949 國民黨政府遷來台，實施戒嚴
1947 二二八事件
1945 中華民國國民政府接收台灣軍政署
1930 霧社事件
1927 台灣民眾黨成立
1924 治警事件
1921 台灣文化協會成立
1915 西來庵事件
1895 日本政府設立...台灣民主國成立
1871 牡丹社事件
1870 台灣開墾
1860 戴潮春事件
1806 蔡牽事件
1786 林爽文事件
1721 朱一貴事件
1684 頒布渡台禁令
1683 施琅攻台政府決定台灣歸...
1680 ...
1674 ...
1663 ...
1662 鄭氏政權...
1652 郭懷一事件
1642 荷蘭驅逐西班牙共管
1629 ...
1628 大員事件
1624 ...
1621 ...
1609 ...
1604 ...
1563 ...
1360 ...

圖 1-2：臺灣治安史的結構與變遷座標圖

資料來源：本研究

# 第五節 文獻探討

　　承上述，主要論述治安與國家發展的涉外性治安文獻如：吉爾平（Robert Glipin）特別強調國際經濟因素的對立本質，而經濟的互賴關係必有其政治基礎，從而為國際衝突開闢了另一戰場，並形成一個國家利用和控制另一個國家機制，而影響其治安與國家發展。[30]

　　藍迪斯（David S. Landes）的論述主要分析一個國家發展的貧窮與富裕，其基礎觀點主要是承襲自經濟自由主義理論，認為市場的逐步演進，是人們為提高效率和增加財富而作出的反應。[31]

　　金德爾柏格（Charles P. Kindleberger）的國際政治的經濟學和國際經濟的政治學，強調權力與金錢之間的國際霸權穩定論。[32]

　　甘乃迪（Paul Kennedy）的論述從 16 世紀軍力和經濟之間權力結構改變的強權國家興衰史。[33]以及黃仁宇的論述重要資本主義國家的崛起與發展等文獻。[34]

　　因此，上述文獻都是從一個或數個自由強國輪流主宰國際強權主義觀點，闡明國際政經環境因素的影響有關涉外性治安議題之外，以下本書將

---

[30] Robert Glipin, *The Political Economy of International Relations* (N. J. : Princeton University Press, 1987), pp. 13-26.

[31] David S. Landes, *The Wealth and Poverty of Nations* (N. Y. : W. W. Norton, 1999).

[32] Charles P. Kindleberger, Power and Money: The Economics of International Politics and the Politics of International Economics (New York: Basic Books, 1970).

[33] Paul Kennedy, The Rise and Fall of the Great Power: Economic Change and Military Conflict From 1500 to 2000 (N. Y. : Random House, 1987). and Robert O. Keohane, After Hegemony: Cooperation and Discord in the World Political Economy (Princeton: Princeton University Press, 1984).

[34] 黃仁宇，《資本主義與二十一世紀》，（臺北：聯經，2001 年 7 月）。

根據前現代、現代和後現代等三個年代治安的政治性治安、經濟性治安，和社會性治安，採用綜合性治安的方式對其重要檔案與文獻進行分析：

# 壹、前現代臺灣傳統治安的檔案與文獻

前現代臺灣治安史的結構與變遷涵蓋了原住民時期、荷西時期、東寧時期、清治時期的治安結構與變遷（1349-1895）。

一、探討原住民時期治安的檔案與文獻如：1349 年（元至正 9 年）汪大淵出版《島夷誌略》。1603 年（明萬曆 31 年）陳第隨沈有容追勦海寇渡海到臺灣所寫下的〈東蕃記〉。〈東蕃記〉全文雖然只有 1,438 字，但這是陳第踏查臺灣土地所留下的紀錄，具有「最古的臺灣實地考察報告」的留下這篇描述 17 世紀初臺灣社會的第一手中文文獻。

1871 年（清同治 10 年）來到臺灣傳教的甘為霖（Rev. William Campbell）的《素描福爾摩沙：甘為霖臺灣筆記》一書，記載了 19 世紀中葉臺灣原住民族詳實的生的時間一直延續到日治臺灣的 1917 年為止，對於日本人統治臺灣的原住民和漢人之間的關係，亦有最直接的描寫，尤其是從宗教觀點而衍生的治安，是值得參考的資料。而臺灣社會學者柯志明的《番頭家——清代臺灣族群政治與熟番地權》對於從原住民時期到清治時期的治安亦有所論及。[35]

二、探討荷西時期治安的檔案與文獻如：江樹生譯注的《熱蘭遮城日誌》是 17 世紀以荷蘭文撰寫荷蘭東印度公司治理臺灣（以下稱福爾摩沙）時期的重要歷史文件。1624 至 1662 年荷蘭人曾經統治福爾摩沙，當時的政經中心就是熱蘭遮城，其所書寫的日誌是荷蘭人在福爾摩沙書寫的眾多文件當中份量最多，也最具連續性的文件，成為荷蘭統治福爾摩沙時期最基本的史料。[36]

[35] 柯志明，《番頭家——清代臺灣族群政治與熟番地權》，（臺北：中央研究院社會學研究所，2002 年 1 月）。

[36] 參閱：江樹生　譯註，《熱蘭遮城日誌》（共四冊），（臺南：臺南市政府，2000 年 8 月、

　　江樹生還譯注了《梅氏日記》，這是描述 1661 年 4 月 30 日至 1662 年 2 月 9 日鄭成功收復臺灣時作者在臺灣的日記。《梅氏日記》原是荷蘭東印度公司檔案中的一份文件，現珍藏在荷蘭國家檔案館。作者梅氏曾被東印度公司派在福爾摩沙 19 年。

　　當鄭成功在與荷蘭的談判過程中，梅氏曾參與翻譯工作，並協助鄭成功測量屯墾土地。由於梅氏逐日記載下當時發生治安的情事，填補了《閩海紀要》、《從征實錄》、《海上見聞錄》等史料所未詳敘鄭成功驅走荷蘭人的經過。

　　程紹剛譯注的《荷蘭人在福爾摩沙》，主要內容是從《東印度事務報告》中選出有關福爾摩沙的部分，將其譯成中文，並予以注釋。換言之，《東印度事務報告》記錄了荷蘭人統治時期福爾摩沙的政經發展，特別是荷蘭統治福爾摩沙

　　後期郭懷一的武力抗爭，以及謠傳鄭成功即將東渡臺灣的同時，臺灣正遭受蝗蟲災害、流行性疾病、劇烈地震所導致眾多村社淪為廢墟的影響社會治安。[37]

　　另外，荷治臺灣的末代總督揆一（Frederic Coyett）及其同僚合著的《被遺誤的臺灣》，是當事人說明與鄭成功自 1646 年起交手的經過，並陳述當鄭成功登陸鹿耳門，其又如何在無援軍的情況下，奮力抵抗，最後和談，投降退出臺灣的經過。這是作者為自己為何未能守住臺灣所做的解釋，不過我們亦可從中了解當時臺灣內外部治安環境的變化。

　　鮑曉歐（Jose Eugenio Borao）《西班牙人的臺灣體驗（1626～1642）—— 一項文藝復興時代的志業及其巴洛克的結局》[38]主要探討西班牙人在北臺灣的活動，當荷蘭人自 1625 年（明天啟 5 年）以來便壟斷福建與馬尼

---

2002 年 7 月、2003 年 12 月、2011 年 5 月）。

[37] 參閱：程紹剛，《荷蘭人在福爾摩莎》（De VOC en Formosa, 1624-1662），（臺北：聯經，2000 年 10 月）。

[38] Jose Eugenio Borao, 那瓜　譯，《西班牙人的臺灣經驗（1626-1642）—— 一項文藝復興時代的志業及其巴洛克的結局》，（臺北：南天，2008 年 12 月）。

拉之間貿易，迫使西班牙起而與之抗衡所引發的治安。

　　其次，西班牙急於建立據點，以進入迫害宗教的行動甚烈於日本，同時也要在葡萄牙人所掌控的媽港（澳門）之外，另尋其他途徑進行與中國接觸。但由於聖救主城只有約 600 名的士兵，西班牙人並未試圖征服福島（臺灣），或許是實力不足使然，也可能是西班牙帝國活動晚期開始自我設限之故，但從本書中亦不難窺出當時北臺灣在西班牙統治時期原住民和漢人緊張關係所發的治安。

　　達飛聲（James W. Davidson）《福爾摩沙島的過去與現在》[39]，岩生成一〈荷蘭時代臺灣與波斯之糖茶貿易〉[40]與中村孝治《荷蘭時代臺灣史研究上卷——概說‧產業》[41]師生的荷蘭時代臺灣史研究；而程紹剛《荷蘭人在福爾摩沙》[42]等人的論述，則透過對東印度事務報告深入了解荷蘭統治臺灣的經過，是繼村上直次郎[43]整理《巴達維亞城日記》之後，有關荷蘭統治福爾摩沙最新、最完整資料。

　　而鄭維中《荷蘭時代的臺灣社會——自然法的難題與文明化歷程》[44]則針對荷蘭時代福爾摩沙社會的文明化歷程加以分析；歐陽泰（Tonio Andrade）《福爾摩沙如何變成臺灣府》的論述荷蘭統治福爾摩沙時期荷蘭

---

[39] 該書於 1903 年，在倫敦、紐約、橫濱、上海、香港與新加坡同步推出，總計 776 頁，完整的原書名為 The Island of Formosa, Past and Present:History, People, Resources, and Commerical Prospects. Tea, Camphor, Sugar, Gold, Coal, Sulphur, Economical Plants, and other Productions，照字面翻譯，可為《福爾摩沙島的過去與現在：歷史、人民、資源、與商業發展——茶葉、樟腦、蔗糖、黃金、煤礦、硫磺、經濟植物，以及其他產品》。參閱 James W. Davidson, 陳政三　譯註，《福爾摩沙島的過去與現在》，（臺北：國立臺灣歷史博物館，2014 年 9 月），頁 xix-xx。

[40] 岩生成一，〈荷蘭時代臺灣與波斯之糖茶貿易〉，《臺灣經濟史》（二集），（臺北：臺灣銀行經濟研究室，1955 年 12 月）。

[41] 中村孝治，《荷蘭時代臺灣史研究上卷——概說‧產業》，（臺北：稻鄉，1997 年 12 月）。

[42] 程紹剛，《荷蘭人在福爾摩莎》（De VOC en Formosa, 1624-1662），（臺北：聯經，2000 年 10 月）。

[43] 村上直次郎，郭輝　譯，《巴達維亞城日記》，（臺北：臺灣文獻委員會，1970 年 6 月）。

[44] 鄭維中，《荷蘭時代的臺灣社會——自然法的難題與文明化歷程》，（臺北：前衛，2004 年 7 月）。

人和漢人如何共同殖民福爾摩沙，以及《決戰熱蘭遮：歐洲與中國的第一場戰爭》描寫 1661 年至 1668 年鄭成功軍隊如何入侵，包圍稜堡，利用戰術，誘使荷蘭人承認戰敗，交出臺灣主權。[45]上述外國學者的著作也都提供了荷蘭統治福爾摩沙時期治安的文獻。

　　三、探討東寧時期治安的檔案與文獻如：江日昇（升）的《臺灣外記》，內容記載從鄭芝龍起於 1621 年（明天啟元年）至 1683 年（明永曆 37 年、清康熙 22 年）鄭克塽出降的東寧王國興亡史，期間共 63 年。由於鄭氏家族的史料較少，本書雖有小說性質，但內容係江日昇的父親江美鰲原為鄭成功家族鄭彩翊部下，江日昇自幼從父，對鄭氏家族甚為熟悉，透過父子口傳方式，江日昇的《臺灣外記》填補了許多史料未載的空白，故成為學術上的重要參考資料。

　　而曹永和的《臺灣早期歷史研究》和《臺灣早期歷史研究續集》二書雖然是針對臺灣在荷蘭、西班牙和東寧王國統治時期的歷史論述，但仍然有助於對當時臺灣治安情形的進一步了解和分析，也是有關臺灣早期歷史和海洋史權威的代表作。包樂史（Leonard Blusse）的論述強調了鄭芝龍在中國官府與荷蘭人之間扮演的角色。[46]

　　四、探討清治時期治安的檔案與文獻如：郁永河的《裨海紀遊》共分三卷，〈卷上〉寫郁永河於 1697 年（清康熙 36 年）1 月初由福州出發到 2 月底日抵達臺灣的遭遇，當中對明鄭的歷史做了大概的敘述，也以大漢沙文主義對臺灣的原住民文化做了評論；〈卷中〉寫 4 月由臺南府城出發，一直到達淡水河硫磺地的情況；〈卷下〉寫煉硫、取硫的經過，直寫到 10 月採硫工作完成，搭船離開淡水河，經臺灣海峽，回到省城福州。

　　連橫的《臺灣通史》，網羅清代臺灣舊有方志撰寫而成，是臺灣三百年

---

[45] Tonio Andrade, 鄭維中　譯，《福爾摩沙如何變成臺灣府》，（臺北：遠流，2007 年 2 月）；《決戰熱蘭遮：歐洲與中國的第一場戰爭》，（臺北：時報文化，2012 年 12 月）。

[46] 有關包樂史（Leonard Blussé）著作，參閱 L. Blusse, "Minnan-jen or Cosmopolitan? The rise of Cheng Chih-lung alias Nicolas Iquan", in E. B. Vermeer, ed., *Development and decline of Fukien province in the 17th and 18th centuries* (Leiden, 1990).

來第一部通史巨著，內容記載有關臺灣歷史開始於 605 年（隋大業元年），止於 1895 年（清光緒 21 年），此書為紀四、志二十四、傳六十，凡八十八篇。

　　戴炎輝的《清代臺灣之鄉治》是充分運用《淡新檔案》將鄉庄之核心的組織體之自然鄉庄，及其聯合體之聯庄的組織，墾隘制，官令民間舉辦的保甲、團練及清庄聯甲等制之各歷史的演變，各組織體的法律上之性質及其任務，各組織體相互之間的影響。換言之，乃墾隘、保甲、團練及清庄聯甲如何影響於自然街庄及聯庄。亦即《清代臺灣之鄉治》對於清治臺灣時期的地方治安有非常深入的論述。

　　許雪姬《北京的辮子——清代臺灣的官僚體制》[47]的論述清代臺灣官僚體系；陳其南《臺灣的傳統中國社會》[48]；陳紹馨《臺灣的人口變遷與社會變遷》[49]；王世慶《清代臺灣社會經濟》[50]等文獻，在治安議題上的內容上亦有部分的論及。

## 貳、現代臺灣軍管治安的檔案與文獻

　　現代臺灣治安史的結構與變遷則包括了日治時期「殖民治安」（1895-1945）、國治時期「戒嚴治安」（1945-1987）的「軍管警察」治安（1895-1987）的年代。

　　一、探討日治時期治安的檔案與文獻如：《臺灣征蕃記》原名《高沙浪の跡》；而樺山資紀針對「牡丹社事件」所寫的〈日記〉與水野遵的《臺灣征蕃記》遺稿謄寫本，目前珍藏於國家圖書館臺灣分館。[51]

　　《臺灣拓植株式會社檔案》是以 1936 年 12 月臺灣拓植株式會社開辦

---

[47] 許雪姬，《北京的辮子——清代臺灣的官僚體制》，（臺北：自立晚報，1993 年 3 月）；許雪姬，《滿大人最後的二十年》，（臺北：自立晚報社，1993 年 3 月）。

[48] 陳其南，《臺灣的傳統中國社會》，（臺北：允晨文化，1997 年 10 月）。

[49] 陳紹馨，《臺灣的人口變遷與社會變遷》，（臺北：聯經，1979 年 5 月）。

[50] 王世慶，《清代臺灣社會經濟》，（臺北：聯經，1994 年 8 月）。

[51] 林呈蓉，《水野遵：一個臺灣未來的學畫者》，（臺北：臺灣書房，2011 年 12 月），頁 164-276。

的業務為保存主體，紀錄南進政策的強取華南、南洋和臺灣島內各種農、漁業資源所引發涉外性治安議題。

《臺灣樟腦專賣志》是收錄日治臺灣初期因為臺灣樟腦產銷結構問題所引發與外商權益之間的糾紛，也因開始官員干涉並取締外商的商業行為，演變成臺灣總督府與英德兩國領事的交涉問題。

《臺灣總督府公文類纂》永久保存的部分所收錄這些衝突的片段檔案，較之於日本外交史料館所收藏的外務省檔案，顯得散置於事件發生年份的檔案當中，而日本外交史料館類似編年史式的表列內容，可清楚看出外務省眼中的臺灣樟腦涉外事件的治安議題，以及所牽涉的相關單位、延續時間的長短。

對於日治時期的警政發展，當屬由臺灣總督府警務局所編寫的《臺灣總督府警察沿革誌》，詳細分別在第一冊的《臺灣總督府警察沿革誌（第一編：警察機關的構成）》中，敘述了日治時期臺灣警察機關的組成；

第二冊的《臺灣總督府警察沿革誌（第二編領臺以後的治安狀況（上卷））》中敘述了日治臺灣初期的治安；

第三冊的《臺灣總督府警察沿革誌（第二編領臺以後的治安狀況（中卷）：臺灣社會運動史》中敘述了日治臺灣中期的文化運動、政治運動、共產主義運動、無政府運動、民族革命運動、農民運動、勞動運動、右翼運動等重大社會運動的治安事件；

第四冊的《臺灣總督府警察沿革誌（第二編領臺以後的治安狀況（下卷）：司法警察及犯罪即決的變遷史》中敘述了日治臺灣刑事裁判制度及司法行政組織的變遷、刑事法規的變遷、犯罪即決的制度、司法警察的組織規程和犯罪搜查的相關規定，以及罰金和刑求處分的存廢問題；

第五冊的《臺灣總督府警察沿革誌（第三編警務事蹟篇》中敘述了日治臺灣警察人員的任免、賞罰、勤務、休假、講習、教養，以及制服、武器攜帶等相關規定。[52]

---

[52] 臺灣總督府警務局，《臺灣總督府警察沿革誌》，（臺北：南天，1995年6月）。

　　而對於日治時期的治安研究最具有代表性，資料蒐集最完備的除了由臺灣總督府警務局所編寫的《臺灣總督府警察沿革誌》之外，另外於 1945 年由總督府編纂的《臺灣統治概要》，以及伊能嘉矩的《臺灣文化志》則以日本人田野調查的研究方法，對於臺灣原住民、漢人之間關係的發展有詳細的第一手資料分析，除了關於臺灣族群的發展之外，特別是在清治時期臺灣文化、歷史、典章制度方面的整理，資料非常豐富，記載也很詳實。

　　另外《伊能嘉矩の臺灣踏查日記》一書，對於 19 世紀末期以前的臺灣，和日本統治臺灣以後的 20 世紀初期警察與原住民之間有關社會治安的問題，提供了不少研究的參考資料。

　　張漢裕與馬若孟（Ramon H. Myers）〈日本在臺殖民開發政策（1895-1906）──官僚經營的研究〉[53]、凃照彥《日本帝國主義下的臺灣》與矢內原忠雄《日本帝國主義下之臺灣》[54]等論述日本帝國主義統治下的臺灣發展；而戴天昭《臺灣國際政治史》[55]的論述則偏重臺灣在近代國際政治上處境；吳三連、葉榮鐘等人《臺灣民族運動史》[56]的論述則偏重在日治時期臺灣民族的政治社會運動。

　　另外，陳翠蓮《臺灣人的抵抗與認同：1920-1950》[57]則論述日治中期臺灣人的抵抗運動與國家認同的過程；大陸學者李理《日據臺灣時期警察制度研究》[58]除描述日治時期臺灣警政之外，還針對臺灣與朝鮮、滿州的治安做了比較。

　　二、探討國治時期戒嚴治安的檔案與文獻如：《臺灣省通志《重修臺灣

---

[53] 張漢裕與馬若孟（Ramon H. Myers）著，〈日本在臺殖民開發政策（1895-1906）－官僚經營的研究〉，金耀基等著，《中國現代化的歷程》，（臺北：時報出版公司，1990 年 11 月），頁 299-331。

[54] 凃照彥，《日本帝國主義下的臺灣》，（臺北：人間，1993 年 11 月）；矢內原忠雄，《日本帝國主義下之臺灣》，（臺北：海峽【重刊】，1999 年 10 月）。

[55] 戴天昭，《臺灣國際政治史》，（臺北：人間，1997 年 1 月）。

[56] 葉榮鐘 等，《臺灣民族運動史》，（臺北：自立晚報社，1982 年 2 月）。

[57] 陳翠蓮，《臺灣人的抵抗與認同：1920～1950》，（臺北：遠流，2008 年 8 月）。

[58] 李理，《日據臺灣時期警察制度研究》，（臺北：海峽，2007 年 12 月）。

省通志》外，李湧清和章光明的論述，前者強調警察治安角色的影響因素，包括政治、法律、社會大眾、警察自我認知與科技；後者強調警察的許多行為都需透過政治過程與政治手段完成。

　　陳宜安的《我國國家體制與警政發展》，是以臺灣戒嚴體制的個案（1950～1987），從歷史學途徑分析警政發展的特質，及其國家體制的關係；至於，呂實強與許雪姬、許介鱗、陳純瑩分別在《臺灣近代史（政治篇）》中論述清治時期、日治時期，和中華民國在臺灣時期有關警政的發展。

　　而由中央警官學校（現改名中央警察大學）編輯出版的《六十年來的中國警察》則是敘述中華民國自 1911 年（民國 1 年）成立以來，至 1971 年（民國 60 年）的警政發展，這時間涵蓋 1949 年（民國 38 年）以前中華民國政府在大陸時期，和退居臺灣以後至 1971 年（民國 60 年）止的警政發展。

　　其內容除了有〈六十年來的警察發展簡史〉和附錄的〈六十年來警察大事記〉之外，還專章分別敘述了六十年來的警察法令、警察組織、行政警察、刑事警察、專業警察、警民關係、警察教育等七章專論警政發展，是一部針對中華民國這六十年來完整的警政發展史。[59]

　　另外，內政部警政署編印《中華民國（臺灣地區）警察大事記》，則是分月紀錄了從 1945 年（民國 34 年）至 1994 年（民國 83 年）期間五十年的警察大事記，在內容上雖沒有《六十年來的中國警察》一書的再分別以專題論述，卻可以部分補齊 1971 年（民國 60 年）以後，至 1994（民國 83）年之間解嚴前後的重大警政工作紀錄。[60]

---

[59] 中央警官學校編輯委員會，《六十年來的中國警察》，（臺北：中央警官學校，1971 年 12 月）。

[60] 內政部警政署，《中華民國（臺灣地區）警察大事記》，（臺北：內政部警政署，1995 年 12 月）。

## 參、後現代臺灣警管治安的檔案與文獻

後現代臺灣治安史的結構與變遷則是指國治時期解嚴治安
（1987-2019）和法治治安（2019-迄今）的「警管治安」（1987-迄今），其
重要的檔案與文獻如：陳添壽、章光明的〈警察與國家發展〉，孟維德、許
福生的〈臺灣警察組織的變遷〉、桑維明、章光明的〈臺灣警政發展史——
警察政策〉，李宗勳、陳宜安、吳斯茜的〈臺灣警察警政發展史——警察教
育篇〉，張淵菘、章光明的〈臺灣警察業務發展史〉，廖有祿、林裕順的〈犯
罪偵防發展史〉，黃俊能、張維平、曾兆延的〈臺灣警政科技發展史〉，蔡
庭榕、劉嘉發的〈臺灣警察發展史——法制篇〉，陳明傳的〈中華民國百年
警察史——警察勤務發展史〉等多篇論文，主要內容論述臺灣自 1945 年光
復以來至 2011 年中華民國一百年的警政發展。[61]

另外，孟維德的〈我國警政模式的變遷與發展——民國元年～一百
年〉，採用了警察組織的外在環境、警察的職權來源、警察的功能、警察組
織的設計、警察運作策略、警察績效和警政管理的理論架構等七項與警政
變遷關係密切的指標，做為各發展階段的基礎，提供本書在分析影響臺灣
治安史的結構與變遷中有關涉外際性、政治性、經濟性、社會性等治安的
參考項目。[62]特別是孟維德的針對跨國主義、跨國犯罪的定義與類型有深
入分析，提供本書涉外性治安的思考。

上述參考文獻不論是前現代、現代或後現代的治安文獻，不是偏重於
國內，就是偏重於國外政經發展的論述，而且也都只是限於階段性警政發
展或治安的論述，對於完整的臺灣治安史的論述比較缺乏。

---

[61] 桃園縣警察之友會，〈「臺灣警政回顧」成果發表會——臺灣地區警政發展史研究成果報
告〉，（桃園：中央警察大學，2012 年 11 月 7 日）。該報告嗣經修改後收錄章光明主編的
《臺灣警政發展史》，由中央警察大學、警政署於 2013 年 10 月共同出版。

[62] 孟維德，〈我國警政模式的變遷與發展——民國元年～一百年〉，中央警察大學行政警察
學系暨警察政策研究所，《建國百年治安、警政變革與展望學術研討會論文集》，（桃園：
中央警察大學，2011 年 5 月 24 日），頁 21-42。

　　換言之，由於本書的研究範圍涵蓋臺灣早期歷史，但因歷史發展過程曲折，不但時間長達 400 多年，特別是比較早期的原住民時期和荷西時期，由於臺灣受到不同政權的統治，導致臺灣在地文化的無法累積與完整的真實呈現。

　　臺灣在中國隋朝以後雖有琉球、東番等與臺灣相關的記載，但多雪泥鴻爪，而荷蘭、西班牙統治福爾摩沙時期的文獻，則以東印度公司福爾摩沙督辦或教會的工作日記及報表居多。

　　及至東寧時期，雖始具「國家」雛形，但因立國期間短暫，本身可供記述史事就不多，加上大清國對鄭氏文物蓄意毀壞，不容易找到原始鄭氏文獻。而清治時間雖久，但多屬地方志類的官文書。因此，在日治以前的臺灣研究文獻比較缺乏嚴謹的相關統計資料，而難以採用量化的研究方法加以分析。

　　及至日治和國治時期，隨著這時間累積和研究方法的精進，可供參考的文獻已汗牛充棟。因此，本書為顧及臺灣治安史的連續性與整體性，而所特別採取的文獻分析法也僅能就相關參考資料和相關領域的研究成果，參考其資料及相關文獻，並將其部分研究整理成圖形和表格，或透過將原文置於注釋中說明的方式，儘量避免引用繁瑣、艱澀的文字，以保持本書論述的流暢。

　　若將本書的論述，定位為歷史研究，顯然有其勉強之處，畢竟對資料的處理並為完全符合學術上歷史研究的要求。然而，本書對於相關次級資料的發掘、蒐集與取得，雖受到時空及個人能力的限制，但仍力求完整，或許仍然還有許多未盡周詳的地方。

　　未來筆者仍將一本初衷，繼續深入探索，以期內容上能更詳盡、豐富，特別是臺灣進入政治民主化、經濟市場化和社會公民化之後，應該尋求治安與國家發展在回應全球化，和保障人權的兼顧憲政體制與促進人民福祉，是本書應該繼續探討的目標。

# 第六節　章節安排

本書將臺灣治安史分為三大階段歷史變遷，共計九章。

第一章導論，旨在介紹本研究的動機與目的、研究途徑與分析架構、研究範圍與文獻探討，以及本書的結構說明。

臺灣治安史第一大階段歷史變遷：前現代的臺灣傳統治安年代（1349-1895），包括第二章從失竊時代涉外性、村社型政治性、自足式經濟性、氏族化社會性治安來論述原住民時期村社治安的結構與變遷（1600-1624），綜合形塑了民會政府型態的治安角色；

第三章從大航海時代涉外性、重商型政治性、複合式經濟性、多國化社會性治安來論述荷西時期商社治安的結構與變遷（1624-1662），綜合形塑了商社政府型態的治安角色；

第四章從近世國家時代涉外性、封建型政治性、宗主式經濟性、土著化社會性治安來論述鄭治時期軍屯治安的結構與變遷（1662-1683），綜合形塑了封建政府型態的治安角色；

第五章從工業革命時代涉外性、皇權型政治性、君主式經濟性、定著化社會性治安來論述清治時期移墾治安的結構與變遷（1683-1895），綜合形塑了邊陲政府型態的治安角色。

臺灣治安史第二大階段歷史變遷：現代的臺灣軍管警察治安年代（1895-1987），包括第六章從民族主義時代涉外性、軍國型政治性、統制式經濟性、內地化社會性治安來論述日治時期殖民治安的結構與變遷（1895-1945），綜合形塑了殖民政府型態的治安角色；

第七章從極端主義時代涉外性、威權型政治性、家父長式經濟性、黨國化社會性治安來論述國治時期戒嚴治安的結構與變遷（1945-1987），綜合行塑了戡亂政府型態的治安角色。

臺灣治安史第三大階段歷史變遷：後現代的臺灣警管治安年代（1987

以後迄今），是第八章從後冷戰時代涉外性性、政黨型政治性、夥伴式經濟性、多元化社會性治安來論述國治時期解嚴治安的結構與變遷（1987-20），綜合形塑了轉型政府型態的治安角色。

第九章是結論與展望。結論是國際環境涉外性從失竊經大航海時代、近世國家時代、工業革命時代、民族主義時代、極端主義時代到後冷戰時代的治安變遷，政治性從村社型經重商型、受封型、皇權型、軍國型、威權型到政黨型的治安變遷，經濟性從自足式經複合式、宗主式、君主式、統制式、家父長式到夥伴式的治安變遷，社會性從氏族化經多國化、土著化、定著化、內地化、黨國化到多元化的治安變遷，綜合形塑治安角色的從傳統治安經軍管治安到警管治安的角色變遷。

展望未來，臺灣治安發展已經進入法治治安的階段，面對國際環境的全球化時代涉外性治安和國內環境的民主型政治性治安、市場式經濟性治安、公民化社會性治安，其所綜合形塑的法治治安新時代的偏重保障人權與促進服務效率追求，遂成為是走向公共服務政府型態所必須扮演的治安角色和必須面對的新課題。

上　編

臺灣治安史第一大階段歷史變遷：

前現代的傳統治安年代（–1895）

# 第二章　原住民時期與民會治安 （1349-1624）

沒有共同體的自由，是瘋狂；沒有自由的共同體，是奴隸。

～Zygmunt Bauman(1925-2017，英國社會學家、哲學家)

　　臺灣的土著（native）或稱為臺灣原住民族。在歷史文獻上有關臺灣的記載，如《尚書・禹貢》的「島夷」，《列子・湯問》的「岱員」，《山海經・海內南經》的「彫題」，《史記・秦始皇本紀》的「蓬萊」、「方丈」、「瀛洲」，《漢書・地理志》的「東鯷」，《三國志・孫權傳》的「夷洲」，和《隋書・東夷列傳》的「流求」，都指涉臺灣。[1]

　　因此，就有秦朝稱「瀛洲」、三國稱「夷洲」、漢朝稱「東鯷」、隋朝稱「流求」，乃至於唐朝稱「島夷行」、宋朝稱「毗舍耶」（Bisaya）等不同的說法。不過根據近期的研究，例如隋朝時代稱的「流求」與元朝的「瑠求」，很有可能是目前的琉球而非臺灣。[2]

　　對於臺灣原住民族住居與生活的地理區域而言，乃有生於本地、來自南方、來自西方，及來自北方的四種可能，亦有認為多屬於南島語系（Austronesian Language Family）的馬來玻利尼西亞族群，早期對外接觸地區或許僅限在南洋、大洋洲等地。

---

[1] 有關臺灣地名的變遷可參閱：伊能嘉矩，國史館臺灣文獻館　編譯，《臺灣文化志（修訂版）》【上卷】，（臺北：國史館臺灣文獻館　編譯，2012 年 1 月），頁 2-65。

[2] James W. Davidson, 陳政三　譯註，《福爾摩沙島的過去與現在》，（臺北：國立臺灣歷史博物館，2014 年 9 月），頁 xx。

但臺灣如同林謙光所著《臺灣紀略》，被視為清代早期地志的記述臺灣是海中孤島，地在東隅，形似彎弓，其證明某一過去之時代由中國大陸分離而成之地質學者的考定，和人文上的沿革，自然屬於中國漢族。

而就其發展的歷史可以遠溯公元前的年代，如果只說臺灣人四百年史，而不說臺灣人幾千年史或幾萬年史，其說臺灣人四百年史，這個「臺灣人」已有中國的成分在。因為，這個陳述忘了來自東南亞的臺灣人，而僅指四百年前開始大量由中國大陸來的臺灣人。[3]

中華民國政府於 1996 年 12 月 10 日正式成立「原住民委員會」，將爭議多時的「山胞」、「高山族」、「番族」等不一的名稱正式定名為「原住民」，以對原臺灣住民的尊重，2002 年 3 月又將原住民委員會改稱「原住民族委員會」，更符合臺灣許多原住民部族的事實。當然，臺灣各個土著民族之間的關係，並不是一個籠統的「原住民」稱呼就可以概括的。

臺灣的原住民族基本上分為高山族和平埔族兩大族群，居住在平原地帶的「平埔族」約有 10 個族群。四百多年以來，平埔各族在漢人來臺開拓，先後與其同化，現絕大部分幾乎無法分別。

高山族是相對於平埔族的稱呼，也就是一部分是居住在臺灣中央山脈和東部峽谷和海岸地區的原住民人口，計有 14 個族群。高雄那瑪夏區山頭上，有一個叫「卡那卡那富」族的長久以來被歸為阿里山鄒族，他們爭取正名，成為臺灣的第 15 族與 16 族。

西方國家對「臺灣」的稱呼，如葡萄牙稱臺灣為「福爾摩沙」（Formosa）。臺灣之所以被稱為福爾摩沙，乃因為 16 世紀中葉一艘葡萄牙船隻駛過臺灣，船員見到島上綠意蔥籠，遂大呼 Ilha Formosa，意指「美麗之島」。

但翁佳音根據 1596 年出版林斯豪頓《東印度水路誌》內的地圖與文字後，認為福爾摩沙其實是指更東北方琉球的奄美大島，以前叫「小琉球」。而當時平埔族的「大員社」或稱「臺員社」，亦由「大員」或「臺員」轉

---

[3] 林滿紅，《晚近史學與兩岸思維》，（臺北：聯經，2002 年 10 月），頁 178。

音為「臺灣」。因此，「臺灣」的正式命名為臺灣，一直要到來自福建的漢人顏思齊踞有其地，始稱臺灣。[4]

## 第一節　原住民時期治安議題

承上論，臺灣在 4、5 萬年前漸漸與中國的大陸版塊分離，大約在 1 萬年前形成和今天形狀大略相當的島嶼。1624 年以前的 6 千年至 7 千年可謂是臺灣的古代史。

根據歷史演進過程可分為：第一，舊石器時代已知用火，主要使用打製石器、骨角器為工具來採集植物和獵取動物，過著採集、狩獵和漁撈的生活。這一文化人約在 5 萬年前出現，5 千年前消失。

第二，新石器時代開始懂得以根莖作物為主的初級農耕，到了中、晚期逐漸轉變成以稻米等穀類作物為主的農耕，是臺灣最早稻米栽培。

第三，金屬器時代已發展到使用鐵器和銅器階段，主要還是過著稻米等穀類作物為主，根莖作物為副的農耕生活，這些不同類型的文化都被原住民族的祖先承傳下來。[5]

對於臺灣原住民族而言，是「未有臺灣，先有祖靈之邦」。臺灣原住民時期所謂的「失竊」時代所指的正是原住民族在地理上和歷史上被國際孤立和沒有自己文字記載的臺灣。原住民時期臺灣治安議題只能依賴主要歷史文獻中尋找有關臺灣的記述性分析。

因此，本章將針對原住民時期治安的結構與變遷，採取失竊時代貿易、海盜、走私、漁場和海域資源等治安議題所引發的涉外性治安，從無中央政府狀態、村社民會、村社長老領導權等議題所引發的村社型政治性

---

[4] 臺灣史料集成編輯委員會　編，臺灣史料集成 清代臺灣方志彙刊（第一冊），蔣毓英　纂修，《臺灣府志》，（臺北：文建會，2004 年 11 月），頁 124。
[5] 薛化元，《臺灣開發史》，（臺北：三民，2008 年 1 月），頁 5。

治安，從樵採、漁獵場域、水資源和地權等議題所引發的自足式經濟性治安，從馘首、竊盜、姦淫、賭博、傷害、殺人、酗酒、瘧疾等議題所引發的氏族化社會性治安，最後就其所形塑綜合性民會治安的會議政府型態治安角色，加以分別論述。

## 第二節　失竊時代涉外性治安

　　檢視人類社會的演變過程，從村社經酋邦（chiefdom）、邦國（城邦）、王國到帝國，但承上述臺灣卻長期停滯在村社階段。對照人類文明史進程的通則，所謂石器、青器和鐵器的三階段，臺灣卻沒有經過青銅的時代。

　　結束於 17 世紀的臺灣史前史，直到最後的四百年，社會組織依然簡單，生產力依然低落，沒有出現前古代國家時期的貧富分化和社會分工。在這個最後階段，臺灣島嶼沒有出現較複雜的政治體，不論是內在自然發展的結果或是外力強加的政權，都不曾有過。

　　因此，臺灣原住民族雖然經過一段相當漫長的歲月，卻未曾有過「國家」（nation）的出現。從競爭性國家體系和世界性資本主義體系檢視原住民時期的涉外性治安，不論是與臺灣海峽對岸中國大陸，或來自東北方較遠日本的對外活動，畢竟只限於東亞經濟生活圈。

　　到了 15 世紀開始，當時東亞和西歐都有航海家從事航海和探險，他們的努力冒險促成日後世界文明的交匯，而當時臺灣原住民族的涉外性海域活動，主要可以從 1405 年大明國的鄭和下西洋加以檢視，而當時所謂的西洋，是指婆羅洲以西的一切海洋。

　　鄭和下西洋猶如明朝中後期 16 世紀晚期《順風相送》早就有海南漁民和商人在南海諸島的往來活動與針路記載，但這並不構成主張臺灣主權的要件，卻凸顯 17 世紀以前中國造船技術與航海能力可與當世歐洲國家並駕齊驅。

　　鄭和下西洋並未如歐洲國家航海探險的性質，其大都巡弋於古來亞洲

商人熟悉的海域和航線，主要目的是蒙古元國海軍遠征印尼與日本的遺緒，缺乏強烈的商業動機。當時的大明國受困於北方的邊患，並不注意海權的發展。在鄭和的海洋活動之後，有利於發展航海的事業並未持續下去。如果從明國中葉算起，到 1840 年鴉片戰爭，明清國約有長達四百年遠離海洋的閉關自守歲月。

對於當時引發的臺灣涉外性治安議題，根據金鋐主修《康熙福建通志臺灣府》指出，臺灣府，本古荒裔之地，未隸中國版圖。[6]高拱乾指出，臺自破荒以來，不載版圖、不登太史，星野分屬，何從而辨？然臺係屬於閩，星野宜從閩。[7]施琅指出，臺灣遠在海表，昔皆土番，流民雜處，未有所屬。及明季時，紅彝始有，築城，與內地私相貿易。後鄭成功攻佔，襲踞四世。[8]

而就澎湖（彭湖）的地理位置而論，澎湖位居臺灣本島和中國大陸之間，是進入臺灣的門戶，其發展歷史也一直要到了 12 世紀的宋代才有漢人移住的文物遺跡。南宋的泉州知府汪大猷為了防衛澎湖（當時稱平湖）漢人免受外來的侵擾，曾經臨時性的派兵戍衛，這是拉開官方重視涉外治安的序幕。[9]

然而，正式的涉外治安機構也要等到了 1335-1340 年間（元帝國至元年間）澎湖才有類似現代海巡單位「巡檢司」的設置，特別是見諸於 1349 年汪大淵的《島夷治略》。因此，原住民時期治安本文採由這一年開始敘述。

1368 年大明國建國之初，更受制於張士誠、方國珍餘黨的與日本倭

---

[6]　臺灣史料集成編輯委員會　編，臺灣史料集成 清代臺灣方志彙刊（第一冊），金鋐 主修，《康熙福建通志臺灣府》，（臺北：文建會，2004 年 11 月），頁 35。

[7]　臺灣史料集成編輯委員會　編，臺灣史料集成 清代臺灣方志彙刊（第二冊），高拱乾 纂輯、周元文 增修，《臺灣府志》，（臺北：文建會，2004 年 11 月），頁 64。

[8]　施琅，〈平臺紀略碑記〉，臺灣史料集成編輯委員會　編，臺灣史料集成 清代臺灣方志彙刊（第二冊），高拱乾 纂輯、周元文 增修，《臺灣府志》，（臺北：文建會，2004 年 11 月），頁 449。

[9]　曹永和，《臺灣早期歷史研究》，（臺北：聯經，1979 年 7 月），頁 94。

寇勾結。日本倭寇可以上溯至 13 世紀初，一般分為前期與後期，前期從 13 世紀初到 15 世紀，也就是到明朝初期，侵擾地域以朝鮮為主，次及中國；後期主要指 16 世紀，侵擾地域從中國、東中國海，一直到南洋一代。

　　大明國不得不在 1374（洪武 7 年）年廢除將元代以來鼓勵對外貿易的「市舶司」，1388（洪武 21 年）年更強制澎湖住民移往中國大陸，並撤廢「巡檢司」，凸顯大明國面對來自海上安全所採取的閉關治安政策。但是閩粵地區的漢人仍然根據地理和自然環境因素，很自然地選擇了澎湖和移居臺灣。

　　大明國的海禁治安就這樣延續了將近兩百年，到了明嘉靖間（1522-1566）澎湖屬泉州同安，設巡檢守之，旋以海天遙阻，棄之。[10]但是明嘉靖年間的倭寇之亂，和閩粵一帶的漳、潮海盜領袖曾一本、林道乾、林鳳等人，先後都因逃避官兵緝捕而來到澎湖再轉至臺灣魍港、打鼓山等地。

　　為因應來自海盜大肆在海洋上進行搶劫或暴力，迫使 1563 年（嘉靖42 年）大明國為防制海盜猖獗，不得不又恢復「巡檢司」的海防治安單位，並於 1607 年（明萬曆 35 年）改置「衝鋒兵」的加強防備武力之後，部份的海盜及走私活動轉而嚴重威脅到臺灣治安。澎湖天后宮在 1919 年地下挖出「沈有容諭退紅毛番韋麻麻郎等」碑，印證 1604 年（明萬曆 32 年）福建都司沈有容迫使荷蘭人離開的歷史事蹟。

　　檢視「巡檢司」設置與撤廢的舉棋不定，凸顯大明國對澎湖海防安全受制於倭寇和海盜的涉外性治安議題。尤其大航海時代初期的海盜李旦、顏思齊和鄭芝龍，由於受到朝廷加強澎湖防備的影響，導致都先後出現在臺南（安平）一帶，從事跨國性的走私貿易。

　　例如顏思齊的一生充滿傳奇，他曾於 1624 年（明天啟 4 年）率眾來臺

---

[10] 臺灣史料集成編輯委員會　編，臺灣史料集成 清代臺灣方志彙刊（第二冊），高拱乾　纂輯、周元文　增修，《臺灣府志》，（臺北：文建會，2004 年 11 月），頁 69-70。

墾拓，被人稱「開臺王」，但隔年即過世，就近葬在諸羅山上，也就是現今的嘉義縣水上鄉遺址，其領袖位置則由鄭芝龍接替。

尤其是有「海上大王」之稱的鄭芝龍，其所奠下以臺灣為亞太地區的營運中心，是第一個以臺灣為基地的中國海商。他扮演一身的盜、商、官三種身份，其後更深深影響子孫鄭成功和鄭經的對臺灣經略，而當時的臺灣在實際上和名義上始皆歸屬中國。[11]亦即官方在維護涉外性治安工作上，對於海盜或海商的辨識和處置充滿灰色地帶，也極易造成「海商亦海盜」角色的模糊現象。

陳第〈東番記〉指出，自通中國，頗有悅好，姦人又以濫惡之物欺之，彼亦漸悟，恐淳朴日散矣。[12]「海商亦海盜」行為除了在海洋及沿海地區進行暴力殺戮、搶劫財物與擄掠，而增加維護社會治安的困難度之外，它還進行各種軍事的武裝戰爭，諸如反抗官府與地主豪紳的武裝活動，以及抗擊葡萄牙、西班牙、荷蘭和英國等西方強權國家在東亞海域所引發主權爭議的涉外性治安議題。

另外，日本東亞海上活動也是影響臺灣涉外性治安議題的重要環境因素。1592 年（明萬曆 20 年）長崎、京都和堺的商家，獲得幕府將軍豐臣秀吉特准海外貿易的「朱印狀」，於是裝備朱印船，開往南方海域尋求發財機會，並在臺灣島大員設立總部從事日本、大明、澳門、安南、暹羅、呂宋、以及爪哇間的定期貿易。1593 年（明萬曆 21 年）豐臣秀吉曾派臣攜國書於使呂宋之便，要致「高山國」（Takasago, 臺灣）促其入貢，但因當時所謂「高山國」並非具統一政權的國家而沒有結果。

特別是到了 1609 年（明萬曆 37 年）和 1611 年（明萬曆 39 年）九州島原藩主有馬晴信、長崎代官村山等安的兒子村山秋安都曾分別率船帶兵來到臺灣，而此時島上已群居不少的大明國人，加上為數龐大的土著，群起對抗入侵者，日方統領兵力薄弱，眼看無法戰勝，失望的離開。

---

[11] 曹永和，《臺灣早期歷史研究》，（臺北：聯經，1979 年 7 月），頁 13。

[12] 陳第〈東番記〉，周婉窈，《海洋與殖民地臺灣論集》【臺灣研究叢刊】，（臺北：聯經，2012 年 3 月），頁 150。

德川甚至指示有馬晴信到臺灣的任務，就是偵察港灣、調查物產、連絡土著，和開展對大明帝國的轉口貿易等，命令他視察之後，大明、日本之船可會合於「高砂（山）國」，實行通商。長崎代官是長崎最高行政長官「長崎奉行」之下的官職，相當於現在的市長兼治安首長。

陳第〈東番記〉指出，臺灣原住民族始皆聚居濱海，嘉靖末，遭倭焚掠，迺避居山。[13]日本的侵擾行動雖然失敗，但臺灣在東亞地區所受到重視的地理位置，特別是發展出「會船點」（rendezvous）型態，臺灣變成是大明國、日本「勘核貿易」管制下，走私貿易者到東南亞港口的一個會合地。由於日本海上勢力已曾分別到達臺灣北部的基隆和南部的安平一帶，因而形成以臺灣、福建和日本九州為核心的三邊貿易，促使走私議題引發的臺灣涉外性治安。

換言之，原住民時期臺灣涉外性治安議題在大航海時代除了要面對東亞海域大明國、日本的海盜侵犯和跨國走私之外，當時西方歐洲部分國家因受到自己國內生產資源的有限，而對於市場迫切需求的影響，導致葡萄牙、西班牙、荷蘭等國家的不顧海上安全，而且抱持不惜一戰的接踵東來，積極開拓市場資源和建立貿易據點，但這並不代表大明國就可以容忍他國有侵佔澎湖的舉動，這也是後來大明國對於荷蘭人企圖佔領澎湖時用兵的主要原因。

回溯西班牙於 1628 年（明崇禎元年）佔領北福爾摩沙淡水一帶，而與 1624 年（明天啟 4 年）佔據南福爾摩沙大員（今安平一帶，尚未指稱今天的臺灣全島）的荷蘭形成對峙，而在 1642 年（崇禎 15 年）才由荷蘭完全佔領，開啟了福爾摩沙從「失竊時代」進入文字歷史與接觸西方文明的時代。

因此，大航海時代涉外性治安議題也在荷蘭人脫離西班牙統治，和從羅馬帝國的宗教和王權束縛中釋出之後，緊追隨著葡萄牙、西班牙人的海外航道擴張，在亞洲建立了從印尼到日本的商業王國，在這條商業利益鏈

---

[13] 陳第〈東番記〉，周婉窈，《海洋與殖民地臺灣論集》【臺灣研究叢刊】，（臺北：聯經，2012 年 3 月），頁 149。

中包括了臺灣。

　　當時代表宗教王權的義大利曾站在中世紀商業革命和分工制度的最前線，一直到 16 世紀，義大利不論在提供對北歐或西班牙的銀行服務，或在製造業、商業上都扮演重要角色，但是它從來沒有能真正抓住市場轉向的大機會，而有一番大做為，至少義大利的船隻從來就沒有進入印度洋或橫越大西洋。

　　在其他國家競相到海外發展和尋求新市場之際，義大利卻十分內向地僅在內海發展。同時，該國受到社會的舊結構束縛甚深，工會控制了工業，使製造業無法隨社會市場的需求改變而有所調適。[14]

　　荷蘭東印度公司於 1622 年（明天啟 2 年）攻佔澳門失敗後，不得不從大明國的大陸沿岸撤退，而暫時占領澎湖，並於風櫃尾強行築城。由於大明國堅持澎湖在其皇朝版圖內，荷蘭船隊司令官不得不於同年來福爾摩沙測量是否有合適的替代港口。

　　翌年，又兩次派荷蘭商人，在漢族商人陪同下來到臺南的蕭壠、麻豆社進行交流。在原住民族不反對，甚至協助提供建築材料下，荷蘭人暫時選擇臺南（大員）海岸，有大海灣環繞的沙汕上，築起一座簡單的防禦城砦與貨棧，以確保治安來進行商業活動。

## 第三節　村社型政治性治安

　　結束於 17 世紀的臺灣史前史，直到最後的近 5 百年，原住民族仍然沒有出現較複雜的政府體制，都不曾有過統一政權的「國家」（nation-state），過的是「無曆日文字」。

　　陳第〈東番記〉指出，東番夷人不知所自始，居彭湖外洋海島中，起

---

[14] 湯錦台，《大航海時代的臺灣》【全新增修版】，（臺北：如果出版社，2011 年 11 月），頁 5。

魍港、加老灣，歷大員皆其居也，斷續凡千餘里。種類甚蕃，別為社，社
或千人、或五六百，無酋長，子女多者眾雄之，聽其號令。鄰社有隙則興
兵，期而後戰，疾力相殺傷，次日即解怨，往來如初，不相讐。所斬首剔
肉存骨，懸之門，其門懸骷髏多者，稱壯士！壯士！[15]

　　雖然在臺灣原住民族中的卑南族、排灣族曾出現有過跨其原有族群及
部落的「大龜文王國」，以及臺灣中部平埔族建立的「大肚王國」
（Quantawong）。但檢視「大龜文王國」（現屬屏東縣獅子鄉的大龜文社）
其組織、制度仍屬部落階段，從學術嚴謹來說不能稱作「王國」。但若從
文化認同、想像共同體的角度而論，稱作「王國」，亦如一般人或企業所
稱的「電子王國」、「音樂王國」。

　　對「大龜文王國」有致命影響的是 1875 年與清帝國爆發的「獅頭社戰
役」，和 1914 年與日本發動的「南番事件」，「大龜文王國」社群的武器
全被日本繳械。至於，「大肚王國」則在清帝國採取「以番治番」的武裝
制壓後，「大肚王國」社群才在雍正（1723-1735）以後完全散失。

　　檢視「大龜文王國」、「大肚王國」其實也只是極為鬆散的村社聯盟，
沒有具體的組織和有效率的統制形式。易言之，「社」是當時大明國移民
的稱呼臺灣原住民（土著）部落，一律稱「社」。

　　臺灣原住民族政治性質體制的組成，乃依聚落形成村社所組成共同體
的村社意識。陳第〈東番記〉指出，族又共屋，一區稍大，曰公廨，少壯
未娶者，曹居之，議事必於公廨，調發易也。[16]

　　高拱乾進一步指出，土官有正、有副，大社至五、六人，小社亦三、
四人。隨其支派，各分公廨。有事，咸集於廨以聽議；小者皆宿外供役。
[17]顯現原住民族從無酋長到類如里長、保甲的正副土官，以統攝番眾的設

---

[15] 陳第〈東番記〉，參閱：周婉窈，《海洋與殖民地臺灣論集》【臺灣研究叢刊】，（臺北：聯經，2012 年 3 月），頁 147-148。

[16] 陳第〈東番記〉，周婉窈，《海洋與殖民地臺灣論集》【臺灣研究叢刊】，（臺北：聯經，2012 年 3 月），頁 148。

[17] 臺灣史料集成編輯委員會　編，臺灣史料集成　清代臺灣方志彙刊（第二冊），高拱乾　纂

置，極可能是為了與漢人對話而產生的制度。[18]

　　例如西拉雅人在決策模式上是由 12 名適當男子組成之會議，每兩年全部改選，被選任者，同為約 40 歲之年齡層。社中重要事務先在社中議論；然後提於社中大會上，由社中長老為自己意見辯解，試圖說服社民接受其觀點。實行與否，由此社中大會決定，決定權不在社中會議。

　　至於西拉雅人對於犯罪行為的盜竊、殺人與姦淫等案件，並非由社中會議執行懲罰，慣例是由個人直接求償與報復。陳第〈東番記〉指出，盜賊之禁嚴，有則戮於社，故夜門不閉，禾積場，無敢竊。[19]亦即「番社會議」是行政業務的執行單位，稱「村（番）社會議」；而「番眾大會」是民意組織，稱之為「村（番）社民會」。

　　承上述，檢視原住民族村（番）社組織的主要特性有：第一，村社的規模不是很龐大，當村社發展至類似近代國家時，就不稱為村社或部落了；第二，村社的統馭方式並非全然制度化，一部分是依循傳統式的，一部份就是個人領導的；第三，村社成員對村社具有強烈的歸屬感。

　　雖然缺乏一個強有力的「中央政府」體制，沒有政府和正式法律，但密集的社會網絡仍以建構在族長組成的「村社會議」與番眾組成大會的「村社民會」，形成兩權分立的相互制衡機制。

　　村社的最高權力機構既是掌握在「村社民會」，權力行使則是以透過「村社民會」的討論決策模式，推動各項決議事項，擁有命令與制裁權，因而相對地制衡各族長村社會議的行政權。議題內容包括村社的經濟、行政、祭禮及仲裁等重要事項，用以徵集稅收，負責治安，以利權力運作，至於人民生命財產的保護則是次要的。

　　「村社民會」也會每年定期提出對農耕經營項目的商議，例如協調播

---

　　輯、周元文　增修，《臺灣府志》，（臺北：文建會，2004 年 11 月），頁 320。

[18] 臺灣史料集成編輯委員會　編，臺灣史料集成　清代臺灣方志彙刊（第九冊），六十七、范咸　纂輯，《重修臺灣府志（下）》，（臺北：文建會，2005 年 6 月），頁 614-615。

[19] 陳第，〈東番記〉，周婉窈，《海洋與殖民地臺灣論集》【臺灣研究叢刊】，（臺北：聯經，2012 年 3 月），頁 149。

種時間、分配耕地等，都會利用村社民會做出決定。尤其，每當在「村社民會」閉會後，都會固定以舉行餐會的方式，讓與會村社代表盡情歌舞聯誼，所需費用則由不分割共有地的生產物所得來支付。

原住民所建構的村社權力組織與運作機制，形成原住民特有的村社封建制，而與當時漢人移民社會的權力機制並存。同時，也與其他國家村落共同體的政治組織構造不盡然相同。

就臺灣原住民時期共同體的有序的近似無政府狀態，是有關村社體系可以從衝突中產生秩序的趨向。這一趨向正如一直在歐洲中世紀及現代統治體系中起作用。因為，在這些體系中「缺乏中央統治」，也並非指缺乏組織機構，而是在一定的限度內，衝突可以透過協調而產生共同遵守的秩序。

然而，由「村社民會」議決、村社會議執行的治安工作，到了 1635 年荷蘭首先攻下了南部的麻豆、蕭壠二社以後，就村社組織就產生結構性變化。

原住民村社開始轉向荷蘭駐臺長官宣誓效忠。這種宣誓效忠的方式，在 1641 年以後更改以「地方集會」（Landdag）的名義，分北部、南部、東部，及淡水四個集會區舉行；時間通常規定於每年 3-4 月間，各村社長老集合於一定場所，向荷蘭駐臺長官報告各該村社的情況。

荷蘭東印度公司賦予這些長老在自己村社內的司法權，並授予東印度公司鑲銀徽章的藤杖，作為法律與權力地位的表徵。

## 第四節　自足式經濟性治安

基本上，小規模的村社市場交易是存在於緊密的網絡之下，由促成地區內交換的非正式限制所構成，而這種關係裡的交易成本很低。雖然村社或村社組織之組成全社會的成本可能很高，但是這些成本不會成為交易過程中的額外成本。

　　人們對彼此都有相互的了解，而且暴力威脅乃是維持秩序的長久力量，人們也都清楚暴力所導致的嚴重後果。所以，原住民自足式經濟性治安可以從獵場與漁場的爭奪、水權和地權的使用權爭奪等議題加以檢視。

　　臺灣原住民族時期初級農業經濟是一個自產自銷，自己栽種、蓋屋、縫紉，生產所需要的物品。每一村社或多或少都能自給自足，貨幣很少見，商業交易極有限，甚至連農業所不可或缺的土地買賣也不多見，當然成熟的勞動社會亦不存在。基本上，原住民族的生產形態是由狩獵而半農半耕的游耕，乃至於農耕的村社自足式經濟，或許存在村社與村社之間的簡單商業交易。

　　原住民族時期初級農業的種植，多偏發展在臺灣西部平原，後來除了部分漢人的從事耕作外，主要還是靠平埔族耕作的幼稚農業為主，從旱作的栗作、小米到水田種稻。如果不是發生重大的天然災害，自足式農業社會通常是比較不會發生經濟性治安問題。至於臺灣進一步的農業技術一直要到荷蘭人來了以後才有突破性發展。

　　檢視臺灣原住民時期小規模的村社市場交易是存在於緊密的網絡之下，由促成地區內交換的非正式限制所構成，而這種關係裡的交易成本很低。隨著市場規模的擴大，緊密的社會網絡轉換成不常往來的買賣關係，於是地區之間很快地造成更高的交易成本。

　　因此，必須有較多的資源運用在衡量與執行的工作上，沒有集中的政治權威與單一的政治結構，或正式規則的原住民族自足式經濟型態，藉由宗教戒律成為行為規範，其降低交易成本的效果差異很大，全看這些戒律受人們遵守的程度。

　　就經濟性治安議題的角度而論，自足式經濟模式對於稀有資源在不同競爭市場之間的分配，是取決於風俗習慣，而非競爭實力。在傳統社會中，有關生產什麼及生產分工的決定，根本就不算決定。每年都是依照前些年的模式去做。氣候或許不同，農作物也可能不同，但是結果卻依據傳統規則來分配。

　　依慣例形成的經濟制度（customary economic system）是市場經濟或計畫經濟的替代方案，但是它卻是個靜態的經濟制度，亦即依慣例形成的經

濟沒有因應改變的能力，更遑論助長改變。

　　村社民會既是臺灣原住民時期的權力組織，也是真正權力運作中心，村社民會擔負起經濟性治安功能，以解決原住民族的食、住問題，和扮演維護集體狩獵、漁撈或是種植初級農物的經濟安全角色。

　　一般經濟發展過程，在男人狩獵、女人採集社會的交換，專業分工相當的粗淺，大部分的家戶都各求自給自足。稍微進步一點則有跨出部落的貿易擴張，如此增加一些專業分工。

　　一但市場延展到地區的交易，則不僅涵蓋大區域的多邊市場有所成長，進行交易的市場已經建立，而且交易對象的數目也快速增加。雖然在這樣的市場交易，絕大部分的勞動力是用在農業上，但參與商業的活動比例逐漸上升。

　　換言之，臺灣原住民族自足式經濟的形態，雖然也隨採集、打獵、捕漁的逐漸向農耕階段發展。然而，臺灣經濟生產形態由狩獵而農耕，沒有經過游牧階段，主要是受到自然環境的影響。

　　臺灣四周環海，地狹、山高、水急，沒有可供游牧之地，也就無法產生游牧生活。但是原住民族對於獵場與漁場的使用權則有區分，每條河流都有分段分屬各氏族掌理，如果要到別的區域捕魚，必須徵得同意，或是提出交易條件。

　　當臺灣尚屬原始經濟階段，也就和其他國家的經濟發展一樣，這種漁獵為主的原始經濟必然逐漸向游耕過渡。原始傳統經濟發展的變遷，大體上男子皆從事漁撈以獲取動物性的生活必需品，而女子則努力於農耕以獲取植物性的物資，女子在獲取可利用的植物性物質以後，更從事於培養繁殖，而農業乃得以漸次開展。亦即在原始社會中，農務是女子的主要工作項目，而男子則以從事戰鬥與狩獵為主。

　　檢視原住民時期臺灣傳統初級農業發展的地區，偏在西部平原，除了部分是移自中國的漢人從事耕作外，主要還是靠平埔族經營的幼稚農業為主，從旱作栗作、種小米到水田種稻。

　　原住民時期的經濟基本單位，也有採取聯合家族制，藉由組織產生了換工模式的生產關係，由多少不等的聯合家族形成一個換工集團，輪流在

每個家族從事開墾或收穫工作，土地本身是屬於部落或氏族所共有，個人只有使用權，如阿里山鄒族。

臺灣原住民族社會在歷經幾個世紀土地財產權的演變，其過程可以分為下列階段：第一，土地最初是由領有而公有，所謂領有即是部族對其占領地域的關係，後由原始部族所形成的各部落分割領域的土地構成，土地是公產，不許私有；

第二，公有之後，乃成族有，族有土地已有私法的所有權，族有地的對外關係，完全是屬於宗族所有的私產；

第三，族有之後，乃成家有，當一宗族由於征服或先占而佔領一地域作為自己的領域之後，就以自己的部屬及被征服者，作為自己的領民，這一地域就為其一家所領有，領主對其地域或土地具有統治權；

第四，家有之後，乃成私有，由於人口逐漸增加，農業生產力也逐漸發達，土地乃感不足，轉耕遂有困難，個人已耕墾的土地，即使地利已盡，亦不放棄，而待地力的恢復，占有一久，對於土地，自然而然形成了所有權。[20]

但是一般平埔人對土地所有權相較之下並沒有漢人來的強烈，亦即傳統中國在家庭小農制出現之前，是採集經濟與財產共有制並行，由於採集的成果受到氣候影響的成份大於人的努力，財產制度也就傾向於共有制，而當一對夫婦定居下來農墾時，土地權概念就成為一個誘因。

這是當時臺灣土地所有權與使用權制度的形成與演變，凸顯臺灣原住民族和少數大陸來臺漢人對於土地努力開拓的重視，雖然各族對土地制度的看法與態度並不完全一致。這樣的社會型態一直到了荷蘭統治臺灣之後，臺灣土地制度才出現新的面貌。

臺灣原本為原住民族生息的地方，因為荷蘭統治，臺灣才發展成為荷蘭東印度公司在遠東貿易網絡中一個不可或缺的貿易基地，對最初深受荷人歡迎的大明移民來說，臺灣原先是他們避難的去處，而後漸漸成為他們

---

[20] 周憲文，《臺灣經濟史》，（臺北：開明，1980 年 5 月），頁 59-61。

定居繁衍的地方，和取得生活必需品的交易市場。此一轉變，導致原住民族的土地受到掠奪，並且被迫移居山地，部份大明國移民的地位也由原本的避難者變為土地開發者。

原住民時期經濟性治安是以維護原始經濟型態的漁獵和游耕農業發展為主。村社組織的權力體系支配與經濟合理化過程，襄助自足式經濟的發展。尤其當原住民族為防止與抵抗來自大陸漢民族的侵入，以及日本海盜的經濟掠奪，雖然當時臺灣的權力體系尚未形成唯一的共同領主或政府，但是村社共同體的組織卻是當時唯一可以被共同接受的社會圖騰，所需經費由大家共同負擔。

原住民族也深感生命共同體的重要，透過村社民會的議決，和經由村社會議的執行，共同維護治安。

# 第五節　氏族化社會性治安

原住民時期到了 1648 年前後，已歸順荷蘭統治的原住民族大小村社數約有 246 個、家戶數 13,619 個、人口數為 62,849 人；只有難以靠近的山上有幾座村社，仍處在荷蘭人統治之外。根據程紹剛指出，當時臺灣被荷蘭統轄的村社居民總計 61,696 人。[21]

中村孝治指出，到了 1647 年到了 1662 年荷蘭結束統治臺灣的末期，村社數已增至 315 個、家戶數 15,000 個、人口數則增為 6 萬 8 千人。[22]

在漢民族大量移民來臺之前，原住民族是臺灣社會的主體，是為原住民族生息的氏族社會。陳第〈東番記〉指出，東番夷人不知所自始，種類甚蕃，別為社，社或千人、或五六百，無酋長，子女多者眾雄之，聽其號

---

[21] 程紹剛，《荷蘭人在福爾摩莎》，（臺北：聯經，2000 年 10 月），頁 XXXI。
[22] 中村孝治，《荷蘭時代臺灣史研究上卷－概說・產業》，（臺北：稻鄉，1997 年 12 月），頁 35。

令。[23]

　　亦即原住民族的氏族社會組織型態不一，有的屬於母系社會，例如阿美族和卑南族是由女性繼承家系或家產，平埔族不但大部分是母系社會，家產由女子繼承，還行贅婚制；有的以父系為主體，如賽夏族、布農族與鄒族家產由男子繼承；有的屬於貴族社會，如排灣族與魯凱族，土地為貴族所有。

　　換言之，未開化民族的社會生活，通常是在屬於同血族（tribe，或稱種族）的氏族（gens or sib）內部進行；這是共同生活與共同生產相互結合。氏族共有的土地，是臺灣原住民賴以生產的工具與資產；氏族的各成員只要互不妨礙，都可使用共有地的一部分，即氏族的成員在共有地域內，可任意行獵、開墾山林原野、開闢道路、砍伐竹木、採集天然物及建築自宅。

　　以薩賽特族為例，氏族共同行其祖先的祭祀、氏族共同享有土地占有權、氏族有互相扶養並保護的義務、氏族有互相服喪的義務、氏族有共同攻守的義務、禁忌同一氏族間的結婚。

　　歐陽泰（Tonio Andrade）指出，在西拉雅村落中，村社就是最高的政治實體，但是在臺灣島的其他地方，存在著規模更大的政治實體。例如位於南方偏遠地區，荷蘭人曾遭遇一個雛形王國，其領袖則被稱為「琅嶠君主」。

　　此所謂的「君主」下轄 16 個村落，每個村落本身都有特定的首長，領地原則上是透過繼承而得來。[24]琅嶠體制或許是福爾摩沙島上政治權力最集中的，但其他地區也有超村社的政治體制存在，如臺灣中部平埔族所建立的「大肚王國」。

　　以此階段西方國家統治臺灣的社會來論，無論西班牙或荷蘭人，其臺灣土地墾殖的地方，或權力行使範圍的臺南（安平）或基隆（和平島），恰

---

[23] 陳第〈東番記〉，周婉窈，《海洋與殖民地臺灣論集》【臺灣研究叢刊】，（臺北：聯經，2012 年 3 月），頁 147。

[24] 鄭維中譯，Tonio Andrade，《福爾摩沙如何變成臺灣府》，（臺北：遠流，2007 年 4 月），頁 74-75。

巧都不在這些政治權力較集中的區域內。

正如諾斯（Douglass C. North）指出，人類學家所作關於原始社會的大量文獻清楚地論述，許多的部落社會中並沒有國家和正式法規，而是密集的社會網絡導致非正式結構高度穩定地發展出來。[25]

臺灣村社共同體的社會網絡形成，乃是包含單獨家族的四至五組的一大血緣共同體，是家庭組織的一種延伸結果，卻也容易造成結黨滋事的不良社會風氣。

例如原住民以泰雅族最熱中馘首，這種殘酷行為深入生活，只要固有社會型態仍殘存，即是整個體系根深蒂固的重要行為模式。泰雅族人認為：為祈求豐收，須把新取的頭顱供奉給祖先；為能有紋面列名成年階級的資格；為得少女芳心；為晉身階級並增加影響力；為使個人、家族或部落免於疫及侵犯；為解決爭端，以出草來確定誰有理，和洗刷冤屈。馘首的獵頭行為似成為泰雅族宗教儀式，為報近親或頭目被殺、為保護獵場等出草行為，被視為是義務。[26]

另外，蔣毓英指出，最滋害者，莫甚於賭博。夫賭博，惡業也。不肖之子挾貲登場，呼盧喝雉以為快；以一聚兩，以五聚十；成群逐隊，叫囂爭鬥，皆由於此。至於勝者思逞，負者思後，兩相負而不知悔。及家無餘資，始則出於典鬻，繼則不得不出於偷竊，亦長奸之化也。[27]

因此，結盟、酗酒鬧事層出不窮。蔣毓英又指出，豪健家兒，自附於結納，聚少年無賴之徒，指皎日以盟心，撫白水而矢誓，稱兄呼弟，修登堂拜母之文，亦自謂雷陳復出，古道相期。不知往來頻，則飲酗之累生；

---

[25] See D. C. North, *Institutions, Institutional Change and Economic Performance* (Cambridge: Cambridge University Press, 1990).

[26] 陳政三　譯註，達飛聲（J. W. Davidson）原著，《福爾摩沙的過去與未來》【下冊】，（臺北：國立臺灣歷史博物館，2014 年 9 月），頁 667。

[27] 臺灣史料集成編輯委員會　編，臺灣史料集成 清代臺灣方志彙刊（第一冊），蔣毓英　纂輯，《臺灣府志》，（臺北：文建會，2004 年 11 月），頁 195。

聲援既廣，則爭競之患起。[28]

　　換言之，馘首、賭博、結盟和酗酒是嚴重的社會治安議題，導致臺灣原住民氏族化社會，不似歐洲。早期歐洲社會雖然也因與別的遊牧民族有所接觸，與彼此爭奪及融合，從而形構成以奴隸為基礎的古代社會；但臺灣原住民族因其外來入的漢族及日本大和民族，都是早有封建社會基礎的民族。

　　這些民族的侵入乃使臺灣原住民族的村社社會，不能在鞏固原有社會性治安的基礎上延續存在，即其成員的大部分，在經過與入侵者的抵抗搏鬥而失敗以後，不得不向外來者屈服；再加上為躲避瘧疾的流行性疾病災害而漸次退居山岳地帶，導致日後在荷蘭、西班牙到臺灣之後，喪失臺灣原住民社會文化的主體性，而其次等文化的後代子孫從此成了「失竊的世代」。

　　有關原住民發現平地瘧疾死亡率高，原住民了解高地毋須擔心瘧疾傳染，氣溫雖低，但照樣可狩獵、捕魚、農作。例如 1930 年代發生「霧社事件」後，日人為求管理方便曾進行大規模部落遷徙，但原住民長老皆以山下有瘧疾而反對。

## 第六節　會議政府型態治安角色

　　1624 年在荷蘭未正式統治臺灣之前，大體上，臺灣原住民時期村社共同體的近似「有序的無政府狀態」，村社體系可以從衝突中產生秩序的規範。臺灣原住民於 1630 年讓荷蘭感到吃驚，因為他們沒有國王或君主，長年累月在進行戰爭，一個村莊攻打另一個村莊，即使如此，一個村社就是一個群體，一個等級系統。

---

[28] 臺灣史料集成編輯委員會　編，臺灣史料集成 清代臺灣方志彙刊（第一冊），蔣毓英　纂輯，《臺灣府志》，（臺北：文建會，2004 年 11 月），頁 196。

在這樣原始的民會治安狀態，擅長提供保護以獲取報酬的一群人會逐漸形成保護者負責維護社會秩序的角色，而「村社會議」是透過徵收稅款或貢金制度來提供服務。因此，執行這類活動的群體將獲得合法性或合理性的扮演治安功能，諸如提供類如司法的治安警察、教育、道路和基礎建設，尤其村社會議政府型態就是代表維護治安的權力。

總結會議政府型態的扮演了傳統警察的治安角色，而臺灣原住民族也一直要等到歷經荷蘭時代每年動員地方集會後，才有國族「想像共同體」（imagined communities）的思維。亦即原住民時期民會治安的村社會議型態是經過 7 千年孕育出來的，卻在 16、17 世紀以後，遭受新移入族群的徹底改造。

400 多年來，從荷蘭、西班牙的宗教化運動、明清時代的歸化運動、日治時代的皇民化運動，乃至戰後國民黨統治的平地化和現代化建設，每一次都使原住民族被拉離原來的生活方式，導致原住民族的生存與發展遭受到幾乎被滅絕的命運。

## 第七節　原住民時期村社治安大事記

| 年＼項目 | 臺灣 | 國際 |
|---|---|---|
| 1349-1360 年代（元朝） | ◆汪大淵《島夷志略》提到，元國在澎湖寨設巡檢司，歸泉州同安管轄，統理治安。 | ◆黑死病肆虐。 |
| 1370-1390 年代（明洪武） | ◆大明國強制澎湖住民移往內陸，撤澎湖設巡檢司。◆「墟澎」後的兩百年，澎湖、臺灣成為漢人、日本人的據點。 | |

| 1492 年（明弘治5 年） | | ◆哥倫布首航美洲新大陸。 |
|---|---|---|
| 1540-1580年代（明嘉靖至明萬曆） | ◆陳老、吳平、黃朝太、曾一本、林辛老等商盜出沒澎湖、臺灣。◆林鳳擁眾於閩、粵，被福建總兵胡守仁打敗，退到澎湖，再以臺灣魍港為據點攻打呂宋。◆明將俞大猷追擊林道乾，林道乾逃抵澎湖、臺灣後，再往南洋一帶，澎湖駐兵撤去，復設巡檢司，不久又廢。◆1570 年代，大明國解除海禁，分銅山、浯嶼（金門）二處游兵，分班輪守澎湖，但僅限春秋二季巡警。 | ◆1572 年英國在西班牙壓力下，驅逐信仰新教的荷蘭「海上乞丐」，引爆了荷蘭反抗信奉天主教的宗主國西班牙，逐漸走向獨立之路◆1588 年英國戰勝西班牙的無敵艦隊。 |
| 1597 年（明萬曆25 年） | ◆大明國加設游兵於澎湖，春冬二季汛守，澎湖於是再入版圖。 | |
| 1598 年（明萬曆26 年） | ◆西班牙艦隊遠征臺灣失敗。 | |
| 1600 年（明萬曆28 年） | | ◆英國成立東印度公司，侵略印度，遣軍陷孟買。◆德川家康稱征夷大將軍，於江戶（今東京）設幕府。 |
| 1601 年（明萬曆29 年） | | ◆荷蘭人首次出現在中國海域。 |

| 1602 年<br>（明萬曆<br>30 年） | | ◆荷蘭成立聯合東印度公司，侵略印度及東印度群島（今印尼）。 |
|---|---|---|
| 1604 年<br>（明萬曆<br>32 年） | ◆荷艦登陸澎湖要求通商，掌理海關的太監私派親信設置交易點，收入歸屬「私房錢」。<br>◆沿海居民違法與荷蘭人買賣，巡撫徐學聚派總兵施德政、都司沈有容驅逐荷蘭人。 | ◆法國成立東印度公司，開始殖民北美洲。 |
| 1607 年<br>（明萬曆<br>35 年） | | ◆英格蘭人在北美建立第一個殖民據點，名為詹姆士城（Jamestown）。 |
| 1609 年<br>（明萬曆<br>37 年） | ◆德川家康遣人經略「高山國」（臺灣）。 | ◆荷蘭在日本平戶設商館，館長在位階上低於總督。 |
| 1616 年<br>（明萬曆<br>44 年） | ◆村山等安派船攻打臺灣，遇暴風，無功而返。 | |
| 1617 年<br>（明萬曆<br>45 年） | ◆日寇進犯澎湖，大明國加設衝鋒遊兵防守。 | |
| 1620 年<br>（明萬曆<br>48 年） | ◆巴城總督柯恩下令，每位華人每個月必須繳交 1.5 里爾的人頭稅，換取簽發居留許可證。 | ◆荷蘭東印度總公司下令巴達維亞總督進軍福爾摩沙，冀圖開闢與大明國貿易的基地。◆清教徒五月花號移居北美洲。 |
| 1621 年<br>（明天啟 | ◆顏思齊、鄭芝龍集團登陸北港，在諸羅山（今嘉義）建築山寨，安撫平埔族住民。◆李 | ◆荷蘭設立西印度公司。 |

| | | |
|---|---|---|
| 元年） | 旦、何斌等人來到澎湖、臺灣。 | |
| 1622 年（明天啟 2 年） | ◆荷軍佔領澎湖，並在漳州沿海搶奪漁船，漁民被留置在澎湖，或送往爪哇當奴工。 | |
| 1623 年（明天啟 3 年） | ◆荷軍派商務員駐福爾摩沙，調查貿易情形，麻豆社原住民習集荷軍，發生「雷朋事件」。◆鄭芝龍娶田川七左衛門之女。◆日本末次平藏派遣商船到臺灣。 | ◆英國關閉日本平戶商館。 |
| 1624 年（明天啟 4 年） | ◆荷軍被明軍驅出澎湖，商館遷往臺灣（大員），築奧倫治城。◆宋克上任臺灣總督，荷蘭成為福爾摩沙第一個有組織的統治政權。◆發生目加溜灣社原住民抗荷事件。◆鄭成功出生於日本。◆西班牙佔領淡水、基隆一帶。 | |

資料來源：本研究。

# 第三章　荷西時期與商社治安
## （1624-1662）

> 重商主義不是一個教條，也非一套既定的規則；重商主義只是一
> 個政治經濟管理的配方，不論怎麼做，只要能強化國家的，都是
> 好的。

～Dovid S. Lander(1924-2013,哈佛大學政治經濟學、歷史學教授)

　　1453 年東羅馬帝國滅亡，鄂圖曼帝國的土耳其興起，阻斷西方國家陸
路的東來；1492 年哥倫布（Christopher Columbus）發現新大陸，由西班牙
商業發展開啟了東方之門，大約同時間，葡萄牙也到了印度臥亞（Gox），
再到澳門（Macao），而一個較大的考察隊亦於 1517 年試圖在廣州進行貿
易。

　　華勒斯坦（Immanuel Wallerstein）指出，即在近代世界體系的早期，
至少始於 16 世紀並延至 18 世紀，「國家」始終是歐洲世界經濟中的主要發
展因素。尤其在 15 世紀後半，人口再次成長，市場隨之復興，人們向歐陸
以外探索，拓展商業，以及造船與航海技術的改進。

　　荷蘭在與西班牙簽訂 1609 年至 1621 年的十二年停戰協定之後，趁這
西班牙捲入歐洲三十年戰爭的泥淖，荷蘭再度發動獨立戰爭，並在亞洲攻
擊西班牙獨佔大明國的商業貿易利益。

　　從 1640 年起，西班牙各口岸四分之三的貨物都是荷蘭貨船負責載送。
阿姆斯特丹（Amsterdam）原只是荷蘭北部的一處小漁村，在 1567 年時的
人口只有約 13,000 人；但到了 1620 年時已增至 10 萬人以上。

　　阿姆斯特丹原以北海漁業為主要產業，在 16 世紀末，為了因應捕魚及輸送波羅的海穀物的需要而改進造船技術，發展精良而低成本的船隻才有發達的機會。在 17 世紀又因國際市場需要而發展金融業務，成為當時歐洲最重要的國際貿易與國際金融中心，因而被譽為「北方的威尼斯」。[1]

　　因此，15 至 18 世紀的威尼斯、阿姆斯特丹和倫敦，確實存在強有力的政府，它們在國內能夠做到令行禁止，強制城市居民服從紀律，必要時加重稅收負擔，保障信貸和商業自由，但這不妨礙政府程度不同地依附於業已野心勃勃地到處伸手的資本主義，政府在為別人和金錢出力的同時，也為自己效勞，政府所採取嚴厲而強力的策略就是符合其實的「為了公平維護資產，你需要一手持劍動用威嚇，一手管理一般商務」。

　　重商主義（mercantilism）為亞當・史密斯（Adam Smith）所命名，被認為是資本主義的先行階段。史密斯從《國富論》的專章說明殖民地，可見殖民地在重商主義階段的地位，及對資本主義的重要性。[2]

　　重商主義的本質是一種國際霸權主義，它隱含著治安環境受制於政治、經濟、社會、文化之間的糾葛關係。同時，重商主義也不僅僅是理論的論述，也是政府產業政策的執行，政府是商業資本主義急功近利下的產物，重商主義支配政府政策的制定與執行，導致實現商業資本主義商人的唯一目標，是在能操縱政府維持既得利益的前提下，支持一個強有力的政府權力體系國家機關。

　　加上重商主義明顯的重視地理政治上的權力，重商主義會產生國家主義，而國家主義則會產生管制產業與市場獨占利潤的追逐。所以，大航海時代盛行重商主義的進行海外資源掠奪，1624-1662 年荷蘭統治了福爾摩沙，1626-1642 年西班牙亦短暫的佔有福爾摩沙北部。

---

[1]　Immanuel Wallerstein, The Modern World-System, Vol. 2: Mecantilism and Consolidation of the European World-Economy, 1600-1750（New York: Academic Press, 1980）, pp. 38-39.
[2]　黃紹恆，《臺灣經濟史中的臺灣總督府：施政極限、經濟學與史料》，（臺北：遠流，2010 年 4 月），頁 262。

## 第一節　荷西時期治安議題

在大航海時代重商主義的競爭性國家體系和世界性資本主義體系所獲得市場利益成功的原因，首先是標榜產業生產和政府政策執行效率整合的重要性。所謂「先佔先贏」原則，這是為當時強調海權強國的荷蘭，提供了競爭性國家和世界性資本主義體系，並逐漸演變為 19 世紀列強進行全球市場競逐的理論基礎。荷蘭的崛起也就在 1625 年至 1675 年的這一段期間。

檢視 16、17 世紀，荷蘭是由七個小省聯合組成，尚處於城市國家統治下的歐洲舊經濟，而聯合省有一半的居民已在城市生活，當時阿姆斯特丹已由是一個波羅的海沿岸（The Baltic region）的貿易中心，取代義大利佛羅倫斯（Florence）而一躍成為國際商務、倉儲、造船與金融中心。[3]亦即如果沒有統一的現代國家做後盾，能以一個真正的貿易和信貸帝國竟得以存在，這是最後的一次。

荷蘭的崛起主要是靠穀物貿易和海運服務的提供，儘管船員冒著生命的危險，但老闆擔心的卻是船隻和船上貨物的風險；尤其當發生飢荒、戰爭，以及不斷更新的戰爭技術，所需要更多、更強大火力的槍砲，海上的冒險也需要及武器裝備更好的船隻。

因此，大大提升阿姆斯特丹所具備海上安全，和提供武器與戰爭物資的優勢，而將競爭性國家體系和世界性資本主義體系劃分為一個上帝偏愛的歐洲和一個他擇性行為的殘餘地帶。加上私人維持治安或貴族提供保護，已逐漸轉入民族國家的權力體系之中。

分析荷蘭霸權並非單純地侷限於東西方市場和貿易，而是同時提供作為亞洲國家之間市場活動網路的中間人角色。東印度公司以武力保障貿易

---

[3] Fernand Braudel，施康強　等譯，《15 至 18 世紀的物質文明、經濟和資本主義》（卷二），（臺北：貓頭鷹，2000 年 3 月），頁 310、331。

機會的經營方針，促使東印度公司的殖民地經營超越了西班牙、葡萄牙兩國，單純以武力抽取貢賦的方式。

這並非指西、葡商人的濫用暴力劫奪，而是說西、葡兩國王室本身並不投注固定資本，而是將合法權利分封出去，讓受封者自行投入資本來賺取自身的利益，從而納稅於王室，是以貿易來保障貴族利益，從而保障王室的主權，其最終目的不在貿易，而在征服。西班牙和葡萄牙商人的貿易就算在商人之間也是各自為政，而官員總是比一般商人享有更多的利益。

重商主義社會不僅是一種商業的事體，一半是征服佔領，一半是對缺乏抵抗能力的土著所加之的一種搶劫。西班牙、荷蘭東來，先後佔據福爾摩沙的北部和南部。而這段期間，西班牙也在菲律賓的海上活動，企圖打開通往福建與之貿易的大門。所以，西班牙和荷蘭到福爾摩沙來並不是為了要殖民福爾摩沙，主要還是要與當時的大明國做生意。

西班牙於 1626 年進入北福爾摩沙，開始是率領船隻沿福爾摩沙東岸，經福爾摩沙東北角的聖地牙哥港（Port Santiago, 現稱三貂角）登陸，發現該地並非四季皆宜的良港，後來才又發現一個又大又能避風的海港，命名為「至聖三位一體」（Santissima Trinidad），即是漢人所稱的雞籠港，隨後佔領社寮島（現稱和平島）建造一座堅固的「聖救主城」（San Salvador, 雞籠城）。

1628 年到了滬尾（現稱淡水），1629 年築聖多明哥城（San Domingo, 現稱紅毛城）。西班牙人在雞籠、滬尾等地興建天主教堂與學堂，從事教化工作，1632 年並沿淡水河經臺北盆地，安撫八里坌（區）、北投、里族（今松山區），大浪泵（今大同區）各社，又進入新店溪，安撫武溼灣（今新莊區）三大部落。再沿雞籠河至雞籠，途經原住民所居住的地區，皆納入為其勢力範圍。

到了 1641 年（崇禎 14 年）西班牙與葡萄牙脫離合併關係，荷蘭決定擺脫這個芒刺在背的鄰居，首次派艦進攻雞籠、滬尾二港，遭到西班牙守軍頑強抵抗。1642 年荷蘭趁著西班牙駐馬尼拉當局，為征剿民答那峨島的摩爾回教徒人，將駐紮在北福爾摩沙四個連中隊的三連撤回菲律賓，荷蘭遂第二次率艦北上，西班牙不敵撤軍，結束在北福爾摩沙的 16 年統治。

最後，荷蘭的統一福爾摩沙，凸顯福爾摩沙不僅僅是大明國和日本這兩個國家市場活動的據點，更是被迫與西方霸權國家接軌，引發福爾摩沙面對東西方競爭性國家和世界資本主義體系所引發的治安議題。

因此，臺灣治安史的結構與變遷，到了荷蘭和西班牙統治福爾摩沙的大航海時代，主要從主權、貿易、海盜、走私、宗教、天災、人口販運、海域資源等涉外性治安議題；公司評議會、領邦會議、地方會議、政教衝突等重商型政治性治安議題；軍費負擔、壟斷市場、人口稅等複合式經濟性治安；竊盜、姦淫、賭博、傷害、殺人、酗酒、麻疹等多國化社會性治安議題，探討其構成綜合性治安所形塑公司政府型態的治安角色。

## 第二節　大航海時代涉外性治安

分析大航海時代福爾摩沙的涉外性治安議題，當發現荷治福爾摩沙初期原住民族散落居住的分布，在臺南（大員）附近為荷蘭人居住的地區，東北海岸則為西班牙盤據，嘉義、雲林一帶則是鄭芝龍等大明國人出沒，其他中部的大甲溪附近地區，才是真正原住民族各部落散居的處所和交易活動的市場。

另外，企圖與上述聚落交易的正是村山等安率艦攻打福爾摩沙的日本商人。大航海時代處在一個多元的非絕對霸權體系，主張重商主義的競爭和民族主義的政策掌控了國際政經利益。[4]

同時，福佬海商長期以來在各地區活動，留下具有深遠意義的文化、歷史語言遺跡，也是後來成為東南亞社會的一個重要社會組織。突顯西方海上市場與武力擴張、海盜、走私人口販運等議題引發荷西時期福爾摩沙的涉外性治安。

---

[4] Robert Gilpin, *The Political Economy of International Relations*(N. J. : Princeton University Press, 1987）, p. 86.

　　荷蘭雖然在歐洲剛剛擺脫西班牙的控制，和接收部分原先葡萄牙的貿易網絡，但在東亞地區經過 1602 年與 1622 年的兩次與葡萄牙戰役，卻始終未能如願取代澳門的葡萄牙，以及取代在菲律賓的西班牙，最後只能退到澎湖，為自己擁有在東亞的貨運港。

　　回溯荷蘭於 1602 年設立「荷蘭東印度公司」（Vereenigde Oost-Indische Compagnie, VOC），1619 年在印尼巴達維亞（Batavia）建立統籌亞洲貿易的商館，1621 西印度公司（WIC）成立，壟斷了非洲及美洲的重要貿易市場，儼然扮演國際安全體系的維護者。

　　17 世紀國家的國際市場大半為政府貿易的經營者，每一個公司取得特許證後，可再指定的地區享受市場的特權。1600 年英國成立東印度公司（East India Company）。英國東印度公司總部在 1700 年雇用員工超過 350 人，與近代許多跨國企業的人數相當，公司永續經營長達 274 年之久。

　　英國東印度公司最初是將每一次航程分開，自成一單獨的冒險事業，擁有不同的股東。邁入 19 世紀，英國政府利用東印度公司每隔 20 年就得重新申請特許狀的核可，開始緊縮對該公司的控制。

　　1813 年政府分別取銷它的貿易獨占權和貿易權，1857 年印度發生兵變，東印度公司成為這場叛亂的代罪羔羊。東印度公司的陸軍移交給英王，海軍被解散。1874 年 6 月 1 日特許權到期後，宣告東印度公司的結束輝煌歲月。

　　東印度公司新的組織運作模式必須要能夠將公司大部分資本存量當作固定的長期投資，要儘可能地減少資本的流動轉出，以因應公司對鉅額貿易所投入的龐大固定開銷，並且可以對那些無法取回股本的投資人進行適當的補償。畢竟不是所有投資人都能對這種新公司組織有足夠耐性，公司的所有權與經營權便必須更清楚地分開，以形成一個可以買賣持股的市場（a market in shares）。

　　檢視荷蘭東印度公司作為荷蘭王室的特許公司，被賦予在它武力能克服的地區，執行政治、軍事、外交等授權，是一個帝國中的帝國。公司型態從過去的特許權轉以維護市場利益和區域安全，加速促使東亞海域的商業化與軍事化。

　　福爾摩沙位於新的東、西洋諸航海者的路線上，當時尚為一「自由世界」市場，既不屬於只對朝貢國家開放門戶的大明帝國版圖，又對於商人毫無限制，亦無任何稅收，一直到 1624 年荷蘭佔據福爾摩沙才有了重大改變。

　　首先荷蘭也必須面臨日本早存有掠奪福爾摩沙的野心。1616 年日本攻打福爾摩沙不成，轉而向大明國沿岸劫掠。1626 年巴達維亞當局對福爾摩沙方面提出警告，根本不能相信日本人，他們不是只想自由做生意，而是要拿下這個島。1624 年荷蘭取得安平，正式佔領福爾摩沙並做為對大明國、日本貿易的據點。

　　但在初期荷蘭仍受制於涉外治安問題，在治理上並未能專心及充分發揮影響力，只是為了行政上管理方便，依當時島上福爾摩沙住民居住及勢力可及的地方，分為七個行政區，並維持慣用方式選舉「長老」，授以銀頭杖，顯示地位的標誌。

　　1625 年荷蘭深感無法與日本商人競爭大明與日本航線上的貿易活動，遂頒令禁止僑居日本之大明國商人來大員經商，同時對日本人自福爾摩沙輸出的貨品課徵什一稅。

　　回溯大航海時代的 1628 年，日本濱田船長率領船上裝滿槍砲、刀劍、弓箭和人員到福爾摩沙來，並與納茨（Pieter Nuijts）展開談判，由於濱田彌兵衛被綁為人質，史稱「濱田事件」或稱「大員事件」（Taijouan Incident）。

　　該事件發生的經過，是早在豐臣秀吉勢力進入九州長崎之後，派令村山安東管理長崎 23 町，也就是第一任長崎「代官」（市長）村山等安，其本名伊藤小七郎，經營「南蠻菓子屋」（荷蘭糕餅店），因被幕府幕吏末次平藏指控係「耶穌之殘黨」、「其三子且為神甫（神父）私入大阪城，援助豐臣秀賴」。因此，從 1618 年起，村山全家陸續遭幕府處死。

　　1619 年末次平藏取代了村山等安為長崎代官，1623、1625 年都曾派濱田彌兵衛率領船隻到福爾摩沙買生絲，荷蘭福爾摩沙長官宋克（Marton Sonk）限制他們行動，濱田欲往福建向當地商人索取所訂的二萬斤生絲，向荷蘭人借船，又遭到拒絕。

　　後來濱田拐騙了 16 名新港社的原住民，偷溜回日本，向末次報告荷蘭

人的惡劣行徑。1626 年新任荷蘭福爾摩沙長官訥茨（Pieter Nuijts）聽到濱田跑了，怕誤了荷蘭在日本的商業利益，匆匆趕到江戶求見德川家光，訥茨不但被拒絕，還遭勒令離開日本。

1628 年 5 月濱田再度率船到福爾摩沙，這次率領的人員多達四百多名，而且攜帶槍砲、刀劍、弓箭等武器一應俱全，充滿挑釁意味。訥茨將濱田及其帶回來的新港社原住民扣押。然而，濱田趁訥茨不備之時，脅迫訥茨將其兒子勞倫斯（Laurenz Nuijts）與自己的小孩濱田新藏互為人質，送往日本，並要求訥茨賠償濱田生絲一萬多斤。

這項協定，當濱田回到日本之後就發生變卦，不但將荷蘭人質扣在長崎，幕府也下令關閉平戶的荷蘭館。事態擴大之後，訥茨被解職並被關進巴城的鑽石堡。但荷蘭總算藉此事件，將日本人在南福爾摩沙的勢力驅逐出去。

1630 年末次平藏病故。同年，勞倫斯死於長崎的大村監獄。1631 年初訥茨的太太來巴城會親，亦不幸過世。由於荷蘭東印度公司在印尼巴達維亞的總部始終屈從於對日本貿易利益，遂於 1632 年 7 月將訥茨解送平戶，交換從前被扣的人質，但訥茨本人並未獲得釋放，他仍被軟禁在平戶的一家民宅中。

嗣幕府經荷蘭商館贈送「懸垂燈籠」大禮，1636 年 7 月訥茨獲得釋放，孑然一身，年底抵達巴城。1937 年 9 月訥茨被判定公司勤務不適格，同年亦返回到荷蘭，結束他十年的亞洲經驗。訥茨在返回荷蘭之後，先後曾擔任過稅務員、許爾斯特（Hulst）市長，1655 年過世，得年 57 歲。

濱田事件之後，導致德川幕府發布一系列海禁令，荷蘭才得以全心全力經營臺灣，並徹底排除日本在福爾摩沙的勢力，以及獨占與大明國貿易的市場利益。

另外，在涉外性治安方面荷、日也為爭奪司法管轄權而陷入緊張的關係，有位在福爾摩沙的日本僑領 Captain Sirobtdonne，宣稱獲得日本幕府將軍的授權，得對日本人實施有效的司法管轄。當公司政府查獲李旦之子賭博，並與海盜有書信往來時，公司政府為顧及其與日本特殊關係的身分，公司政府法庭並未將其起訴，僅僅給予口頭告誡。

　　但是 1626 年 12 月，當李旦之子再度擅自發出撈捕的許可證，並私自課徵什一稅；甚至於誇大宣稱漁民在其保護之下，才能免於海盜的侵害，公司政府認定其已公然侵犯公司在福爾摩沙的主權，必須將其起訴，惟仍因避免荷、日關係的惡化，最後僅將他罰金 200 兩後，驅逐出境回日本。

　　類似案件是公司政府亦曾逮捕一名日籍製造偽幣的嫌犯，但同樣在這位日本僑領 Captain Sirobtdonne 的聲請，將該名嫌犯引渡回日本接受司法審判，公司政府亦接受此一請求。[5]

　　承上論，在大航海時代涉外性治安，當東印度公司衡量進攻麻六甲及錫蘭，會導致生命財產的損失時，就會選擇將珍貴的貨物從亞洲運到荷蘭，而避免捲入成本高昂的區域性征戰。因為，征服異地的工作比較適合於雄心萬丈的王國侵略者，而不適合貪圖財富的商人。

　　然而，東印度公司在亞洲的貿易利益，在沒有地域性征戰的支持下是不能建立起來的。換句話說，當東印度公司在東亞海域的控制力減弱之後，已不再復有維護涉外性治安的原有實力時，荷蘭東印度公司就不得不結束對福爾摩沙的統治。

## 第三節　重商型政治性治安

　　重商型政治性治安主要緣起於 17、18 世紀歐洲各國政治環境，在國內不僅是國家經濟政策與階級社會的對立，在國外亦受制於新興民族國家的市場利益衝突。重商主義國家不但要追求在歐洲國家中的地理和政治強權，而且還要能有效控制來自美洲、亞洲地區的市場利益，凸顯國家發展的目標，是把政治與經濟利益整合成為一個有生命機制的政府機關。

　　重商型政治性治安不僅受到重商主義的強調市場貨幣或貿易均衡，以

---

[5]　Pol Heyns, 鄭維中　譯，《荷蘭時代臺灣的經濟、土地與稅務》，（臺北：播種者，2002 年 5 月），頁 38-39。

及保護關稅或航海條例的影響，而且在於強調一個更強大的政府功能，並以民族國家的政策來取代區域性的經濟發展。[6]

所以，歐洲許多重商主義國家在前工業階段，尤其是英國工業發展初期也都實行嚴厲的保護關稅制度。確切地說，重商主義就是民族主義，就是重金主義。[7]

檢視荷蘭統治福爾摩沙時期的重商型政治性治安，主要受到由荷蘭東印度公司組成公司型態政府的實施重商體制所引發治安的議題。重商型政治性治安凸顯市場經濟的地理擴張，它超越政治邊界，並將越來越多的世界人口納入其影響範圍，從而市場對廉價勞力及資源的需求，造成經濟利益的擴散。

維納（Jacob Viner）指出，不管在什麼時期、什麼政府或何種特殊場合，重商主義者主張財富是權力的基本因素，無論是為了防衛還是為了侵略；權力是獲取並保持財富的必要而且有價值的手段；財富與權力是公司型政府政策的兩個極端，這兩個極端從長遠觀點來看是協調一致的，儘管在某些特殊場合下，為了政治性治安的需要，也是為了長遠經濟發展的利益，有必要做出某種利益犧牲。[8]

重商主義可分為財政性和獨占性的重商主義，以及產業性重商主義兩者，前者曾實行於法國、德國、西班牙，以及清教徒革命前的英國；而後者則實行於清教徒革命後的英國。前者導致絕對王權的擴張，但近代資本主義卻無法發展；而後者的近代資本主義卻因而快速發展。

這種強調財政性和獨占性重商主義的在福爾摩沙實施，更凸顯了重商型政治性治安治的特殊性。1604 年（明萬曆 32 年）、1622 年（明天啟 2

---

[6] Gustav Schmoller, *The Merchantile System and Its History Significance*（New York: Macmillan Co., 1896），p. 51-56.

[7] Fernand Braudel, 施康強 等譯，《15 至 18 世紀的物質文明、經濟和資本主義》（卷二），（臺北：貓頭鷹，2000 年 3 月），頁 279。

[8] Jacob Viner, The Long View and The Short: Studies in Economic Theory and Policy（New York: Free Press, 1958），p. 286.

年）荷蘭東印度公司先後派艦東來貿易與傳教，並登陸澎湖，於馬公築城，要求割讓澎湖；且威脅大明國同意其在大陸沿岸從事貿易，而與沈有容軍隊發生戰鬥。

在大明國以「海禁」斷絕荷蘭的糧食和水源供應後，荷蘭於 1624 年（明天啟 4 年）撤離澎湖轉進福爾摩沙。荷蘭先入臺江內海，佔領赤崁，並在北線尾（Bassemboy）建好臨時堡壘（Zeeburg），同時設置東印度公司的商務辦事處，任派駐福爾摩沙長官。

相對稱霸於菲律賓，把墨西哥銀帶入亞洲，正在改變大明帝國商品外流形勢的西班牙，對荷蘭人佔據南福爾摩沙（大員）的局面感到震驚和威脅，極度擔心被荷蘭切斷，阻礙其從華南經馬尼拉，橫越太平洋到西班牙的航路，因而喪失其具有軍事和經濟潛力的太平洋制海權。

1630 年荷蘭在鯤身（安平）興建熱蘭遮城（Fort Zelandia），另在手槍射程高地處，興建一座小石堡烏特列支堡（Utreecht），以確保海防安全；1650 年又築普洛文蒂亞城（Fort Provintia, 赤崁樓）為行政中心的軍事基地，以攻擊西班牙和阻止大明國船隻航行到馬尼拉；其次作為貿易中心以建立大員與大明國市場的轉運站，且連結到國際市場網絡。

大明國中業以後，各國經濟發展促進市場的需求，面對大明國朝貢限制所導致市場交易失衡的現象，促使商人以走私、海盜、武力等違法的方式來尋求解決。然而，當時最適合走私的會合地，就選擇靠近大明國，又非大明國屬地的大員，更突顯福爾摩沙在重商型政治性治安上的特殊地理位置。

檢視 1626 年（天啟 6 年）至 1642 年（崇禎 15 年）期間，西班牙在北福爾摩沙以保護菲律賓與大明國之間的安全為由，率船沿著福爾摩沙東岸經福爾摩沙東北角的福爾摩沙北部沿海一帶及雞籠山（基隆市），甚至包括宜蘭、花東縱谷、蘭嶼，以及恆春半島等地區。

17 世紀不論是荷蘭或西班牙在福爾摩沙築城或建碉堡的技術，都是由訓練有素的工程師和測量師負責，西班牙人也在雞籠、滬尾等地興建天主教堂與學堂，並沿淡水河經臺北盆地，再沿雞籠河至雞籠，途經原住民所居住的地區，皆納入為其維護治安的範圍。

　　由於西班牙據雞籠、滬尾二港，與荷蘭為爭取商業經營權及市場利益的衝突。1641 年（崇禎 14 年）荷蘭率艦北上，迫雞籠、滬尾二港，由於當時西班牙屢陷入與原住民族的衝突，治理成效不佳，東部的探勘金礦也毫無結果，加上受困於菲律賓戰事，導致駐馬尼拉總督逐步減少派駐北福爾摩沙的軍力，最後因為守備薄弱，1642 年（崇禎 15 年）8 月終於遭到荷蘭人的驅離，結束在北福爾摩沙 16 年的佔領。

　　然而，從 1624 年（天啟 4 年）到 1636 年（崇禎 9 年）為止的公司政府，係採取與各村社締結具有領主封臣關係的協約式「領邦會議」（Rijkag）。1636 年（崇禎 9 年）之後更以分區召開「地方會議」（Landdag）的方式確認權力關係，「地方會議」成為公司政府治理福爾摩沙的封建政體。

　　換言之，「領邦會議」強調村社首長個人對長官人身的封建關係，而「地方會議」則趨向於將這種關係，衍生為公司政府與福爾摩沙本島屬民（原住民和大明國人）兩個群體相互之間締結的契約。

　　而當時所謂的「地方會議」，即歐洲當時封建政體下「等級會議」的一種型態。簡單地說，對於這個「領地」來說，領地等級團體不是單單對領主表達服從而已，還要以人際之間的情感和利益的結合，在與領主相互誓約的基礎上，建立一個特別共同體；他們因此和不參與地方事務的「屬民」截然不同。而由於領主的宣誓，也必須遵守自古相傳權利與自由的約定的這種意識。[9]

　　因此，重商型政治性治安強調為維護村社的秩序，乃透過「地方會議」的運作，集合各社族長或長老討論各村社的重要情事，如長老任期、長老與教師的工作分工、村社彼此關係的溝通、繳稅規章、與大明國人相處原則；同時，賦予長老在自己社內的司法權，以及授與奧倫治親王的三色旗、黑絲絨禮袍和鑲有公司銀質徽章的藤杖等信物，作為政治權威的表徵，來凸顯荷蘭聯邦共和國的決定荷蘭東印度公司，而荷蘭東印度公司又決定了印尼巴達維亞和福爾摩沙的公司政府型態。

---

[9] 鄭維中，《荷蘭時代的臺灣社會：自然法的難題與文明進化的歷程》，（臺北：前衛，2004年 7 月），頁 24-26。

　　所以，當 1580 年（明萬曆 8 年）4 月頒布於荷蘭諸邦的永久詔令是為整個司法體系運作的準則，而公司法庭的設置正是負責執行永久詔令當中有關治安（policing）的政治集權傾向和範圍。

　　重商型政治性治安隨著貿易市場的穩定，和大員市鎮的商、漁業發展，與臺灣原住民結盟及內陸農業、狩獵開發，越到統治的晚期，議會就越固定於大員（熱蘭遮）城內。另外，隨著基隆城、淡水城議會之設置，熱蘭遮城議會也漸漸獲得地區性政府的地位。

　　早期的大員長官與議會較具軍事性，晚期則漸漸發展出地區性的立法機能，也凸顯治安權限劃分在於議會之間的層級關係，而不是地理上的範圍。同時，維護治安的工作也隨著人民活動區域的擴大，與人際關係的複雜化因而擴權。

　　公司政府的權力結構是由特許權、股權與有限公司的混合公司型態，一但公司未能再履行那些職能時，不僅特權被剝奪，就連其成立的原旨和進行戰爭的職能都要喪失，也因此引發公司政府內部權力腐化，官吏受賄成風，欺壓百姓、搶奪房地產的治安議題。

　　加上，公司政府成員大都來自荷蘭社會的中下階層，當他們受雇來台只是想撈了一票就走的「牙刷主義」心態。因此，除了引發上述「大員事件」的涉外治安之外，還先後引發政治性治安的「麻豆溪事件」與「郭懷一事件」。

　　「麻豆溪事件」起因於 1623 年（天啟 3 年）公司政府商務員的調查貿易情事，受到麻豆社原住民的襲擊。加上，接著發生的「濱田彌兵衛事件」，導致公司政府與島上住民之間的互信不但蕩然無存，更因為政府施政所引發新港（今臺南新市區）、目加溜灣（今臺南安定區）、麻豆（今臺南麻豆區）、蕭壠（今臺南佳里區）等原住民的不滿。公司為了政治的穩定，長官納茨（Peter Nuijts）認為士兵總數要增派至 500 名才足以維護大員地區的治安。

　　1629 年納茨帶著一連隊的武裝士兵前往麻豆社緝捕漢人海盜，在回程途中的麻豆溪渡河時，受到麻豆、目加溜灣原住民的襲擊，有多人被殺。事件發生後，這群原住民以戰勝者姿態，到新港地區叫囂，並意圖截殺長

官，燒毀官舍與牧師的住宅。由於長官已聞聲而逃，他們遂轉往赤崁，燒毀公司的牛欄、馬廄、羊圈，揚長而去。事件之後，荷蘭地圖更將麻豆溪標示寫明「謀殺者之河」、「叛亂犯之河」。

「麻豆溪事件」發生之後的半年，麻豆社原住民再次殺戮一位駐守在赤崁的荷蘭士兵。接著麻豆社和目加溜灣社的居民來到新港社，求見公司政府長官普特曼斯（Hans Putmans），希望與荷蘭人和談，經過傳教士干治士（Georgius Candidus）的斡旋，雙方達成三項協議：歸還被麻豆社人殺害的荷蘭人頭顱、骸骨；歸還所有奪去的武器；此後每年貢獻感恩禮物。

然而，1630 年（崇禎 3 年）至 1635 年（崇禎 8 年）間原住民族彼此間仍然進行傳統的馘首戰爭，荷人捲入合縱連橫，1634 年（崇禎 7 年）8月大員附近新港社與二層行溪南方搭加里揚社決鬥失敗，求之於荷軍助戰。1635 年（崇禎 8 年）荷軍渡河攻打搭加里揚社，致使附近（現今高雄地區）原住民各社遷居更南方的屏東地區。當普特曼斯親率荷蘭士兵及新港社原住民攻打麻豆社，麻豆社不敵，被迫與荷方簽訂「麻豆協約」。

根據「麻豆協約」，除了原住民之外，不管是大明國人還是其他歐洲人，與原住民之間的任何交易、贈與等行為，只要以法律契約形式為之，未通過長官與評議會的認可，就一概無效。

如此，任何人想要租借、購買島上住民的土地，都要和公司政府簽訂契約，而貿然佔領原住民的土地，將構成國際法上宣戰的正當理由。引發大明國人激憤的原因也相當清楚，如果是要以契約的方式和原住民交易，顯然不能不經公司政府的同意。

採取契約方式交易的物品，顯然不是小商販四處零售的日用品，而是大宗貿易決定性的鹿皮、肉類等；以及最重要的地產及經濟作物。以這一協約為基礎，倘若擴大解釋，所有和島上住民的交易都必須經過公司政府的同意才能生效，這與後來發展包辦社產交易的「贌社制」有密切的關聯。

「贌社制」為荷蘭統治福爾摩沙時期實行的村社承包製度，將轄下原住民村社的交易權公開招標，商人得標後即可獨佔村社的所有交易。得標的承包商以衣料、鹽、鐵鍋及各種雜物，和原住民交易鹿皮、鹿肉，再轉賣鹿製品以賺取利潤。

　　檢視「郭懷一抗荷事件」的整個治安事件，公司政府主要藉由武裝動員 2,000 名原住民的幫助，以及在配有火槍裝備的荷軍指揮下，來對抗由郭懷一所領導這些手執末端削成尖的竹竿、高舉鋤頭和鐮刀的漢人團體。受到不滿意荷蘭統治的日本人紛紛離開福爾摩沙，於是大明國人有機會大量替補，荷蘭各處商館附近的地區，遂居住了許多從其他地區遷來的大明國人。

　　大明國人所受到不公平壓迫，積怨難平的治安議題導致 1652 年發生「郭懷一抗荷事件」。經歷過此一治安動亂的浩劫，福爾摩沙鄉村遭受重大損失，不但儲存的稻穀物資等，和多數房屋被毀，貿易也陷入停頓，致使公司蒙受重大損失，而且影響 1651 年（永曆 5 年）種植的甘蔗也無法收成，導致長老和農民無法以糖抵換公司貸給他們的胡椒；如果再加上當時發生的蝗蟲災害，公司政府治安不但無法維護社會秩序，對外亦無力對抗來自海上的其他商戰勢力。

　　這一連串發生的政治性治安事件，是公司政府在福爾摩沙統治政權失控的徵兆，不但造成農業經濟蒙受重大損失，市場秩序也必須經過至少一年時間才能復原，危及公司政權的正當性和穩定性。

　　更嚴重是郭懷一原係鄭芝龍的舊屬，其反荷蘭統治福爾摩沙的行動，影響了鄭成功決定 1662 年（康熙元年）的自廈門率進攻，迫使荷蘭結束在福爾摩沙的 38 年統治。

## 第四節　複合式經濟性治安

　　荷治時期複合式經濟性治安是建構在公司政府與經濟利益的關係上，最上層是經濟政策的制定者，指的是荷蘭共和國聯省議會下轄指導設置於巴達維亞的荷蘭東印度公司，來要求大員商館的執行單位；

　　中層的中介者是指大明國企業家（在臺的漢商）與荷蘭企業家所建立起相互依賴的非正式合作關係；

最底層是為中介者工作的大明國人，包括為得標者工作之大明國人如在原住民村落貿易、漁撈、稻作什一稅和人頭稅得標者；大明國農夫如蔗糖生產之日酬工與佃農；和大明國獵戶、大明國建築工。

檢視引發經濟性治安議題的論述有不同的界說，格達德（W. G. Goddard）指出，公司政府偏重於汲取經濟利益的掠奪經濟；[10]曹永和指出，公司政府、漢人與原住民之間有互存與衝突的複雜政經關係所形成的複合社會；[11]歐陽泰（Tonio Andrade）指出，公司政府與中國（大明國）利益相依，是公司政府主導、漢人配合的「共構殖民」（co-colonization）臺灣（福爾摩沙）。[12]

諾斯（Douglass C. North）指出，政府的存在有契約理論（contract theory）與掠奪或剝削理論（predatory or exploitation theory）的兩種解釋，政府契約理論是交換定理在邏輯上的延伸，政府在其中扮演使社會福利極大化的角色，由於契約限定每個人相對他人的活動，這對經濟成長是十分重要的，因此契約理論研究方法能夠解釋促進經濟成長之有效率的財產權的發展。

政府掠奪或剝削理論認為政府是某一集團或階級的代理者，主要作用是代表該集團或階級利益像其他民眾榨取所得，掠奪性政府界定一套財產權，使權力集團的收入極大化而無視於它對社會整體財富的影響。[13]

根據曹永和的複合式經濟觀點，透過擴大土地開發與農業發展，商業貿易與租稅措施等議題，所引發的複合式經濟性治安加以論述。

福爾摩沙時期土地開發受到大明人逐漸越入原住民的獵（鹿）場，並開墾為稻田或蔗園的影響，形成公司政府、原住民與開墾者三者之間，經

---

[10] W. G. Goddard, *Formosa: A study in Chinese History* (London: MacMillan, 1966), p.55.

[11] 曹永和，《臺灣早期歷史研究》，（臺北：聯經，1979 年 7 月），頁 66-67。

[12] 鄭維中　譯，Tonio Andrade，《福爾摩沙如何變成臺灣府？》，（臺北：遠流，2007 年 4 月），頁 6-11。

[13] Douglass C. North，劉瑞華　譯，《經濟史的結構與變遷》，（臺北：時報文化，1999 年 10 月），頁 26-27。

由不斷衝突與順應而建構土地所有權歸屬荷蘭國王的「王田」經濟模式。

　　公司政府在大員設商館的機制，認可原住民利用與想用其祖傳地的權利、公司頒授土地所有權給大明國移民，及公司頒授土地使用權與土地所有權給官員的方式，形成既有封建形式與市場機制並存的土地制度，經營農業生產。

　　臺灣島上早期住民尚未使用鐮刀，僅以簡陋的鍬、小刀作為農具，在新港、蕭壠等地耕作，荷治以後才從印度引進黃牛耕作，和仿效在爪哇依靠大明國人從事產品的生產、收購和集中，和非洲奴隸到美洲工作的方式，從大明國大量招民獎勵移住，提供開築陂塘堤渠所需費用和耕牛農具籽種，以及指導耕作方法，並在其領地內，實施旱田種和水田種的稻米輪耕方式。

　　凡耕種水田者，有世襲的所有權，在旱田方面，則採野草經營的方式實施游牧化的農耕，全村落共同開墾，但個別去耕種，個別的各自收穫。開墾的土地，在 3 至 4 年間，可有收穫，但自此以後，即任其荒蕪。

　　因此，村社為開闢新的土地起見，即移轉其場所迫使公司只有依靠掠奪及暴力方式，才能實施重分配，這種由公司強制而非自然農業共有制的方式，導致農民強烈的不滿。

　　公司政府的擅長買賣蔗糖與奴隸，而不專業於種植甘蔗、驅策奴隸。公司政府為便於管理招來的農民，在墾殖制度上特行「結首制」，合數 10 人為一結，選 1 人為首，名「小結首」；合數 10「小結首」選 1 人，名「大結首」。

　　這種採取武裝開墾的「大結首」組織，其公司政府與島上住民的接觸方式，必須透過通事。通事則又必須透過商人、獵團領袖、大地主、翻譯人員、得標者、媒介者等各業界領袖，來與公司建立關係。這種「大結首」、「小結首」與佃農組成的結構性影響到後來臺灣的經濟發展。

　　從地理條件決定了農作物種類和農作的方法，更決定了土地的使用和財富的分配方式，導致只有少數大地主和大批貧困、依賴地主、甚至沒有自由的勞動力時，勞動力介乎懶惰、或自我沉溺和抵抗暴政之間。

　　這種緊張關係，迫使公司政府不得不增加從大明招來的勞動力。到了

1648 年，增加的人數已達 20,000 人，乃至於威脅到公司政府的治理危機，不得不殷切地要求巴城能夠增兵。

另外，在商業貿易與租稅議題所引發的經濟性治安，主要是公司政府在亞洲的經濟政策是以促進地區產品的交易為主，公司政府遂以福爾摩沙為市場的轉運地，採取運輸貿易（carring trade）的方式，促使大明國的絲綢與日本及歐洲的白銀相互流通，凸顯公司政府的管制商業交易。

尤其是由公司政府設立商館壟斷福爾摩沙與大陸及對外貿易，對象包括商館官員、牧師以外的私人商務；來往於兩岸的大明商人，既有專營兩岸貿易的大商人，也有乘漁船而來的小商人，和兼有商人身分的漁民；大明商人攜帶來福爾摩沙交易的金錢貨物；以及深入原住民村社收稅的大明商人。

布勞岱爾（Fernand Braudel）指出，遠東貿易長期處在荷蘭東印度公司的壟斷下，一般商人便向英國、法國、丹麥、瑞典等國家尋求資金的協助，唆使這些國家成立東印度公司，這也說明 18 世紀末和 19 世紀初英屬印度商人群起反對東印度公司的特權。這種特權保障他們不僅得到公司當地職員的暗中支持，可以從事對中國（大明）和南洋群島的走私，和歐洲販運白銀的歐洲其他各國商人的從中相助。[14]

人類歷史上大多數的時間，硬幣的主要金屬成分是銀而不是金，特別是哥倫布航行以後，新大陸尤其是墨西哥發現了蘊藏豐富的銀礦。16 世紀時，銀大量流入歐洲，1606 年荷蘭議會宣布了貨幣交換手冊，一共列出 848 種銀幣、金幣，其中有很多在純度與重量上差異極大。品質問題造成阿姆斯特丹商人極大困擾，於是積極建構銀行體系，以解決貨幣問題。

在大明國白銀被用作貨幣，而黃金只被拿來製造飾品，金銀的相對價值比鄰近的國家低，在大明國 4、5 兩銀子就能換到 1 兩黃金，但在日本與大部分亞洲國家經常要 10 兩銀子以上才能換到 1 兩黃金，因此拿日本銀子

---

[14] Fernand Braudel，施康強　等譯，《15 至 18 世紀的物質文明、經濟和資本主義》（卷二），（臺北：貓頭鷹，2000 年 3 月），頁 389-390。

交換大明國黃金是一件十分有利的交易。

檢視公司政府獨占福爾摩沙對大明國及對日本的貿易，荷蘭對日本輸出福爾摩沙特產的鹿皮與砂糖；對大明國則輸出福爾摩沙的米、糖、香料及荷蘭本國的金屬與藥材，而輸入品有生絲、黃金、瓷器、布帛、茶等。當時歐洲沒有製造克拉克瓷器的技術能力，大明國出產的絲綢和瓷器揚名歐洲，是貴族的最愛，也是家世的表徵。

公司政府對於從事進出口的大明國與日本貿易商，課以貨物稅，不但獲取暴利。而且還取得大明國絲類產品，以換取日本的白銀，另一方面還可以出口黃金，白銀和黃金則被用來購買印度棉布，棉布再換取胡椒、丁香與荳蔻等香料。

公司政府為拓展多國貿易，一共開闢五條航線：大明國至福爾摩沙；日本至福爾摩沙；巴達維亞經福爾摩沙至日本；馬尼拉經福爾摩沙至日本；大明國經福爾摩沙至日本。當時全世界的白銀至少有四分之一是通過馬尼拉流入大明國，所以大明國有「白銀帝國」之稱。

荷蘭時期大明商人運到福爾摩沙的黃金數量在 1636-1639、1643-1644、1648 年都有 300 錠以上，代表大明國時期與福爾摩沙有著頻繁貿易往來，1640-1642 都沒有大明國船隻輸入黃金到福爾摩沙的紀錄，而在 1645 年以後黃金輸入情形也不如以往，這可能與當時大明國沿海受鄭芝龍控制，而影響船隻到福爾摩沙的數量減少，甚至導致於 1644 年（崇禎 17 年）大明政權的崩潰。[15]

至於白銀的流入，主要以日本銀為主。荷蘭人使用白銀在福爾摩沙收購大明國貨物，另外巴達維亞的荷蘭東印度公司為了與大明國貿易而頻頻向荷蘭母國要求增加資金，於是從荷蘭開始有白銀輸入。

尤其在 1635 年（崇禎 8 年）後由日本運來的白銀大量增加，這與福爾摩沙對當時大明國市場極需資金有關，直到 1650 年代大明國戰亂，造成荷

---

[15] Timothy Brook, 方駿　等譯，《縱樂的困惑：明朝的商業與文化》，（臺北：聯經，2004年 2 月），頁 282。

蘭對大明國貿易的不穩定，日本輸出白銀的數量才呈現下降趨勢。

當時公司政府收購大批大明國生絲的主要是銷往歐洲和日本等地。不過由於購買大明國生絲的資金來源為日本的白銀。所以，在福爾摩沙收購的大明國生絲還是以銷往日本為主，而歐洲方面生絲的需求主要由波斯來供應。從 1635 年（崇禎 8 年）大明國輸出到福爾摩沙的生絲開始增加，到1641 年（崇禎 14 年）以後大量減少，1655 年（永曆 9 年）以後再也沒有生絲輸到福爾摩沙。

複合式經濟性治安亦凸顯公司政府對於農、漁、獵業的徵收稅負。進出口貨有貨物稅，農墾者有耕作稅，狩獵（鹿）者有獵具稅；捕魚必須到熱蘭遮城申請許可證，捕完魚後還須回到熱蘭遮城確認漁獲量，並納 10%的稅金。如果漁民提出公司政府派出的船隻隨航護漁，漁民則支付什一稅或十分之一的魚獲量及魚卵，然而演變到了後期，更規定所有大明國移民都要繳納人頭稅。[16]

對原住民部份，將大明商人承包村社標得村社權利金，視為原住民取得原先地方集會時贈送給荷蘭政府的貢物。然而，標得村落權利金後來逐漸變成賺取收入來源的機制，導致貢物成為對原住民的一種間接稅。

特別是公司政府實施的「村社承包制」，是引自歐洲徵稅系統的「贌社」（pacht）制度，將原住民有關稅收統包給大明人社商、通事承辦，但是卻導致後來的利用特權欺壓、侵占原住民財產。

「村社承包制」的犧牲原住民，來換取公司與承包商的利益，承包商獲得於原住民村落進行交易為其一年的獨占權後，大舉擡抬商品價格，壓低用來支付商品的鹿肉與鹿皮的價格，再外銷。分析「麻豆溪事件」的起因，即是公司政府設關收稅，並強力取締走私，引起原住民反抗。

不論是直接稅的獵鹿稅、人頭稅、關稅、烏魚稅、房地買賣稅、磚與石灰稅，及各種執照稅：或是間接稅的標售稅權，如烏魚稅權、豬隻屠宰

---

[16] W. Cambell, *Formosa under the Dutch* (Taipei：SMC Publishing Inc., 1992)，pp. 174-186.

稅權、村落承包稅權、米作什一稅權、漁稅權、衡量稅權、人頭稅權等等，其對財政稅收的苛斂可見一般。

公司政府開徵各項稅賦，是為支付維持治安、工事、興建醫院等開銷，導致公司政府到 1640 年（崇禎 13 年）的福爾摩沙財政收支仍處虧損狀態。加上農業發展因缺乏拉車犁田的馴畜，導致 1649 年（永曆 3 年）公司墊款 4,000 里耳，由牧師葛拉維（Daniel Gravius）購入 121 頭牛，分配給蕭壟（壠）社的原住民租用。

這也突顯 1650 年代以前的複合式經濟性治安，由於公司政府在福爾摩沙的無法投入重大建設，以及因受制於不斷發生的抗爭事件，導致無法減少龐大軍事費用的支出。

檢視 1647 年（永曆元年）以後至 1662 年（康熙元年）東印度公司的離開福爾摩沙為止，公司政府只能採取重新定義，可以免稅運回荷蘭貨品的質與量，以設法讓公司政府保有價值最高的貨品，但其實施效果仍然不彰。

尤其公司政府無法有效打擊嚴重走私和夾帶行為的違法現象，導致從船長到小工，沒有人不參與這種違法的私自營利行為。最後，公司政府被迫只得開始針對職員的「假設性」利得而徵稅。然而，這措施更促使違法走私的猖獗。最後，公司政府假公濟私的大搞自己利益，導致公司的垮台，致使公司商標成為「因腐敗而消滅」的象徵。

布勞岱爾（Fernand Braudel）指出，國家在作為商業活動基地的市場分配和保障優惠權，任何公司都以納稅作報答，而稅率又與國家的財政關係息息相關，東印度公司當然不例外。[17]

荷蘭東印度公司被國家機關緊密控制，作為經濟勢力擴張的工具，相反地，這些壟斷性組織又變成國家在軍事出征，和戰爭時所需要的重要稅收來源。國家就像資本的容器，透過管制和資本調節，以遂行國家目標。

---

[17] Fernand Braudel, 施康強　等譯，《15 至 18 世紀的物質文明、經濟和資本主義》（卷二），（臺北：貓頭鷹，2000 年 3 月），頁 382。

當資本對國家無利益時，國家便抑制資本的成長。

荷蘭公司政府以推出皇家貨幣和控制稅賦的方式，讓從事擴張行動的公司政府和可以取得流通的財富。而承包稅收與發行公債，成為私人債券、合股公司的特權。

承上論，荷蘭公司政府在亞洲地區的市場，在佔領該地區的初期，必須先花費巨額軍事費用和行政開支，並為大員的築城及海道疏浚，而經常出現赤字。因此，公司政府在地方時日久了，逐漸取代當地勢力，插手政治事務，也衍生許多非事務性花費的被隱藏在其他費用中，公司政府的實施控制經濟（command economy）結果，造成公司政府的沉重財政負擔，致使複合式經濟性治安的不斷發生。

## 第五節　多國化社會性治安

臺灣文字記錄的歷史時代並不久遠，但進入之後即刻與國際社會接軌。荷治福爾摩沙時期透過「番仔契」或「新港文書」，可以了解教育文化與新教喀爾文派傳教在社會變遷中，存在著修改過的正式規則與仍舊不變的非正式限制之間緊張關係，其所造成對社會環境的改變。特別是荷蘭人因有文字而傳承了大量有關人類行為與歷史的知識，並影響福爾摩沙社會的發展與變遷。

檢視荷西治福爾摩沙時期的所謂「歐式半世紀」殖民繁榮的時代，因為荷蘭人建立了福爾摩沙第一個政府，為原住民設立學校與教會，開發農業及派遣傳教士到深山去。因此 17 世紀的第二季，歐洲的武力和行政部門，成了大明漢族移民的開路先鋒。

相對於原住民與荷蘭人和大明人的開化程度，荷蘭人和大明人都自詡為「文明人」，並且在某個程度上彼此相互承認為「文明人」。他們的「文明」雖然最終以經濟或軍事實力來保證，但其正當性基礎都還在於「自我克制」的能力上。

　　檢視公司政府統治福爾摩沙的最初 10 年，儘管公司政府以市場利益為至上的考量，三令五申要求高階職員，勿涉入當地政治社會的糾紛，但巴城第四任總督顧恩（Jan Pieterzoon Coen）卻違背公司總部的這項基本原則，而對亞洲市場據點的鄰近區域採用強硬、好戰的擴張政策。

　　荷蘭東印度公司在 17 世紀 20、30 年代，不斷捲入東亞海域上大明國官兵抓強盜的戰爭，正凸顯顧恩的好大喜功。更何況戰爭費用的龐大開支對重商主義的發展無疑地起了推波助瀾的作用，隨著砲兵、軍械、戰船、常備軍和堡壘修築技術的進步與需求，導致軍費開支直線上升，而戰爭經費的主要來源還是依賴稅收。

　　多國化社會性治安源自於中國傳統社會「結首制」的治安模式，其制度可以溯自 11 世紀大宋保甲法，和 14 世紀大明縉紳階級制的演變而來。

　　保甲法是以十家為保，五保為一大保，十大保為一都保。保、大保及都保皆有長，選主戶有幹力及眾所信服者充之。家有二丁，選一人充保丁，授以弓弩，教以戰陣。遇戰出征，承平歸田，此為「寓兵於農」的治安政策。

　　至於大明縉紳階級制的形成，始於太祖「以大戶為糧食，掌其鄉之賦稅，多或至十餘萬石，運糧至京，得朝見天子，洪武中或以人才授官」。所以，「大戶」的社會地位，自高出平民一等，成為縉紳階級。太祖不但令大戶為糧長，同時令天下州縣，選年高有德，眾所信服者，使勸民為善，鄉閭爭訟，亦使理斷。

　　「結首制」的治安體系不僅是擁有軍事領導權，而且授予行政（含司法、警察等）權，其與授予「大結首」、「小結首」與佃農之間的權力層級關係，並掌握人口數，用以 1640 年（崇禎 13 年）開始征收的「人頭稅」，或稱之為「居留許可稅」，雖然早期的居留許可制度並非用以徵收稅款，而是要監控其生活。

　　「結」是指向政府提出申請請願書或直接稱切結書，在此切結書上署名的代表稱為「結首」，而當時多以結首分段之數或根據其次序訂定其地地名。最有名者為宜蘭縣的一結、二結、三結、四結、五結等名。

　　史密斯（Adam Smith）指出，對一個社會而言，不管是對哪一個地方

　　的被一羣商人所組成的一家獨占性公司治理，也許是世上最不好的治理模式。因此，嚴厲批評當時英國人在孟加拉種植鴉片，與荷蘭人在香料群島的政策，同屬於毀滅性的社會性格。

　　同時，史密斯（Adam Smith）也比較，當北美殖民地的受英國憲法保護，而東印度的殖民地則由商業公司壓榨與宰制。儘管史密斯對重商主義下的特許公司多所批評，但事實證明由政府將帝國主義包給公司去執行，要比皇室直接資助經濟帝國主義，來得對市場交易有效率。[18]

　　如今，我們印證比較當時美利堅合眾國與福爾摩沙同為歐洲殖民地的社會，然而，美利堅合眾國卻能脫胎換骨成為 20 世紀的經濟霸權。也許，世界上再也沒有比這兩個社會所遭遇不同處境，更能清楚說明英國憲法與公司政府在性質上的不同了。

　　特別是托克維爾（Alexis de Tocquerville）指出，17 世紀初在美洲海岸的殖民，不知怎樣，竟把民主原則，與他們曾不得不在歐洲各舊社區中主張的一切原則區別開來，並單獨地將之移植到新世界去，這個民主原則在該處以能夠絕對自由地傳播，並用影響全國風習的辦法去和平地決定法律的性質。[19]

　　史密斯（Adam Smith）主張，英國應該相信殖民地選派代表參加英國議會，有助於可以解決各項困難。史密斯甚至建議，如不能和平協議，則讓殖民地獨立。[20]

　　因此，當荷蘭、西班牙統治福爾摩沙時，福爾摩沙氏族化社會才有機會發展成為多國化社會的東亞網絡的其中一環。相對於最初深受公司政府獎勵來福爾摩沙的大明國移民而言，福爾摩沙原先是他們避難的去處，而後漸漸成為他們定居繁衍的社會，也導致原住民族被迫移居山地，大明移民來的漢族地位也由避難者轉變為土地開發者，導致原住民氏族社會在經

---

[18] Smith, Adam, 謝宗林、李華夏　譯，《國富論》，（臺北：先覺，2000 年 8 月），頁 101。
[19] Alexis de Tocquerville, 秦修明　等譯，《民主在美國》，（臺北，貓頭鷹，2000 年 4 月），頁 11。
[20] Smith, Adam, 謝宗林　譯，《國富論 II》，（臺北：先覺，2005 年 10 月），頁 201。

過 7 千年的孕育之後，卻在 16、17 世紀遭受新移入族群的徹底改造。

承上論，福爾摩沙多國化社會性治安凸顯在荷蘭東印度公司掌控下社會，雖然國別不同，但經濟遭到掠奪的處境卻是相同的。因為，在重商主義階段荷蘭東印度公司政府又利用福爾摩沙優越的地理位置，全力發揮轉口功能，成為大明國、日本、南洋、歐洲等地貨物的集散中心。

檢視多國化社會性治安的呈現公司政府與福爾摩沙社會亦存在「相互依賴合作」的關係。尤其多國化社會亦如對於殖民地市場的宰制，畢竟不是只單純立基於計算在競爭市場上的收益力。

17 世紀英國重商主義者曾將荷蘭資本優於英國資本的社會歸結為，在荷蘭新獲得的資本並非一概地用於土地投資。同時，由於這不僅僅是個購買土地的問題，荷蘭也不曾設法使自己轉變為封建社會生活的一部分，以致於失去進行資本主義投資的可能性。

相對的，多國化造就了福爾摩沙經濟社會在三百年前，就具備了以出口為導向的社會雛型。因此，西班牙曾於 1626 年（明天啟 6 年）至 1642 年（崇禎 15 年）的短暫統治福爾摩沙，和在 1565 年（明嘉靖 44 年）至 1898 年（清光緒 24 年）的殖民菲律賓，相較於荷蘭曾於 1624 年（明天啟 4 年）至 1662 年（清康熙元年）的統治福爾摩沙，和 1596 年（明萬曆 24 年）至 1945 年（民國 34 年）的殖民印尼，如今臺灣社會有數量較多的菲律賓和印尼的外籍勞動人口，其所引發的多國化社會治安議題，亦印證了福爾摩沙多國化社會治安的歷史結構性現象。

## 第六節　公司政府型態治安角色

檢視荷西時期福爾摩沙的治安結構與變遷，從大航海時代涉外性治安、重商型政治性治安、複合式經濟性治安、多國化社會性治安所綜合型塑公司政府型態的治安角色，主要源自於荷蘭東印度公司的統治福爾摩沙。

回溯該公司政府與福爾摩沙的連結，卻是東印度公司嘗試為打開與大

明國直接貿易失敗的附帶結果。然而，公司政府的「領邦會議」、「地方會議」，以及 1580 年頒布「永久詔令」之後的設置「公司法庭」，更促使了公司政府治安的法治化。

公司政府治安認為只要對社會安寧和福利有益的事項，均可列入「治安權」的業務加以治理，其中要項包括：公司的行使治安管理，授權各船上的風紀官執行船上議會的判決，以及設立婦女懲治所等。

此外，為了維護社會秩序，在政治性治安方面：督促地方官廳，透過法令保障弱勢，法律程序上毆殺案依法應呈報，法官不應將酒醉視為刑罰規定中的輕罪。

在經濟性治安方面：提升公證人地位、反對壟斷生活物資、哄抬物價、反對破產的經濟性犯罪。

在社會性治安方面：反對流浪漢、乞丐、醉鬼、鋪張施洗節慶和婚禮、小酒館和小吃店成立所引起的失序行為；將乞討者分為流浪者、朝聖者和乞丐，健康或患病等類和窮人分別加以登記；窮人子女教育、和窮人救濟金的安排；禁止小酒館招待未經登記的客人；乃至於宗教上以重刑威脅壓制咒罵與瀆神。凸顯公司政府試圖以法律為治安工具，由上而下介入公共事務的擴權行為。

尤其在 1635 年（明崇禎 8 年）發生的「搭加里揚」事件，和 1644 年（明崇禎 17 年）、1645 年（明弘光元年）公司政府兩次出兵的攻擊大肚社原住民，加上大明漢人普遍抱怨公司政府為徵收人頭稅，所採取由士兵負責盤查的臨檢制度，儘管後來被迫修正只有公司官員和人頭稅稽徵員，才具有法定權力進行臨檢的治安工作，而且要求臨檢人員必須在脖子上配戴特定的紋章，以便讓人指認，仍未能平息反對浪潮，導致 1652 年（明永曆 6 年）發生農民郭懷一抗暴的嚴重治安事件。

此後，公司政府行代的治安為了加強管制島上住民的言論和行動，更是透過「結首制」的社會網絡，並以「甲必沙」（Cabessa, 或稱甲必丹）來識別身分，以嚴密維護治安工作。公司政府的「甲必沙」功能扮演類似「保甲」制度的協助治安工作。

「甲必沙」是英國統治馬來西亞時，專為管理華人而設的職位，由卓

越的華人出任，負責管理和解決華僑的各種民事糾紛。它的產生雖採社區公推共舉模式，但公司政府仍然掌控其解職的權力。

例如 1740 年 10 月荷蘭統治下的巴達維亞發生華人大屠殺事件，為了防止悲劇再度發生，遂採取積極管理的態度，讓一個與其他人隔絕的華人區在城外建立起來，而與華人社群相關的行政事務則更深入被納入當地的需求中，如公館（Kong Koan，或稱中國議會）的設立辦公室，也就是公堂（Gong Tong）。

在那地方「甲必沙」和他的官員每周會面，在他們自己的族人之中進行審判，並且協調暫住者的管理，由此他們緊密地與荷蘭殖民政府合作。「甲必沙」也扮演協助公司政府型態治安的執行公司政府長官與地方性民政官的維護社會治安和課稅工作。

如果將東印度公司的執行經濟政策不力，和其經營福爾摩沙所逐漸增加交易成本的因素做比較，突顯其因為原本是「小國大業」所建立的荷蘭霸權，已喪失實力負擔對於統治福爾摩沙所逐漸增加其所必須投入的成本，導致 1662 年鄭成功軍團能順利在臺灣建立新政權的機會。

然而，公司政府經過無償授田、免除稅負還有其他獎勵，荷蘭人引誘這些大明國人的先驅渡海來臺。而他們收服原住民、壓制海盜、保障契約執行，並提供民政治理與治安機構，使福爾摩沙成為安全又可以評估風險處，便於居住營生。若非公司政府治安的扮演維護社會秩序角色，大明國移民到福爾摩沙的過程或許要很緩慢才會逐漸發生。

## 第七節　荷西時期商社治安大事記

| 年 ＼ 項目 | 臺　灣 | 國　際 |
|---|---|---|
| 1625 年（明天 | ◆荷蘭以棉花布 15 匹與新港社（今臺南市新市區）原住民交換 | ◆格勞秀斯的《戰爭與和平之法》給與戰爭法理學上的根據。 |

| | | |
|---|---|---|
| 啟 5 年） | 興蓋普洛文蒂亞城的用地。◆諾得洛斯繪製福爾摩沙（臺灣）島圖。◆宋克從澎湖回航大員途中，發生船難，高級商務員韋特以司令官名義代理。 | ◆荷蘭殖民北美洲，築新阿姆斯特丹（今紐約）。 |
| 1626 年（明天啟 6 年） | ◆西班牙在基隆建立城堡。 | ◆日本分別有由末次平藏和平野藤次郎二位代官所派遣的商船來福爾摩沙（臺灣）與荷蘭貿易。 |
| 1627 年（明天啟 7 年） | ◆奧倫治（Orange）城，改名熱蘭遮城，用磚石代替竹木砂石，進行重建工程，蓋有內外城，修造砲台。 | ◆發生巴城附近的回教徒聯合葡萄牙人對巴城的圍攻事件。 |
| 1628 年（明崇禎元年） | ◆韋特與鄭芝龍海戰後，在回荷的歸程「發現」澳洲的西北部；而新任福爾摩沙總督納茨在赴任途中，發現往澳洲南方海岸的航線。◆日本濱田船長率領船上裝滿槍砲、刀劍、弓箭和人員到福爾摩沙與納茨談判，濱田被綁為人質，是謂「濱田或稱大員事件」。◆鄭芝龍降清，擔任廈門海防游擊，從事取締沿海海盜活動。◆納茨親率船隻前往廈門月港，與附近商人交易，但傷及鄭芝龍利益，兩人展開談判，納茨扣押鄭芝龍於船上，雙方簽訂交易合約。 | ◆荷蘭與日本因對福爾摩沙貿易引起磨擦，日本關閉荷蘭平戶商館。◆英國議會向國王提出「權利請願書」。 |
| 1629 年 | ◆納茨認為士兵要達 500 名才有 | ◆荷蘭巴城總督柯恩去世。◆英 |

| | | |
|---|---|---|
| （明崇<br>禎 2 年） | 足夠的兵力維護治安。◆納茨的施政引發新港、目加溜灣、麻豆、蕭壠等村社住民的不滿，納茨派出 62 名武裝人員鎮壓，卻在渡河時悉數被西拉雅族所殺，是謂「麻豆事件」，荷蘭地圖將此河標明寫為「謀殺者之河」、「叛亂犯之河」。◆朴特曼繼納茨為福爾摩沙總督。◆西班牙勢力延伸到淡水。◆鄭芝龍除去李旦的代理人許心素，但其部屬李魁奇背叛，奪取廈門控制權。◆鄭芝龍歸順大明國，任都督。 | 王查理一世下令解散國會。 |
| 1630 年<br>（明崇<br>禎 3 年） | ◆荷方和鄭芝龍聯手消滅李魁奇，鄭芝龍恢復廈門勢力，荷方派人常駐廈門，從事貿易活動。◆福建旱災，鄭芝龍向巡撫熊文燦建議，用船舶移送饑民到福爾摩沙開墾，每人給銀三兩，三人給牛一頭，是有計畫的移民，奠定在臺灣農墾的基礎。 | ◆福爾摩沙前總督納茨被關在巴城大牢。◆英國北美洲殖民築波士頓城。 |
| 1631 年<br>（明崇<br>禎 4 年） | ◆鄭芝龍命令荷方的商務人員撤離廈門，返回大員。 | |
| 1633 年<br>（明崇<br>禎 6 年） | ◆荷方為開中國貿易之門，連續發動三波攻勢，無功而返。 | ◆平戶荷館館長奈恩羅迪解決「濱田事件」。◆福爾摩沙前總督納茨被引渡日本拘禁，病逝。◆日本發布第一次鎖國令。 |

| | | |
|---|---|---|
| 1634 年<br>（明崇<br>禎 7 年） | ◆被荷方用來牽制鄭芝龍的海盜劉香發動窩裡反，直搗荷方大本營。◆發生「搭加里揚之戰」。 | ◆日本發布第二次鎖國令。◆英國實施船舶稅。◆荷蘭引爆鬱金香球根熱潮。 |
| 1635 年<br>（明崇<br>禎 8 年） | ◆荷蘭福爾摩沙總督普特曼斯親率荷蘭兵及新港社原住民攻打麻豆社，麻豆社不敵，與荷方簽訂「麻豆協約」，接受荷蘭殖民統治。◆福爾摩沙出現缺米窘境。◆海盜劉香在廣東海戰中為鄭芝龍所滅。 | ◆日本發布第三次鎖國令，僅限華人可以進入長崎。 |
| 1636 年<br>（明崇<br>禎 9 年） | ◆荷蘭舉行原住民歸順儀式，村落主權讓與荷蘭共和國聯邦議會，荷方授予象徵性權仗。◆荷兵出征小琉球（今屏東東港南方），驅離島民，婦孺配置在新港社。◆范德堡繼朴特曼為福爾摩沙總督。◆一連串命案的發生，成立公司法庭。 | ◆美國波士頓建立巡夜的守望制度。◆日本發布第四次鎖國令。<br>◆後金可汗皇太極屢勝大明軍，建立大清國，是為太宗。 |
| 1637 年<br>（明崇<br>禎 10<br>年） | ◆課徵燒製磚頭什一稅。 | ◆日本發生「島原之亂」。 |
| 1638 年<br>（明崇<br>禎 11<br>年） | ◆請願活動的成功，成為大明漢人與議會、總督之間溝通的方式之一。 | |
| 1639 年<br>（明崇<br>禎 12 | ◆實施「稅收承包制」。◆巴城下令大員開放大明漢人設置賭場，嗣因反對人士的請願而停 | ◆葡萄牙退出日本，中國與荷蘭船隻仍可與日本通商往來。◆卡 |

| 年） | 止。 | 隆出任平戶荷館館長。 |
|---|---|---|
| 1640 年（明崇禎 13 年） | ◆范德堡病逝，被指控加強島上的防禦工事耗資過巨。◆楚尼斯繼范德堡為福爾摩沙總督。◆實施人頭稅。 | ◆幕府派特使井上政重視察平戶荷館，井上曾任大目付（警視廳長）的職位。◆葡萄牙脫離西班牙獨立。 |
| 1641 年（明崇禎 14 年） | ◆舉辦首次的地方會議，擴大對原住民的控制。◆發生卑南原住民殺死荷蘭商務員的抗荷事件，和大武壟（現今臺南市善化區）原住民抗爭事件。 | ◆平戶荷館被令遷往長崎附近的人工島嶼出島（Deshima）。◆荷攻佔麻六甲，逐出葡陶牙勢力。 |
| 1642 年（明崇禎 15 年） | ◆荷蘭北攻基隆，西班牙撤出福爾摩沙。◆荷方在原西班牙城堡修建紅毛城，發生大明國人集體逃避勞役事件。◆鄭經出生。 | ◆英國革命爆發，克倫威爾的議會軍擊敗國王軍隊，英吉利共和國成立。 |
| 1643 年（明崇禎 16 年） | ◆陸美爾以議長身分繼楚尼斯為福爾摩沙總督。◆荷蘭派兵到淡水、基隆一帶探金，發生士兵感染疾病，嚴重影響守衛人員的調派。◆荷方完成最新的福爾摩沙全島地圖。◆清太宗卒，多爾袞攝政。 | |
| 1644 年（明崇禎 17 年、清順治元年） | ◆荷兵出征屏東三地門，感染疾病，無功。◆荷方分別召開南區、北區的地方會議，原住民宣誓對荷蘭國王效忠，並將每年地方會議例行化，有利於維護治安。◆卡隆繼陸美爾為福爾摩沙總督，進行耕地測量、登記。◆明崇禎末代皇帝結束，改朝換代 | |

| | 為清順治元年。◆設置福建巡撫，派駐福州。◆福王即位南京。 | |
|---|---|---|
| 1645 年（明弘光元年、隆武元年、清順治 2 年） | ◆荷方同意鄭芝龍從福州派戎克船訪問馬尼拉的通行證申請，荷方扮演這海域的水上警察。◆鄭森獲賜「朱」姓，又改名「成功」，鄭成功從小金門起兵。 | |
| 1646 年（明隆武 2 年、清順治 3 年） | ◆歐瓦特繼卡隆為福爾摩沙總督。◆鄭芝龍降清。◆永曆即位。 | |
| 1647 年（明永曆元年、清順治 4 年） | ◆明永曆帝封鄭成功為漳國公。◆清兵南下，在福建海澄、泉州與鄭成功軍隊交鋒。 | |
| 1648 年（明永曆 2 年、清順治 5 年） | ◆荷方將具有本土化色彩的傳教方式，回歸母國教義。◆大量大明漢人避難而來，在糧食短缺嚴重下，實施稻米禁運，違者課以死刑。◆清兵入廣州，唐王殉。 | ◆歐洲「三十年戰爭」的宗教戰爭結束，簽署「西發里亞合約」（Treaty of Westphalia）荷蘭獨立獲得國際承認。 |
| 1649 年（明永曆 3 | ◆荷人進口牛，作為耕作與交通工具。◆傅爾堡繼歐瓦特為福爾摩沙總督。 | ◆葡萄牙商船入長崎港，要求通商。◆英國國會法庭判決查理一世死刑，斬於斷頭台。 |

| 年、清順治6年） | | |
|---|---|---|
| 1650年（明永曆4年、清順治7年） | ◆鄭成功攻佔廈門、金門，成為反清復明的根據地。◆清順帝親政。 | |
| 1651年（明永曆5年、清順治8年） | ◆傅富爾堡解除牧師葛拉維斯職務，引發政、教紛爭。◆大明監國朱以海奔金門投靠鄭成功。◆施琅剃髮降清。 | ◆英國制定《航海法》。 |
| 1652年（明永曆6年、清順治9年） | ◆荷方派員查巡人頭稅單，發生侵入民宅、偷竊情事，引爆郭懷一率眾攻擊事件，荷方得原住民武裝支援，展開軍事鎮壓行動。◆魯王在廈門主政。 | ◆英、荷第一次戰爭。 |
| 1653年（明永曆7年、清順治10年） | ◆基隆發生蝗害，並向南擴散，福爾摩沙飢荒。◆郭懷一事件後，荷方為了治安，除了修築城堡和安裝砲台之外，並在平原地區設置地方官，處理地方犯罪案件。◆凱撒繼傅爾堡為福爾摩沙總督。◆大明封鄭成功漳國公。 | ◆美州第一個立法機構新阿姆斯特丹市議會成立。與當時同是荷蘭殖民地的福爾摩沙議會發展，其結果並不完全一樣。 |
| 1655年（明永曆9年、清順治12 | ◆鄭成功將廈門改名為「思明州」，並仿明體制，設吏、戶、禮、兵、刑、工六官，儼然是「中央政府」。 | |

| 年） | | |
|---|---|---|
| 1657 年<br>（明永<br>曆 11<br>年、清順<br>治 14<br>年） | ◆何斌以鄭營名義，在大員地區<br>收稅◆凱撒離開福爾摩沙，揆一<br>代理福爾摩沙總督。 | |
| 1658 年<br>（明永<br>曆 12<br>年、清順<br>治 15<br>年） | ◆鄭軍北伐，鄭成功子鄭濬、鄭<br>浴、鄭溫皆溺斃。大批大明國人<br>來福爾摩沙。◆荷蘭東印度公司<br>在福爾摩沙大規模推廣種植甘<br>蔗。◆大清國頒布〈海禁令〉。 | ◆紐約創建急響器守望制度。 |
| 1659 年<br>（明永<br>曆 13<br>年、清順<br>治 16<br>年） | ◆揆一繼凱撒為福爾摩沙總<br>督。◆荷方發現何斌與鄭成功祕<br>密合作，拘捕何斌，由司法委員<br>會解除何斌的一切公職、權益和<br>榮典。◆鄭成功北伐南京失敗，<br>退守金門、廈門。 | ◆朱舜水移居日本。 |
| 1660 年<br>（明永<br>曆 14<br>年、清順<br>治 17<br>年） | ◆巴城派范德蘭率艦隊協防大<br>員。◆鄭成功回信揆一，表示志<br>不在福爾摩沙（臺灣）。 | ◆英國第二次公佈《航海法》<br>案。 |
| 1661 年<br>（明永<br>曆 15<br>年、清順 | ◆巴城將揆一解職，繼任者奧德<br>塞啟程，鄭軍攻打福爾摩沙消息<br>傳到巴城，巴城改派艦隊司令卡<br>烏來臺協防。◆鄭成功取澎湖攻 | ◆英國騎士議會通過地方自治<br>團體法。 |

| | | |
|---|---|---|
| 治 18<br>年） | 福爾摩沙後，即感糧食不足，但社會治安維持良好，並不影響市場正常交易。◆清頒布〈遷界令〉，沿海三十里居民一律內遷，築界墻，派兵防守，越界者處死。◆清順治崩，康熙即位。◆鄭芝龍被處死。 | |
| 1662 年<br>（清康<br>熙元年） | ◆鄭、荷簽訂和約，驅走荷蘭人，立明宗社，改福爾摩沙（臺灣）為東都，另設安撫司，統治臺、澎。◆魯王卒於金門。◆鄭成功病逝，其子鄭經繼位，仍奉永曆年號。◆永曆被引渡昆明，遭害，大明國滅亡。 | |

資料來源：本研究。

# 第四章　東寧時期與軍屯治安

# （1662-1683）

> 大抵民自為市，則物之良惡，錢之多少，易以通融，准折取捨。
> 官與民為市，物必以其良，價必有定數。又有私心詭計，百出其
> 間，而欲行之有力而無弊，難矣。政不若不為之為愈也。
>
> ～王溥（1420-1495，明・大學士）

　　鄭成功、鄭經、鄭克塽的鄭氏三代，是第一個正式統治臺灣的漢人，
本文將這時期政權，稱之為東寧時期（1662-1683）。鄭成功以武力驅走荷
蘭人在臺灣的統治之後，成為大明國（1368-1662），尤其是接受南明冊封
的王朝，將臺灣建立在「名為成功之踞，實為寧靜王而踞」。[1]

　　回溯 14 世紀到 17 世紀的前現代東亞國際關係，基本上是一個以「中
華世界秩序」中的大明、大清國為盟主冊封、朝貢關係所構成，包括當時
琉球、安南、暹羅、朝鮮、日本等許多個亞洲國家。

　　這種冊封體制的結構是透過核心與邊陲關係來形成，亦是大明國加之
於東亞國家與市場所展現的「朝貢」貿易政策；同時，型塑了鄭氏統治臺
灣時期封建治安結構與變遷的具體形式。

　　「朝貢」本是中國古代諸侯定期朝見天子，貢獻方物，表示誠敬的一

---

[1] 江日昇，《臺灣外記》,〈自序〉,《臺灣歷史演義》,（臺北：河洛圖書出版社，1981 年 5
月），頁 391。

種制度。但是演變到了明清時期，「朝貢」已經發展成為海外諸國與「天朝」之間進行政治交往的一種外交手段、經濟互利的官方形式，和人員、文化交流的重要途徑。

　　在「天朝」所構築的「中華世界秩序」體系，「天朝」不干涉藩屬內部事務，不榨取其資源與經濟利益；藩屬政權則在政治上尋求「天朝」對其合法性背書。

　　明成祖（1403-1424）登基之後，即於 1405 年派三寶太監鄭和下西洋，除了要宣告大明皇帝成祖已經登上帝位之外，同時還要向各藩屬表示，希望他們能指派使臣或代表到大明國來上表進貢，加強彼此友誼與貿易的關係。鄭和下西洋遇颱風，曾在大員（Taiwan）的西南岸登陸。

　　黎東方指出，中國一向採取「小來大往」、「厚往薄來」的傳統外交禮數，在這涉外關係中，大明國從朝貢國家真正獲得的貢品其實很少，反而回報給的賞賜價值往往超出更多。特別是對待其中隨同來往的商人，由於他們國家成了中國的「入貢之番」，他們的身分也從商人提高為跟隨貢使的「隨員」，榮獲皇帝恩准其攜帶貨物運進寧波、泉州、廣州等指定開港通商的特權，還各設提舉市舶司，予以特別照料，不但免其關稅，還准許貢使所帶來的貨物開市出售，並且對貢使及其隨員免費供給食宿、車船。[2]

　　大明國在這一方面的花費不貲，卻也在國際強權競爭的東亞國家和世界資本主義體系之中奠定了宗主國的地位。

## 第一節　東寧時期治安議題

　　大明國在接替元朝政權之後，鑒於當時倭寇、海盜為患，為維護社會治安和鞏固新建立的政權，採取更為強化的經濟貿易管制政策，僅准許朝

---

[2] 黎東方，《細說明朝》（第一冊），（臺北：文星書店，1965 年 11 月），頁 217。

貢往來，而拒絕與外國商賈進行海外貿易。

　　同時，為禁止一般民間商人或企業因違法販海通夷，勾結倭寇、海盜所引發的治安議題，遂實施對海防安全的嚴加防範措施，以杜絕國人下海通蕃。甚至於為了加強維護治安，除了還針對沿海外島實施「徙民墟地」政策之外，並將自南宋元朝以來，早已隸屬版圖的澎湖，予以棄置，特令其居民往內陸遷徙。

　　檢視大明國初期的治安政策，基本上是遵行開國皇帝朱元璋在《皇明祖訓箴戒章》中所立下的準則：四方諸夷，皆阻山隔海，僻在一隅，得其地不足以供給，得其民不足以使令。若其不自揣量，來擾我邊，則彼為不祥；彼既不為我中國患，而我興兵輕犯，亦不祥也，吾恐後世子孫倚中國富強，貪一時戰功，無故興兵，致傷人命，切記不可。[3]

　　這在當「舟多於車，車僅在無水之國所以濟舟楫之窮」的國力強盛時，尚可以要求「自我克制」的執行治安政策。然而，在水利航運發達地區，獲利較高的私營商業，所引發的治安問題就顯得難加以控制，這與美國殖民地時期在土地開發之後，緊接著商業階級崛起的發展模式相同。

　　大明國開國之初的管制貿易和海禁政策，除具有維護治安的目的之外，其實亦有抑制元代時期的重商貿易活動。大明欲圖恢復以傳統重視農業的發展，但衡之以海上利益為其經濟命脈的沿海居民而論，政府雖屢頒下海通番禁令，仍不能杜絕違法居民的望海謀生，和盛行私自下海通商，導致其往往有家歸不得，更促成僑居於海外者漸多。

　　另外，漁民出海捕魚維生，雖遭海禁政策的影響，但漁民為求改善生計，亦實難抑制。加之，大明國中葉以後，受到人口增加壓力所引發的治安議題，沿海居民毅然鋌而走險，競相朝向海上發展，並將其漁場拓展到臺灣沿岸，建立與臺灣原住民商業來往的所謂「漢番交易」。因而，促使大明國不得不於 1567 年（明隆慶元年）開放海禁，福建當局對於來往於臺灣

---

[3] 段立生，〈鄭和與暹羅〉，曾玲　主編，《東南亞的「鄭和記憶」與文化詮釋》，（安徽：黃山書社，2008 年 6 月），頁 36-37。

的船隻，則採取商漁船引的治安管理措施。

然而，自萬曆年間（1573-1620）以來的臺灣治安已面臨大明與日本走私，和貿易利益聚合點所引發治安的議題，更招致荷蘭和西班牙等國際為爭奪市場的重要轉接地。因此，鄭氏在臺灣雖然驅走了重視商業貿易的荷蘭人之後，在 1662 年至 1683 年的 21 年統治臺灣期間，也誠如 17 世紀兩度擔任荷蘭聯合東印度公司駐印尼總督的科恩（Jan Pieterzoon Coen）指出，我們不能在不戰爭的狀況下進行貿易，也不能在沒有貿易的情況下進行戰爭。這一海上安全和市場利益的競爭因素，更突顯了東寧時期的主要治安議題。

科恩曾於 1619 年（明萬曆 47 年）至 1623 年（明天啟 3 年）及 1627 年（明天啟 7 年）至 1629 年（明崇禎 2 年）間兩度擔任荷蘭聯合東印度公司在印尼的總督，在擔任總督期間特別致力於荷蘭國力的增強。他雖被荷蘭視為英雄，但在荷蘭殖民地區的亞非國家卻不受歡迎；在近現代，他更被視為種族滅絕的典型人物。

檢視東寧初期臺灣乃開創之地，雖僻處海濱，安敢忘戰？暫爾散兵，非為安逸，初創之地，留勇衛、侍衛之旅，以守安平鎮、承天二處。其餘諸鎮，按鎮分地、按地開墾，日以什一者瞭望，相連接應，輪流迭更。是無閑丁，亦無逸民。插竹為社，斬茅為屋。圍生牛教之以犁，使野無曠土，而軍有餘糧。其火兵則無貼田，如正丁出伍，貼田補入可也。其鄉仍曰「社」，不必易；其畝亦曰「甲」，以便耕。照三年開墾，然後定其上、中、下則，以立賦稅。但此三年內，收成者借十分之三，以供正用。農隙，則訓以武事；有警，則荷戈以戰；無警，則負耒以耕。寓兵於農之意如此。[4]

因此，臺灣治安史結構與變遷，發展到了東寧時期的近世國家時代主權、海盜、走私、人口販運等引發的涉外性治安議題，受封家族的王位之爭、權力分配等引發的政治性治安議題，宗主式墾殖利益、飢荒、糧食不足等引發的經濟性治安議題，以及土著化竊盜、姦淫、賭博、傷害、殺人、

---

[4] 江日昇，《臺灣外記》，收錄：《臺灣歷史演義》，（臺北：河洛圖書出版社，1981 年 5 月），頁 178-179。

酗酒等引發的社會性治安議題，並就前四項環境因素相互糾葛成綜合性因素，所型塑封建政府型態的治安角色。

## 第二節　近世國家時代涉外性治安

從國際治安環境論述大明國的涉外性治安，基本上，大明國是中國最後一個「內在的朝代」（indigenous dynasty），受到外界干預的成份少，內在的性格強，自身認為處在宇宙的中央，四周的蠻夷須向它朝貢，以獲得封號。加上皇權體制心態，大明國拒絕從外國來的事物和想法。

大明國雖然非常確定自己的超然卓絕地位，但在面對西方的科技挑戰之際，仍感到非常震驚和恐慌。尤其大明國為應付來自北方滿族和蒙古族的南下入侵邊界，放棄了因有長江之利而對航海開放的南京，於 1421 年遷都北京，在大航海時代的意義上，喪失了利用大海參與近世國家時代的競爭機會。

檢視東寧時期涉外性治安的環境因素，基本上是受到大明國不朝向成為一個遠洋商貿國家，和針對具有戰略性物資的馬匹、兵器、鐵具、銅錢或絲綢加以管制的影響，導致 16 世紀以來，正德（1506-1521）、嘉靖（1522-1566）期間在東南沿海一帶的商人、士紳，與日本之間非法走私和海盜，甚至於到海外經營的大明商人，都被懷疑是假冒朝廷使者以獲取東南亞朝貢國的政經利益者。這種反對海上貿易態度的變得如此激烈，其措施更凸顯在焚毀後來存放於兵部的鄭和下西洋圖像。

大明國儘管撤出海上貿易，和其不斷加劇的反商態度，但海港密佈的福建沿海的商人，仍然活躍地與東亞國家進行貿易。甚至於到了 16 世紀中葉以後，隨著商業競爭的激烈化已演變成一種武裝貿易。質言之，東寧時期的涉外治安議題受到競爭性國家體系和世界性資本主義體系在東亞國家發展的影響，凸顯大明國封鎖海岸的管制政策，只是加劇促使海上貿易的軍事化。

檢視近世國家時代涉外性治安議題的對照英國國會於 1660 年通過王

政復辟（Restoration），迎接查理二世（Charles Ⅱ）為國王；1664 年起英國
與荷蘭發生第二次戰爭，英國攻陷荷蘭在北美洲的殖民地新阿姆斯特丹
（New Amsterdam）；1667 年荷蘭戰敗，盡失北美洲殖民地，荷蘭已從國際
競爭性國家和世界性資本主義體系中退出，其中包括荷蘭與東寧王國戰爭
所引發的治安議題，荷蘭東印度公司在維護福爾摩沙治安上的失敗，導致
荷蘭公司政府不得不於 1662 年將福爾摩沙統治權交給東寧王國。

　　檢視大明國的海上治安環境，雖然未必會吸引大部分士紳知識份子的
採取崇商態度，但它正擴大對外貿易所帶進仕紳圈子的貨品種類，對此士
紳們並不抗拒；反而愉悅地將這些貨品吸納到他們鑑賞精緻物品的文化休
閒活動之內，這也同時刺激了貨品的生產。同時，當這些貨品進入商貿網
絡的時候，收藏品的系列擴大到包括稀有植物和外來食品。[5]

　　因此，分析東寧王國涉外治安議題包括：與英國東印度公司簽訂的通
商內容，又命伐木造船的銷往日本，以及購買兵器所導致大清國的強迫福
建等五省沿海 30 里內居民的遷徙內地，並將其化為界外的嚴禁與臺灣來
往，同時，實施堅壁清野政策，以封鎖沿海人民與鄭氏家族等海外敵對勢
力的連結。

　　惟東寧王國主要勢力仍在廈門等地，以設立秘密貿易所保持與內地通
商的方式，來突顯涉外性治安議題的接連發生，最後導致在近世國家時代
涉外性治安因素的東寧王國將臺灣政權交到大清國手中。

## 第三節　受封型政治性治安

　　秦始皇建立大一統國家以來，即是皇權體制的開始。權力完全集中在
皇帝一人，「朕即國家」，皇帝是政權的獨占者，官僚體系也只是皇帝的工

---

[5] Timothy Brook（卜正民），方駿　等譯，《縱樂的困惑：明朝的商業與文化》，（臺北：聯
經，2004 年 2 月），頁 183。

具，是君臣上下、尊卑之間的君主式關係。

大明國自洪武 13 年（1380 年）宰相胡惟庸被殺以後，皇帝除了是國家元首之外，又是事實上的行政首長，直接領導並推動政務，皇權和相權合一，加上軍隊的指揮權，再加上司法權、財政權等等，可謂集大權於一身，又可不須對任何人和組織負責，也沒有任何制衡力量，這種帝王權力是前所未有。

鄭成功（Koxinga）具有中日混血的特殊身世，其統治臺灣的政權是啟動在中國東南海上，和逸出大陸五千年華夏格局的一段新文明，恰同時是與外來文明，包含中國文化、日本文化，以及西方文化的複合型態。

也因為鄭成功的特殊血統與出身背景，日本人認為鄭成功是他們開拓臺灣的始祖，不但對鄭成功有極高的禮遇與評價，並影響對其後來主張1895 年至 1945 年之間佔領臺灣的具有正當性，而合理化其統治臺灣的正當性和合法性。

東寧時期的受封型（或稱封建型）政權可以溯自 1661 年鄭成功的率軍從金門經澎湖，於鹿耳門溪在北線尾附近登陸，以圍攻策略逼降荷蘭，建立鄭氏東寧王國，這是近代史上歐洲政權在東方海上的一次重大挫敗。

因而，東寧王國時期的受封型政治性治安議題，凸顯於 1662 年鄭成功改臺灣（熱蘭遮城）為安平鎮，赤崁城為承天府，總名東都。設一府二縣，府曰承天，縣曰天興、萬年。

1662 年（永曆 16 年）5 月，鄭成功逝，世子鄭經繼位，改東都為東寧，二縣為二州，設安撫司三，南北路澎湖各一。並設四坊以居商賈，設里社以宅番漢；治漢人有州官，治番民有安撫。然規模不遠，殊非壯觀。亦即興市廛、教耕種，漸進中國風土矣。

鄭成功、鄭經父子先後受封「延平郡王」、「東寧王」的以大明國為中心的冊封體制，畢竟是由帝國強加在其他國家的國際霸權關係之中所呈現的具體形式。因而，這種冊封體制便隨著帝王霸權的鼎革、勢力的盛衰，而有數次分裂、瓦解，乃至於重編的現象；同時，也隨著帝國與周邊諸國情勢變化呈現各種不同的面貌。諸如高麗與大明國關係（1368-1392），朝鮮與大明國關係（1392-1636），朝鮮與大清國關係（1636-1894），在這五

百年來的冊封關係則被稱是典型的朝貢關係。

冊封體制有如日本藩鎮制度，是屬封建政治，崇尚專制政體，主張要對君主盡忠，強調家族主義、國體主義、傳統主義，及形式主義的型塑當時社會的支配意識。

東寧王國在臺灣猶如自成一個封建王國，然而，就臺灣原住民族的相互主體而言，正如英國移民北美洲的「逐走土著人」（removing the natives），以便為不斷增加的移民人口騰出空間，亦是漢人血統和中國文化最先以軍事武裝在臺灣建立的政權。

檢視東寧時期受封型政治性治安係移植大明國的治安制度，尤其是鄭成功執政的實際政治中心並不在臺灣，而且在他取得臺灣統治權的不久即過世，因而引發「弟承兄業」或「子承父業」的叔姪王位之爭。

在廈門以世藩嗣位的鄭經執政期間，從 1662 年至 1681 年過世的長達 19 年，亦為爭取維護臺灣的政治性治安，曾經多次展開與大清國的談判，一度有意倣效採取不削髮、稱臣納貢的朝鮮奉大清國為宗主國模式，但由於鄭經的堅持泉州等四府必須歸屬其管轄立場，致使談判破裂，也導致鄭經遭受批評為「人在金廈，心在漳泉」的統治心態。[6]

當鄭經過世，長子克臧螟蛉難嗣大位，與次子克塽的嫡庶王位之爭；同時，陳永華與馮錫範的王室親家介入王權爭奪，特別是馮錫範與鄭哲順、劉國軒等人發動「東寧之變」，絞死監國鄭克臧，立鄭克塽所引發的受封型政治性治安議題，最後結果鄭克塽勝出的勉強於 1681 年繼位，但東寧王國氣勢已不復當年。加上，臺灣原住民的不滿統治。1683 年鄭克塽削髮歸順大清國，並與南明朱氏宗室一起被遣回大陸內地致死。

1699 年（康熙 38 年）詔令遷鄭成功靈柩歸葬故里福建南安，同時遷葬於祖墳的有鄭成功夫人董氏、兒子鄭經和兒媳唐氏等，此外鄭成功父親鄭芝龍的牌位，以及鄭成功的日本母親田川氏一起遷葬祖墳。

從鄭成功、鄭經、鄭克塽的三氏受封型政治性治安在臺計傳三世，歷

---

[6] 江日昇，《臺灣外記》，收錄：《臺灣歷史演義》，（臺北：河洛，1981 年 5 月），頁 184-186。

時 22 年。溯自鄭芝龍的來臺之始，則相距 40 年。換言之，若計自鄭芝龍起於 1621 年（天啟元年），至 1683 年（康熙 22 年）的克塽歸誠，其受封政權計達有 62 年之久。

## 第四節　宗主式經濟性治安

大明國經濟政策對於政府與商業的關係始終搖擺不定，忽而重商忽而輕商，始終未能將它有制度地納入國家的財政策略。確切地說，中國封建制度只實用於商周，到魏晉南北朝以後，雖已非封建制度，但仍存有若干封建因素。

簡言之，它是一種創造一個富人階級的經濟制度，其目的是在發展自足的經濟中，由別的勞動者生產物品去滿足他們的需要。相較於中古世紀晚期的歐洲，既沒有世界帝國，也沒有世界經濟，只有基督教文明；歐洲大部分地區都是封建的，也就是說由相對自給自足的小經濟單位組成，這種經濟單位以這樣一種剝削方式為基礎，因為占人口比率很少的貴族階級相對於直接擁有莊園內部生產出來的大量剩餘農產品。

檢視大明經濟政策，若批評其是一個掠奪性而又反商的阻礙商業經濟發展的論點，似乎有點牽強。大明政府可能並沒有按歐洲中產階級的理想去促進商業，但至少它在相當大程度上，讓商業按自己的方式發展。[7]

然而，檢視東寧時期的受封體制視國家為君主的私有財產，就如同受封土地與人民就是封臣的私有財產；君主和封臣把司法權的延伸，及軍隊所征服來的土地與人民，都視為私人有利可圖的剝奪對象和投機的經濟行

---

[7] Timothy Brook（卜正民），方駿 等譯，《縱樂的困惑：明朝的商業與文化》，（臺北：聯經，2004 年 2 月），頁 150；Immanuel Wallerstein, *The Modern World-System, Vol. 1: Capitalist Agriculture and the Origins of the European World-Economy in the Sixteenth Century* (New York: Academic Press, 1974)，p. 37.

為。

東寧王國是以大明國移民北向爭統治的正統，又往南向攬取海商的經濟資源，是結合了受封體制與朝貢貿易為一體。東寧王國時期因其一直奉大明為正朔，鄭氏三代都是以孤臣心態，希望能恢復大明國，東寧王國受封體制在國家的某種意義上，被視為是君主的私有財產，就如同采邑（manor）是封臣的私有財產，因而引發宗主式經濟性治安議題。

當鄭成功在金廈兩地不能自保而選擇轉進臺灣，然一到澎湖，就已發生嚴重的缺糧現象，遂出現「臺灣城未破，官兵乏糧」的經濟性治安問題。當時擊退荷蘭佔據福爾摩沙的東寧軍隊可說是一支武裝移民集團，除了軍隊人員再加上眷屬的總數將近有 3 萬人之多。

因此，東寧時期的初期，為解決人口增加所引發的糧食治安危機，首先必須確保土地的有效利用，尤其最擔心軍糧供應不穩定與持續性所引發的治安問題。所以，土地經營乃行軍人屯田開墾的武裝方式，延用荷蘭時代的「王田」，和將荷印度公司所屬「公司田」的改稱「官田」；而將文武官員所開墾的土地稱為「文武官田」；另外，屯營所開墾的田地稱「營盤田」，宛如帶有武器的高級農耕隊。

宗主式經濟性治安議題除了承認先來漢人，和已開化原住民對於土地既得權益，以先確立了財產權的方式來安撫居民之外，乃實施「軍屯為本、佃屯為輔、寓兵於農、展拓貿易」的發展墾殖農業。

這種「軍兵屯墾」制度，平時則化兵為農，使能自食其力：戰時則化農為兵，期為征戰之用，正是所謂的「農隙則訓以武事，有警則荷戈以戰，無警則負耒以耕。寓兵於農之意如此」。[8]

基本上，鄭成功頒布屯田政策後，軍隊點狀集團性的開墾，主要農業發展範圍只發展從臺南到新竹附近。到了鄭經占領基隆附近以後，就將該地視為流放政敵和犯人的地區。當時臺灣北部的開墾，多以違法犯紀的犯人的開墾為主，規模亦相當有限。

---

[8] 江日昇，《臺灣外記》，收錄：《臺灣歷史演義》，（臺北：河洛，1981 年 5 月），頁 179。

　　東寧時期為維護宗主式經濟性治安除了藉由金門為反清復明及興兵驅荷的基地之外，在臺灣更實施「汛地屯墾」的經濟策略。所以，土地開墾的區域，開始只是一種點狀的分布，主要開墾範圍在西南沿海平原。由於赤崁一帶在荷西時期已經漸次開墾完成。

　　新開墾的田園就集中在嘉義平原、鳳山北部平原。對照荷蘭時期對福爾摩沙土地的開發已達 8 千 4 百甲，及至東寧末期，開墾的田園面積約 1 萬 8 千 4 百甲。當時臺灣的漢人人口數約 12 萬人，逐漸超過原住民的人口數。東寧時期積極對臺灣內部開發的進展，臺灣在名義上雖歸屬於大明國，但漢人在臺灣的經濟主導權始告確立。

　　宗主式經濟性治安也突顯於戰爭體制與經貿發展的並行策略，當時的屯田建營，其營盤田在臺灣南部已有很廣闊的分佈，例如現在的後營、大營、新營、小新營、中營、五軍營、查畝營、舊營、下營、林鳳營、左營、營前、營後、中協、本協、後協、左鎮、後鎮、前鋒、三軍、右昌（衝）、後勁等地，都是營盤田的舊址。

　　屯田的目的在寓兵於農，而沒有廢兵，例如 1673 年（明永曆 27 年、清康熙 12 年）三藩之變，鄭經亦召集屯墾的士兵予以響應，卻也導致農業勞動力的受影響，屯墾的生產力漸見衰退，但寓兵於農政策仍是奠定漢族在臺灣落地生根和穩定生活的基礎。

　　尤其營盤田的農業，目的在屯田的自給自足。不過，這些屯田與文武官田及承天府府田的佃人不同，他們有特權，可免納租稅，但是佃人除了租之外，還有稅，而且擔負的稅還重於租。

　　由於佃人勞動所得的剩餘價值，全歸土地所有者；佃人的負擔，包括勞役及農產物的納貢。而且男子自 16 歲以上必須納額六錢的人頭稅，其他課稅如厝餉、鹽稅、船稅，都成為是政府的重要收入。

　　這時期的國家總生產和社會的總勞動力，大部份為佃人的付出。然而，官田園的所有者為鄭氏，文武官田園的所有者，為鄭氏的宗黨及文武百官，這些貴族與官僚對於佃人經濟利益上的支配容易引發不滿。

　　政府為解決農業生產力所引發宗主式經濟性治安的議題時，在人力資源上，主要還是透過招納流亡，及嚴令將士的眷屬遷臺；另外，為增加稻

蔗產量，則加強水利設施，採築堤儲水與截流引水的方式，這些工程分別由政府或地方人士，甚至指派由各營鎮的兵工協助修築。

但當面臨海上市場利益銳減以後，不得不依賴提高租稅來支撐龐大的軍費開銷。同時，為了確保延續長期以來對沿岸操業漁船的稅收，在港口碼頭上更設置監視所，並且將漁業稅的徵收採包稅制度。

高拱乾指出，有司只按總額徵收，番亦愚昧無知，終歲所捕之鹿，與夫雞、犬、牛、豕、布縷、麻菽，悉為社商所有，間有餉重力薄，社商不欲包輸，則又誘之通事，名為自徵，通事額外之腹削無異社商，雖屢禁懲，未盡改也。[9]

另外，宗主式經濟性治安在對外貿易議題上，由於鄭軍屢遭清軍與荷蘭聯軍的夾擊，加上嚴重受到大清國在沿海地域厲行遷界與海禁的影響，使得與大陸之間的生絲、陶器等貿易受阻，東寧政府被迫不得不改採轉運策略，將船隻轉往日本、琉球、呂宋、暹羅，導致每年到長崎的商船增多，反而降低了臺灣與大陸的直接貿易。

東寧政府為解決經濟性治安遂同意英國東印度公司於 1675 至 1680 年間的在臺灣開設商館。英國商館認為只要能透過與臺灣的通商，即可達到直接與大明國、日本及馬尼拉等地通商的目的，而東寧則以徵收進口稅 3%，允許英船進入，出口稅則免。

換言之，受封政府的同意來自大陸及各國的貨物可以匯集臺灣，其中還包括軍火交易，雖然詳細規定了每艘英國商船供應武器的數量，以確保軍火的供應無虞，但也凸顯受封政府因宗主式經濟議題所引發的治安危機。

---

[9] 臺灣史料集成編輯委員會　編，臺灣史料集成　清代臺灣方志彙刊（第二冊），高拱乾　纂輯、周元文　增修，《臺灣府志》，（臺北：遠流，2004 年 11 月），頁 287。

# 第五節　土著化社會性治安

　　封建政府型態至少呈現五種不同的社會組織，和不同階級共同生存的社會秩序。第一種是最基本，也是最古老而呈現支離破碎的領主社會；其次是由羅馬教會堅持不懈地建造的神權社會；第三種是以領土國家為中心組織起來的社會；第四種是封建社會；第五種是城邦社會。

　　總體來說，這些社會不但共存，而且互相攪和，帶有一定的整體性，但從縱向觀察，特權者或治理國家精英的人數仍屬少數。

　　而歐洲中世紀雖稱「封建」，其座主及附庸之間有合同關係（contractual relationship），這種物質條件既有歷史成例，不容一方片面更動，更不容以仁義道德的名目，作為更變的張本。兩方如有爭執勢必請法官及律師裁判，如此才能培養司法獨立的傳統，但中國自西元前 256 年周朝被滅亡之後，其實施的封建制度已不復存在。

　　臺灣漢人移民社會的真正確立，應在鄭成功逐退荷蘭之後。東寧時期的社會猶如歐洲國家的阿爾及爾和瑞典。布勞岱爾（Fernand Braudel）指出，阿爾及爾位於歐洲和土耳其兩大經濟世界的會合處，不服從其中任何一個經濟世界，它基本上切斷了對伊斯坦堡的臣屬關係，而無孔不入的歐洲商船又把它排斥在地中海貿易之外，海盜行徑是阿爾及爾對付歐洲霸權的唯一出路，是擺脫控制的唯一可能，而位於歐洲和俄羅斯接壤的瑞典，與阿爾及爾的情勢大致相同，它不是被排斥在波羅的海的直接利益之外嗎，戰爭是它獲救的唯一出路。[10]

　　東寧以後臺灣的漢人移民，已由昔日分散的部落社會（tribal society），進入定居且足以發揮文化特色的民間社會（folk society）。

---

[10] Fernand Braudel, The Perspective of the World-Civilization and Capitalism, 15ᵗʰ-18ᵗʰ Century. Vol.3（N.Y.: Harper and Raw, 1979）, p.42.

　　土著化社會性治安隨著漢人在臺灣的開發，終於由點擴散成面，由部落游牧狩獵社會確立為農業社會，迄大清國治臺時期，不但漢人社會得以迅速成長，並隨著漢人和平埔族人的通婚，以及平埔族的漢化，實已達到以漢人為主體的市民社會（civil society）的程度。

　　然而，受封體制的東寧政權只准自己擁有武器，不准百姓興武。這種家天下封建體系的宰制商業活動，也阻礙市民化社會的正常發展，導致臺灣移墾社會，普遍存在有前人不學，窮人不能學，以至於「學校不振，文風日衰」的負面評價。

　　檢視東寧政權陷在鄭芝龍亦盜、亦商、亦官的國際霸權、市場利益和民族大義之間關係的糾葛，鄭成功雖深受儒家忠君思想的影響，一心想要維繫大明國的正統，並欲在複雜社會中突顯仍為保留其儒家精神典範，也影響臺灣移民化社會迄今存在「內地化」與「土著化」的爭論。

　　「土著化」是先認定初期的漢人移民心態是中國本土的延伸和連續，到了後期才與中國本土社會逐漸疏離，而變成以臺灣本地為認同的對象。尤其到了清治臺灣初期，漢人已逐漸從原居民手中取得對臺灣土地和產業經營的控制權，臺灣也逐漸由一個海外的邊疆成為中國本土的延伸。這種現象乃至延續到清治臺灣漢人移民社會（immigrant society）的走向「定著化」過程。[11]

　　尤其是到了清末時期，臺灣漢人的社會意識顯然已經逐漸拋棄祖籍觀念，而以居住的聚落為生活單位，寺廟神信仰和宗族組織成為影響社會治安的重要議題。

---

[11] 陳其南，《臺灣的傳統中國社會》，（臺北：允晨，1997 年 10 月），頁 92、180。

# 第六節　受封政府型態治安角色

臺灣早期的生活環境，對於有意定居下來耕種的漢人而言，並非適合移居的地方。當時的海盜私梟活動熱絡，又有原住民族的對抗，評估開墾土地和發展密集農業就得先冒負擔沉重成本的風險。在荷蘭人未抵臺以前，臺灣不可能出現具有規模的行政和軍事行動，願意來提供保障臺灣成為適合經濟性和政治性投資。

然而，經由無償授田、免除稅負、保障生命安全，和其他的獎勵策略，荷蘭人積極提供經濟誘因，鼓勵大明國沿海居民渡海來福爾摩沙。荷蘭公司政府負責收服原住民、壓制海盜、保障契約執行，並建立有效維護社會治安的措施，使福爾摩沙成為營生安全可以擔負風險的地區。

因此，漢人開闢稻米和甘蔗田園的邊地移墾區（frontier state），形成荷蘭人與漢人共構殖民（co-colonization）福爾摩沙的一段移民和產業發展史，共構殖民不只是建立在互惠上，也是建立在東印度公司對漢人政經利益的支配上。

「荷漢共治」確實在福爾摩沙創造出漢人墾殖地的一片天。可是，一但墾地成型，東印度公司就開始遭遇漢人移民者對荷蘭政府是否繼續效忠度和爭奪利益分配的治安議題，導致東寧王國封建政府更因為解決缺乏糧食的安全問題，而積極發展農業，遂逐漸將荷蘭時期重商主義（merchantilism）發展蔗糖調整為以偏重生產稻米為主的重農主義（physiocrats）政策。

因此，當同是漢人的東寧政權出現時，相較新政府所能提供的墾殖誘因（incentive），荷蘭人的競爭優勢（competitive advantage）就注定要喪失其繼續被他們對島上漢人稱之為是「福爾摩沙島上唯一釀蜜蜂種」的利益剝削。

東寧時期治安議題亦如荷蘭時期同樣感受原住民族是影響臺灣內部安定的重要因素。在原住民所居住的村社設有正副土官，以管理住民，其地位有如里長、保甲，採取的非世襲制度，但能發揮治安的功能極為有限。

　　所以，在進行士兵屯田與官紳招民開墾的軍屯治安時，也要求不得侵奪原住民族的土地。並設置所謂「哨所」的「槍櫃」，來保衛居民身家安全。「槍櫃」，其實是隘勇（丁）寮，也就是隘勇守隘的據點，是泥磚屋，透過土牆上的木頭框出來的小孔，那些小孔其實就是舉槍的射口，就是隘勇守隘的地方。

　　當時漢人在其附近營建庄廟，或用竹材圍庄，設置隘門以維護家室安全，並定居下來，且逐漸依地緣關係而聚落化。「隘」制的功能治安在防止原住民侵入的安全設施，同時在東寧時期實施屯田的治安措施時，在與原進住民活動或居住的交界處，還設置有土牛線，以防止彼此之間的侵犯。大明國的治安制度，在省設三司，分巡分守；在府州縣設有專職捕盜官；在最基層治安設有里甲、保甲、民壯和鄉兵。

　　從 1368 年（明洪武元年）至 1450 年（明景泰元年）大明國前期所推動里甲的人戶應有足夠土地維生，而且將沉重的甲首、里長和糧長負擔加之於富有人戶的身上，隨著時間推移而促使各戶土地平均化。這一發展到了 1450 年（明景泰元年）至 1550 年（明嘉靖 29 年）的大明國中期更因為對用於完納賦稅的白銀，和相應的商業行為需求，導致政府為限制白銀流向市場，和控制銀礦盜採的蔓延，遂將里甲組織軍事化，創建幾乎與里甲組織合二為一的每十家為單位的「保甲」制度，每村建一個小的兵器庫，一有需要地方民兵的自衛組織就能武裝起來，地方治安就會有保障。

　　所以，東寧時期治安也採倣明制的衛所制度，分都中為四坊，曰東安、曰西定、曰南寧、曰鎮北。坊置簽首，理民事，制鄙為三十四里，置總理。里有社。十戶為牌，牌有長，十牌為甲，甲有首，十甲為保，保有長。理戶籍之事。凡人民之遷徙、職業、婚嫁、生死，均報於總理。仲春之月，總理彙報於官，考其善惡，信其賞罰，勸農工，禁淫賭，計丁庸，嚴盜賊，而又訓之以詩書，申之以禮義，範之以刑法，勵之以忠敬，故民皆有勇知方。此鄭氏鄉治之效也。[12]

---

[12] 連橫，《臺灣通史》（中），（南投：臺灣省文獻委員會，1976 年 5 月），頁 631-632。

　　東寧政權軍屯治安的結構與變遷，在防範竊盜、海上治安、管制武器、禁賭、禁酒、改建石屋、限制砍伐鄰近森林以利來往船隻補給，並設衡量所，規定市場內秤量以交易等治安議題上，相較於大明國沿海城市的社會現象並無多不同。

　　漢人居民可以很容易的視此為當地治理者維護治安的命令而予以遵守，漢人居民不必然將此類措施當成是應由法律保障的「法定權利」，而可能認為這是統治者應當承擔的道義責任。這突顯東寧時期封建政府型態強調「亦政亦警」的治安，而有別於荷治時期公司政府型態強調「亦法亦警」的治安角色。

## 第七節　東寧時期軍屯治安大事記

| 項目　年 | 臺　灣 | 國　際 |
|---|---|---|
| 1663 年（延平郡王永曆 17 年） | ◆荷、清兩國聯手攻佔金門、廈門，企圖攻佔臺灣不成。 | |
| 1664 年（延平郡王永曆 18 年） | ◆鄭經迎明宗室寧靖王到臺灣，改東都為東寧，在南北兩路及澎湖各設安撫司治理。◆發生與大肚王國為代表原住民的武裝衝突。 | ◆英攻入「新阿姆斯特丹」，改名「紐約」（New York）。◆英國通過《集會法》。 |
| 1665 年（延平郡王永曆 19 年） | | ◆第二次英、荷戰爭。 |
| 1666 年（延 | ◆臺灣前總督揆一被流放艾 | |

| | | |
|---|---|---|
| 平郡王永曆20年） | 島。◆清將施琅帶兵攻打臺灣。◆鄭經放棄金門、廈門。 | |
| 1668 年（延平郡王永曆22 年） | ◆荷蘭放棄福爾摩沙（臺灣），撤離雞籠（基隆）。 | |
| 1670 年（延平郡王永曆24 年） | ◆發生沙轆（沙鹿）原住民的抗爭事件。◆英國東印度公司派船抵臺灣，洽談通商事宜。 | |
| 1672 年（延平郡王永曆26 年） | ◆吳三桂反清。 | ◆第三次英、荷戰爭。 |
| 1674 年（延平郡王永曆28 年） | ◆耿精忠、吳三桂聯合鄭經攻擊清軍，鄭經佔據廈門。 | |
| 1675 年（延平郡王永曆29 年） | ◆英國東印度公司設立商館，與鄭氏政權進行貿易。◆臺灣前總督揆一出版《被遺誤的臺灣》一書。 | |
| 1679 年（延平郡王永曆33 年） | | ◆英國通過《人身保護法》。 |
| 1680 年（延平郡王永曆34 年） | ◆鄭經放棄金門、廈門，轉進臺灣。 | |
| 1681 年（延平郡王永曆 | ◆鄭經歿，鄭克塽繼位，臺灣政局不穩。◆英國關閉東印度公司，斷絕與鄭氏政權的關 | |

| | | |
|---|---|---|
| 35 年） | 係。 | |
| 1682 年（延平郡王永曆 36 年） | 發生竹塹、新港社等原住民事件。 | |
| 1683 年（延平郡王永曆 37 年） | ◆施琅攻佔澎湖，鄭克塽投降，明宗室寧靜王朱術桂自殺。◆大清延續鄭治以來對臺灣與澎湖已成一體的政權。 | ◆日本三井集團成立。 |

資料來源：本研究。

# 第五章　清治時期與移墾治安
# （1683-1895）

有些國家因為歷經工業革命，因此變得富有；有的國家沒有參與
工業革命，因此貧窮。

～David S. Lander(1924-2013)

　　1683 年臺灣島納入滿清政府的統治，迅即成為福建省的一府（a "fu"or
prefecture），係大清國的一部分。原先大員（Taiwan）只用來指荷蘭建設、
立基的小島，後來變成稱呼全島的「臺灣」；而國姓爺家族統治時代擴大許
多的赤崁城，則被訂為島都臺灣府（Taiwanfu）。[1]

　　對於臺灣原住民族，概稱為「番」，乃延續大明時期對臺灣土著所稱的
東「番」，而更以其有無歸附而區分為生「番」與熟「番」。其中關於所謂
熟「番」，如乾隆二年裁減「番」餉之上諭云：「朕思民、番皆吾赤子，原
無歧視。」縱使不如其他漢民被認為受統治之主體，仍將其置於特殊統治
政策之下；至於生「番」，則完全視為化外之異類，如乾隆五十三年御製〈福
康安奏報生擒莊大田紀事〉語云：「生番非我臣僕，性情不同，語言不
通。」[2]

---

[1] 陳政三　譯註，達飛聲（J. W. Davidson）原著，《福爾摩沙的過去與未來》【上冊】，（臺北：國立臺灣歷史博物館，2014 年 9 月），頁 81。
[2] 伊能嘉矩，國史館臺灣文獻館　編譯，《臺灣文化志》（下卷），（臺北：臺灣書房，2012年 1 月），頁 242-246。

　　對照於英國工業革命發軔於 1760 年代，以棉工業為起點，並改變了生產方式與生產結構，到了 1830 年代，主要產業部門則以機械制方式來大量生產，有助於競爭性國家和世界性資本主義體系的形成，但亞洲、中南美洲等國家則開始受到不平等的待遇，這也是 19 世紀中葉臺灣所面臨的處境。

　　當大英帝國在 18 世紀中葉工業革命以後，製造業與服務業逐漸取代農業所得，資金與技術也隨著向國外擴展，生產力得以持久迅速的成長，而且人員工作效率、商品品質和服務水準都可以達到利潤極大化的目標。工業革命時代的國際市場強調顯而易見的短期貿易利益，鼓勵了各國進行降低關稅談判，並且向國際市場敞開大門。

　　人類真正讓市場、行銷人員、消費者者之間的關係產生變化的，是帶來第二波革命財富的工業革命。數百萬農民原本的主要生活方式是貨幣經濟外的產銷合一，工業化將其變成貨幣經濟內的生產者與消費者，從而對市場產生高度依賴。因此，從 1720 年代開始，一種新型的工商業資本主義的浪潮實際上席捲整個歐洲大陸，這是 1820 年代荷蘭在競爭性國家和世界性資本主義體系衰落的決定性因素。

　　因此，19 世紀工業資本主義思想並未孕育「平等社會」（eqalitarian commonwealth）的觀念，不但造成地主階層越來越富有，而土地耕作勞動階層卻越來越貧困的社會現象，而且凸顯工業資本家的快速累積財力，其富裕的程度更超乎地主或國王所能想像與比擬的。

　　當然，工業革命中的每一項技術創新與發明，其經濟發展影響的範圍不僅在城鎮、農村，在擴及政治權力層面上的分配上更產生結構性的改變，也才會對近代治安與國家發展造成衝擊。

　　因此，世界性資本主義體系自標榜民族主義英國取代以城市經濟為主的荷蘭，成為國際霸權之後，歐美列強第一個殖民的對象是非洲大陸；其次，就是亞洲的中國及其鄰近國家。這種國際經濟體系和市場利益的大變動起因，可追溯於資本主義的國際市場化。所以，有關經濟發展能加速社會地位的提升，而且經濟活動和發展迅速的沿海商業城市，人們的社會地位比在內陸城市更加容易。

　　19 世紀和 20 世紀初的資本主義和帝國主義對國際經濟體系和市場利益的觀點，不但不可劃分，更是一體的兩面。大英帝國是典型的例子，一方面在國內從事改革，形成企業組織的卡特爾（cartel）；另一方面是對國外發動殖民地擴張，例如鴉片戰爭和英法聯軍之役侵佔臺灣、強力取得蘇伊士運河的主權、維多利亞稱印度皇后、進入中東，迄至第一次世界大戰，這種帝國主義的行徑完全暴露了資本主義和殖民主義的本質。

## 第一節　清治時期治安議題

　　清治時期臺灣治安隨著鄭治受封政權的結束而面臨新的治安議題。在近代工業的發展上，資本主義和地主階級的統治制度（territorialism），其所對立的統治基礎、方式和權力體系顯得非常重要。

　　地主階級統治者將權力等同於他們領土的範圍，以及人口稠密程度，而把市場或資本看作是追求領土擴張的一種手段或者副產品。資本主義統治者則將政府權力等同於他們在多大程度上控制了稀少資源，而視領土獲得為資本累積的一種手段或者是一種副產品。

　　因此，清治臺灣初期大陸與臺灣的市場交易，不斷地透過郊商的發揮功能，大陸成為臺灣唯一的貿易對象，但是 1860 年臺灣被迫對外開港通商，英美公司與臺灣的市場來往頻繁，這是臺灣對外貿易繼荷西治福爾摩沙（臺灣）以後的再度與國際市場接軌，也因為如此，由華商（含臺灣與大陸資本）所擁有的資本，雖在經濟民族主義的英美資本壓榨下還得以生存。

　　但隨著大陸對岸出口市場的衰退和外國貿易的進入，尤其到了日治時期更因為日本政府強力的轉移為臺灣與日本的貿易關係，因而臺灣與大清國的市場關係逐漸弱化的變為淡薄了，卻也另為本地性資本實力的臺灣資本提供一個日益成長的機會，形成二次大戰前臺灣經濟發展與大陸市場的貿易關係變遷。

　　檢視工業革命（industrial revolution）的特點就是在一個複雜化、專業

化和資本化的工業發展體系中從事於高風險生產，改變了商業與工業之間的關係。工業生產不再是商人作為從事於企業經營而組織的商業附屬品；它開始涉及到長期的投資與風險的規劃，除非生產的風險降低，評估了預期投入都能達到目標的條件下才繼續投資。

這種經營型態的改變，意味著工業生產要素的提供在 19 世紀 20 年代英國的勞力、資本、貨物，及企業家經營能力都能充分發揮效能與效率。大英帝國也從一個商業資本主義國家轉化成為工業資本主義國家。

承上論，在 18 世紀末肩負國際治安環境因素的大英帝國仍是一個節奏緩慢的「前現代」社會，以小農生產為主，工業也還只是以家庭手工業為基礎，以機器和工廠制為主的生產方式還未誕生。然而，社會上倒普遍體認了分工生產的利益，不少依賴分包圖利的企業活動者，形成出所謂「原始的工業」（proto-industry）。

所以，商業資本主義活動此時在大英帝國已經有了上百年的歷史。然而，一直要到工業革命時代才是英國的市場轉向而建立其國際霸權的時期。由於中產階級掌握國家權力體系，並將自由經濟的思想發揮在開拓國際市場利益與生產資源的爭奪。

臺灣治安史結構與變遷，發展到了清治臺灣的歐洲工業革命時代的主權、非法入境、鴉片、人口販運、瘟疫、危險物及武器販運、開港通商等涉外性治安議題，從皇權型體制的漢人抗爭、中央與地方爭權等政治性治安議題，從君主式的土地移墾、大小租戶等經濟性治安議題，從定著化的竊盜、姦淫、賭博、傷害、殺人、酗酒、民變、分類械鬥、痲瘋病等社會性治安議題，並依上述四項影響治安因素所形成綜合性型塑邊陲政府型態的治安角色。

## 第二節　工業革命時代涉外性治安

工業革命時代的時間，指的是 18 世紀 60 年代至 19 世紀 40 年代的期間。這時代由競爭性國家體系、世界性資本主義和全球性公民社會體系等

國際治安環境因素所構成臺灣涉外性治安議題，主要是由工業進步大英帝國的霸權主義所主導。

　　西歐在工業資本主義發展的初期，由於受到封建貴族的層層束縛，尤其英國到了 19 世紀初紡織業興盛時，因為政治上的干預太多，為地主所把持的議會為了保護該國農業，遂採取徵收很高的保護性關稅，此即《穀物法》（Corn Law）的立法背景，其實施結果因而威脅到英國出口貿易的利益。

　　因為，國際經濟體系和市場在尚未實現工業化的其他地區，由於英國的實行保護政策而無法出售其農產品，又如何來購買只有英國才能夠提供的工業產品？所以，曼徹斯特商界成為反對整個地主所有制，發動抵制《穀物法》，並作為 1838 年到 1846 年間「反穀物法同盟」（Anti-Corn Law League）的主要支柱。

　　《穀物法》造成的妨礙經濟利益，特別是貿易的推展，曼徹斯特商界因而聯合以紡織業為中心，形成一股自由開明思潮，要求政治和經濟的自由化，以爭取市場的利益與財產的保障。

　　霍布斯邦（Eric Hobsbawm）指出，發生於 1789 到 1848 年間的法國政治革命和英國產業革命的「雙元革命」（dual revolution），不僅是工業本身的巨大勝利，而且是資本主義工業的巨大勝利；不僅僅是一般意義上的自由和平等的巨大勝利，而且是中產階級或資產階級自由社會的大勝利；不僅僅是「現代經濟」或「現代國家」的勝利，而且也是世界上歐洲部分地區和北美少數地方的經濟和國家的巨大勝利。[3]

## 壹、工業革命時代國際性治安議題

　　相較於當時臺灣的經濟社會基礎，要如同 100 多年前大英帝國「曼徹斯特自由開明主義」（Manchester Liberalism）的聲勢不可同日而語，難怪韋伯（Max Weber）指出，人類甚至在 19 世紀資本主義精神的典型體現者，

---

[3] Hobsbawn, Eric, *The Age of Revolution 1789-1848*（N. Y. : New American Library, 1962）.

絕不是其商業財產是世襲而來的利物浦和漢堡的那些貴族紳士，而是曼徹斯特和西伐利亞（Westphalia）的那些都在非常保守的環境中，靠佃農而發財致富的暴發戶。[4]

探究為何工業革命會發生在英國和北歐，卻沒有發生在中國東南方。追溯在一千年時，傳統中國的生產技術並不比西方落後。當 18 世紀後半葉，在這兩個地區的產業結構、農業技術、個人資金等方面，都有許多類似之處，在可用土地上，兩者也承受成長的壓力。

主要原因是發生在歐洲的工業革命並不全然是技術因素，傳統中國的皇權制度導致其生產力的落後，傳統中國幾乎是沒有一套像西歐科學與制度的演變，特別是具有相當重要影響的多元主義。

所以，臺灣在清治時期從 1683 年到 1874 年的兩百年間，農作的方法與工具仍是千百年的舊習，商業也限於趕集及流動小販往來，人民的生活習慣未受到工業革命新時代所帶來的成長與利益。

在一個複雜化、專業化和資本化的工業發展體系中從事於高風險生產，改變了商業與工業之間的關係。工業生產不再是商人作為從事於企業經營而組織的商業附屬品；它開始涉及到長期的投資與風險，除非生產的風險降低，評估了預期投入都能達到目標的條件下才繼續投資。這種經營型態的改變，意味著工業生產要素的提供在 19 世紀 20 年代大英帝國的勞力、資本、貨物，及企業家經營能力都能充分發揮效能與效率。

18 世紀大英帝國工業革命的發軔主要是以棉工業為經濟發展的起點，並改變了生產方式與結構，到了 19 世紀 30 年代的主要產業部門都改採以機械化操作的方式大量生產，其經營模式有助於自由貿易體制與世界市場的形成。

然而，惡劣競爭的結果導致亞洲、中南美洲等國家的開始受到不平等待遇，這是 19 世紀中葉工業革命時代的國際環境，而嵌入其中的國家，包括當時臺灣在大清國統治下所引發的涉外性治安議題。

---

[4] Weber, 于曉　等譯，《新教倫理與資本主義精神》，（臺北：左岸，2001 年 6 月），頁 35。

在 1815 年大英帝國確立了國際強權國家之後，即採取開始廢止以前的一些商業保護條款，開放了過去對機械出口、工匠外移、貿易和航海的限制。在此同時，大英帝國高唱經濟自由論調，主張分工專業的合作生產方式，鼓吹其他國家開放市場，透過彼此貿易來增進利益。

當全球都渴望得到廉價工業產品的誘惑下，大英帝國為自己的工業生產創造極大利潤。如果歐洲國家不願意讓大英帝國貨進口，大英帝國更藉由交通工具的改進，促使大量地降低運輸成本，大英帝國還是可以擴展到歐洲國家以外的地區來進行商業拓展的活動。

從工業革命以來，歐洲人更喜歡東方傳統中國的物產，如歐洲一直到 1720 年代以後才開始生產的瓷器、生絲、茶，以及西印度已開始大量生產，但仍不能滿足歐洲人胃口的蔗糖。歐洲人大量向傳統中國購買產品，卻無力付款。

歐洲人喜歡用自己的工業產品，與中國人交換貨物，但是歐洲人有的，中國人除了時鐘和手錶以外，幾乎沒有一樣喜歡，所以只好用金塊和錢幣來交換，但這也只能拖延而未能解決真正問題，一直要等到鴉片開始在大清國市場上的出現。

從世界經濟體系的觀點而言，中國、印度和羅馬都是以帝國的型態出現，而且傳統中國是 12 世紀時期的世界五大帝國之一。然而，相形於 19 世紀工業資本主義的急速發展，中國從傳統道德觀走向市場經濟觀，其概念轉化的過程要辛苦的多。[5]

## 貳、清治時期臺灣涉外性治安議題

回溯清治臺灣初期，並不想真正保有臺灣，嗣因施琅陳述臺灣經貿市場與戰略地位的價值，並強調唯有將臺灣納入大清國版圖之內，福建、浙

---

[5] Immanuel Wallerstein, The Modern World-System, Vol. 1: Capitalist Agriculture and the Origins of the European World-Economy in the Sixteenth Century（New York: Academic Press, 1974），pp. 16-17.

江、廣東和江蘇的安全才得以保障。臺灣的正式被列入大清國版圖並命名為「臺灣」，致使「臺灣」一詞具有高度的中國意涵，是大陸政權向海洋擴展的代名詞。

從臺灣的涉外性治安檢視明鄭東寧政權以前的臺灣與澎湖各自有其歷史脈絡，澎湖在元國時期已在該地設有海巡單位。至於臺灣「遠在海表，昔皆土番、流民離處，未有所屬，及明季時，紅夷所有，又因其征服明鄭，天威遐播，遂入版圖」的大清時期。

任何強勢國家（strong state）絕對不可能容忍一個長期敵對的弱勢國家（weak state），尤其是一個根本否定它的合法性國家的存在。臺灣是一直要到 1683 年，臺灣正式成為大清國版圖，成為滿族所建立政權統治下海外邊陲的一個小海島地方。

金德爾伯格（Charles Kindleberger）指出，英國主導國際政經濟體系的霸權時期，由於中產階級在政治上的優勢，並且堅信自由主義的思想引入自由貿易的時代，主要經濟大國接受自由思想，以及強調顯而易見的短期貿易利益，鼓勵了各國進行降低關稅談判，並且向國際市場開放。[6]

檢視清治初期臺灣與大陸貿易據點一向嚴加設限，先後通航的只許廈門與鹿耳門、泉州的蚶口與彰化的鹿港、福建的五虎門與淡水的八里，到了 1824 年才又開放彰化的海豐港，而且買賣及進出港口都必須經商行的許可或保證才可通行。

換言之，臺灣尚未正式開放通商口岸之前，來臺貿易並不合法。所以，19 世紀的臺灣，自 1824 年（道光 4 年）起的開始與外國接觸，臺灣必須重新再面對西方英、法、美、日等強權國家挾其軍事優勢所引發的一連串涉外性治安性議題。

最先是大英帝國由於鴉片這毒品所引發的涉外性治安，1841 年（道光

---

[6] See Charles P. Kindleberger, Power and Money: The Economics of International Politics and the Politics of International Economics（New York: Basic Books, 1970）.

21 年）的鴉片戰役（Opium War），英國軍艦控制臺灣海面船隻的進出，1842
年 8 月《南京條約》簽訂後，不但臺灣鎮總兵達洪阿和姚瑩遂被革職，臺
灣也被迫開放鴉片進口，以及 1856 年（咸豐 6 年）至 1860 年（咸豐 10
年）《天津條約》、《北京條約》的約定開放安平、滬尾（淡水）為通商口岸，
1861 年（咸豐 11 年）更擴充打狗（旗後）、雞籠等港口。

　　1863 年（同治 2 年）清政府將樟腦收歸官營，外商為爭取利益，1869
年（同治 8 年）英國軍艦攻擊安平，清政府同意撤銷樟腦官營、保護外人
內地旅遊安全、賠償損失 1 萬 7 千餘元、革除失職官員臺灣道梁元桂、承
認傳教自由的處理與大英帝國之間的問題。

　　其次，法國亦鑒於英國從鴉片交易所獲取的暴利，除積極進攻越南之
外，亦為奪取煤礦利益三次派艦隊攻打滬尾、雞籠（基隆）未果，遂改攻
澎湖，並自 1884 年（光緒 10 年）10 月至 1885 年（光緒 11 年）4 月間封
鎖臺灣海面長達 5 個月，而佔領澎湖更維持到隔月的簽訂《天津條約》，清
政府除承認越南為法國的保護國之外，法軍才於 7 月撤離臺灣。

　　1884 年（光緒 10 年）法軍攻打基隆，隔年孤拔將軍率艦占領澎湖。
隨後又依據大清政府與法國簽訂的《越南條約》，法軍須從基隆、澎湖撤兵。
這次的清法戰役，益發清政府對臺灣防務安全的重視，除在閩海地區實施
戒嚴外，亦加強堤岸附近的駐防武職人員，其工作性質猶如現在水上警察
的治安功能。

　　第三，美國則於 1854 年（清咸豐 4 年）由美國東印度艦隊司令培里（M.
C. Perry）率艦抵達基隆港，並進行對煤炭的調查和海難人員的搜索。1867
年（同治 6 年）3 月美國三桅船羅發號（Rover）在臺灣南端七星岩觸礁，
船員遇害，美國駐廈門領事李仙得（C. W. Le Gendre）出面交涉，要求臺
灣總兵劉明燈設法救回羅發號倖存人員。

　　特別是當時奉命調查船難事件的臺灣道吳大廷認為，該地點係位在「生
番」界內，其行劫之兇犯，並非華民，該處乃未收入大清國版圖，且為兵
力所不及，委難設法辦理。

　　通曉國際法則的李仙得因而開始對臺灣原住民土地的所屬及管轄產生
質疑，後來李仙得發現臺灣地方官員不但沒有設法營救遇難人員，也沒有

派官兵對付原住民，遂改派水師前來。

　　1868 年（同治 7 年）十八番社頭目卓杞篤（Tauketok）在清政府官員「立會」下與李仙得議和，締結《南岬盟約》，清政府承諾保護外船安全。李仙得的交涉船難事件過程凸顯在屢經地方官員推諉塞責，堅持恆春半島屬於禁地，土番非屬「人國」的濫調之後，李仙得選擇主動和土著頭目接洽，訂立合作盟約，變成土著盟友，導致李仙得的依據國際公法，認定南臺灣土著屬於非文明的無主狀態。[7]

　　第四，受到《南岬盟約》事件的影響，除了引發清、英的「樟腦戰爭」之外，日本亦於 1871 年 11 月因琉球島民 69 名漂流至臺灣東南八瑤灣港附近，上岸後誤入牡丹社，其中 54 名被害；翌年 10 月，日本小田縣人 3 名在臺東馬武窟社被搶。日本以琉球宗主國為由，於 1874 年 5 月在臺灣車城南方的社寮登路，引發激烈的「石門之戰」，牡丹社、高士滑社被日軍焚毀，日軍並擴大其佔領區，同時進行長久駐屯的墾殖式部署。

　　日本引發的「牡丹社事件」，清政府主張「化外之地絕非無主之地」，而日本也因明治維新才開始，財政拮据經不起與大清國打持續戰，雙方簽訂《北京專約》。解除琉球與大清國的宗藩關係，兼併為日本領土，日本並於 1879 年置沖繩縣。更由於承認日本出兵臺灣是「保民義舉」的合理與合法性行動，這是日本南進政策的先聲，導致 20 年後日本強詞奪理的攫取臺灣。

　　而當時參與戰役的陸軍少佐樺山資紀、海軍大尉兒玉源太郎、遠征軍隨員水野遵，在日本殖民臺灣初期，分別擔任臺灣總督府的總督或民政局長等職務，對於臺灣政經事務都已經具有相當程度的了解，並分別扮演殖民臺灣的重要任務與角色。

　　然而，臺灣發生「牡丹社事件」的涉外性治安之後，不但促使清政府開始重視臺灣的防務，和臺北府、臺東廳的設置，並全面開放臺灣對大清國的移民。同時，迫使清政府對外：陸續開放大陸東南沿海、內地的通商

---

[7] C. W. Le Gendre，黃怡　譯，《南臺灣踏查手記》，（臺北：前衛，2012 年 11 月），頁 6-10。

口岸，其中包括臺灣的部分港口；廢除公行制度，外國人得在通商口岸自由貿易；給予外商內河航運權與內地通商權；對外商課以低關稅；鴉片交易合法化等諸多涉外事務。

第五，外教傳入引發的治安議題。1859 年（咸豐 9 年）西班牙天主教由聖父爽斯（Father Sainz）以鳳山縣下之前金庄為根據地，而遠及同地方與原住民界之幽僻地的著手布教，1867 年在鳳山曾發生教堂被破壞，在打狗附近神職人員被毆傷所引發的涉外事件。

1870 年（同治 9 年）英國蘇格蘭之長老教會始派甘為霖（Willian Campbell）以臺灣府城（臺南）為根據地。1871 年加拿大長老教會派宣教師馬偕（George Leslie Mackay）以淡水廳下的滬尾街為根據地扶植勢力於北部一代，形成外教在臺灣宣教的三足鼎立局面。但臺灣一直要到巡撫劉銘傳的完全抱持保護外教政策，才平息因外教所引發的涉外衝突事件。

檢視上述清治臺灣時期的涉外治安，臺灣清政府已逐漸喪失了司法、關稅、外貿、沿海貿易、內地通商、內河航運等方面的自主權，更凸顯臺灣涉外性治安環境的受制於國際政經的環境因素。

## 第三節　皇權型政治性治安

大清國和被它所取代的大明國一樣都屬「內向型國家」。基本上，皇權是指一種政治體系，它地域遼闊，權力相對高度集中，且以皇帝個人或中央政治機構為代表，而自成的一個政治實體。

皇權存在的基礎通常合乎傳統的合法性，然而他們往往鼓吹一種更廣泛的、潛含統一性的政治和文化導向。但這皇權體制遇到了資本主義與重商主義，不僅這國家的組織與結構不能與之抗衡，連其自身之存在都發生問題，甚至過去的行動與設施，反成為今朝的阻礙。

傳統中國自秦以後塑造出來大一統的觀念，朝代的循環只是家族統治的更迭，政權的本質幾乎沒有什麼改變，仍然是統治者剝削被統治者，無

論是漢唐的統一時期，或魏晉南北朝的分裂時期，社會上地主和農民的衝突、政治上皇權與官權的衝突，從來沒有停止過，除了不同朝代有些程度上的差異。

亦即自漢、唐、宋、明、清時期以來的皇權體制，包括君主的領導地位、主政菁英在道德上的自我約制、官僚體系運用於百姓之間的巧妙自我調節機制、備以援用的嚴酷刑法，雖然造就了自給自足長期不廢的傳統中國文明，卻未能組織成有心追求進步的現代化政府領導之下的國家。

大清政府是由大約四萬名官員組成的、中央集權的、專制的半官僚行政機構的中樞，控制了所有國家及私人資源，它可以用行政命令改變財產的所有權，強迫徵收財務或強迫個人服從，一個縣令可以及民政、司法、財政所有大權於一身，在不違反皇帝獨裁大權的前提下，幾乎可以為所欲為。

由於清政府的高度中央集權化，府之下有州及縣為三級，另有直隸州、直隸廳，直屬於省，其地位與府略同。而每二省或三省置總督總轄之，統制文、武政權。總督原為行政文官，為令其綜理軍務，故另加兵部尚書銜，為令其監察行政及參與司法終審，所以加都察院右都御史銜是為定例。有各省置巡撫，專綜理民政，總督不駐在之省，由該巡撫兼理軍政，在省有布政使掌理財政，有按察使掌理刑名，有道員依職制所示專任行政之監督。[8]

大清國的皇權體制在臺灣設立的官僚體系，最高者為正四品的分巡臺廈道，後來簡稱道臺，是臺灣最高級文官，下屬知府、同知、通判、知縣、典史、巡檢等。至於道臺直接承屬的地方大員則為閩浙總督、福建巡撫、福建布政使、福建按察使，而中央管轄文官的則為吏部。

在軍事治安方面，最初島上守軍 8 千，後來逐漸增至 1 萬 4 千，由總兵率領，向福州將軍、福建水師提督及閩浙總督負責。

---

[8] 伊能嘉矩，國史館臺灣文獻館　編譯，《臺灣文化志》（上卷），（臺北：臺灣書房，2012年 1 月），頁 144。

大清政府的政治體制，重文輕武、中央集權、所有法制全國一律，皇帝向全民抽稅，凡有職能的官位不能遺傳，除了皇位之外，能遺傳之爵位則無實權。地方行政事物大致採取縣及州府以下的委任給當地的行政機關，臺灣的地方體制亦然。

本節將從政治體制本質和行政組織調整的權力關係，來論述皇權型的政治性治安，並依其領有臺灣初期的「消極理臺」，和後期的「積極治臺」兩個階段治安議題，加以論述。

## 壹、消極理臺的治安議題

清治時期臺灣的政治體制首先是將其分為城市和鄉村兩種地區。以臺灣鄉村組織為例，除設置官方職員的地保之外，還設有自治人員，如總理、莊正、董事、老大等，其職任由墾戶（大租戶）、業主（小租戶）、殷戶（資本家）及德高望重者經過廳、縣認可後擔任，其職責由維持村社治安到戶籍、稅賦、公共事業等項目。

表 5-1 顯示，清治時期臺灣的行政組織調整大致分為二階段：第一階段從 1684 年（康熙 23 年）臺灣隸屬福建省至 1885 年（光緒 11 年）臺灣建省；第二階段從 1885 年（光緒 11 年）建省至 1895 年（光緒 21 年）臺灣民主國成立與被弭平。

檢視清治時期的行政劃都屬於被動而又與治安議題密切有關，特別是在 1723 年（雍正元年），由於中部、北部的人口增加，而增設彰化縣和淡水廳，「彰化」原意即是「彰顯教化」；並且分別在彰化和竹塹設立縣治和廳治，可是因為淡水廳的知事，畏懼原住民族對其安全的威脅而不敢赴任到職，只駐在有舟運之便的臺中縣大甲一帶，遙控政務。

從 1728 年（雍正 5 年）到 1788 年（乾隆 53 年）的 60 年間，臺灣行政區的增設與改稱，都與解決治安議題有關。1874 年（同治 13 年）日本派兵侵犯臺灣，在欽差辦理臺灣海防事務之總理大臣沈葆楨，會同閩浙總督李鶴年，先上〈請移駐巡撫摺〉，擬令福建巡撫移駐臺灣以專責成。

尤其之後的劉銘傳巡撫開山與設立撫墾局，對當時的原住民族而言，顯然是被認為一種侵犯的行為，臺灣中部以北的原住民更感受其生命財產

的威脅。

表 5-1　清治時期行政區調整與重大政治性治安議題的關係

| 年代＼內容 | 省 | 府 | 縣（廳）【州】 | 政治性治安議題 |
|---|---|---|---|---|
| 1684-1722 | 福建 | 臺灣 | 臺灣 鳳山 諸羅 | 頒布〈渡臺禁令〉，1684 年發生鄭氏部下林盛密謀起事和蔡機功聚眾抗清案；1686-1691 年陳辛結合南投原住民反清；1696 年發生的新港吳球（諸羅人）事件；1699 年谷霄、淡水地區的原住民反清事件；1702-1703 年發生的諸羅劉卻事件；以及 1720 年的朱一貴事件。 |
| 1723-1787 | 福建 | 臺灣 | 臺灣 鳳山 諸羅 彰化（淡水）（澎湖） | 頒布〈禁止流寓臺灣人民販賣鴉片條例〉，1732 年發生大甲西社原住民、南路吳福生事件，乾隆重申禁止內地人民偷渡令，直到 1760 年才廢止，1768 年仍然發生黃效（教）事件；1782 年彰化發生府對府的漳泉械鬥；1786 年發生林爽文事件。 |
| 1788-1874 | 福建 | 臺灣 | 臺灣 鳳山 嘉義 彰化（淡水）（澎湖）（噶瑪蘭） | 1795 年發生陳周全事件；1806 年福州將軍賽沖阿因蔡牽事件來臺督剿；1808 年朱濆事件；1810 年閩浙總督方維甸為漳泉械鬥的善後來台；1822 年發生林泳春事件；1833 年程祖洛為處理張丙事件的善後事宜來臺；1840 年臺灣道姚瑩平定彰化之亂；1860 年增加開放打狗、雞籠兩港；1862 年發生戴潮春事件；1871 年發生牡丹社事件。 |
| 1875-1884 | 福建 | 臺灣 | 臺灣 鳳山 嘉 | 1875 年臺灣全面開放內地人渡臺，以後 |

| | | 臺北 | 義 彰化 淡水 新竹 宜蘭(恆春)(澎湖)(卑南)(埔里社)(基隆) | 福建巡撫沈葆楨、王凱泰、丁日昌先後以閩撫身份來臺，1878 年以後清軍陸續討伐加禮宛社、水沙連化社、臺東平埔族、率芒社、北勢社等。 |
|---|---|---|---|---|
| 1885-1895 | 臺灣 | 臺灣 臺北 臺南 | 臺灣 鳳山 嘉義 彰化 淡水 新竹 宜蘭 雲林 苗栗 安平 恆春 （澎湖）（南雅）（埔里社）（基隆）【臺東】 | 1885 年劉銘傳為臺灣首任巡撫；1886 年閩浙總督楊昌濬為臺灣建省來臺與臺灣巡撫會商；1887 年 10 月臺灣第一位布政使邵友濂到任與被弭平。 |

**資料來源：本研究。**

　　根據表 5-1 顯示，臺灣在歸屬大清國時期，是一個位處地方邊陲政府型態的建省及郡縣分治。

　　1684 年至 1722 年（康熙 23 年至 61 年）間在臺灣、鳳山、諸羅等三縣就發生林盛、蔡機功、陳辛、吳球、谷霄、淡水地區的原住民、劉卻，和朱一貴等重大治安事件。

　　1723 年（雍正 1 年）至 1787 年（乾隆 52 年）間在臺灣、鳳山、諸羅、彰化等四縣，和淡水、澎湖二廳就發生大甲西社原住民、南路吳福生、黃效（教），和林爽文等重大治安事件。

　　1788 年（乾隆 53 年）至 1874 年（同治 13 年）間在臺灣、鳳山、嘉義、彰化等四縣、和淡水、澎湖、噶瑪蘭等三廳就發生陳周全、蔡牽、朱濆、林泳春、張丙、戴潮春，和牡丹社等重大治安事件。

　　1875 年（光緒 1 年）至 1884 年（光緒 10 年）間清軍陸續討伐加禮宛社、水沙連化社、臺東平埔族、率芒社、北勢社等原住民事件。

　　1885 年（光緒 11 年）在臺灣為建省以前，原本只設 2 府 8 縣，勉強

建省誠名實不相稱；而臺灣各縣地遼闊，也須添官分治，如彰化、嘉義、淡水、新竹四縣，因此在建省後，行政區劃的調整遂成當務之急。

　　在新設與調整職官方面，將設臺灣巡撫兼文武統帥（駐臺北），新設臺灣布政使（駐臺北），統籌省內兵餉、稅務、土地田畝及各省協餉事；增設臺灣（臺中）知府、臺灣縣知縣、雲林縣知縣、苗栗縣知縣、臺東直隸州知州等；調整臺灣鎮總兵官（駐臺南）、澎湖鎮總兵官（駐澎湖），及臺灣道兼按察使（駐臺南）的相關職權。

　　對於統治臺灣的職官體系，在 1885 年（光緒 11 年）臺灣未建省以前，臺灣隸屬福建巡撫下的「臺廈兵備道」管轄。臺廈兵備道（道臺）是臺灣地方最高的文官，以保境安民（按司獄）為其職責，有事可命臺灣鎮臺（總兵）的軍隊彈壓地方，並可節制所轄境內副將、參將、遊擊、都司、守備、千總、把總等武職，而在班兵制中，臺灣兵雖得拔補千總、把總，但數目受到嚴格限制。

　　臺廈道加按察使銜，能與臺灣鎮臺（總兵）共同來審判，刑案審判地點在臺灣鎮署，奏事時鎮居前，道在後，決囚的位置亦如是，處決囚犯時，鎮有王命，故鎮在審判時居重要的角色。至於流刑以上才轉到福建按察使。

　　在文官方面臺灣道（臺）下轄府（知府，設同知、通判）、直隸州（知州）。臺灣的同知一為知府的佐貳官，一為派出專管地方的同知，通判亦與同知負責相同職務，其主要工作為：第一、掌警察治安事務，如捕盜、緝捕同知；第二、掌供給軍糧，如清軍同知；第三、掌河海防禦事務，如江防、海防同知；第四、掌鎮撫蠻夷事務，如撫民、撫夷同知。

　　臺灣府下轄縣（知縣，設縣丞、巡檢）、州、廳級行政單位。知縣掌一縣治理，集所有行政、財政、司法、治安、教化等權責於一身，地方一有暴亂發生，即須負責鎮壓與守衛之責任。[9]

　　然而，消極理臺政策就是要在以防堵為前提的策略下，為了避免臺灣

---

[9] 呂實強、許雪姬，《臺灣近代史（政治篇）》，（南投：臺灣省文獻委員會，1995 年 6 月），頁 4-5。

出現重大造反暴亂事件，除了制定嚴厲禁令限制漢人來臺外，同時還採取：第一、不允許在臺居民深入山地，避免漢人入山作亂，和與原住民發生衝突；第二、嚴格管制鐵器與使用；第三、不許臺灣隨便建築城垣；第四、設置班兵制度，不在當地招募久住，而採由福建綠營抽調而來，三年更換一次；第五、官吏駐臺三年，任滿即調離，而且早期還規定家眷必須留在中國大陸，使其在臺不敢有二心。[10]

　　大清政府對臺灣長期所持消極政策，不僅北京的朝廷，即就近福州的閩省當局，對臺灣的實際情形都不甚了解。對於行政組織的調整，不是在與臺灣內部發生重大事件，就是在臺灣受外力侵擾的被動之下，設官治理，突顯了邊界與治安因素是中央政府考慮是否調整臺灣行政區劃分的重要關鍵，其次才是開發程度與財政收入的考量。

　　因此，與清治地方治安制度相輔相成的基層治安工作，即是沿續明鄭東寧時期的鄉治制度，乃於各莊、村、鎮設置總理、董事、莊正、莊副等鄉治幹部。例如「總理」一職，因其不僅由地方紳耆推選而出，本即具有聲望，且經過地方官的訊驗，認為適任，而後予以核准，並發給諭帖與戳記，諭帖即為其職位與權力的憑證，戳記即為其行文印信。

　　至於主要職務：第一是屬於民治者，約束及教化街庄之民，取締不肖之徒，對不聽約束者加以懲罰；維持境內治安，監視外來之可疑人物，捕拿盜匪，且因此而團練壯丁，必要時並聯合相近里保團練；接受人民投訴爭執而予以排解；稟請董事、街庄正、墾戶、隘首等鄉職的充任與斥革；建造寺廟，開路造橋，設義塾、義冢、義渡、義倉或其他公共之社會福利事業。

　　第二是屬於官治者：官署諭告之傳達，公課的催徵，保甲組織及戶口普查，清莊聯甲，團練壯丁，分派公差，路屍報處，命案、盜案及民刑案情之稟報，人犯追補等等。

　　大清夙依「聯保甲以彌盜賊」之意旨，實施保甲制度，以為遂行自衛

---

[10] 薛化元，《臺灣開發史》，（臺北：三民，2008年1月），頁54-55。

警察目的之機關。而在臺灣開始實施於 1733 年（雍正 11 年），然純以委諸地方自理為主。且在道光末年以後，幾乎歸於有名無實。直到 1874 年（同治 13 年）日本派兵侵犯臺灣山地，依據沈葆楨建議，決定在臺灣府治（即臺南）再興保甲。[11]

臺灣鄉治的基層治安體系是「勵行保甲，組織團練」的兩項措施，期以「聯保甲以彌盜賊」達成地方上守望相助的治安工作。保甲制度是一項源於民間地方性的組織，但經過宋朝王安石的提倡而推廣成國家的官僚統治組織，再運用到鄉村地區時，變成為一個非常機械化的官僚統治系統。

保甲的職務，分為警察、戶籍、收稅三件，就中警察最重。檢視保甲制度雖在臺灣亦於鄭氏時期即已設立，但在 1795 年（乾隆 60 年）以前的臺灣地區，也只是有名無實的一項官僚統治組織。1821 年（道光元年）以後，保甲滲入聯莊及團練之內，其固有機能已不亦顯見。但是滿清政府越要掌握漢人社會的控制權，仍就越需要依賴保甲制度。

1874 年（同治 13 年）在沈葆楨籌議下，當時臺灣府治乃重新編制保甲，成為一種官民混合的治安制度，在府城內設保甲局，城外設保甲分局，其委員均由雜職吏役後補者充任，其任期本來不定，但分局委員以四個月為期，互相交替。臺灣建省後，劉銘傳決定先行編審保甲，為清理田賦做準備，並設保甲總局於臺北城內，以維持此一制度。

戴炎輝指出，清治保甲制的作用僅編查戶口，並未能成為實質運作的組織體，充分發揮維持地方治安的機能，徒具保甲制之名。[12]大清的司法制度雖因地方採行保甲制度而獲得強化，但由於在許多地方，沒有人願意出任工作繁雜又具危險性的保甲長，保甲制度已形同虛設。但是保甲制度所體現社群中所有成員皆須為善良的社會秩序負責，和罪犯的鄰居朋友都須連帶受罰。

保甲制度是在強調其對鄉村社會的分化效果，使保甲之頭人成為政府

---

[11] 伊能嘉矩，國史館臺灣文獻館　編譯，《臺灣文化志》（上卷），（臺北：臺灣書房，2012年 1 月），頁 171。

[12] 戴炎輝，《清代臺灣之鄉治》，（臺北：聯經，1979 年 5 月），頁 79-85。

執行治安的工具，而非為地方利益的代表，所以自然要將此項機械化的制度加之於原來固有的社會組織上，形成雙軌制。

臺灣辦理團練，始自 1721 年（康熙 60 年）平定朱一貴事件之後，實施鄉兵的特別制度，分一般鄉兵與特殊鄉兵兩種。一般鄉兵即民勇的編制，以訓練鄉壯，連絡村社，以補班兵防備之不足。家家戶戶，無事則散之農、賈，有事皆兵，使盜賊無容身之地。特殊鄉兵之組織因實際有其必要而採行，一即六堆之組織，一即屯「番」之組織。前者導源於蘊含操縱以難駕馭著稱之粵屬之政略，後者則併由來餘裕利用為防守「番」界彈壓生「番」所為隘丁補充之方策，自屬一種準武備機關。[13]

1786 年（乾隆 51 年）的天地會大哥林爽文之變，郡治嚴峻，各鄉多辦團練，出義民，以資戰守。但此僅為一時權宜，後即裁撤。然而，如何有效維持臺灣的安定卻是一個複雜的問題，清政府經過幾番討論，決定將幾個臺灣的縣進一步細分，以強化控制，也允許先前赴臺墾荒的妻小能渡海與家人團聚，以求社會穩定。同時也同意漢人得向臺灣的原住民訂約承租地，也為臺灣的原住民劃定若干保留區。

1786 年（乾隆 51 年）臺灣的林爽文事件，叛眾號稱 50 萬人，攻陷臺南府城，殺知府、道臺高官數十人，全臺幾乎淪陷。福康安於年底領兵 8,000 大軍來臺，鹿港登陸後，再招義勇 8,000 人。彰化八卦山一戰，福康安以寡擊眾，亂民潰不成軍逃散。

清軍再搭船艦登陸雲林北港，幫嘉義的柴大紀軍解圍。接著剿大埔林、收斗六門，再攻臺中大里杙元帥府。林爽文被迫逃往南投埔裏（里）社，在集集埔（堡）被俘。清軍再至瑯嶠，執莊大田，臺灣平。

乾隆皇帝為了「嘉」獎諸羅縣民的「義」舉，遂將「諸羅」改名「嘉義」。天地會更在歷經林爽文事件以後，隨著時代的演變形成兩大幫會組織，陸路以洪門為主，據山為寨；另有一些天地會分子加入了漕運工人為

---

[13] 伊能嘉矩，國史館臺灣文獻館　編譯，《臺灣文化志》（上卷），（臺北：臺灣書房，2012年 1 月），頁 269-275。

主的清幫，沿江設舵。

　　1862 年（乾隆 51 年）的戴潮春事件除了與他哥哥組織八卦會有關之外，亦與大清查緝會黨有關。而在戴潮春起事前，清政府就曾召集紳商，共同籌議保安總局，舉辦團練。1874 年（同治 13 年）日軍大舉侵臺，乃創設「全臺團練總局」，統率各地分局，命所在仕紳為局首，以利首尾相應之策，然未見普及全臺。

　　至 1881 年（光緒 7 年）分巡臺灣兵備道劉璈改稱為「培元總局」，主要為辦理平時慈善公益等事宜之處所。1884 年（光緒 10 年）清法開啟戰端，臺灣亦處於須嚴加警戒狀態，劉璈乃再議將培元總局復舊為全臺團練總局，統轄各屬分局，命令全臺團練大臣膺其總監，其後，於臺北、臺灣、臺南三府設立之。然至 1891 年（光緒 17 年）臺政縮緊以後，團練之制亦成為具文，騎局務僅止於依照舊例辦理冬防而已云。[14]

　　換言之，團練並非常設組織，多僅以應付戰亂而舉辦，事平之後則中止。檢視團練這一民兵組織的最大貢獻，在於協助官軍的綠營平定了朱一貴、林爽文和戴潮春三次較大規模的民變。

　　農民抗爭有時也可以發揮摧毀政權的力量，檢視過去歷次王朝革命，最後幾乎都依賴農民參加，而扮演後代推翻前代王朝的角色出現，但這種凝聚農民力量所產生的結果，總是為投機份子所利用，等到新政權建立，如果經濟未能成長，農民仍然淪為被統治、被剝削的對象，經濟生活獲得改善的機會極其有限，而未能如英國皇權體制的轉變，首先是轉變到地主的特權政治，然後再經過一連串的和平變動，才轉到成年人普選的代議政治。

## 貳、積極治臺的治安議題

　　1875 年（光緒元年）起，福建巡撫沈葆楨為因應「開山撫番」，而於臺東置卑南廳，埔里社置中路撫民理番同知，基隆置北路撫民理番同知，

---

[14] 伊能嘉矩，國史館臺灣文獻館　編譯，《臺灣文化志》（上卷），（臺北：臺灣書房，2012年 1 月），頁 171。

而更為積極開墾山後，不惜出動兵勇，開通橫斷中央山脈的三條道路，促進北部經濟發展，也影響政治中心的北移，但是人民在前，官在後，仍有許多「番」界無所屬，清治時期所能掌控的疆界並未擴及全臺。

所謂「開山」，就是要解除海禁和山禁，有計畫的從大陸招募內地人民，前往山區及山後地帶開墾，並設有隘來保障墾民的安全。也就是說清政府設立的招墾局，採官費方式招募閩粵人民來臺開墾。

其辦法是：免其航費，以十人為一組置十長。百人置百長，百長由招墾局選任。所以，開墾仍以十人（戶）為單位，除提供各項實質的糧食、農具、農籽、織機和減租等補助方案之外，還發給百長槍械火藥等，俾墾民自衛，並在重要所修道路沿線的移墾據點，派駐軍隊保護。

所謂「撫番」，就是要有計畫促使原住民漢化和大陸化。加上，日本出兵臺灣所根據的理由之一，是清政府並沒有實際擁有臺灣「番」地的主權。清政府不得不積極的透過「開山撫番」，以證明實質上能在「番」地實行主權，並全面阻絕外人對臺灣領土的野心。

同時，臺灣自開港以後，由於經濟結構的改變，對外貿易的需求，經濟性作物業已取代食糧作物，茶、糖、樟腦是其中主要的出口農產品，而茶與樟腦產地皆鄰近內山，如果「番」界政策的繼續存在，勢必阻礙茶、樟腦業的發展。

1885 年（光緒 11 年）起，劉銘傳在臺灣接事，1887 年（光緒 13 年）臺灣建省，改福建巡撫為臺灣巡撫，兼理提督學政，設巡撫衙門於臺北，置布政使司理全臺財政。劉銘傳的實施進取政策，希望「以一隅之施，為全國之範」，將「臺賊多自內生，鮮由外至」的臺灣兵備方針改為以外備為重。

臺灣最高武官是總兵官，直接承屬水師提督、陸路提督、督撫、地方將軍，中央則是兵部；臺灣總兵官下屬副將，分水路、陸路兩種，下屬參將、游擊、都司、守備等四個職位的中級武官，下屬千總、把總兩個職位的下級武官，下屬外委千總、外委把總，而最基層武職中的下級官兵，稱為額外外委，與營兵一同配渡而來。

檢視 1840 年（道光 20 年）的鴉片戰爭後，緊接著太平軍崛起，各地督撫因組勇營剿太平軍而地方勢力大增，其地方上的用人行政權落入督撫

手中，臺灣的職官也受此大勢影響，湘系為閩浙總督時，總兵、道臺都全屬湘系，如左宗棠當閩浙總督時臺灣總兵士劉明燈，臺灣道則是吳大廷；淮系若處優勢則自中央到地方都是淮系的天下，如李鴻章當北洋大臣，臺灣巡撫則是淮系的劉銘傳，使得朝中的湘、淮派系之爭也在臺灣出現，平添施政困擾。

此外，地方大員的籍貫也深深影響到皇權行政運作和官員任命。從表5-2 顯示，臺灣建省初期的勇營駐地、軍力和布署，不斷地發生湘軍與淮軍的派系鬥爭，彼此牽制而削弱軍力的治安情勢。

加上，大清政府對臺灣人不放心，班兵輪班，泉州子弟兵不能駐紮泉州人的村落，派駐臺灣的政府官員薪水，被限制在臺灣只能領取少部份，其餘部分由眷屬在大陸支領。而臺灣建省與福建分治的結果，也是臺灣逐漸脫離中國羈絆的開始，而日本更堅定其強佔臺灣的野心。

清治時期實施的總督巡撫皆帶有督御史銜，名義上雖以布政司使為行省長官，而實際權力則在督撫手上，導致偏重軍事統治的性質。此種中央與地方的權力關係，在平時足以阻礙地方政事的推動，而增加地方與中央的隔閡，而當一但中央政權削弱，各行省轉而為反抗中央分區割據的憑藉。於是清末督撫權力關係的演變，形成民國初年的督軍，和後來的軍閥割據局面。

回溯 1891 年（光緒 17 年）6 月沈應奎接任劉銘傳臺灣巡撫，11 月邵友濂接任，1894 年（光緒 20 年）10 月大清國以布政使唐景崧為巡撫，調兵渡臺籌畫防守，但北洋清軍戰事不利。1895 年（光緒 21 年）3 月清政府詔令北洋大臣李鴻章為全權大使，與日本總理大臣伊藤博文議和，兩國簽訂《馬關條約》。

**表 5-2　臺灣建省初期勇營的軍力駐地佈署與治安維護**

| 駐地的名稱與地點 | | 軍力駐地佈署與治安維護 | | | | | | 駐地統帥 | 派系（李鴻章為首稱淮軍、左宗棠為首稱湘軍） |
|---|---|---|---|---|---|---|---|---|---|
| 路 | 駐地 | 粵 | 淮 | 楚 | 土 | 練 | 其他 | | |

| 北路 | 基隆 | | 3 | | | | 蘇得勝 | 淮 |
|---|---|---|---|---|---|---|---|---|
| | 臺北府城 | | 3 | 1 | | 親兵砲對二哨 | 劉朝祐 | 淮 |
| | 宜蘭蘇澳 | | | 1 | 1 | | 羁炳南 | 湘 |
| | 滬尾 | | 4 | | | | 王貴揚 | 湘 |
| | 基隆 | | | 3 | 1 | 2 | 孫開華 | 湘 |
| 中路 | 嘉義埔里社 | 1 | | | | | 章高元 | 淮 |
| | 彰化鹿港 | | 3 | | | | 柳泰和 | 湘 |
| | 新竹後龍 | | | 2 | | | 林朝棟 | 臺籍 |
| 南路 | 臺南府城安平 | | 4 | | | 安平砲勇三哨 | 楊金龍 | 湘 |
| | 鳳山旗後 | | 3 | | | | 方春發 | 湘 |
| 後路 | 埤南後山 | | 2 | | | | 張兆連 | 湘 |
| 前路 | 澎湖 | | | | | 由王貴揚或孫開華的一軍調戍 | 王貴揚、孫開華 | 湘 |

**資料來源：本研究。**

　　5月23日臺灣民主國成立，推舉唐景崧為大總統，唐總統為表示對清皇帝始終忠心耿耿，後來所有的公文、布告都使用「臺灣民主國總統、前署臺灣巡撫布政使」的官銜。

　　新政府各部門分設於臺北府的舊衙門，內閣閣員包括軍務大臣、水師大臣、內部大臣、外務大臣；將官有南部總司令劉永福、丘逢甲鎮守中部、楊歧珍統領北部。

新政府雖有張之洞總督的支持，除了供應武器軍火，還曾提供大量軍餉、兵馬、武器予新政府；並亟於尋求外國勢力，尤其是法國的協助，但終究落空，只能自立自強，把地方民兵、招募來的客家軍，以及大陸來的正規軍組織起來，抵抗日軍。

新政府的受到政治性治安敗壞的影響，最後軍力不敵，前後僅成立 13 日即告瓦解。之後的臺灣與朝鮮先後淪為日本殖民地，亦即結束大清國對臺灣長達 212 年的統治。

## 第四節　君主式經濟性治安

18 世紀許多歐洲國家實施君主制度，世襲君主藉上帝之名，統率著土地貴族的階級制度，他們得到傳統組織和教會正統派的支持，專制君主象徵並具體實現了土地貴族的價值觀，並主要依賴他們的支持。

專制君主從理論上來說，可以為所欲為，但在實際上，卻從屬於受過啟蒙思想洗滌的封建貴族的世界，這種君主政體在國內加強其權威，增加其稅收財源，壯大其境外力量。而清治臺灣的清皇帝認為「普天之下，莫非王土」。

因此，本節君主式經濟性治安將從農地結構、行郊貿易，及官辦企業的三個面向所引發的治安議題加以論述。

## 壹、農地結構的治安議題

清治時期大陸人士來臺，一直要到 1875 年（光緒元年）之後才完全解禁，但即使在嚴禁期間仍是有禁者自禁，來者自來的情況。因此，在過去的兩、三百年間，基本上，清政府對臺灣的關係是採取隔離策略，例如 1661 年清順治皇帝為了封鎖鄭氏在軍事上的補給，將廣東、福建、浙江等沿海居民，強迫遷徙離海岸三十至五十里的內陸地區，築起境界線，嚴禁百姓在沿海地區居住與耕種，積極實施「劃界遷民」政策。

　　1662 年（康熙元年）更頒布〈海禁令〉實施封鎖政策，1773 年（乾隆 38 年）更實施《保甲法》，嚴格管控人民居住和遷徙的自由。所以，清治之初，臺灣開墾的土地面積僅為 18,453 甲，而列入政府戶口的戶數則有 12,727 戶，人口數只有 16,820 人，但到了 1811 年臺灣人口數已增加到為 195 萬人。[15]

　　當時的土地，就其所有權而言，主要可分為兩大類：第一類是原住民活動區，稱為「番地」（原住民地）；另一類是非原住民活動區的無主地。漢人所拓墾的土地，如果是原住民地，則需要向原住民繳納地租，如果是無主地，則須先向政府申請開墾許可執照，拓墾完成取得土地所有權後，須定期向政府納稅。

　　所開墾的土地，無論是向原住民承租的，或是向政府申請的，都需要一筆可觀的資金，因此多採取合租的方式來共同拓墾。清政府對於無主地，也會以公告方式，若無人表示異議，就可以由漢移民取得開墾的權利。

　　檢視以公佈方式處理無主地，如果因原住民不識字，而未能提出異議，由於漢人對原住民具有文字上的優勢，如果遇到不良居民的墾殖者，就很容易發生土地爭執的治安事件。

　　例如 1731 年（雍正 9 年）發生大甲西社，起因於清雍正時期渡海來臺開墾的漢人，曾經為了爭奪土地及資源，聯合大清官兵對原住民展開屠殺的事件。

　　無論是原住民或非原住民所有，只要是所謂「民有地」或稱為「民營田」的開發，以及大、小租戶的「一地二主」結構形成，是由有錢勢者競相向政府當局申請，取得開墾許可，將自己的資金投注於土地，而後再招募無佃農從事開墾。這種由出力者向創業者繳納一定租金的形成，即成為日後「大租」制度的原型。臺灣的這一土地開墾模式，幾乎是原封不動地將傳統中國舊有的土地開墾習慣移植過來。

---

[15] 臺灣省委員會　編，《臺灣省通志稿》，（第 3 卷人民志），（臺北：臺灣省文獻委員會，1953 年 2 月），頁 158-159。

因此，在體現原來墾戶與佃戶關係的大租，是中國半封建社會發展階級所規定的，並非勞動地租，而是生產作物地租，即大租所繳納的主要是米穀或砂糖。由於採取的生產作物地租方式，佃戶可根據生產作物的增加，或得更多的分配量，從而靠積蓄而改善生活和累積資金，且因其對土地具有直接關係，其經濟實力頗有凌駕於墾戶，而掌握土地的實權，加上墾戶日後淪為破產者漸多，或其賣掉土地所有權，或將土地權利轉押他人，終致喪失對土地所擁有的直接關係。

佃戶地主化的結果，遂能從墾戶原先的複雜關係中自主出來，開始握有可自由處理原先的佃耕權，或將其所經營的土地轉租給他人的權利。時值大清開放移民大量進入臺灣的熱潮，佃戶便將自己原先所經營的土地讓給他們耕種，形成新的「現耕佃農階級」。

因此，原來的墾戶與佃戶關係為之一變，佃戶每年向現耕佃農徵收一定的租額，再將其中的一部分轉納給予墾戶。因此，重複出現在同一耕地上，有墾戶向佃戶徵租，而佃戶又向現耕佃人徵租的兩個收租權的「一地二主」現象。導致墾戶為大租戶，佃戶為小租戶，以及現耕佃農等三個層級關係，如果再加上官廳單位的結構，更形成在一塊土地上擁有四個層級的複雜關係。

從表 5-3 顯示，臺灣土地的開墾與經營，前後歷時約一個多世紀，凸顯臺灣土地所有權制的特殊結構。清治時期臺灣土地除了民有地之外，屬於君主式土地者包括：

第一、政府所有的田園，即「官莊」的設立，主要是為修理文武衙署、修繕兵房，以及興建土木工事等等；

第二、「莊園」是鄭氏舊部將等所有的田園；

第三、「屯田」是分配給協助平定民變的平埔族屯墾的土地，禁止典賣、免稅、可世襲；

第四、「隆恩田」是在番界開墾供軍餉之用的土地。官莊等政府所有土地的管理經營以及從事耕作的人，其主要分為莊頭（大租戶）、莊丁（小租戶）和現租戶。

尤其在 1888 年（光緒 14 年）土地清丈以後，大租戶向政府繳納的「納

穀制」改為「納銀制」，不只是促進臺灣社會商品經濟關係的擴大，很多大租戶為了繳納地租就向商人借貸，因而出現典賣大租權的情事，也導致了大租戶的衰落和小租戶抬頭的結構性變化。

到了 19 世紀中期以後，臺灣土地的結構已經轉向為以小租戶為中心的私有型態。然而，充沛的勞動力和相對稀少土地的供需失衡關係，土地造成的僵直化相對獨厚地主階層。

**表 5-3　清治時期農地結構與經濟性治安關係**

| 1888 年（光緒 14 年）之前 | 官廳———墾首（向政府繳納稻穀）———佃戶 |
|---|---|
| 1888 年（光緒 14 年）之後 | 官廳——大租戶（向政府繳納銀兩）——小租戶——現耕佃戶 |

**資料來源：本研究。**

「結首制」的近似武裝開墾模式，因為開墾過程中時常引發漢人與原住民之間的利益衝突，也才會出現以激烈暴力強佔原住民土地的不法情事發生。特別是墾首會將佃農組織起來，以確保勞力從事拓墾、鑿圳灌溉，甚至於築城，同時擔負保甲治安工作，形成共存共榮的均田自衛自治組織。

18 世紀後半期，大約在乾隆、嘉慶年間吳沙從貢寮進入宜蘭地區的頭圍（頭城）、五圍（宜蘭）。特別是五結鄉，其名稱的由來是因墾殖採取「結首制」，當墾殖完成之後由第五個結首所獲得的土地，結首制的「結」除了有治安作用之外，已進步到有合組股份公司的意涵。

清治臺灣有關土地開墾的先後，主要從臺灣的西部，再從南部而北部。在時間上，除了部分在荷鄭時期開墾之外，臺灣土地開墾的正式化與規模化，係於 18 世紀初期開發臺北盆地的艋舺、雙園、新莊、泰山等地，最有名的墾號是陳賴章，墾號有如現在的股份有限公司，當時土地的開發與經營已具有現代企業管理技術的雛型。

又如 1720 年（康熙 59 年）左右，臺灣中部地區的神岡附近的六館業戶的墾號；1830 年代（道光年間）金廣福墾號的採取「隘墾制」地開墾新

竹北埔地區，廣是代表廣東、福是代表福建，凸顯這墾號是閩粵合組公司，共同經營土地成功的典範。

再加上當時北部瑠公圳、大安圳，中部八堡圳、貓數圳，和南部的曹公圳等水利設施的逐步開鑿完成。臺灣土地的開發與經營到 19 世紀初期不但已經開墾完成，而且頗具現代企業的經營方式。尤其是水利工程的進步，堪稱臺灣第一次的農業革命。

檢視該時期輸往大陸米糧的逐年增加，也因為臺灣供應主要的食物來源，使得大陸沿海地區養得起龐大人口，但也導致人口增加比率遠高於生產速度。截至 20 世紀的前半世紀，臺灣成為「清國的穀倉」（The granary of China）。

清治初期，南部是出產糖，北部是出產米，食糧的生產是採單一耕作方式，因而不論鄉村還是城市手工業都不發達。大清政府為增加原住民的農業生產，在 1886 年（光緒 12 年）劉銘傳設立全臺撫墾局，直屬巡撫，並以林維源為全臺撫墾大臣，襄助劉氏。

其主要職責是配合防原住民的專設屯隘，及圍剿原住民的營汛兵勇，負責綏撫原住民的善後工作，總計劉銘傳在短短的兩年之內，供撫原住民880 餘社，15 萬 8 千餘人，但是原住民並不是一但歸化，即永遠歸化。

雖然臺灣移民社會到了 1860 年代左右（同治年間）已是定著化，是個在地化社會，但是對原住民而言，到了 19 世紀末期的原住民實際上並不能算是被完全歸化。《裨海紀遊》所謂：「數以睚眦殺漢人，官軍至即竄，淡水以北諸番，此最難治。」

原住民族被依漢化程度分為山地原住民（生番）和平地原住民（熟番），後者即為平埔族群，還被賜與漢姓，但在漢人侵墾下，土地大量被剝奪。大清政府有時就利用這一情結，誘使平地原住民來壓制漢人所爆發的民變，並把平地原住民遷移到山腳下防堵山地原住民鬧事。

為採取加強對原住民管理的各項措施，除了置土官（後稱土目，又稱頭目）於熟「番」各設，並充兵勇，以統帥部。又倣照前代之例，設通事（後稱董事）使疏通漢民與「番」人。由於治安之必要，同時，管制「番」人的軍器配戴，和限制漢民與「番」人的結婚。

　　對於治理熟「番」方面採取的措施：其一、須遵服教化，其二、須服事徭役，其三、須輸納「番」課。對生「番」在保安政略上，初期是採取禁止漢人越入生「番」，同時對此等生「番」完全採取消極之政策，單依安撫之法約束，防遏其滋擾，漸漸使其歸附。到了 1821 年（道光元年）以後逐漸改採積極政策，尤其 1874 年（同治 13 年）沈葆楨的提請開山撫番之議，其中包括民、「番」結婚舊禁無必要存續之理由。[16]

　　郁永河針對通事問題指出，沿包社之法，郡縣有財力者，認辦社課，名曰社商；社商又委通事夥長輩，使居社中，凡番人一粒一毫，皆有籍稽之。然此輩欺番人愚，腹削無厭，是所有不異己物；平時事無巨細，悉呼番人男婦孩稚，供役其室無虛日。且接納番婦為妻妾，有求必與，有過必撻，而番人不甚怨之。[17]

　　其實通事有掌握掣肘土目之威勢，1886 年（光緒 12 年）臺灣巡撫劉銘傳創新「番」政之際，改稱熟「番」通事為董事，以與生「番」通事（設於撫墾局）區別。當時熟「番」從舊慣，尚存留「番」社與頭目之名稱，而「番」社實已等於街、庄總理略同。其通事主要為輔佐頭目，不過擔當與漢民交涉之有關「番」社租收領等事項而已，與從前通事任務全然不同，其變遷如此。[18]

　　高拱乾指出，有司只按總額徵收，番亦愚昧無知，終歲所捕之鹿、與夫雞、犬、牛、豕、布縷、麻菽，悉為社商所有，間有餉重利薄，社商不欲包輸，則又諉諸通事，名為自徵，通事額外之腹削無異社商，雖屢禁懲，未盡改也。[19]

　　〈禁苦累土番等弊示〉指出，訪聞有司官役於招商贌社時需索花紅陋

---

[16] 伊能嘉矩，國史館臺灣文獻館　編譯，《臺灣文化志》（下卷），（臺北：臺灣書房，2012 年 1 月），頁 300、322。

[17] 郁永河，《裨海紀遊》，（南投：臺灣省文獻委員會，1996 年 12 月），頁 30。

[18] 伊能嘉矩，國史館臺灣文獻館　編譯，《臺灣文化志》（下卷），（臺北：臺灣書房，2012 年 1 月），頁 249。

[19] 高拱乾，《臺灣府志》，臺灣史料及編輯委員會　編，臺灣史料集成清代臺灣方志彙刊（第二冊），（臺北：文建會、遠流，2004 年 11 月），頁 287。

規，以致社商轉剝土番，額外誅求，番不聊生。更有各衙門差役兵弁經過番社，輒向通事勒令土番撥應牛車，駕駛往來，致令僕僕道途，疲於奔命，妨其捕鹿，誤乃耕耘，因而啼饑呼寒，大半鶉衣鵠面。至於白取竹木，以供私用，責令駝送，恬不知怪；種種夙弊，均應痛處嚴革，難再一日姑寬。[20]

　　臺灣土地開墾與農業發展，凸顯其發軔於東寧治臺時期，完成在大清國統一後的兩百年裡。清治初期的拓墾，主要是凸顯大量土地的開發，到了 1850 年的道光末年，土地開發已屬少數，經濟成長主要表現在精耕細作上；此後遭遇西方列強和日本帝國主義的侵略，其間土地墾殖與原漢關係利益的爭議是引發經濟性治安的重要原因之一。

## 貳、行郊貿易的治安議題

　　清治臺灣時期的經濟性治安，凸顯在臺灣的被迫開港與外國貿易關係，促成臺灣現代企業經營管理的轉型。傳統中國社會文化的君主式經濟結構，本質就不重視企業的經營。

　　在明清時代以前，無論政府政策或民間社會就已出現很明顯的「重農抑商」現象，但是臺灣在 17 世紀以前，雖是以村社和氏族共同體組織為基礎的社會，並非只是單純的自給自足社會，當時許多日常生活必需品就開始從對岸的大陸進口，臺灣也逐漸依大陸所出現的經濟變化，而出口各項農產品，特別是稻米的供應。

　　臺灣仍因與大陸經貿活動的來往頻繁，這是臺灣在漫長的土地開墾過程中，透過與中國大陸的貿易往來，不斷擴大農產品市場，以及商人對周轉資金的需求。加上市場競爭激烈，為了維護同行利益，自會有類似幫派的「行會」出現。

　　況且臺灣的移民社會最重視族性鄉誼，商人遠赴千里貿易有無，人地

---

[20] 高拱乾，《臺灣府志》，臺灣史料及編輯委員會　編，臺灣史料集成清代臺灣方志彙刊（第二冊），（臺北：文建會、遠流，2004 年 11 月），頁 410-411。

生疏，最需要的患難與共，同行相處既久，情感日深，自然形成一股力量，採取與當時中國大陸所盛行的「行會」模式，遂因實際需要而增強，而有「行郊」的組織，以加強團結，保持信用，增加利益以及從事公益事業，特別形成這種同業性質的商業組織。這種民間的商業社團遂成為與官方溝通的管道，行郊的領袖還扮演協助推動地方庶務，形成地方自治的基礎。

換言之，臺灣行郊的組織形態與其他民間社會關係的建立與維繫，亦是建立在宗教文化的基礎之上。臺灣「行郊」或「行會」的掌握商業經營中心之「行」，行原出自「市列為行」，指同一商肆之集團，後漸演變成另有獨立商店即批發商店之附加意義，並結合其同業，以確保商業信用之團體組織，即稱為「郊」。行郊商號之大者，依例成為連財合股之組織。

「行郊」或「行會」有如山西平遙地區所盛行的錢莊功能，也有點類似歐洲中古世紀的基爾特（Guild），字源於薩克遜語的動詞 gildan，是繳付的意思。是把同一種職業的成員聯合在一起，雖然其發展起源的背景因素不盡相同。

基爾特的形成是從內部產生的一種組織，相對於行會是政府立意設計而成的組織與有系統的管理。韋伯（Max Weber）指出，中世紀的基爾特往往控制著成員的一般道德標準，類似於禁欲主義新教教派的教規所實行的那種控制，但是基爾特與教派對於個人經濟行為的影響，顯然有著不可避免的差異，基爾特不可能產生現代資產階級的資本主義精神氣質，只有禁欲主義教派的條理化生活方式，才能使現代資本主義氣質的個人主義動力成為理所當然。[21]

換言之，這種同業公會的商業組織型態，在歐洲中古世紀就已經極具影響力，享有在一個城郭之內專營該行業的權利，只要對最高統治者捐輸可觀的金錢即可。這種行之歐洲基爾特的人訂下品質標準，負責訓練人員，指定公證人和中介人，從事慈善事業，負責懲處，並且興建宏偉的會館，有些建築到今天還存在。

---

[21] Max Weber, 于曉　等譯，《新教倫理與資本主義精神》，（臺北：左岸，2001 年 8 月），頁 270-271。

當時在倫敦，一個人只要靠行當了七年學徒，就可以換得自由身，除了免役，還可在倫敦自治市內開業做生意。所以，基爾特是西方封建時代的產物，在當時政治權威渙散的狀況下，成為一種具有高度自主性、自律性和排他性的商業組織。

也由於基爾特的嚴密管控，對內政策強調盡一切手段，使基爾特的會員能機會均等；對外政策則採取市場獨占策略。同時，基爾特為處理市場糾紛，常設工業警察和工業法庭等機構，以有效維持市場公平競爭的秩序。

基爾特對產品生產的管理內容方面，包括第一，工業的技術，它限制會員中所可有的工人數，特別是學徒人數，如果將學徒制度作為賤價勞動力時，即限制學徒的人數使每位主人只有一人或兩人；第二，關於原料的品質，為避免不公平的競爭，特別實施監督；第三，關於經營技術與商品製作技術的保障；第四，使用工具的品質管控，各個基爾特各自保有只能自己使用的工具獨占權；第五，產品在未賣出前的運送途中，將檢查其品質。

當時臺灣的行郊組織主要分為內郊和外郊兩大類。內郊就如現在的同業公會，有米郊、糖郊、布郊、茶郊等；而外郊主要經營與大陸的進出口貿易，如臺南三郊，乃臺南大西門城外之北郊、南郊、港郊之總稱。北郊乃從事與華北地區之貿易為主之商賈團體；南郊乃從事與華南地區之貿易為主之商賈團體；港郊乃指配運臺灣各港口間之貿易為主之商賈團體。[22]

換言之，北郊乃指配運上海、寧波、天津、煙臺、牛莊的貨物與中國大陸的中、北部海港城市進行交易，共有蘇萬利等 20 餘家商店則稱為「北郊」，共推蘇萬利為首。

南郊乃指配運金門、廈門二島，漳、泉二府，香港、汕頭、南澳等處的貨物，與中國大陸南部的各海港城市從事貿易，其成員有金永順等 30 餘家商店稱為「南郊」，共推金永順為首。尤其早期就已有廈門與福爾摩沙

---

[22] 伊能嘉矩，國史館臺灣文獻館　編譯，《臺灣文化志》（下卷），（臺北：臺灣書房，2012年 1 月），頁 3。

之間存在著相當規模的貿易，商船從福爾摩沙運來一船船的大米、食糖、食油和落花生。[23]

　　港郊乃指配運臺灣東港、旗後、鹽水港、朴子腳、基隆等各港的採購貨物稱為「港郊」，郊中有 50 餘家商號，共推李勝興為首。郊行發展從 1725 年（雍正 3 年）到了 1792 年（乾隆 57 年）已形成「一府、二鹿、三艋舺」三地鼎立的局面。

　　換言之，郊商在商業經營及兩岸經貿互動的過程中，掌握臺灣與中國大陸之間的高度區域分工，不但壟斷商務，且進而成為地方政經領袖，這是不能忽略臺灣農業資本可能轉化為商業資本的一項重要面向。

　　然而，郊商組織之所以能壟斷對岸貿易，突顯把臺灣的米、糖等農產品以壓低運費的策略將其運送到大陸去，亦帶有管制的獨佔性質，也是因為大清國實施鎖國主義的對外貿易政策所造成。

　　相較於英國雖然頒布《航海法》（the navigation acts）使殖民地含蓋於不列顛帝國整體政治架構內，但是許多殖民地人民尚能自由地發展自己的經濟體系。其實，有時殖民地人民自己加諸在財產權的限制比母國做的還多。

　　這也是本書在論述臺灣治安史的近代各政權在統治時期，對臺灣經濟發展的影響不採用殖民化理論，而採納「殖民現代化」理論的主要原因。相較於行郊組織的企業公司制度。晚清時期的「官僚資本主義」制度，連同其官營與私營企業徹底相互滲透的特性，跟著大陸移民帶至臺灣。

　　這種「公私混合制度」以及國家和主要政社組織之間的「共生關係」，在 1949 年以前雖曾有一階段導致大陸中國民族經濟破產的悲慘後果,但國民政府在 1945 年從日本政府和企業經營的資本家手中接收大量的官營和私營企業，卻為該制度奠下了牢固的產業發展基礎，甚至 1949 年國民黨政府在國共戰爭失敗，轉移來臺之後，仍然移植這種官營企業模式，確立黨

[23] George Smith, 溫時幸 譯，《五口通商城市遊記》，（北京：北京圖書館，2007 年 7 月），頁 382。

國化政府威權體制的家父長式經濟政策。

　　從君主式經濟性治安而論，臺灣郊商的組織係以保護商人本身利益和伸張其權利為目的而成立的政經結構共同體，而且與中國社會特有的鄉土特性息息相關，故得以在同業之間迅速結合與擴散，並形成一股統治性的勢力。

　　這股勢力不僅限於財界的經濟優勢，甚至在宗教、治安、公益活動等方面也具有很大的影響力，例如發生於 1786 年（乾隆 51 年）的林爽文、1806 年（嘉慶 11 年）的蔡牽事件時，臺南三郊的出錢出力，特別是 1884 年（光緒 10 年）的中法戰役，透過臺南三郊在臺南設立團練分局，訓練勇士以備邊防，而臺北三郊為防禦法軍偷襲，並制定相關規章，極力保衛社會治安與保障人民生命財產安全。[24]

　　另外，臺灣港口因為條約而開放國際貿易，但條約常不被遵守，權力的被承認與特權的具體落實，係經過一番激烈的爭取才得來的，尤其臺灣早期對外僑、洋教，以及洋商的排斥，加上早期在臺灣沿岸從事貿易的洋人，經常無視法令，率爾行事所引發經濟性治安的對外貿易的議題。

　　例如 1875 年（光緒元年）發生於嘉義城南方市鎮店仔口（今臺南市白河區）隔壁村的「白水溪（今白河區仙草里）教案」，該事件起因於店仔口的頭人吳志高很反對傳教士佈教，尤其對白水溪整修教堂，更是不滿，於是他唆使一群武裝暴徒攻擊教徒住所，導致教徒受傷和財物的損失。

　　檢視 1858 年（咸豐 8 年）2 家公司設在香港的外商洋行開始帶動臺灣的海關、領事館等相關設施和業務的運作，尤其怡和洋行（Jardine, Matheson & Co.）的發展歷史，正反映了新興西方工業世界對古老中國文明的衝擊。

　　當英美資本進入臺灣之際，外國商館與當地商人的企業活動，產生了仲介人士的所謂「買辦」（comprador）角色。透過買辦熟悉與掌握當地的風俗習慣及商情資訊，提供外國商人創造企業利益，買辦成為英美資本在

---

[24]　伊能嘉矩，國史館臺灣文獻館　編譯，《臺灣文化志》（下卷），（臺北：臺灣書房，2012 年 1 月），頁 6。

臺灣政經勢力與企業發展的橋樑和利益共同體。

例如製茶業的「媽振館」（merchant）既非單純的茶商，亦非一般中間商，其身分正介於洋行與茶商之間，經營製茶的委託與販賣，同時將製茶作為抵押品，向洋行進行通融資金的交易。

「洋行」是「洋貨行」的簡稱，又稱「十三行」，而實際上洋行數並不拘十三之數，各洋行的組織有行主、買辦、通事、司事、管店、雜役等項目，主要功能包括：

第一、經營對外貿易，進出口產品，和代理外商銷售和購買貨物等業務；

第二、承保外商，和代交外商的出入口稅等金融保險業務；

第三、承接政府的授權管束外商，如有外商與當地人民交結、或出外滋事，「洋行」必須負起相關責任和賠償等事宜；

第四、負責經辦官府與外商一切聯繫與溝通事宜。

可知，「洋行」是當時經過大清政府特許的行業，具有一定行政外交權的外貿壟斷機構，其性質是官商的結合體。「洋行」商人也大多捐有官職的頭銜，以利工作的推動。

回溯 1863 年（同治 2 年）臺灣海關，以安平之附屬港打狗，淡水之附屬港基隆再予開放，至此全臺有四處港口已開放。對於正式在淡水的開徵，緣起於茶葉的經濟價值高，茶商等於是臺灣貿易的尖兵。當時製茶資金的主要來源是匯豐銀行，其提供資金給「洋行」，「洋行」貸款給媽振館，媽振館再供應給茶館資金，最後轉借給生產者。

媽振館不僅做融資，還將茶葉交由「洋行」外銷。外商競相收購粗茶結果，刺激茶葉價格上漲，暴利誘使農民擴大種植規模，以因應外商出口市場的需求。同時，也因為茶生意有了厚利之後，拓墾者大舉併吞山區原住民土地所引發經濟利益的激烈衝突。

尤其溯自 1870 年（同治 9 年）勿汝士（Robert Bruce）來到淡水，設立出口臺茶的德記洋行（Tait & Co.）。起先廈門和福州商人並未把淡水視作可能的競爭對手，最後卻不得不正視該處快速發展的茶葉生意，到了

1872 年秋天，臺北已出現寶順洋行（Dodd & Co.）、怡記洋行（Elles & Co.）、水陸洋行（Brown & Co.），以及和記洋行（Boyd & Co.）等外商公司的參與茶葉出口貿易的市場競爭。

　　買辦及媽振館的功能發揮，更使外國的商業資本，尤其在 1860 年臺灣對外開港以後，英美資本直接通航通商，導致臺灣產業發展與外商貿易起了結構性的重大變化，即使臺灣本地資本勢力並未遭受嚴重打擊，反而沖淡了臺灣一直與大陸緊密的貿易關係。

　　同時，加速促進臺灣島內商品經濟的發達，臺灣市場一方面雖受制於外商資本，但是由於進入臺灣市場的外商資本，其本質上並非屬於產業資本，而僅是一般商業資本，比較不重視在地市場的交易過程，而未能有效突破本地既有的商業體系，而直接與生產者交易。

　　外商介入臺灣經濟被迫本地資本的累積和成長。加上，在沈葆楨和劉銘傳等人積極的推動近代化改革，臺灣的貿易結構和出口數量上，更出現明顯的影響與變化，其中影響出口的最大宗項目就是茶葉、砂糖及樟腦的輸出。

　　檢視 1878 年（光緒 4 年）以前臺灣的出口值與進口值仍然互有高低，但 1878 年以後，臺灣市場的出口值一直多於進口的貿易順差。縱使當時臺灣貿易總額已經是順差時，但是占進口大宗卻是鴉片，幾乎近 60%，突顯近似毒品議題對經濟性治安的影響。

　　1860 年（咸豐 10 年）臺灣的開口通商和以後的推動近代化改革，促進了北部茶葉與南部砂糖業的興起，而樟腦生產規模的不如茶、糖，主要還是大清政府收歸官營的專賣壟斷政策，使得民間和外商要在臺灣市場上充分展現自由競爭的活力仍然受到相當的限制。特別是樟腦問題其實就是山地原住民的生活與利益問題，樟腦業發展的成敗與原住民參與態度很有直接的關係。

　　加上，進出港口的商業利益即爭取好碼頭，以有效掌握通路配銷的問題。臺灣被強制開港後，儘管增加外國商人的實力，但對砂糖的交易結構並未有大幅度調整，只是原以大陸對岸貿易為基礎的北郊商人，因其對日本出口的糖業利益被剝奪泰半而沒落。

　　由於砂糖交易過程不存在茶葉交易市場由大陸商人直接交易或介入金融借貸，而不管其交易金額多少概由本地商人承辦，因而本地商人在砂糖業方面的經營環境遠較茶葉界為優勢的競爭環境。

　　砂糖業營運資金的融資借貸多為洋行親自兼任外國銀行的代理店來進行，也有由本地人經營的糖行兼任。對於砂糖的運輸成本，由於臺灣陸上交通的不便，導致臺灣境內南北之間的市場交易反不如臺灣與大陸之間市場的密切，臺灣行郊在市場利益較豐碩的城市中扮演經濟發展的主導地位，臺灣郊商雖然部分本地糖業資本尚須仰賴外國資本，和扮演「錢莊」的角色，但也導致金融結構不健全的問題。

　　檢視 1895 年以前的 19 世紀下半葉，臺灣郊商也分享世界經濟景氣，因為外貿為臺灣增加財富的促使臺灣買了更多中國大陸商品，郊商做的兩岸貿易反而更為擴大，郊商並不完全依附於英國資本之下，反而倚重中國大陸的山西票號與錢莊資本，凸顯臺灣郊商形成同時發展對以歐美為中心的世界資本市場，和以本土原有資本市場的雙重依附關係，遂引發金融制度繁亂與結構不健全的經濟性治安議題。

## 參、官辦企業的治安議題

　　溯自 18 世紀初，清治政府就已將臺灣的樟腦業列為官產的專營事業，即便砍伐一棵樹也是違法亂紀，依法應處死。在嚴苛法令下，1720 年（康熙 59 年）就有 200 多人因違禁遭斬首，導致 1721 年（康熙 60 年）發生朱一貴的治安事件。

　　回溯 1840 年代雖然原則上外人並不得在大清國設立工廠，但因為外人從事貿易及在口岸地區居住的需要，已有些輕便的現代工業開始萌芽。對照於清政府 1860 年代開始的發展軍火工業，到了 1870 年代以後進而有官督商辦，以及純粹民營的輕重工業。

　　近代中國的工業化社會是在一個經濟發展水平相當落後的傳統社會中興起的，造成產業啟動階段的初始資金來源十分困難，成為制約工業化的一個瓶頸。大清政府在推動自強新政的策略提出「官辦」、「官督商辦」、「官商合辦」或「商辦」等經營模式。

　　傳統中國畢竟是個以官為本的國家，而在西風東漸之初的中國辦洋務，沒有官股本是辦不成的，純依賴民間商人的資本力量還是太小，但光靠官辦也辦不成，因為官場有太多的累贅。所以，普遍主張在「官」的領導下，官方也入股，加以監督、指導和連絡，以「商」為主體去具體操辦的經營模式。

　　清政府最早實施的「官督商辦」方案是李鴻章接受盛宣懷建議而成立的輪船招商局（現在臺灣陽明海運公司的前身），以從原先被洋行霸佔的船運市場中分出一些油水來，招商局透過「官」的力量把漕運的生意攬回來。

　　招商局自 1872 年（同治 11 年）設立到 1949 年遷臺為止的 70 多年中，經歷了 1873 年（同治 12 年）至 1884 年（光緒 10 年）的官商合辦時期；1885 年（光緒 11 年）至 1909 年（宣統元年）的官督商辦時期；1910（宣統 2 年）至 1926 年（民國 15 年）的商辦隸部時期；1927 年（民國 16 年）至 1932 年（民國 21 年）的官督整理時期；1933 年（民國 22 年）至 1948 年（民國 37 年）的國營時期等五個階段。

　　除了輪船招商局之外，陸續成立的企業包括電報事業、中國通商銀行，和中國第一個近代鋼鐵企業漢冶萍公司。這些企業在資本結構與企業經營型態上，不論是由原先「官辦」、「官商合辦」、「商辦」或「官督商辦」，其目的是將市場利益直接置於官權的控制之下，並且利用民間資本的力量為企業及其主持者牟利，導致出現「挾官以凌商，挾商以蒙官」的「官商共生」關係，是早期國家資本主義（state-capitalism）的發展模式。

　　檢視清治臺灣鐵路經營雖然由私營，後因商家以耗費過鉅、回收利潤遙遙無期而不願意繼續投資，終致改為官營，且因鐵路工程品質粗糙，經營效能不彰，對清治政府「官辦」、「官商合辦」或「官督商辦」的企業經營模式，包括日後演變成「保路風潮」的中央與地方的收回路權之爭，其制度面或許運作技術尚待改進。但對臺灣近代工業發展卻具有火車頭的作用，也導致清治時期臺灣經濟發展的重心已由南部移至北部。

　　臺灣的近代化工業發展可說發軔於 1874 年（同治 13 年）展開求新、求強、求變的自強新政，比起大陸內地雖然已晚了 15 年，但因為臺灣物產豐饒，茶、糖、樟腦的外貿暢旺，且來自中央政府的羈絆較少，地方官員

能放手建設事業，除了當時臺灣已具備相當規模的經濟基礎，及逐漸存在擁有商品交易實力的資本家，從內部支撐自強運動之外；再加上臺灣是海島，住民的民智普遍早開於大陸內地，因此不僅未形成改革的阻力，反而是促成近代工業化幕後的助力。

同時，發生日本出兵恆春事件，清廷洋務運動派為了擴充並確保東南七省防務與安全，調派來臺的官吏都是一時之選，在船政大臣沈葆楨、福建巡撫丁日昌、岑毓英，臺灣道劉璈、福建臺灣巡撫劉銘傳的銳意興革下，急起直追。因此，臺灣近代工業化的工作，不僅未因起步較遲而落後於內地各省，反而成績斐然，這時臺灣經濟發展早就是大清國統治下的模範省了。

劉銘傳的推動自強新政，銳意經營臺灣，有意將臺灣朝向「資本主義化的開發」，卻使政府支出費用增加，尤其為充裕財源及達到產業自立的目標，並解決土地個人有大、小租戶所形成「一地二主」的雙重結構，藉由實施清丈土地，以廣增稅源。

劉銘傳這次丈田清賦，從規模、效果、意義上是臺灣歷史上一次重大的制度性改革，就性質而言，可稱為臺灣史上第一次賦稅改革。這方面的成績，表現在全臺入冊的畝數為 4,774,468 畝，比原來多出 400 多萬畝，多徵田賦 974,000 兩，比過去多出 570,000 兩。

二年來，劉銘傳的財政改革，造成經濟社會巨大變動，招致既得利益者的反彈。主要起因為大地主對於個人所擁有的權威，是封建領主的權力基礎，加上社會治安的混亂。劉銘傳推動清丈土地，實行土地調查，雖未竟全功，卻也充分反映出小租權興起與大租權沒落，以及單一地權制的形成。

劉銘傳的改革由於大幅增稅及與大租戶作了相當的妥協，使得原本欲仰賴小租戶支持的改革無法推動下去。劉銘傳因為增稅而失去與小租戶結盟的機會，另一方面因土地改革而得罪並削弱原本是政府最堅定支持者的大租戶力量，結果造成兩面不討好，導致他最後的去職。

然而，檢視劉銘傳的臺灣國家資本主義式近代化計畫，就計畫的本身而論原本的構想是很好；而劉氏亦曾真摯執行，不遺餘力，但其結果卻挫

折重重，究其原因，亦由於社會治安的混亂。劉銘傳更於 1887 年（光緒 13 年）上奏「擬修鐵路創辦商務摺」，陳述在清賦、水陸電報次第完成後，能籌措經費修建鐵路，以俾利於海防、建立省城及興建鐵路的利益，並即著手動工，建設第一條原由私辦後改制官營的鐵路。

布雷克（Robert Blake）指出，1876 年（光緒 2 年）12 月 26 日通車的淞滬鐵路是由怡和洋行負責建造完成，後來因發生壓死人事件，大清帝國由李鴻章出面以申銀 28 萬 5 千兩贖回路段，怡和不再參與管理，而官府又經營不善，最後遭到全線拆除，組裝後運往臺灣，任其閒置生鏽，中國第一條鐵路就此消失。[25]

由於劉銘傳在臺灣推行新政並非按部就班，而是境內外治安環境逼迫的一時俱起，以致遭遇財政困難和造成民生的嚴重問題。再加上劉銘傳推動工業化政策與劉璈之間，因為南北政經情勢對立所引發的相互傾軋問題。

劉銘傳除了行政區的調整之外，更是開始興建並完成基隆到新竹段的縱貫鐵路，以及鋪設臺灣與大清國之間的海底電纜，並在臺北設郵政局；另外，積極進行與近代工業轉型有關的清丈田賦等改革政策。然而，過重的財務負擔，臺灣自主的財政能力，一直要到 1905 年（光緒 31 年）之後才達成。

對照 19 世紀美國鐵路事業的興起，也吸引了一群流氓，鐵路造成了兩種竊盜行為中的有趣選擇——搶劫顧客或搶劫股票持有者。1890 年（光緒 16 年）劉銘傳稱病返回家鄉安徽故里，清政府為因應劉銘傳推動國家資本主義式近代工業化運動所造成的施政偏差、清丈的缺失、財政缺口、吏治不良與民心浮動等經濟性治安議題，遂調派邵友濂繼任，在施政上改採緊縮財政的保守政策。

---

[25] Robert Blake，張青　譯，《怡和洋行》，（臺北：時報文化，2001 年 8 月），頁 187-188。

# 第五節　定著化社會性治安

　　檢視臺灣土地的開墾與經營，不論是出於自願或非自願，突顯從海洋移居的面對死亡威脅，即其遭受身心的痛苦，但也為移民臺灣的漢人創造了機會和財富。這是市場經濟社會下的移民現象，人類為了改善環境而離開，因為有人離開，又替那些沒有離開的人倍加了談判的籌碼，而在新的移居地，人們創造財富或獲取新的貨品而將其運回原鄉，也改善了原有的生活環境。

　　臺灣移民對原鄉的認同與臺灣主體意識的遲遲未能形成，在加上經濟利益的衝突，清治時期漢民族移民臺灣的歷史，好比美國西部邊疆，是那些東部人不滿現實的「安全瓣」，美國歷史的形成是由許多不同種族的人，自歐洲各國移民來美，在邊疆的環境中融合而結成為一種新的美國「複合民族」，也正如人類的歷史，是由最原始的發展到最文明的階段。

　　杜納（Frederick J. Turner）在 1893 年提出美國歷史之「邊境發展論」，認為北美荒野的開拓，並非單純歐洲文化的移植與擴張，也是美國特質的形成過程，這也一直影響美國學者解釋美國史的特質。[26]

　　臺灣社會作為大清國的邊疆，有如化外之地、化外之民，多少也具有了相同的冒險拓荒特質。因為，邊疆代表是一個地理區域，與無人的荒原相連，土地與人口的比率很低，自然資源尚未被開發，誘使某些薄於貨財的人比較多的機會，去改善或創造他們的經濟與社會地位。

　　在某層的義意上，清政府專制君主政權控制著人口向臺灣的流動，以及天然資源並不是那麼豐富，或者是老百姓並不被允許充分開發資源，導致杜納（Frederick J. Turner）所提出「邊疆在美國歷史的意義新史觀」，並

---

[26] George H. Kerr, 詹麗茹 等譯，《被出賣的臺灣》（*Fomosa Betrayed*），（臺北：臺灣教授協會，2014 年 2 月），頁 xvi。

不完全存在於當時的邊陲臺灣。清政府是以滿人統治漢人，對臺灣的漢人而言，其情勢亦然。

以下將從渡臺墾地、分類械鬥、族群對立所引發的社會性治安議題加以論述。

## 壹、渡臺墾地的治安議題

清治之初，以臺灣孤懸海外，容易成為奸民盜徒逃亡的處所，是以禁大陸內地移民臺灣。1684 年（康熙 23 年）臺灣設縣後頒令，欲渡臺者，先向原籍地方政府申請，經分巡臺廈兵備道查核，最後由臺灣海防同知審驗批准。

渡臺者不准攜帶家眷，業經渡臺者亦不得招致；廣東地區屢為海盜聚集出沒的地方，遂以積習未改，禁止其人民渡海來臺。但此禁令，雖諸多限制，並未產生實際的遏止作用，私渡來臺的人仍絡繹不絕，到 1780 年（乾隆 45 年）的 100 年間估計增加有 70、80 萬人之多。

由於清政府對臺灣採取消極的統治，特別是從原住民，尤其是平埔族土地的失去因素，由於漢人不斷拓墾荒地，導致鹿場喪失，而鹿皮是平埔族重要收入之一；其次，漢人的巧取豪奪，不能不說是造成原住民土地權流失的最大原因；最後是「番產漢佃」導致平埔族喪失土地。

漢人大舉來臺拓墾，有原鄉的「外推」（push）力量，也有臺灣本地的「吸引」（pull）因素。漢人對於平地的開拓，當時以臺北盆地及淡水溪平原為最多，前者為閩人所開，後者為粵人居多。

另因山地是逃犯、遊民喜歡聚集藏匿的地方，政府遂頒布封山令。然而，大清政府既不能全然遏止移民來臺。加上 1871 年（同治 10 年）又有琉球民眾被原住民殺害，引起日本向清廷抗議而促使 1875 年（光緒元年）臺灣全境的開放移民，尤其加速後山墾荒不遺餘力，縱使面臨漢民與原住民雜處，互有戒心，地僻路遠，來亦不易，且田本沙灘，易致水患，是以招墾甚難。

「牡丹社事件」之後，清政府闢「八通關古道」以「開山撫番」的防

範日本人侵犯臺灣等作為，從原住民族的角度來思考，卻是移民者入侵其土地的心中永遠的痛，乃至於 1919 年（大正 8 年）日本殖民政府開闢八通關越嶺道路的運送山砲、重機槍等武器，深入鎮壓布農族部落，並沿途設置警察駐在所進行監視。

然而，清治末期的最後階段的短短 20 年期間，不但對加速大陸移民者在老家與臺灣的移民社區，建立了前所未有的新社會關係。無論其與原來的居住地有無聯繫，移民社區的建立，多少會創造或改變移入地區文化權力或社會認同的型態；也無可避免地與當地原來的文化產生磨合。

隨著大陸移民腳步而來的是新宗教與媽祖等民間信仰，卻是清治時期促使臺灣經濟社會加速定著化的黃金時期。然而，臺灣社會在皇權體制下的民間組織與活動，大都只是同鄉、同宗等聯誼性質，比較不具強烈的政治意識，甚至屬於經濟性的組織與活動也不是很多。

對照英國皇權體制的轉變，首先是轉變到地主的特權政治，然後再經過一連串的和平變動，才轉到成年人普選的代議政治。檢視中國傳統歷史上早期的貴族階級和後期世族大姓，的確具有龐大的組織力量，足以與政府體系相抗衡，但這些人的利益都建立在政治權貴的特權上，不僅不會對抗政府，而都只是會為維護自己政經利益與政府官僚體系相結合，把政府權力視為獲得私人利益的工具。

例如農民抗爭有時也可以發揮摧毀政權的力量，檢視過去歷次王朝革命，最後幾乎都依賴農民參加，而扮演後代推翻前代王朝的角色出現，但這種凝聚農民力量所產生的結果，總是為投機份子所利用，等到獲得政權，建立新的王朝，農民仍然淪為被統治、被剝削的對象，並沒有使民間社會有建構的機會。

## 貳、分類械鬥的治安議題

清治臺灣治安問題除了民變議題之外，另一個影響治安的就是社會分類械鬥。臺灣的民間組織與活動，大都只是同鄉、同宗等聯誼性質，比較不具強烈的政治意識，甚至屬於經濟性的組織與活動也不是很多。

由於移民性格的強悍，加上時常發生的官逼民反事件。臺灣住民反清

與民間械鬥事件，不但阻礙政治進步，更影響產業發展的勞動人力，及嚴重破壞地方秩序，致使臺灣社會停滯在落後的嚴重治安問題。

臺灣長期的民間械鬥也一直延續到 1895 年（光緒 21 年）大清國割讓臺灣，面對新的統治政權，臺灣住民深感國家喪亡之痛，加上逐漸淡化的族籍意識，當時的住民才醒悟不能再挑起閩、粵，或漳、泉的族群對立，而一致團結對抗日本帝國主義的殖民統治。

也因為臺灣移民的多樣性與族群特性，檢視臺灣社會民間的分類械鬥，起因於狹隘村社組織的地區觀念所形成開墾地和水源使用權的問題。如 1782 年（乾隆 47 年）的莿桐腳及 1826 年（道光 6 年）的李通等事件，統計清治時期共有 28 次的民間械鬥發生，平均每八年就有一次，這僅是史上有記載的大械鬥。地方政府未能有效阻止民間械鬥的發生，也正是清政府用來對統治臺灣的一種策略，亦是臺灣社會大陸化長達兩百年的原因之一。

從臺灣社會民間械鬥的對象分類有：一、地域性械鬥，如福建省對廣東省的省籍械鬥，如漳州府對泉州府的區域械鬥，如同安、晉江、惠安、南安的縣對縣的地方械鬥；二、家族性械鬥，如林氏、陳氏、廖氏、鍾氏的姓對姓氏族械鬥；職業別械鬥，如西皮福祿的樂器及祀祭不同行業械鬥；三、墾地爭奪，如部落對部落的為水利墾地灌溉及爭地利益械鬥；四、為商業利益，如頂廈郊拼的地盤生意買賣械鬥。[27]

分類滋事的特色除了七、八年一小鬥，十餘年一大鬥之外，還出現北路先分漳、泉，繼分閩、粵；彰、淡又分閩、番，且分晉、南、惠、安、同；南路則惟分閩、粵，不分漳、泉的無年不鬥、無月不鬥的現象。

民間械鬥的結果，不僅是族群的紛爭，最後其鄉里或姓氏不同者也都捲入，其為私利而鬥的不和情況相當嚴重，分類械鬥之餘弊不止關係於私鬥，甚至於影響於「叛亂」至大且鉅，形成有起於分類而成叛亂者，有始

---

[27] 陳添壽，《臺灣政治經濟思想史論叢》（卷三），（臺北：元華文創，2018 年 8 月），頁 231。

於叛亂而變為分類者，百餘年來官民之不安於此也。[28]

此外，臺灣住民對清政府官僚體系的抗爭事件，如 1696 年（康熙 35 年）吳球治安事件，意在恢復明室，為政治目的；1702 年（康熙 41 年）劉卻的治安事件，是利用宗教迷信的復明運動；1720 年（康熙 60 年）自稱曾在臺灣道衙門擔任守夜更夫的朱一貴（鴨母王）治安事件，是以人民利益為名，實以匡復明室為目的。

檢討這階段的治安事件均缺乏組織與計劃，後期因有天地會的出現，才進入有組織的階段，如戴潮春、黃九位、賴唇、林洪、林爽文等革命事件，都以八卦會和天地會的團體有關，顯然是深受大陸內地影響而採取宗教型態抗爭的治安事件。

特別直接與臺灣定著化社會性治安議題有關的事件，一直到 1822 年（光緒 8 年）林泳春的私煎樟腦、1843 年（光緒 23 年）郭光侯的以納穀換銀率為由，及 1888 年（光緒 14 年）自稱「公道大王」施九緞的起因於土地清丈等事件，臺灣才進入凸顯以經濟為訴求的抗爭運動，這從清治時期漢人在臺灣的定著化經驗可以得到印證。

因為，移民來臺的漳州人、泉州人、潮汕地區的客家人、同安人、安溪人等大陸祖籍地緣作為社群分類指標，彼此燒殺搶掠。後來之所以形成定著化的現象，主要是地方寺廟信仰和宗教祖先崇拜的轉型，原來每年回大陸祭祖的漢人，開始在臺灣興建祠堂和建立祖產，並以「開臺基祖」作為奉祀對象，這些村廟反而成為融合不同族群的源頭，也促成社會定著化的主要因素。另外，有些村莊為了建守護神廟，形成宗教和信仰的中心，間接有助於安定社會民心和治安。

上述的抗爭事件，反映了舊體制國家之所以會發生革命危機，是因為現存結構使得它們不能應付它們在現代環境中所面臨的挑戰。清治總督軍務成為地方常設性的疆吏，權限過大和於集中，前期國勢強盛尚可一紙命

---

[28] 伊能嘉矩，國史館臺灣文獻館　編譯，《臺灣文化志》（上卷），（臺北：臺灣書房，2012 年 1 月），頁 554。

令指揮調動，中葉以後，八旗軍力衰弱，代之以綠營，復代之以練勇。

事定之後，各省疆吏擁兵自重。清治時期臺灣社會治安不好與抗爭事件的頻傳，所謂「三年一小亂、五年一大亂」，不亦顯示臺灣社會力的受到不當壓制，而與大清政府實施政策之間的矛盾而衍生不斷衝突的社會治安議題。

## 參、族群對立的治安議題

對於臺灣教育文化的推動採取書院的全成官辦性質，設有府縣儒學、書院、義學、社學、土「番」社學、民學六種。

府縣儒學為官立最高學府，是為行政機關，而非學校。先後成立有臺南府儒學等九個，院設於省城府縣及各地，設山長（院長）掌之，為臺灣文運中心，計有臺南海東書院、臺北學海書院和鹿港開平書院等 30 個。

義學亦稱義塾，由官方或鄉紳富戶設立，延聘老師以教育鄉里子弟的貧困者。

社學為士子結社敬業樂群之所，土「番」社學為專門教育原住民的學校。民學係為私立學校，普設民間，加上高拱乾、周鍾瑄、陳夢林、沈茂蔭等儒士文化的影響，凸顯清治時期強調祖籍地緣促進國家認同和文化定位。

從族群關係檢視大清政府結構，其畢竟是以滿人為主，漢人為輔建立的政權。而當時居住在臺灣的，除了原住民族之外，大多還是以漢民族為主體。當時科舉制度在清治臺灣後的第三年就在臺灣實施，與全國進行的方式相一致。

科舉制度是地方人才進入中央官僚體系的重要途徑，對臺灣社會階層的變動產生最大影響。科舉制度是設定了在社會中名望與地位的標準，政府認為知識份子代表的士是四民之首，而商人居末。

承上論，科舉功名便成為有能力的人一生努力的方向，而工商企業發展難被視為終身追求的志業。這如同英國在 19 世紀末期，由於無可救藥的自命清高，看不起商業，精英子弟所唸的學校總是指導有才華的學生接觸

古典文學等比較不實用的科目，任何事物只要沾有商業氣息，他們就百般不屑，也因此英國偏好家族企業和個人經營公司喪失探究科技和管理知識，而將公司現代化的大規模經營與管理的機會拱手由美國企業公司所取代。

　　然而，1895 年（光緒 21 年）以前，臺灣所累積的知識與制度，主要還是受到傳統中國大陸的影響。大清政府推廣臺灣教育卻是影響臺灣社會定著化的重要因素，相較於日治臺灣時期，由於日本政府不許臺灣人學習文、法等學科，臺灣人轉而習醫和習商，臺灣企業的經營管理反而有了結構性改變的機會，臺灣家族企業的規模化才逐漸形成，現代企業的管理技術和文化才有大幅度的成長。

　　清治初期消極移墾臺灣所實施的「墾首制」，其大戶挾資本和勢力，得到官方的協助與保護，割據一方，形同小諸侯，也都賦予墾戶治安的責任與義務。墾首對其墾佃不但有收租權，而且更具備替官府執行監督的權力。同時，他們也是官府徵稅的汲取對象，無形中靠著官威而維持其權勢。

　　分析墾首制的開墾組織儼然已經是一種社會制度，墾戶與佃戶的關係有一部分已超出純粹土地租佃的經濟關係，而具有行政和司法的主從關係。例如 1830 年（道光 10 年）所合資組成的墾戶「金廣福」，金乃代表官方給多保護資助之意；廣指廣東，代表粵人；福即福建，代表閩人。取此公號乃意味著三位一體，協力開墾之意。

　　如此，墾地雖屬民業，但不僅帶有開疆責任，而且墾區內的治安事務，隘防汛防等原屬地方政府執行之事權，也一併委任墾首團體，隸屬淡水同知之監督。另外，特別實施的保甲制度，其概念雖然可以認為是一項源於民間地方性的組織，但經過宋朝王安石的提倡而推廣成國家的官僚統治組織，再運用到鄉村地區時，變成為一個非常機械化的官僚統治系統。

　　保甲制度在乾隆以前之臺灣鄉村地區，只是有名無實的一項官僚統治組織，清政府對於鄉村戶口組成都未能充分把握，更遑論其政治控制了。但大清政府越要掌握漢人社會的控制權，就越需要依賴保甲制度，1874 年在沈葆楨籌議下，當時臺灣府治乃重新編制保甲，成為一種官民混合的治安制度。

在府城內設保甲局，城外設保甲分局，其委員皆由雜職吏役後補者充任，其任期本來不定，但分局委員以四個月為期，互相交替。臺灣建省後，劉銘傳決定先行編審保甲，為清理田賦做準備，並設保甲總局於臺北城內，以維持此一制度。

換句話說，保甲制度是在強調其對鄉村社會的分化效果，使保甲之頭人成為政府執行治安的工具，而非為地方利益的代表，所以自然要將此項機械化的制度加之於原來固有的社會組織上形成雙軌制。

檢視對臺灣社會定著化影響的另一項因素，英美資本的不斷進入臺灣市場，尤其在 1860 年（咸豐 10 年），臺灣被迫開港，及正式對西方開放貿易之後，西方文化也深深影響臺灣家族企業的出現與形成。

然而，臺灣家族企業社會真正能夠發展起來，除了國際國家競爭體系與世界資本主義市場利益的環境因素之外，主要還是靠臺灣移民披荊斬棘、化地成田，以及從清墾到募股、籌資、備器、招佃、拓墾、鑿渠，其精神、能力與業績，已不只是純粹傳統的農民與士族，而是具備現代「資本主義精神」（capitalism spirit）的智慧、能力與氣質，有助於型塑臺灣人刻苦耐勞、簡樸無華的本質。

韋伯（Max Weber）指出，現代資本主義精神，不只是精神，而且也是現代文化構成元素之一的「以職業觀念為基礎的理性的生活經營」，同時也必須是職業人乃是我們文化時代中的每一個人的命運，必須正視此一命運的嚴峻面貌，才能做我們自己命運的主人。[29]

承上論，清治初期南部是出產糖，北部是出產米，食糧的生產是採單一耕作方式，因而不論鄉村還是城市手工業都不發達。清政府為增加原住民的農業生產，在 1886 年（光緒 12 年）劉銘傳設立全臺撫墾局，直屬巡撫，並以林維源為全臺撫墾大臣，襄助劉氏，其主要職責是配合專設的屯隘及營汛兵勇，以負責綏撫原住民的善後工作，總計劉銘傳在短短的兩年

---

[29] Max Weber, 于曉　等譯，《新教倫理與資本主義精神》，（臺北：左岸，2001 年 8 月），頁 XXIX。

之內，其綏撫原住民部落 880 餘社，15 萬 8 千餘人。

雖然臺灣移民社會到了 1860 年代左右已是定著化，是個在地化社會，但是對原住民而言，到了 1889 年（光緒 15 年）的原住民實際上並不能算是被完全歸化了。

## 第六節　邊陲政府型態的治安角色

清政府在中央設有宮廷警衛、京師治安，和地方設置基層治安與邊防治安的結構相類似。屬於宮廷警衛設有侍衛處、護軍營、前鋒營、三旗包衣三營；屬於京師治安設有步軍營和巡捕五營的步軍統領衙門，五城御使和五城兵馬司，以及順天府率大興、宛平二縣衙掌京城郊區的治安；屬於地方基層治安除設有保甲制度外，還有屬於地方士紳出錢所辦的鄉兵自衛部隊，和由鄉兵聯合組織而成的團練，既可自衛防寇，又可維護當地治安；屬於邊防治安則設有「更番候望之所」的邊境卡倫制度。

然而，郁永河指出，議者謂佔領臺灣，海外丸泥，不足加中國之廣，裸體之身，不足共守，日費天府而無益，不如徙其人空其地。[30]

檢視臺灣自 1683 年（康熙 22 年）起到 1860 年（咸豐 10 年）開港前的大清政府統治臺灣，是為防內亂而治臺所採取的「消極理臺」政策。當時臺灣是非法宗派或盜匪滋生聚嘯，而朝廷力量鞭長莫及的區域。

由於移民性格的強悍，加上時常發生的官逼民反，和分類械鬥事件，即便他們毫無疑問地同族同宗、系出同源，但彼此夙怨相向，宛如愛爾蘭、蘇格蘭、威爾斯的塞爾特人與英格蘭薩克遜人之間夙仇的東方翻版。

臺灣住民反清與民間械鬥事件，不但阻礙政治安定，更影響經濟發展的勞動人力，及嚴重破壞社會秩序。也因為臺灣移民社會的多樣性與族群

---

[30] 郁永河，《裨海記遊》，（南投：臺灣省文獻委員會，1996 年 12 月），頁 30。

特性，引發族群械鬥及盜匪嚴重，鄉里常成立自衛組織，為避免官方的疑慮，大多依附在廟方，而「角頭」就是最小的鄰里區域，每個角頭，都會有一間「角頭廟」。

「角頭」往往是最基層的民防組織，掌管寺廟的地方頭人常被稱為「老大」，擁有仲裁力量。所以，鄉治之外的另一基層治安體系，是突顯在臺灣早期的「移墾治安」，清政府一方面要防堵大陸人民渡臺，一方面卻允許在臺流民開墾的兩難困境。

檢視當時移民來臺，政府所實施的移墾治安模式，其墾首得到官方的協助與保護，同時，政府也都賦予墾戶治安的權力與義務。墾首對外可以協助防止原住民的作亂，對內則握有維護治安權力。

這「墾首制」的移墾治安的功能儼然已經是形成一種邊陲政府型態警察角色中的重要一項機制，也突顯了清治臺灣初期消極治理的管理治安方式。墾戶與佃戶的關係有一部分已超出純粹土地租佃的經濟關係，而具有行政和司法的主從關係。

同時，他們也是官府徵稅的汲取對象，無形中仗其官威而維持權勢。例如「金廣福」的大規模經營，促成其勢力越來越大，遂奏請鑄鐵印，做公定戳記，指揮數百隘丁，區處土番。除了一般事務之外，其兵權儼如守備都司游擊。

清治時期政府一禁一弛的渡海禁令政策，不但造成偷渡和賄賂「有禁無阻」的嚴重治安，增加守在汛口的汛兵負擔，更突顯每當開禁移墾最後必設治（調整行政組織），而設治又必促進移墾，透過治安以保障臺灣開發過程的順利。

臺灣土地的開發，雖然清政府廢除內地人民入臺移墾的禁令要到 1875 年（光緒元年）才正式廢除，但是在 1860 年代臺灣已逐漸從早期以聚落為主的移墾社會，發展成為以城鎮為主，具備宗族組織的農業社會型態，而人口數在 1811 年（嘉慶 16 年）就達 200 萬 3,861 人，到了 1895 年更高達 254 萬 5,731 人。

尤其在晚清時期，雖然時間上限始至 1840 年（道光 20 年），以鴉片戰爭的衝擊為臺灣涉外性治安的轉折點，由於與西方列強的接觸頻繁，糾紛

易起，地方官的業務，遂於傳統已久的刑名、錢穀等以外，增加了因通商與傳教而新起的涉外性治安事務，乃至於透過重賞陸師指派其分擔剿捕洋盜的責任。

例如有英國警察之父的皮爾（Robert Peel），其擔任內相的時間是 1822 年（道光 2 年）至 1827 年（道光 7 年），也就是主要由甘寧（Geroge Canning）所領導的自由主義份子，和溫和的托利黨員掌握政權的時期。

對照 1760 年（乾隆 25 年）到 1830 年（道光 10 年）的英國工業革命時期，正是英國自由貿易論沸騰，議會改革論喧嘩的時代。在 1822 年（道光 2 年）出任英國內相的皮爾（Robert Peel）認為，採取拿破崙戰爭時期高壓手段來維持治安的作法，將來一定不很有效，應該以比較自由的措施來加強國家機關，遂積極建構警察制度的完成，並以先行修改刑法，接著先在倫敦設立新的警力，然後漸漸的推行到各地。因為，警察治安可以增加國家的權力，而不像義勇兵，或常備軍極易引起內部的騷動。

「消極理臺」政策到了 1860 年代（咸豐年間），由於對外的港口通商，英美等國家的外資與本土商人為主的「行郊」結合，而「行郊」的同業公會組織，其資金來自入會費，有的會所還有房地產，能有大筆租金收入。

甚而有「行郊」可以藉發行債券融資。「行郊」基於熱心公益和照顧自家利益的動機，「行郊」就在容易發生火災的城鎮設防火瞭望台和消防隊，在港口設置救生船。「行郊」通常都會出錢雇用巡夜負責打更的人，甚至於組織鄉勇民兵，協助政府維護社會治安。

1874 年（同治 13 年）日本出兵圍攻牡丹社，大清政府更感受到涉外性治安的重要地，除了不得不於 1875 年（光緒元年）全面開放大陸人民可以自由移民臺灣之外，並將原本旨在防止民亂的「消極理臺」，調整為防止外患的「積極治臺」，凸顯沈葆楨積極治臺的整頓臺灣防務治安政策，其所推動的「開山撫番」，並不只是因應地方治安而已。[31]

---

[31] 伊能嘉矩，國史館臺灣文獻館　編譯，《臺灣文化志》（下卷），（臺北：臺灣書房，2012 年 1 月），頁 198。

1884 年（光緒 10 年）法軍開始進攻基隆，1885 年（光緒 11 年）的派艦佔領澎湖，益發大清政府加強對臺灣的防務，旋於閩海地區實施戒嚴，由於臺灣缺乏水師戰船，只能改採以陸師為主的鄉勇策略，主要是分布在塘汛，也就是在隄岸附近駐防武職人員，加重擔任涉外性治安的工作。

檢視從荷西時期、鄭氏東寧政權到清代，海上和水運都是臺灣商業貿易的基礎，故水上治安也一直是社會生活關注的焦點。1885 年（光緒 11 年）9 月臺灣建省，並任命劉銘傳為首任福建臺灣巡撫，1888 年臺灣與福建正式分治。

1890 年（光緒 16 年）大清政府改派邵友濂接替劉銘傳的職務，其所回復實施的消極保守政策，不但造成工業化政策的中挫，也因為助長武員及班兵跋扈，和其包賭、包娼，還兼營外務事業的破壞治安工作，是吏治腐化的導致臺灣邊陲政府型態警察治安的失敗。

1895 年（光緒 21 年）臺灣被大清政府割讓給日本之後，臺灣的治安與國家發展關係的演變又進入另一個全新時期。日治之初的兒玉、後藤時代，依靠以現代警察為中心的地方行政組織，和舊有保甲制度整備了統治體制。前者作為以警察為中心的政治體制，自上而下地在臺灣殖民社會中紮下根；後者則被改編為相適應的治安機關的基層組織，發揮著它的作用，並被保存下來。

這兩大系統，做為日本統治臺灣殖民地的基幹，形成日本殖民政府以現代警察為中心的地方行政組織，和舊有的保甲制度，整備了另一種全新的治安體系。

# 第七節 清治時期移墾治安大事記

| 年＼項目 | 臺 灣 | 國 際 |
|---|---|---|
| 1684 年（康熙23 年） | ◆清政府為鞏固國防，將臺灣納入版圖，改東寧為臺灣，設臺灣府，知府轄三縣，澎湖設巡檢司，置臺廈兵備道及總兵，負責台澎治安。◆康熙裁撤浙江總督，設福建總督。◆對於內地人執有「印單」者，始可來臺，到臺後復行查驗，不許攜眷，家眷留置為人質。 | |
| 1686 年（康熙25 年） | ◆清治初期禁止潮、汕地區的客家人來臺，但仍陸續有人來到屏東開墾。 | |
| 1687 年（康熙26 年） | ◆改福建總督為閩浙總督。◆同意臺灣人赴福建參加鄉試。 | ◆英國第一次發表信仰自由宣言。 |
| 1688 年（康熙27 年） | | ◆英國第二次發表信仰自由宣言。◆英國爆發「光榮革命」，詹姆士二世亡命法國，英國結束專制王權統治。 |
| 1689 年（康熙 | | ◆英國通過「權利法案」，開始議會政治。 |

| | | |
|---|---|---|
| 28 年） | | |
| 1691 年（康熙30 年） | ◆王世傑開墾新竹。 | |
| 1693 年（康熙32 年） | ◆陳文、林侃開墾花東地區。 | |
| 1694 年（康熙33 年） | ◆高拱乾《臺灣府志》初修完成。 | ◆英格蘭銀行成立。 |
| 1696 年（康熙35 年） | ◆開放惠州、潮州移民來臺。◆施琅卒。◆發生新港民變吳球事件。 | |
| 1697 年（康熙36 年） | ◆郁永河抵臺灣西部探險，赴北投探勘硫磺。 | |
| 1699 年（康熙38 年） | ◆發生吞霄社事件，為吞霄社漢通事黃申專制橫蠻引起。 | |
| 1701 年（康熙40 年） | ◆諸羅發生曾擔任臭祐庄管事的劉卻事件。 | ◆西班牙爆發王位繼承戰爭。 |
| 1703 年（康熙42 年） | ◆劉卻在笨港秀才庄被補，遭棄市。 | |

| 1704 年（康熙 43 年） | | ◆俄國開始西化。 |
|---|---|---|
| 1708 年（康熙 47 年） | ◆確立保甲制度。 | |
| 1709 年（康熙 48 年） | ◆陳賴章墾號開拓臺北平原。 | |
| 1711 年（康熙 50 年） | ◆淡水發生民變鄭盡心事件。 | |
| 1718 年（康熙 57 年） | ◆清政府全面嚴禁移民來臺。 | |
| 1719 年（康熙 58 年） | ◆施世榜在二水興建水圳。 | |
| 1721 年（康熙 60 年） | ◆清政府不准文武官職攜眷來臺。◆漳州人朱一貴自稱中興王，在鳳山、岡山等地反清，水師提督施世驃、總兵藍廷珍藉由鳳山下淡水溪東岸的李直三，組織粵莊義民，協助平亂，導致在臺灣的閩粵移民爆發省籍對省籍的械鬥。 | |
| 1722 年 | ◆以豎石畫界，禁止漢人侵佔原 | |

| | |
|---|---|
| （康熙 61 年） | 住民土地。 |
| 1723 年（雍正元年） | ◆置彰化縣。 |
| 1724 年（雍正 2 年） | ◆朱一貴之亂。 |
| 1726 年（雍正 4 年） | ◆鹽業改為官營。◆水沙連之役。 |
| 1727 年（雍正 5 年） | ◆臺廈道改制臺灣道，轄區只限臺灣、澎湖，臺灣與廈門分治。◆開放福建、廣東與南洋的貿易。 |
| 1729 年（雍正 7 年） | ◆改閩浙總督為福建總督。◆發生民變山豬毛社事件。◆雍正頒布世界上首例禁菸令，不准銷售鴉片。 |
| 1730 年（雍正 8 年） | ◆清政府針對臺灣發布〈禁止流寓臺灣人民販賣鴉片條例〉。 |
| 1731 年（雍正 9 年） | ◆發生北路大甲西社原住民、南路吳福生的民變事件。 |
| 1732 年（雍正 | ◆清政府准許臺民有妻子在內地者攜眷來臺。 |

| | | |
|---|---|---|
| 10 年） | | |
| 1733 年（雍正 11 年） | ◆臺灣總兵「掛印」以理民事。◆增設守營，接替鎮標的汛防工作。◆實施《保甲法》。 | ◆英國在新大陸建立了十三塊殖民地。 |
| 1734 年（雍正 12 年） | ◆福建總督改制閩浙總督。 | |
| 1735 年（雍正 13 年） | ◆眉加臘社原住民反清。 | |
| 1736 年（乾隆元年） | ◆乾隆重申禁止內地人民偷渡之令。◆復設浙江總督。 | |
| 1737 年（乾隆 2 年） | ◆禁止原住民與漢人通婚。 | |
| 1748 年（乾隆 13 年） | ◆訂定〈獎勵捕獲船隻條例〉，限制水手名額。 | ◆孟德斯鳩提三權分立之說 |
| 1750 年（乾隆 15 年） | | ◆英國倫敦建立「報街走使」（Bow Street Runner），用以偵查罪犯或抓拿罪犯。 |
| 1754 年（乾隆 19 年） | ◆霧峰林石來臺，定居臺中大里杙。 | |

| | | |
|---|---|---|
| 1758 年<br>（乾隆<br>23 年） | ◆清政府下令平埔族習漢俗、從漢姓。 | |
| 1759 年<br>（乾隆<br>24 年） | ◆清政府禁止綢緞、錦、絹出口。 | |
| 1760 年<br>（乾隆<br>25 年） | ◆廢止渡臺禁令。 | |
| 1762 年<br>（乾隆<br>27 年） | | ◆荷蘭在廣州設商館。 |
| 1763 年<br>（乾隆<br>28 年） | | ◆英法結束「七年戰爭」。 |
| 1765 年<br>（乾隆<br>30 年） | | ◆英國通過「印花稅法案」、「駐軍條例」。瓦特發明蒸汽機。 |
| 1766 年<br>（乾隆<br>31 年） | ◆閩浙總督蘇昌奏設南北理「番」同知。 | |
| 1767 年<br>（乾隆<br>32 年） | ◆臺灣道加兵備銜。 | |
| 1768 年<br>（乾隆 | ◆發生民變黃效事件，總兵王巍遲延時日，被處死，臺灣道張王 | |

| | | |
|---|---|---|
| 33 年） | 廷未盡兵備督軍之責，被革職。 | |
| 1773 年<br>（乾隆<br>38 年） | | ◆美國爆發「波士頓茶黨」（Boston Tea Party）事件。 |
| 1775 年<br>（乾隆<br>40 年） | ◆基隆顏浩妥來臺墾荒。 | ◆美國獨立戰爭期間，大陸聯盟成立維持公共秩序的「公安委員會」。 |
| 1776 年<br>（乾隆<br>41 年） | ◆解除官員攜眷上任的禁令。 | ◆美國發表「獨立宣言」，宣布脫離英國，另組一個新的國家—美利堅合眾國。◆史密斯（Adam Smith）發表「國富論」 |
| 1778 年<br>（乾隆<br>43 年） | ◆板橋林應寅從漳州來臺，定居臺北新莊。 | ◆法國騎警隊法制化。 |
| 1780 年<br>（乾隆<br>45 年） | ◆臺灣總兵董果任期屆滿，張繼勳繼任。 | |
| 1782 年<br>（乾隆<br>47 年） | ◆彰化發生府對府的漳、泉械鬥。 | |
| 1783 年<br>（乾隆<br>48 年） | | ◆《凡爾賽合約》承認美國獨立。 |
| 1784 年<br>（乾隆<br>49 年） | ◆指定鹿港與福建蚶口為對口貿易。 | |

| 年代 | 臺灣 | 世界 |
|---|---|---|
| 1786 年<br>（乾隆<br>51 年） | ◆林爽文從大里杙起兵反清。◆臺灣總兵加提督銜，授予刑事處分權。 | ◆英國官方首次使用「police」一詞。 |
| 1787 年<br>（乾隆<br>52 年） | ◆清廷規定閩浙總督、福建巡撫及水路兩提督每年輪值來臺。◆漳州吳沙開墾宜蘭，凸顯封山禁令未發揮效果。 | ◆美國召開制憲會議。 |
| 1788 年<br>（乾隆<br>53 年） | ◆開放臺灣八里坌與福建五虎門對航。 | |
| 1789 年<br>（乾隆<br>54 年） | | ◆美國聯邦政府成立聯邦執法辦公室（U. S. Marshal's Office）。◆法國大革命，發表「人權宣言」。 |
| 1790 年<br>（乾隆<br>55 年） | ◆發布屯番之令，設番界官隘。 | ◆美國實施第一次人口調查，美國居民有 77%是英籍的美國人。◆法國騎警隊更名憲兵隊。 |
| 1792 年<br>（乾隆<br>57 年） | ◆淡水開始與大陸貿易。 | |
| 1795 年<br>（乾隆<br>60 年） | ◆發生民變陳周全事件。◆福建缺糧，臺米大漲。 | |
| 1796 年<br>（嘉慶<br>元年） | ◆白蓮教反清。 | |
| 1799 年 | ◆發生民變楊兆事件。◆蛤仔難 | |

| | | |
|---|---|---|
| （嘉慶4年） | 爆發漳、泉、粵的械鬥。 | |
| 1800年（嘉慶5年） | | ◆美國南部採用奴隸巡邏（slave patrols），亦即為防止奴隸暴動和控制犯罪而組織的市民警察巡邏。◆法國創設巴黎警察總局，是近代第一個警察專責機構。 |
| 1802年（嘉慶7年） | ◆發生民變白啟事件。 | |
| 1805年（嘉慶10年） | ◆鎮海王蔡牽率船隊進取臺灣，侵擾蛤仔難（今宜蘭），謀求墾田務農。 | |
| 1807年（嘉慶12年） | ◆海盜朱濆侵犯蘇澳。 | ◆美國廢止奴隸交易。 |
| 1809年（嘉慶14年） | ◆清政府命福州將軍、總督每隔三年輪赴臺灣巡查一次，但實同具文。◆中港一帶發生漳、泉械鬥。◆蔡牽逃避官兵追捕被溺死。 | |
| 1810年（嘉慶15年） | ◆閩浙總督方維甸為漳泉械鬥來臺。◆置噶瑪蘭廳。 | |
| 1811年（嘉慶16年） | ◆發生民變高夔事件。◆進行戶口編查。 | |

| 年代 | | |
|---|---|---|
| 1812 年<br>（嘉慶<br>17 年） | | ◆在英美第二次戰爭中，印地安人藉由英國結盟，以阻止「遷移政策」對其土地的侵占，終歸失敗。 |
| 1813 年<br>（嘉慶<br>18 年） | ◆嘉慶頒布〈官吏、兵弁吸食和販賣鴉片治罪條例〉。 | |
| 1814 年<br>（嘉慶<br>19 年） | ◆水沙連隘番丁侵墾埔里社。 | ◆舉行維也納會議。 |
| 1815 年<br>（嘉慶<br>20 年） | | ◆法國發生滑鐵盧戰役。◆英國制定穀物法。 |
| 1816 年<br>（嘉慶<br>21 年） | | ◆英國將爪哇歸還荷蘭。◆英國首先採用金本位制，倫敦成為國際金融中心。 |
| 1817 年<br>（嘉慶<br>22 年） | | ◆英國廢止人身保護法、通過集會禁止法。 |
| 1818 年<br>（嘉慶<br>23 年） | ◆清政府開放商民造船。 | |
| 1819 年<br>（嘉慶<br>24 年） | | ◆英國發生曼徹斯特大屠殺，制定維持治安六法。 |
| 1820 年 | ◆海盜盧天賜侵犯滬尾。 | |

| | | |
|---|---|---|
| （嘉慶<br>25 年） | | |
| 1821 年<br>（道光<br>元年） | ◆海盜林烏興侵犯滬尾。 | |
| 1822 年<br>（道光 2<br>年） | ◆發生民變林泳春事件。 | |
| 1823 年<br>（道光 3<br>年） | ◆新竹鄭用錫高中進士，是臺灣<br>土長土生的第一人，贏得「開臺<br>進士」的美譽。 | ◆美國總挺門羅（James Monroe）<br>提出舊大陸與新大陸相對主體性<br>的「門羅主義」（Monroe<br>Doctrine）。◆德州巡邏騎警成<br>立。 |
| 1824 年<br>（道光 4<br>年） | ◆福建巡撫王紹蘭來臺視察。◆<br>鹿港文開書院創立。◆發生民變<br>許尚事件。 | |
| 1825 年<br>（道光 5<br>年） | | ◆英國通過工廠法，承認勞工組<br>織。 |
| 1826 年<br>（道光 6<br>年） | ◆開放彰化海豐港及宜蘭烏石<br>港。◆淡水、彰化分別發生閩、<br>粵人械鬥。◆福建巡撫孫爾準來<br>臺視察。 | |
| 1828 年<br>（道光 8<br>年） | ◆吳全開墾花蓮港溪流域、陳集<br>成開墾大科崁。 | ◆英國廢止審查團體法。 |

| | | |
|---|---|---|
| 1829 年<br>（道光 9<br>年） | | ◆英國皮爾爵士（Sir Robert Peel）根據「大都市警察法」成立倫敦警察廳，建立現代警察制度。◆英格蘭實施「皮利安改革」，警察開始支付薪水，改為全天候專職警察。 |
| 1831 年<br>（道光<br>11 年） | ◆官府和民間合力開墾新竹北埔。 | |
| 1832 年<br>（道光<br>12 年） | ◆發生嘉義民變張丙、詹通事件，殺知府呂志恆、知縣邵用之，張丙自稱開國大元帥，年號天運，為總兵劉廷斌平定。 | ◆英國通過議會改革，政權轉移中產階級 |
| 1833 年<br>（道光<br>13 年） | ◆閩浙總督程祖洛、水師提督陳化成、陸路提督馬濟勝為處理張丙事件來臺視察。◆臺灣「義渡會」成立，是臺灣最古老的基金會。 | ◆費城創建有薪的白天巡邏隊。◆英國廢止東印度公司的東洋貿易壟斷權。 |
| 1834 年<br>（道光<br>14 年） | ◆鳳山、後壟發生閩、粵人械鬥。 | |
| 1835 年<br>（道光<br>15 年） | | ◆德州出現騎兵巡邏隊。◆英國通過都市自治法。 |
| 1836 年<br>（道光<br>16 年） | ◆劉銘傳出生於安徽。 | ◆英國發生經濟恐慌。 |

| 1838 年<br>（道光<br>18 年） | ◆林則徐在廣東查禁鴉片。◆英人在淡水以鴉片交換樟腦。◆嘉義胡布豎旗聚眾謀攻灣裏社（今臺南市善化區溪美里一帶的原住民族部落），臺鎮達洪阿率兵圍剿。 | ◆英國發生為爭取普選的憲章請願運動。◆摩斯發明電報機。 |
|---|---|---|
| 1839 年<br>（道光<br>19 年） | ◆清政府頒布〈欽定查禁鴉片章程〉。 | ◆英國成立反穀物法聯盟。 |
| 1840 年<br>（道光<br>20 年） | ◆臺灣道姚瑩率兵平定彰化民變。 | ◆清英爆發鴉片戰爭。通過加拿大統一法。◆法國巴黎設置現代型警察機構。 |
| 1841 年<br>（道光<br>21 年） | ◆英艦與基隆港守軍發生事端。 | |
| 1842 年<br>（道光<br>22 年） | ◆英艦進窺大安港。 | ◆清英簽訂「南京條約」，割讓香港，開放廈門等五口通商。 |
| 1843 年<br>（道光<br>23 年） | ◆發生郭光侯事件。◆兵備道姚瑩、總兵達洪阿殺害英國俘虜，被革職。 | ◆英國在廈門鼓浪嶼設立「領事事務所」。 |
| 1844 年<br>（道光<br>24 年） | ◆臺北盆地發生漳、泉人械鬥，漳民移至板橋。◆鳳山曹公圳完工。 | |
| 1845 年<br>（道光<br>25 年） | | ◆英國在上海設租借。◆美國參照倫敦大都市警察局模式成立紐約市警察局，開始建立全勤的專 |

| | | 職警察制度。 |
|---|---|---|
| 1847 年<br>（道光<br>27 年） | ◆閩浙總督劉韻珂循例來臺視察。◆發生民變鍾阿山、洪紀事件。◆基隆顏家開墾鱗魚坑。◆英美海軍調查臺灣煤礦資源。 | |
| 1848 年<br>（道光<br>28 年） | | ◆歷史上首次爭取婦女選舉權的女權會議在紐約召開。◆歐洲各地發生革命，專制政體沒落。◆馬克思、恩格思發表「共產黨宣言」。 |
| 1849 年<br>（道光<br>29 年） | | ◆英國廢止航海法。 |
| 1850 年<br>（道光<br>30 年） | ◆嘉義發生大地震。◆清廷頒「臺紳民公約」，禁止鴉片及外人入臺。◆美國要求開發臺灣煤礦。 | |
| 1851 年<br>（咸豐<br>元年、太<br>平天國<br>元年） | ◆太平天國起義。 | ◆根據「上海租地章程」在租借內設置具有政權性質的 Executive Committee」意即「行政委員會」◆芝加哥成立有組織的警察局。◆英法間鋪設海底電纜。 |
| 1853 年<br>（咸豐 3<br>年） | ◆發生民變林供、林汶英事件。◆黃阿鳳侵墾臺東奇萊（花蓮港）。◆林氏家族避泉州人亂，定居板橋。◆艋舺發生「頂下郊拼」的縣與縣械鬥，同安縣退到圭母卒社，而與漳州人結合，奠下大 | ◆日本結束鎖國。 |

| | | |
|---|---|---|
| | 稻埕的發展基礎。 | |
| 1854 年（咸豐 4 年） | ◆美國提督培里（M. C. Perry）派艦到臺灣北部調查煤礦。◆林文察平定基隆小刀會事件。◆海盜黃得美犯臺。 | ◆波士頓和費城成立有組織的警察機構。 |
| 1855 年（咸豐 5 年） | ◆美商安生公司取得對臺通商特權。 | |
| 1856 年（咸豐 6 年） | ◆發生英船亞羅（L. Arrow）事件。 | |
| 1858 年（咸豐 8 年） | ◆海盜黃位來犯雞籠。◆根據《天津條約》，臺灣開放安平、淡水。◆清政府與英國簽訂《通商章程善後條約》，鴉片交易合法化。 | ◆英國通過印度法。◆英國解散東印度公司。 |
| 1860 年（咸豐 10 年） | ◆根據《北京條約》，增加開放打狗（高雄）、雞籠（基隆）。◆德國船隻與南部原住民發生衝突。◆淡北發生民變林國芳事件。 | ◆英法攻陷北京，簽訂北京條約。◆林肯當選美國總統。 |
| 1861 年（咸豐 11 年） | ◆郇和出任英國首任駐臺領事，將英國領事館由臺南移至淡水。◆慈禧太后垂簾聽政。 | ◆美國爆發內戰。 |
| 1862 年（同治元年） | ◆發生民變戴潮春事件。◆雲林土庫發生廖姓對李、鍾二姓的分類械鬥。◆發生美艦羅佛號事件。 | ◆美國鼓勵農民到西部墾荒，通過「自耕農場法」（Homestead Bill），任何人只要在自行佔據的土地上耕種五年，付出象徵性的登記費，就可以得到 160 英畝土 |

| | | 地。 |
|---|---|---|
| 1863 年（同治 2 年） | ◆丁日昌以臺灣道加「督辦軍事關防」可以統領勇營軍作戰。◆林維讓助餉二萬兩。◆樟腦改制官營。◆同治中興，展開洋務運動。 | ◆林肯發表「解放黑奴宣言」。 |
| 1864 年（同治 3 年） | ◆為推動開山撫番政策，陸路提督羅大春來臺。◆丘逢甲出生。◆霧峰林家曾受封水師提督的林文察率「臺勇」精兵，入閩中討剿太平軍，不幸身亡。◆太平天國滅亡。 | ◆匯豐銀行總行在香港成立。 |
| 1865 年（同治 4 年） | ◆蘇格蘭長老會派馬雅各來臺南傳教。◆清國創辦江南製造局。 | ◆美國內戰結束。◆林肯總統被槍擊身亡。◆美國特工局（U. S. Secret Service）成立。 |
| 1866 年（同治 5 年） | ◆閩浙總督左宗棠整頓臺灣營務。◆清國創辦福州船政局。◆英人在淡水推廣種茶。◆英艦杜夫號在南部與原住民發生衝突。 | ◆美國國會通過「公民權利法」，黑人可以持有美國公民權。 |
| 1867 年（同治 6 年） | ◆臺灣烏龍茶首次銷美。◆美國商船羅發號（The Rover）在臺灣南端沉沒，與美國廈門領事李仙得（C. W. LeGendre）簽訂《國際協約》。◆英國領事吉必勳（Gibson)抗議鳳山新教派教堂被民眾破壞，鳳山知縣道歉並承認臺灣島內外外教宣教師活動之權利。 | ◆美國以 720 萬美元向俄國購得阿拉斯加。 |

| 1868年（同治7年） | ◆英艦砲打安平，簽訂《樟腦商業協定》。◆英人荷恩（Horn）的大南澳侵墾事件。◆江蘇巡撫丁日昌建議將臺灣建設為南洋海防的中心。 | ◆美國移民署（IRS）成立。◆日本明治維新開始。 |
|---|---|---|
| 1869年（同治8年） | | ◆將上海租界內的 Executive Committee」意即「行政委員會」，定名為 Municipal Council 意為「市議會」，但仿清政府「工部」的名稱，而取其中文名為「工部局」◆蘇伊士運河通航。 |
| 1871年（同治10年） | ◆發生牡丹社事件，琉球漂流民被南部原住民殺害。 | ◆美國國會通過動亂法案、三 K 黨法案，授權總統暫時停止人身保護令，得派軍隊鎮壓騷動，並對恐怖組織處以重刑。◆法國巴黎公社成立「公安委員會」，並在其下設「治安委員會」。 |
| 1872年（同治11年） | ◆清政府於雞籠置海防同知，加強海防。◆日本派樺山資紀、兒玉源太郎秘密來臺，副島種臣向清廷交涉牡丹社事件，清廷聲明「臺灣生番為化外之民」。◆清政府設立招商局。 | ◆英國通過秘密投票法。 |
| 1873年（同治12年） | ◆日本小田縣漂民流至廣澳。◆陳福謙、陳中和家族控制打狗地區的砂糖貿易。 | ◆英國通過裁判管轄法，成立高等法院，進行司法改革。 |
| 1874年（同治 | ◆噶瑪蘭發生西皮福祿的民間械鬥。◆沈葆楨置團練總局，加強 | ◆日本在長崎設「臺灣番地事務局」。 |

| | | |
|---|---|---|
| 13 年） | 臺灣治安。◆日本屯田駐軍牡丹社，清政府賠款五十萬兩，日軍始撤離。 | |
| 1875 年（光緒元年） | ◆調整行政區，分臺灣、臺北二府，新置卑南廳、恆春縣、淡水縣、新竹縣、宜蘭縣，春冬二季，福建巡撫駐臺。◆清廷廢除內地人民渡臺耕墾禁令，臺灣全面開放。◆沈葆楨調升兩江總督兼通商大臣。◆丁日昌被任船政大臣後，繼任福建巡撫。 | |
| 1876 年（光緒 2 年） | ◆丁日昌來臺，加強臺灣防務。◆清政府採用機器開採基隆煤礦。◆清軍討伐獅頭社、太魯閣社。 | ◆日本發生「神風連之亂」、「秋月之亂」、「荻之亂」。◆貝爾發明電話。 |
| 1877 年（光緒 3 年） | ◆吳贊誠繼丁日昌來臺，加強臺灣防務。 | ◆日本發生「西南戰役」。◆美國鐵路大罷工，政府出動聯邦軍隊鎮壓。 |
| 1878 年（光緒 4 年） | ◆清軍討伐加禮宛社（今花蓮）。◆清政府創辦開平礦務局。 | |
| 1879 年（光緒 5 年） | | ◆日本改琉球為沖繩縣。 |
| 1880 年（光緒 6 年） | ◆巡撫勒方奇來臺，部署雞籠、旗後防務。◆岑毓英任福建巡撫。◆清政府在天津設電報總局。 | ◆美國農民組織「平民黨」（Populist），與民主黨和共和黨對立。 |

| 1881 年（光緒 7 年） | ◆清軍討伐臺東平埔族住民。◆臺灣道、鎮的職權不清，導致吳光亮與劉璈的全臺防務權力之爭。 | ◆樺山資紀以陸軍上校（大佐）兼任首都警視總監。◆日本藤田組成立。◆美國勞工聯盟成立。 |
|---|---|---|
| 1882 年（光緒 8 年） | ◆臺北府城興蓋完工。 | ◆美國通過「排華法案」，大幅削減中國移民赴美的數量。 |
| 1883 年（光緒 9 年） | ◆發生鳳山縣被革職生員林克賢的糾眾搶案，被臺灣道劉璈拿辦。 | ◆清法戰爭爆發。 |
| 1884 年（光緒 10 年） | ◆清軍討伐率芒社、北勢社。◆清法戰爭劉銘傳、林朝棟在基隆、淡水擊敗法軍。◆清政府在新疆建省。 | |
| 1885 年（光緒 11 年） | ◆臺灣正式建省，劉銘傳為首任臺灣巡撫。◆林維源捐款五十萬兩，作為清、法戰役後的處理經費。◆清政府成立海軍衙門。 | ◆清政府與日本簽訂天津條約。 |
| 1886 年（光緒 12 年） | ◆閩浙總督楊昌濬來臺視察。◆在澎湖設總兵，臺灣總兵的轄區縮小。◆臺北、臺南設清賦總局，丈量土地與清理賦稅。◆在大嵙崁設撫墾總局，林維源任撫墾局幫辦，定隘勇制，討伐大大嶺社。◆設機器局。 | ◆英國格萊斯頓內閣因愛爾蘭自治爭議垮台，自由黨分裂。 |
| 1887 年（光緒 | ◆唐景崧任臺灣道。◆邵友濂任布政使。◆開辦新竹、基隆間鐵 | ◆英國召開第一次殖民地會議。 |

| | | |
|---|---|---|
| 13 年） | 路，林維源任鐵路督辦。◆設礦腦局、煤務局。◆接通福州與淡水間海底電線。◆討伐東勢角社。 | |
| 1888 年（光緒14 年） | ◆開辦郵政，設西式學堂，在臺北設置水力發電廠。◆發生施九緞事件，為林朝棟平定。◆大庄諸社事件（今花蓮富里）。 | |
| 1889 年（光緒15 年） | ◆臺中建城動工。◆討伐南澳社、老狗社、大嵙崁社、呂家望社。 | |
| 1890 年（光緒16 年） | ◆劉銘傳廢止樟腦專賣法。◆劉銘傳稱病辭職，布政使沈英奎署理巡撫。◆板橋林家後代林維源任太僕寺卿。◆鑄造銀幣、基隆河發現砂金。◆討伐牡丹社。 | ◆日本頒布商法，建立公司制度。 |
| 1891 年（光緒17 年） | ◆臺北基隆間鐵路完工。◆邵友濂繼劉銘傳為巡撫，將省城從臺中遷往臺北。◆唐景崧任布政使。 | |
| 1892 年（光緒18 年） | ◆邵友濂將鐵路修至新竹。◆清軍討伐率芒社（今屏東春日）。◆開辦金砂局。 | ◆美國開始使用指紋識別辦案。 |
| 1893 年（光緒19 年） | ◆臺北新竹間鐵路通車。◆發現九份山金礦。◆邵友濂調任，唐景嵩接替，唐景嵩委任胡傳（胡適的父親）代理臺東州直隸知州（縣長），兼統鎮海後軍各營屯。 | ◆國際警長協會成立（IACP），美國第一位女警瑪莉‧歐文斯在芝加哥警局任職。◆日本實施銀行條例。 |
| 1894 年 | ◆林維源任全臺國防督辦。◆設 | ◆英國在渥太華召開第二次殖民 |

| | | |
|---|---|---|
| （光緒<br>20 年） | 南雅廳。◆邵友濂調任湖南巡<br>撫，布政使唐景崧升任臺灣巡<br>撫。◆丘逢甲組義勇營。◆清日<br>朝鮮爆發甲午戰爭，黃海大戰北<br>洋艦隊覆沒。◆孫中山組織興中<br>會。 | 地會議。 |
| 1895 年<br>（光緒<br>21 年） | ◆清日簽訂馬關條約，割讓臺<br>灣、澎湖給日本。◆臺灣民主國<br>成立，唐景崧、丘逢甲分任總統、<br>副總統，林維源為議長，唐景崧、<br>丘逢甲等成員相繼離臺，臺灣民<br>主國亡。 | ◆日本住友銀行成立。 |

資料來源：本研究。

# 中　編

# 臺灣治安史第二大階段歷史變遷：

# 現代的軍管治安年代（1895-1987）

# 第六章　日治時期與殖民治安
## （1895-1945）

> 殖民地最有用的功能，便在供應母國一個現成的市場，讓母國發
> 展工業，進行貿易，並供應母國的公民，包括工業家、工人、消
> 費者更多的利潤、薪資及貨物。
>
> 〜Paul Leroy-Beaulieu(1843-1916，法國經濟學家)

日治臺灣時期的時間是根據 1895 年 4 月簽訂的《馬關條約》，清政府
將臺灣、澎湖割讓給日本；到了 1945 年 8 月日本無條件投降，日本政府根
據《開羅宣言》所奠立的法律基礎於 10 月 25 日將臺灣、澎湖歸還中華民
國。

本章日治臺灣時期的治安結構與變遷將分別從：國際民族主義時代涉
外性治安的主權、鴉片、非法入境、危險物及武器販運等議題，和涉內軍
國型政治性治安的中央集權、地方分權體制、戰時動員體制等議題，統制
式經濟性治安的農工失衡、米糖相剋、專賣獨佔等議題，內地化社會治安
的內臺同化政策、內臺共學共婚、皇民化運動等議題加以檢視，並結論其
所綜合型塑殖民政府型態的治安角色。

## 第一節　日治時期治安議題

回溯 20 世紀民族主義的時代,國際治安環境主要是由歐洲列強所主宰
的競爭性國家體系、世界性資本主義體系和全球性公民社會的結構性因素

所形成。人類自工業革命以來的幾個世紀，歐洲成為全球重要的政治經濟中心。歐洲強權國家的海外市場和技術投資，推動了世界性資本主義市場的發展。科學和技術的超前，也促成競爭性國家體系政權興替的關鍵因素。[1]

相對的，民族主義時代凸顯了沙皇俄國（1547-1721）、俄羅斯帝國（1721-1917），和大清國（1636-1911）的衰弱沒落，並都分別成為帝國主義強權侵略的悲劇國家。

帝國主義（imperialism）的發生，實導因於資本主義體系的失調，資本家把剩餘的資本轉投資於海外賺錢的企業，以其在國內無法銷售或使用的貨品和資本，創造海外市場和投資，使帝國主義變得更依賴海外市場。加上政府結合企業，運用國家資本，宰制國際市場利益。

帝國主義是一個團體對另外一個團體的統治支配，帝國主義侵略是一種人類深沉的內在驅動力，人類當然也有其他更精緻的感情，如博愛的衝動，團結的理想，良性統治的夢想。但是這些都是高貴的理想，就連宗教家都只能歌頌，而不能期待每個人都能辦到，唯有強權國家政治權威刻意設立的規定，不僅約束自己不從事侵略性行為，並禁止所屬團體如此做，這種動力才能受到克制。

帝國國家（imperial state）即以專制君主為首、由中央協調、行政和軍事的職能分化行政和軍事體制。[2]帝國不是一個「主權」國家，而是擁有不同「治權」的結盟機構所組成的政治實體，在殖民地完成其國際市場和世界土地的劃分。

所以，殖民主義（colonialism）代表著帝國主義的灰色面，殖民體制（the mode of colonialism）是一個殖民母國與殖民地之間脈絡相連的結構。這個結構促使殖民地的政治、經濟、社會和文化皆從屬於

---

[1] Gilpin, Robert. The Challenge of Global Capitalism—The World Economy in the 21st Century（N. Y. :Princeton University Press, 2000）. p. 78.

[2] Frances V. Moulder, *Japan, China and the Modern World Economy*（Cambridge: Cambridge University Press, 1977）, p. 45.

（subordination）它的殖民母國。

承上論，殖民主義導致民族主義時代新興國家設立百貨公司、警察、中央銀行、智庫等新機構。日本於 1868 年趁勢而起的引進歐陸警察制度，將警察業務分為消防警察、經濟警察、特高（思想）警察、勞動警察、衛生警察、建築警察、水上警察等不同性質的單位。

殖民主義誘使日本民族主義警察權的擴及對一般行政的建築、衛生、商業、財稅等議題的干預，並為因應國家與社會的發展，從而走向軍國主義（militarism）之路。

## 第二節　民族主義時代涉外性治安

1880 年代初的日本政府，將原本國營的工廠以低價賣給私人企業，其中不乏特別是與政府官員關係密切的民間人士。這雖不是一種最理想的轉移方式，但實質上卻補助了商人，讓他們有一個全新走向國際的開始。

同時，世界性資本主義體系的日本棉紡業開始從手工走向機器紡紗。政府對於製造機器、馬達、船隻、火車頭、鐵道、港口、造船廠，尤其是電力供應，政府提供了財務和訓練人才等方面的資助。

加上，日本社會集體在現代化上的全力投入，加劇促使日本近代化的明治維新政權，淪為向外擴張的軍國主義。

### 壹、民族主義時代國際性治安議題

從競爭性國家體系、世界性資本主義體系和公民社會的國際治安的結構性環境因素，引發臺灣涉外性治安議題除了溯自德川幕府時代，關於臺灣的文獻記載，都將臺灣和「中國」加以區別，並將臺灣列為「中國」的屬國。另外，最大因素是大清國與日本關係的惡化。

從 1875 年日本與朝鮮江華島戰役的簽訂《江華島條約》，到 1884 年朝鮮開化獨立黨發動「甲申政變」失敗，日本與朝鮮、大清國分別簽訂《漢

城條約》與《天津條約》。

〈漢城條約〉旨在拿捕殺害磯林大尉的凶徒，以及賠償遭害的日本人遺族，並對負傷者撫恤，和商民貨物毀損攘奪者，總計金額為朝鮮國支撥 11 萬圓；〈天津條約〉將原本處於優位的大清帝國，承認朝鮮為大清帝國與日本帝國的共同保護國。[3]乃至於 1894 年 4 月朝鮮爆發「甲午東學教（黨）之亂」，大清國與日軍在漢城附近的牙山發生海戰，以及後來的黃海戰役，導致 1895 年 5 月的簽訂《馬關條約》。

1895 年 3 月日軍攻陷營口，並在遼東半島西岸集結，眼見攻進山海關而威脅北京。同月 20 日起，大清與日本雙方代表在馬（下）關展開合議之際，日軍於 23 日攻佔澎湖，並於 4 月 17 日簽訂和 5 月 5 日的合約交換，大清國賠償日本 2 億兩及享有許多特權，並將臺灣及其附屬島嶼，包括澎湖島永遠割讓日本，遼東半島則遭受俄、法、德三國干涉而返還。[4]

換言之，從甲午戰爭爆發到《馬關條約》換約成立的期間，大清國決定將臺灣和澎湖諸島拱手送給日本時，國際強權國家的各為自己利益盤算，讓臺灣住民在內外情勢無依無靠的絕望情境下，不得不以「全臺紳民」的名義，對外發表〈臺灣民主國獨立宣言〉（Official Declaration of Independence of the Republic of Formosa），並由唐景崧於 1895 年 5 月 25 日發表〈總統就任文告〉，年號「永清」，國旗圖樣是藍地黃虎，首都定在臺北。

但從〈獨立宣言〉和〈總統就任文告〉顯示其否定獨立的本意，凸顯「臺灣民主國」建國的目的，旨在於阻止日本對臺灣的佔領，建國只是抗日的權宜式獨立。「臺灣民主國」也就在 1895 年 11 月底，因劉永福的棄守離臺而告崩解。

臺灣受到主權割讓的影響，開始出現了部分認同大陸的地方精英，便返回他們在東南沿岸的老家，留下來的人士則在各自的家鄉，進行短暫零

---

[3] 李瑄根 原著，林秋山　譯註，《韓國近代史》，（臺北：中華叢書編審委員會，1967 年 3 月），頁 219-233。

[4] 許極燉，《臺灣近代發展史》，（臺北：前衛，2000 年 4 月），頁 158-161。

星的抗日游擊戰，直到 1902 年稍作平息。

換言之，在臺灣清政府官員所宣布的成立「臺灣民主國」，主要希望由西方國家出面，阻止日本接管臺灣，但這一急就章的彈性策略，凸顯臺灣涉外性治安環境，受到民族主義時代的主權、鴉片、非法入境、危險物及武器販運等議題，所形塑國際政治經濟因素的影響。

檢視民族主義時代臺灣的涉外性治安環境，到了 20 世紀初期的 1914年至 1918 年第一次世界大戰中，美國已從競爭性國家體系、世界性資本主義體系，和全球公民社會體系的國際治安環境取得獨霸優勢。

美國總統威爾遜（Woodrow Wilson）在戰爭即將結束前指出，堅持和平應在人類有力的組織下建立，強調國際聯盟（League of nations）的構想，沒有任何一個國家，得伸展及於他國；也不容一個強權可以控制大陸和海洋。同時主張軍備武器限制，為了保證將來和平，免除仇恨，此次大戰結束條款，不當提及任何一方的權益，應是「沒有勝利者的和平」。

1918 年美國總統威爾遜（Woodrow Wilson）提出〈十四項原則〉，包含取消秘密條約、建立海洋自由、解除國際經濟禁制、削減軍備、公平調整殖民需要、保障弱小民族自主等。[5]然而，期望負責維護國際安全組織的「國際聯盟」理想，也因美國霸權始終沒有加入而功能不彰。

## 貳、日治時期臺灣涉外性治安議題

檢視大清國在與日本簽訂《馬關條約》之前，基於當時臺灣金融、貿易、航運和採礦等利益所引發的涉外性治安議題，事實上都已被英國掌控，遂有由英國向臺灣出兵，甚至表示在必要時把臺灣割讓給英國的提議，可是被英國拒絕了。

英國考量為了防範遠東俄國勢力的擴張，迫切需要將日本培養成一大強國的主張，正契合日本為了彰顯自己國家的「主體性」，與提高自己國家的「亞洲文明創始者」地位。

---

[5] 周一變，《美國歷任總統列傳》，（臺北：黎明，1986 年 2 月），頁 427-428。

　　而法國自清法之戰以來，亦對臺灣持有野心。所以，當日本海軍亟欲佔領澎湖島時，法國遂派遣軍艦駐守澎湖，以防備日軍的侵襲。因此，亦出現將澎湖出讓給法國之議，但被臺灣守將劉永福所拒，導致澎湖為日軍佔領。另一強權國家德皇威廉二世（William II）則覬覦臺灣的豐富資源，對於法國在臺灣的擴張勢力表示異議。

　　競爭性國家體系的列強為了爭奪臺灣利益，彼此之間發生尖銳的對立。根據《馬關條約》簽訂之後，臺灣澎湖及附屬島嶼割必須割讓給日本，就引起俄德法三國的干涉行動，迫使日本聲明臺灣海峽航行的自由，以及臺灣與澎湖的不得轉讓。

　　例如 1986 年 6 月 12 日發生於雲林，及所擴及英商歐立亞（Olia）遇害所引發的涉外性治安議題。該事件發生在雲林地區，有日本人經營的雜貨店遭大約二十名土匪襲擊。「土匪」持長槍或棍棒搶奪了衣物、毛毯及手錶等三百多件商品。此一襲擊後，就發生了日本軍跟「土匪」大規模的戰鬥，包括戰鬥後的「打土匪」，這一連串的騷動被稱作「雲林事件」。[6]

　　這事件發生的源起，關係總督府的砂糖和樟腦的貿易立法，致使臺灣南部的貿易活動陷入一片混亂。當時局面豈止是治安確立的問題，連是否已經武裝平定臺灣人的反抗勢力都未知，在過早時期採取不當行動的日本，導致歐立亞（Olia）在雲林地區活動時被「土匪」殺害，應該將之視作給英國貿易帶來損害的直接責任者來譴責。

　　另外，還有彼得森（Perterson）的貿易公司（Mess Manncel & Compay）店鋪遭到掠奪，甚者，公司持有的樟腦木材也被士兵作為燃料使用。同時，德國的介入也有同樣擔心其國商人在臺灣從事樟腦業的利益受到影響。英、德要求日本政府在臺灣涉外性治安上盡到保護外商的投資權益。

---

[6]　《雲林沿革史》收藏於中央圖書館臺灣分館，資料上雖未明寫作者姓名，不過，由於討伐「土匪」的過程，是以軍方當事者的觀點來描述，因此，應該可以視作總督府方面的紀錄。轉引自：野口真廣，岩口敬子、周俊宇　譯，〈臺灣總督府對雲林事件的因應與保甲制──日本領臺初期臺灣人之抵抗與協助〉，薛化元　主編，《近代化與殖民──日治臺灣社會史研究文集》，（臺北：臺大出版中心，2012 年 4 月），頁 248-249、255-260。

　　臺灣涉外性治安環境因素，從殖民國家利用船堅砲利的優勢，在亞、非等落後地區強行建立貿易據點，並以公司（company）型態的經營與管理模式，無非是希望進行「核心─邊陲」的移轉資本主義的市場利益，增加母國及資本家的立即經濟剩餘；資本家將經濟剩餘又轉投資在工業生產上，以提昇國家競爭力。

　　而日本統治臺灣也一直到 1945 年 8 月 15 日的日本天皇宣佈無條件投降為止，代表了民族主義時代部分國際強權國家的沒落。亦即任何形式的種族優越論都遭到徹底的否定，取而代之的是以美國霸權所主導國際涉外性治安議題。

## 第三節　軍國型政治性治安

　　軍國主義（militarism）與帝國主義的本質上相同，特別是軍國主義更凸顯其強調軍事武力戰爭的必要性。檢視日本歷任駐臺的 19 位總督中，任期時間超過三年者只有兒玉源太郎（1898.2.26-1906.4.11）、佐久間佐馬太（1906.4.11-1915.5.1）、安東貞美（1915.5.1-1918.6.6）、田健治郎（1919.10.2-1923.9.2）、中川見藏（1932.5.26-1936.9.2）、小林躋造（1936.9-1940.10）、長谷川清（1940.11-1944.12）等 7 位，占不到總數的三分之一比率。

　　持有軍職的武官一共樺山資紀、桂太郎、乃木希典、兒玉源太郎、佐久間佐馬太、安東貞美、明石元二郎、小林躋造、長谷川清、安藤利吉等 10 位，超過總數的二分之一，而且合計執政的時間有 28 年，也超過日本在臺 50 年的一半。

　　如果再加上曾任職警察職務在出任總督的伊澤多喜男（曾任警視總監）、川村竹治（曾任內務省警保局長）、石塚英藏（曾任總督府警務局長）、太田政弘（曾任內務省警保局長、警視總監）等 4 位，軍國主義治臺更名符其實。

　　分析 1895-1945 年日本在臺灣長達 50 年的統治期間，日治臺灣的第一

任至第七任總督皆具軍人職務，自第八任開始至第十六任才改由文人擔任，軍權則分由增設的軍司令官接管，而從第十七任開始，又恢復軍人總督，直至戰爭結束。

依其出身和職業背景分析，在歷任重要職位的總督、行政長官（總務長官），及軍司令官之中，許多幹部都先後曾經擔任過與警察職務有關的重要工作。諸如樺山資紀、大島久滿次、明石元二郎、田健次郎、伊澤多喜男、後藤文夫、川村竹治、河源田稼吉、石塚英藏、大田正弘、高橋守雄、森岡二郎、齋藤樹等人。

所以，本節在處理民族主義時代的帝國主義（imperialism）概念時，特別針對日本統治臺灣時期的以「軍國主義」稱之，尤其是日本在 1931年發動一連串的東亞戰爭之後。鶴見俊輔指出，1931 年日本發動的「九一八事變」，正是日本進入軍國主義時代。[7]

軍國主義、帝國主義與殖民主義（colonialism）都一致認為，海外征服和工業化就像自然法則一樣不可抗拒。市場利益的誘因使得東方原本孱弱的日本，在明治維新成功後，整個國家與社會亟欲轉型為資本主義軍國體制。

為證明其在工業化之後所獲得的成果，並自覺應該與西方國家的地位平等，國內遂興起一股「國權皇張」的「脫亞論」主張，而最佳試驗對象就是採取侵略緊鄰的大清國，及其附屬地的臺灣與朝鮮。

日本在開始進行軍國主義侵略的時候，其國內的發展資本主義的環境條件還是相當脆弱。日本在侵略臺灣之初，其國內環境並不存在必須迫切佔領臺灣的需要因素，只是因在歐美帝國主義列強競相奪取他國領土的熱潮中，誘使日本佔領臺灣的行動也具有帝國主義意涵。

矢內原忠雄指出，日本侵略中國的不當，並呼籲日本應承認臺灣人的參政權，方能證明其為文明的殖民統治者，導致該書因而於 1934 年由有關

---

[7] 鶴見俊輔　著，邱振瑞　譯，《戰爭時期日本精神史》，（臺北：行人文化實驗室，2008年 1 月），頁 100。

當局指示出版社自發性停止印刷。[8]

　　回溯日本在檢討其勢力自 17 世紀以來的從臺灣退出，導致西方國家，尤其是荷蘭和西班牙勢力的佔有臺灣市場利益，因而促使 19 世紀日本軍國主義決心排除英、俄、法、德等國的對臺灣侵略，並扭轉以往臺灣與對中國大陸的依存關係，從而提供其作為軍國主義南進侵略的基地，以遂行其溯自德川幕府末期以來南進思想的國防因素。[9]

　　承上所論，日治時期臺灣政治性治安隨著軍國主義體制的衍變，本節將從中央集權（1895-1920）、地方分權（1920-1937）和戰時動員（1937-1945）等三階段所引發的政治性治安議題加以分析。

## 壹、中央集權的治安議題

　　1895 年 5 月起至 1920 年 8 月止的中央集權體制政治性治安，主要凸顯在這時期的臺灣人武力抗爭事件。特別是在 1895 年 5 月到 1898 年 2 月止的所謂「軍政」，亦可以將之稱為「中央集權體制政治性治安前期」，而所謂 1898 年 2 月至 1920 年 8 月的所謂「民政初期」，則可將之稱為「中央集權體制政治性治安後期」。

　　一、中央集權體制的政治性治安前期，是從 1895 年 5 月 21 日自通過《總督府臨時條例》的第十四、十五條就已有民政局內務部警保課的編制和職權規定，警政人事由民政局長官水野遵、內務部長牧朴真、警保課長是千千巖英一擔任，並於 6 月 17 日舉行「始政典禮」。接著樺山發布〈臺灣人民軍事犯處分令〉，即以唯一死刑的嚴酷手段來維護社會秩序；7 月 18 日內閣總理伊藤博文更決定將總督府改組為軍事組織的型態，一直到全島平定為止。[10]

---

[8] 矢內原忠雄，《帝國主義下の臺灣》，（東京：岩波書店，1929 年 10 月）。矢內原伊作　著，李明峻　譯，《矢內原忠雄傳》，（臺北：行人文化實驗室，2011 年 3 月），頁 501。

[9] 林滿紅，《晚近史學與兩岸思維》，（臺北：聯經，2002 年 10 月），頁 165。

[10] 臺灣總督府警務局　編，《臺灣總督府警察沿革誌（一）》，（臺北：臺灣總督府警務局 1933 年 12 月刊行，南天書局 1995 年 6 月重印），頁 15。

　　8 月 6 日發布的《臺灣總督府條例》，即設有民政局內務部警保課，而且一切措施必須根據總督府的軍令施行。縱使如此，當時在臺灣人民強烈的反抗下，實際上日軍僅佔領基隆、滬尾（淡水）、臺北三個地區，臺北以南的武裝抗日，仍然方興未艾。以劉永福、丘逢甲、林朝棟、吳湯興等人所領導的武裝抗日一直要到這一年的 10 月才正式宣告結束。

　　依據 10 月總督府發布的〈警察分署設置及職員命免要件〉規定：民政局長在總督的認可之下，得在各重要地區設置警察署和警察分署，以及民政支部的警察部長。亦即地方的三縣一廳，臺北縣保持警察部；尚未靖定的臺灣縣、臺南縣改稱民政支部；澎湖島廳則設警察署、分署。[11]

　　換言之，1895 年 8 月開始實施的「軍政統治」，除了在 11 月又軍令頒布以〈臺灣住民刑罰令〉的嚴刑重罰，和軍警參與司法制度檢察及審判的〈臺灣住民治罪令〉來統治，即是採取「中央集權式」軍事警察法制，突顯在軍政、警政、行政的「三政合一」機制。

　　檢視當臺灣社會的抗日行動漸趨平息之時，「軍政統治」的「軍令立法」警察法制到了 1896 年 4 月配合總督府實施「民政統治」的「律令立法」，根據 3 月 30 日公佈的法律第六三號，簡稱《六三法》之外，陸續還有〈臺灣總督府地方官官制〉、〈地方縣島廳分課規程準則〉、〈警察規程〉等法規的實施。

　　《六三法》的條文規定：第一條　臺灣總督得於其管轄區域內，發布具有法律效力的命令；

　　第二條　前條命令應由臺灣總督府評議會議決，並經拓殖大臣呈請敕裁。臺灣總督府評議會的組織以敕令定之；

　　第三條　臨時情況緊急，臺灣總督府得不經前條第一項手續，直接發布第一條所規定的命令；

　　第四條　依前條發布的命令，於發布後直接呈請敕裁，且向臺灣總督府

---

[11] 臺灣總督府警務局　編，《臺灣總督府警察沿革誌（一）》，（臺北：臺灣總督府警務局 1933 年 12 月刊行，南天書局 1995 年 6 月重印），頁 39。

評議會報告。未獲得敕裁核定時，總督應立即公佈該命令無效；

第五條　現行法律及將來發布的法律，其全部或部分要施行於臺灣，以敕令定之。

第六條　此法律自施行日起滿三年即失效。[12]

由「軍令立法」改以「律令（委任）立法」方式，確立殖民地統治體制。因此，警察法制有了較大幅度的調整，在總督府內務部警保課下分設高等警察（政治警察）、警務、保安、戶籍四股，課長為警部長，可指揮監督下級警察機關，縣廳則設警察課，內有警務、保安、衛生三股，並可視事務繁簡程度，增設高等警察主任，支廳的警察組織與縣同，但是成員須由其下的警察人員兼任。地方警察權由支廳長執行，可指揮轄區警察，警部長則負責監督。[13]

調整後的警察職權幾乎包括：行政、司法、警察、監獄、出版、報紙雜誌、船隻檢疫、鴉片與藥品販賣、衛生、地方醫療人員管理等事項，逐漸分奪軍、憲權限，加上總督府內部也出現了文官與武官系統之間的矛盾，導致 1897 年 3 月乃木總督決定實施「三段警備」制，並於 6 月將地方行政區域由「三縣一廳制」改為「六縣三廳制」，同時廢除支廳，而將警察署、辦務署與撫墾署三署同級並立，直接受之縣警察部長指揮。

例如 1897 年 4 月在臺北城外龍匣庄設「巡查看手教習所」，1898 年 6 月發布《警察官與司獄官練習所組織章程》，廢教習所，7 月成立練習所，分警察官、司獄官二部，各部再分甲科—養成警部、警部補、監吏，乙科—養成巡查或看守。[14]

特別是 1897 年開始實施的三段警備制，遂將臺灣各地分為三級，未曾

---

[12] 臺灣總督府警務局　編，《臺灣總督府警察沿革誌（一）》，（臺北：臺灣總督府警務局 1933 年 12 月刊行，南天書局 1995 年 6 月重印），頁 353-360、371-373。

[13] 許介鱗，〈日據時期統治政策〉，李國祁總纂，《臺灣近代史》（政治篇），（南投：臺灣省文獻委員會，1995 年 6 月），頁 256-257。

[14] 陳添壽，《臺灣治安制度史——警察與政治經濟的對話》，（臺北：蘭臺，2010 年 2 月），頁 60。

確立治安的地方為一級區，派駐憲兵及警備，以警備隊長兼任地方行政官；山岳及平原緩衝區為第二級，憲警聯合共同負責治安行政；臺北、臺南等社會治安已經確立的為三級區，由警察擔當治安責任。同時，配合實施辦務署制度，警察署與辦務署、撫墾署鼎足而立，直接受縣警察部長指揮。

雖名稱實施民政，但實際上是削弱了民政局的權限。特別是乃木依據1897 年 10 月發布的〈臺灣總督府官制〉第十四條、第十五條，在總督之下設置總督官房、陸軍幕僚、海軍幕僚、民政局、財政局等五個系統。[15]

中央集權體制政治性治安前期的警察系統，主要任務是協助憲兵維持治安，協助憲兵進行搜查、逮捕等工作。依據〈內臺憲兵條例共通時代〉的憲兵條例，透過軍政、警政、行政的「三政合一」機制，以利於軍憲維持治安。

憲兵將臺灣分為若干守備管區，其下設憲兵警察區派置分隊，執行軍事、司法、行政警察任務，有效的鎮壓了當時發生在北部的林大北、林李成、陳秋菊，中部的簡義、黃丑、柯鐵，南部的鄭吉、林大幅、林少貓等武力抗爭事件。例如 1897 年招募 17-36 歲的平埔及漢人，組成護鄉兵，訓練 3 個月後，月給 8 日圓，充當軍人，多少也有警察的治安功能。

二、中央集權體制政治性治安後期，主要是 1898 年 2 月的繼任總督兒玉源太郎，基於治安與殖產的雙重任務，且認為三段式警備制的指揮權嚴重侵犯行政權，遂廢止三段警備制，而將警察署、撫墾署併入辦務署，在總督府成立警察官及司獄官練習所，開創警政合一制度。

尤其是發佈嚴苛〈匪徒刑罰令〉，不僅以本刑科處置未遂犯，還實施溯及既往的規定。同時，制定《臺灣保甲條例》，以十戶為一甲，十甲為一保，且執行保、甲的人民負有各連坐的責任，連坐者並得以科處罰金。

例如 1901 年樸仔腳支廳襲擊事件中，保甲的老百姓，就被依連坐法科處怠縱罰金 1,400 日圓。1907 年北埔支廳的襲擊事件中，37 名的保甲民也

---

[15] 臺灣總督府警務局　編，《臺灣總督府警察沿革誌(一)》,（臺北：臺灣總督府警務局 1933年 12 月刊行，南天書局 1995 年 6 月重印），頁 83-84。

被科處 2,420 日圓的怠縱罰金。[16]這凸顯中央集權體制政治性治安後期的警察系統，則是地方警察權由支廳長執行，地方警察職權逐漸分奪了軍、憲的權限。

1897 年改制後的地方官制，則因同時統一了基層街、庄、社長制度，並由辦務署監督基層行政，確立了辦務署為地方行政「中間機關」的角色。到了 1901 年 11 月起更配合「廢縣置廳」的地方改制為「20 廳」，1909 年 10 月由「20 廳」調整為「12 廳」的行政改革，下設支廳。

支廳在性質上屬於虛級的派出機關，而支廳長係由警部擔任，實質上等同於警察機關。亦即將基層行政工作完全轉換成為警察工作，形成警察「萬能主義」的支廳制。亦即 1901 年 11 月起至 1920 年 10 月的所謂「廳治期」。[17]

特別是 1902 年殖產局更將所管轄的「蕃人」、「蕃地」事務，移交由「警察本署」負責。1904 年總督府發布〈犯罪即決例〉，並於 1906 年在署中獨立設置「蕃務課」，警察成為總督府「理蕃」政策的執行者；同時，配合實施〈臺灣浮浪者取締替規則〉，以改善治安環境。1909 年總督府成立「蕃務本署」並廢除「警察本署」，由警視總長兼任內務局長。

到了 1911 年總督府雖然廢除「內務局」，重設「警察本署」，但根據表 6-1 顯示，從 1899 年至 1904 年每年警察經費在歲入決算所占比率幾乎都高達 8%以上，到了 1905 年以後才減少下來，並且維持在 1%。

**表 6-1　日治初期（1899-1909）警察經費與總督府歲入比率（單位：日圓）**

| 名稱 年度 | 歲入決算 | 警察經費 | 比率（約） |
|---|---|---|---|
| 1899 | 17,426,618.00 | 1,388,871.00 | 8% |

---

[16] 黃昭堂 原著，黃英哲　譯，《臺灣總督府》，（臺北：前衛，1996 年 10 月），頁 94-96。
[17] 藍奕青，《帝國之守：日治時期臺灣的郡制與地方統治》，（臺北：國史館，2012 年 7 月），頁 33-34。

| 1900 | 23,269,695.00 | 1,387,928.00 | 6% |
| 1901 | 19,766,334.00 | 1,485,748.00 | 8% |
| 1902 | 19,479,579.00 | 1,664,168.00 | 9% |
| 1903 | 20,037,523.00 | 1,672,805.00 | 8% |
| 1904 | 22,333,114.00 | 1,681,250.00 | 8% |
| 1905 | 25,414,146.00 | 268,017.00 | 1% |
| 1906 | 30,692,173.00 | 310,020.00 | 1% |
| 1907 | 35,295,772.00 | 350,080.00 | 1% |
| 1908 | 37,005,764.00 | 381,463.00 | 1% |
| 1909 | 40,409,108.00 | 391,110.00 | 1% |

資料來源：臺灣省行政長官公署統計室，《臺灣省五一年來統計提要》，（臺北：臺灣省行政長官公署，1947 年），頁 983-1040。

　　換言之，檢視中央集權體制政治性治安後期的這段期間，總督府陸續鎮壓了 1901 年詹阿瑞、黃國鎮，1902 年賽夏族日阿拐，1907 年蔡清琳，1908 年丁鵬，1912 年劉乾、黃朝，1913 年羅福生、李阿齊、張火爐、賴來，以及 1914 年攻打太魯閣族等武力抗日治安事件，直到 1915 年先平息「甲仙埔事件」的隨著平定余清芳事件之後，大規模的武力反抗活動才接近尾聲，總督府遂將「蕃務本署」廢除，所管事務移交「警察本署」辦理，地方廳的「蕃務課」也併入警務課為「蕃務股」，使臺灣無論平地或山地，漢人或原住民都納入警察政治的管轄下。

　　1919 年更藉由內地同化政策的實施特將直屬於總督府的「警察本署」改隸屬民政部為「警務局」，1920 年更配合地方官制的五州二廳，在州設警務部，郡設警察課，市設警察署與分署，廳設警務課與支廳，以利於將

警察政治隱形在地方分權的民政制度下。[18]

由於這階段新官制設立與舊官制廢止的變動非常頻繁，加上官紀鬆懈，以及在臺文武官員相互爭權奪利，因而出現嚴重的政治性治安問題。

涂照彥指出，臺灣島上本地勢力的頑強抵抗，使日本初期的殖民地統治，一方面為鎮壓「土匪」必須耗費龐大的軍事支出，另方面不得不儘速結束軍事統治，進入民政時代。[19]

根據表 6-2 顯示，警察費占民政費的比例，由日本統治臺灣的第三年起至 1903 年為止，每年都高達 40%以上；表 6-3 更顯示，1898 年至 1913 年警察費用占總支出的 30%～60%；而用於「理蕃事業費」方面的費用，如表 6-4 顯示，預算從 1910 年的 3,060,000 圓（決算為 2,945,556 圓），增加到 1914 年的 3,580,000 圓（決算為 3,920,769 圓），所費不貲。到了 1920 年起，警察經費劃歸國庫負擔。[20]

## 表 6-2　日治時期警察經費與民政費、經常費比較（單位：日圓）

| 項目／年度 | 經常費（A） | 民政費（B） | 警察經費（C） | （C）／（A） | （C）/（B） |
|---|---|---|---|---|---|
| 1898 | 7,453,575 | 3,812,856 | 1,553,307 | 21% | 41% |
| 1899 | 10,304,738 | 4,397,468 | 2,089,259 | 20% | 48% |
| 1900 | 12,032,410 | 4,852,212 | 2,184,872 | 18% | 45% |
| 1901 | 11,837,073 | 5,368,999 | 2,398,001 | 20% | 45% |
| 1902 | 10,972,804 | 5,764,627 | 2,610,584 | 24% | 45% |

[18] 許介鱗，〈日據時期統治政策〉，李國祁總纂，《臺灣近代史》（政治篇），（南投：臺灣省文獻委員會，1995 年 6 月），頁 256-259。

[19] 涂照彥 著，李明峻 譯，《日本帝國主義下的臺灣》，（臺北：人間，1993 年 11 月），頁 33。

[20] 陳政三 譯註，達飛聲（J. W. Davidson）原著，《福爾摩沙的過去與未來》【下冊】，（臺北：國立臺灣歷史博物館，2014 年 9 月），頁 763。

| | | | | |
|---|---|---|---|---|
| 1903 | 12,457,243 | 6,237,996 | 2,602,514 | 21% | 42% |
| 1904 | 13,238,552 | 6,506,158 | 2,537,946 | 19% | 39% |
| 1905 | 15,952,229 | 6,769,694 | 1,164,010 | 7% | 17% |
| 1906 | 18,874,722 | 7,702,725 | 1,229,100 | 7% | 16% |
| 1907 | 19,669,671 | 8,241,980 | 1,345,415 | 7% | 16% |
| 1908 | 19,758,176 | 9,595,794 | 1,334,083 | 7% | 14% |
| 1909 | 20,924,006 | 10,546,936 | 1,373,095 | 7% | 13% |
| 1910 | 24,176,919 | 11,180,768 | 1,403,658 | 6% | 13% |
| 1911 | 24,418,770 | 11,629,090 | 1,470,213 | 6% | 13% |
| 1912 | 25,687,771 | 14,445,489 | 1,116,618 | 4% | 8% |

資料來源：民政費是由經常費中減去專賣、鐵道、通信、鹽務、樟腦及至
要的官業經費；警察經費包括法院警察、警察及監獄人員訓練所與監獄費。
參閱：鹽見俊二，〈警察與經濟〉，周憲文，《臺灣經濟史》，（臺北：臺灣開
明書局，1980 年 5 月），頁 955。

表 6-3　日治時期警察經費與地方稅收對照（單位：日圓）

| 項目<br>年度 | 經常臨時合計（A） | 經常部分 | 警察費（B） | 比率（B）／（A） |
|---|---|---|---|---|
| 1899 | — | — | 339,802 | |
| 1900 | 3,869,633 | 2,825,104 | 1,388,872 | 36% |
| 1901 | 3,076,698 | 2,757,199 | 1,836,971 | 60% |
| 1902 | 3,333,327 | 2,938,275 | 1,882,825 | 57% |
| 1903 | 3,785,990 | 3,408,879 | 2,167,227 | 57% |
| 1904 | 4,075,301 | 3,640,127 | 2,227,665 | 55% |
| 1905 | 4,243,006 | 3,687,121 | 2,280,857 | 54% |
| 1906 | 5,200,103 | 3,977,964 | 2,558,489 | 49% |

| | | | |
|---|---|---|---|
| 1907 | 4,940,334 | 4,236,009 | 2,694,615 | 55% |
| 1908 | 5,588,828 | 4,740,126 | 3,200,367 | 57% |
| 1909 | 6,781,515 | 5,485,277 | 3,614,020 | 53% |
| 1910 | 7,085,869 | 5,785,398 | 3,845,673 | 54% |
| 1911 | 5,278,115 | 4,034,847 | 1,838,899 | 35% |
| 1912 | 5,971,487 | 4,134,611 | 1,925,628 | 32% |
| 1913 | 6,348,100 | 4,110,000 | 1,992,848 | 31% |
| 1914 | 6,487,640 | 4,904,388 | 2,823,437 | 44% |

資料來源：依據鹽見俊二，〈警察與經濟〉的資料整理製成，周憲文，《臺灣經濟史》，（臺北：臺灣開明書局，1980 年 5 月），頁 956。


表 6-4　日治時期理蕃事業費（1910～1914）（單位：日圓）

| 年度　　　　項目 | 預算 | 決算 |
|---|---|---|
| 1910 | 3,060,000 | 2,945,556 |
| 1911 | 3,130,000 | 2,166,203 |
| 1912 | 3,300,000 | 3,105,816 |
| 1913 | 3,170,000 | 3,041,134 |
| 1914 | 3,580,000 | 3,920,769 |
| 合計 | 16,240,000 | 15,179,478 |

資料來源：依據鹽見俊二，〈警察與經濟〉的資料整理製成，周憲文，《臺灣經濟史》，（臺北：臺灣開明書局，1980 年 5 月），頁 956。


## 貳、地方分權的治安議題

　　所謂的「內地同化主義」與「殖民地自治主義」是日治臺灣後就一直

爭論不休的殖民地政治性議題。所以，1896 年賦予臺灣總督委任立法的《六三法》和其延長問題，一再遭支持「內地法延長主義」的國會議員抨擊。

殖民地的「委任立法」問題其實是日本藩閥、軍閥對抗議會、政黨的策略，因此必須在前者政治勢力消退後，日本的殖民地才可能從「武力統治」轉為「文化統治」。

日治中期殖民政府在臺灣政經情勢稍有穩定之後，對臺灣人改採安撫策略，並進行行政上的分權制度。這階段歷經九位總督，分別是代表內地政黨派系勢力消長的政友會田健治郎、政友會的內田嘉吉、憲政會的伊澤多喜男、憲政會的上山滿之助、政友會的川村竹治、民政會的石塚英藏、民政會的太田政弘、政友會的南弘、民政會的中川健藏。

這些文官總督的任職之所以都會很長的原因，突顯臺灣總督人事派定完全受到日本內地政治力量的制衡與分贓的結果。當時日本的國力已經可以成為第一次世界大戰後東亞國家的強權，代表西方強權國家都極力拉攏日本，希望將其納入成為世界經濟、軍事體系的一員，並促進其政治民主化。

因此，日本政黨深深感受到國內政治自由主義的風氣，以及在威爾遜（Woodrow Wilson）主張民族自決思潮的呼籲，殖民政府不得不削減總督府權限，降低對臺灣的高壓統治，轉而設立臺北帝國大學等教育機構，加強殖民化思想教育。

同時，根據 1919 年修正的〈臺灣總督府官制〉第三條內容指出，總督只能認為必須保持安寧秩序的時候，得以請求在其管轄區域內的陸軍司令官，使用兵力來維持秩序。換言之，隨著臺灣軍司令官制度的建立，臺灣軍的指揮權從總督手上轉移到臺灣軍司令官，總督再也沒有指揮臺灣軍的權力。[21]

具體而言，《六三法》除了賦予臺灣總督絕對立法權、行政權和設置臺灣總督府評議會之外，規定以海陸軍大將或中將出任總督，統帥海陸軍；總督得經敕准、或必要時，不經敕准公佈命令，以代替法律，並得頒發總

---

[21] 黃昭堂　著，黃英哲　譯，《臺灣總督府》，（臺北：前衛，2002 年 3 月），頁 115。

督府令；總督得處理關稅、鐵道、通信、專賣、監獄及國家財政等政務。

　　所以，1921 年以前的臺灣人為抗爭殖民政府結束軍國體制，極欲爭取廢除《六三法》的努力並未成功。1902 年當帝國議會三度有效延長《六三法》，並在結束日俄戰爭後的 1906 年 12 月底，亦即在《六三法》有效日屆滿之時，發布第三一號法律，俗稱《三一法》。

　　《三一法》的第一條與第五條內容雖規定總督的命令位居本國法律及敕令之下，總督的命令不得違反施行於臺灣的法律及特以施行於臺灣為目的而制定的法律及敕令；惟第六條又規定臺灣總督所發布的律令仍然有效。而《三一法》在歷經 1911 年和 1916 年的各延長五年，到了 1921 年為因應國內外政經環境變遷而改以《法三號》代之，並根據〈臺灣總督府評議會官制〉恢復「評議會」，同時廢止「律令審議會」。[22]

　　地方分權的政治性治安階段是從 1920 年 8 月起至 1937 年 7 月止。這一時期軍人武官總督改派文官總督，地方警察權限的自主權較已往增加，普通行政業務也改由文官系統處理，但是州知事還是有權指揮地方警察。

　　換言之，1920 年以前臺灣在「警察政治」的氛圍下，警察與地方行政實為一體兩面。亦即 1901 年 11 月起至 1920 年 10 月皆為「廳治期」。1920 年 10 月總督府宣稱為順應時勢及臺灣人的實況，乃改革地方制度，於是改廳為州，廢支廳，設郡、市，廢區、堡、里、澳、鄉改設街庄。將臺灣西部 10 廳廢除，改設臺北、新竹、臺中、臺南、高雄等五州，東部的臺東、花蓮港廳仍保留舊制；州、廳之下共設 47 郡、3 市、5 支廳、260 街庄、18 區等，開啟所謂「準地方自治制度」。[23]

　　田健治郎以首任文人執政，強調臺灣人民的自治，修改《六三法》，以日本法律第三號稱之的《法三號》）公佈，其內容：

　　第一條，日本法律全部或部分，須引用於臺灣時，以敕令定之；

[22] 臺灣總督府警務局　編，《臺灣總督府警察沿革誌（一）》，（臺北：臺灣總督府警務局 1933 年 12 月刊行，南天書局 1995 年 6 月重印），頁 233-248。
[23] 吳文星，《日治時期臺灣的社會領導階層》，（臺北：五南，2012 年 2 月），頁 185。

第二條，須引用法律而無適當法律之規定，或難依前條規定辦理時，得仍依總督命令規定之；

第三條，前條總督之命令，因應主管大臣奉敕准而公佈；

第四條，如遇緊急事項，總督得不依前條之規定，而依第二條逕先發布命令，便宜行事，但須呈經敕准。如不獲敕准，須公佈該命令即刻失效；

第五條，臺灣總督發布之命令，不得與敕令衝突；第六條，此法律自實行日起滿三年即失效。[24]

依據《法三號》開始實施的地方分權體制，總督府乃大唱「內臺一體」及「內地延長主義」，並創設代表民意之「臺灣總督府評議會」，以為臺灣總督府的諮詢機關。1921 年 6 月，公佈〈評議會官制〉，以會長一人（總督兼）副會長一人（民政長官兼）及會員二十五人組織之，承受總督的指揮監督，會員中九人為指定的臺灣人，惟被指定的臺灣人卻被譏諷為「御用紳士」。[25]

因此，導致 1921 年發生臺灣議會設置請願運動和臺灣文化協會等臺灣人為爭取較高地位的一連串政治性活動。嗣後，臺灣議會設置請願亦逐漸轉成的臺灣民族運動，尤其是到了 1927 年，由於部分左翼民族主義者不贊同無產階級路線，蔣渭水、林獻堂、蔡培火等人因而退出臺灣文化協會。

檢視從 1921 年開始到 1934 年為止，臺灣議會設置運動每年不斷的向日本帝國議會提出〈臺灣議會設置請願書〉，總計 15 次，簽名人數高達 18,528 人。雖然該運動自肇始以來即屢以「不列入議程」、「不接受審理」或「審議不通過」為由遭議會打壓，但是運動發起諸人始終不放棄，每年往返臺灣與日本之間，進行勸說、連署或遊說請託日本議員與官員等工作。

地方分權體制政治性治安凸顯蔣渭水等人，根據 1900 年日本實施的《治安警察法》，向臺北警察署提出「臺灣議會期成同盟會」的結社申請，在遭受拒後，即改在東京重新成立，導致臺灣的「臺灣議會期成同盟會」

---

[24] 黃昭堂　著，黃英哲　譯，《臺灣總督府》，（臺北：前衛，2002 年 3 月），頁 218。
[25] 高賢治，《臺灣三百年史》，（臺北：眾文，1981 年 12 月），頁 212-216。

會員，被依 1923 年實施於臺灣的《治安警察法》逮捕。

1925 年 2 月三審宣判，蔣渭水、蔡培火被判刑四個月，陳逢源等被判刑三個月，史稱「治警事件」。[26]在同一時期的日本內地為取締反對日本天皇制與私有財產制的活動，通過《治安維持法》，同年亦在臺灣實施，以防範政治性犯罪活動的蔓延。

1926 年簡吉等人在鳳山宣布成立「臺灣農民組合」；張秀哲、張深切等人將「廣東臺灣學生聯合會」改組為左翼團體，返臺後，組織「臺灣革命青年團」，發行《臺灣先鋒雜誌》。

蔣渭水等人則為了規避 1925 年實施的《治安維持法》，於是先組織「臺灣民黨」，再過渡組成以確立民本政治為其三大綱領之一的臺灣第一個合法政黨——「臺灣民眾黨」，並在蔣渭水等人的領導下主張民族自決，因而導致主張殖民地自治的林獻堂、蔡培火等人於 1930 年 8 月另組「臺灣地方自治聯盟」，其中有為數不少的臺灣民眾黨員加入，造成臺灣民眾黨的分裂。

臺灣民眾黨亦因與 1928 年蔣渭水等人成立的臺灣工友總聯盟走得比較接近，加上當時以謝雪紅、林木順等人在上海法國租借成立「日本共產黨臺灣民族支部」（簡稱臺共），並於 1930 年召開「松山會議」，成立「臺灣赤色總工會」，隔年更成立「臺灣赤色救援會」並已逐漸掌控了「臺灣文化協會」的主導權。

「臺灣民眾黨」更受到該氛圍影響，遂逐漸為左翼份子把持，並公開鼓勵階級運動。1931 年 2 月總督府遂以該黨違反《治安警察法》，強迫其解散。1931 年 8 月更隨著蔣渭水的去世，「臺灣民眾黨」終於劃下休止符。11 月謝雪紅所屬左翼路線的臺共重建工作亦遭同此煙消雲散的下場。[27]

檢視 1928 年總督府為因應地方分權體制的政治性治安議題，特別是防範共產主義與民族自決思想，開始增設「臺灣特高」的思想警察，負責集會結社與出版事務、取締危險思想等，加強對臺灣人的思想和行動的控制，

---

[26] 陳添壽，《臺灣治安史研究——警察與政經體制關係的演變》，（臺北：蘭臺出版社，2012年 8 月），頁 279-280。

[27] 吳三連等，《臺灣近代民族運動史》，（臺北：自立晚報社，1982 年 2 月），頁 441-443。

還將結社類別分為政治性結社與非政治性結社、祕密結社、違反《治安維持法》的結社，但在 1930 年仍然發生原住民激烈抗爭的「霧社事件」，以及次年發生的臺東大關山事件。

　　「霧社事件」的發生除了是勞役剝削，舉凡建築、修繕工事，勞役即使有償，亦遠低於應得，且勞役過重；加上，警方帳目不清，引起不滿而爆發的因素之外。主要還是原住民與日本警察「內緣妻」的政略聯姻方式，所導致原住民部落的極度不滿而爆發。

　　隨著 1934 年殖民政府下令停止議會設置請願、文化協會、農民組合等活動，準備向中國宣戰，但 1935 年臺灣人雖然首度爭取到象徵性地方選舉的行使投票權，臺灣地方自治聯盟推薦的候選人也有人當選，但是這樣半數官選、半數由市會及街協議會員間接選舉的有限選舉制度，實在與臺灣地方自治聯盟所訴求的改革運動相去甚遠。因此，臺灣地方自治聯盟也在發生「祖國事件」後，林獻堂、楊肇嘉先後避難東京，臺灣地方自治聯盟亦在是年 8 月召開的第四次全島大會宣布解散。

　　回溯「祖國事件」發生於 1936 年 3 月林獻堂參加〈臺灣新生報社〉所組織之華南考察團，在上海接受華僑團體歡迎時，林獻堂於席上致辭，有林某歸還祖國之語，為日本間諜獲悉轉報臺灣軍部。5 月〈臺灣日日新報〉揭發此事，對林獻堂大張撻伐，造成所謂「祖國事件」。[28]

## 參、戰時動員的治安議題

　　戰時動員的政治性治安階段時間是從 1937 年 7 月起至 1945 年 10 月止。總督府推行南進政策即於 1937 年 7 月 7 日盧溝橋戰役起，臺灣的政治與軍事地位提高了，可為從邊陲地區進入半邊陲地區，從純粹被剝削調整為既受日本剝削又剝削別地，成為日本向東南亞擴張的一個基地。

　　所以，日本為在臺策應進攻中國大陸，強化外交，加設華南調查局及南方協會，並改制地方行政，建設高雄港工程，以及調遣海軍、增建機場

---

[28] 吳三連等，《臺灣近代民族運動史》，（臺北：自立晚報社，1982 年 2 月），頁 491。

等各項軍事設施，完成戰時動員體制。

1940 年 11 月海軍大將長谷川清繼任總督，時正準備發動太平洋戰爭；1942、1943 年分別公佈陸海軍特別志願兵制，徵用臺灣人達 20 萬，赴中國戰場協助日軍作戰；提倡皇民奉公運動，強迫臺胞擔任後勤支援。

1944 年日本太平洋戰線失利，臺灣形勢更為險惡，導致長谷川清的政治地位不穩，加上臺灣軍司令官安藤利吉的策動內閣，准其自兼臺灣總督，復行軍政，增徵臺灣青年入伍，從全臺各地調遣海陸空軍加強內外防備；1944 年，美空軍開始轟炸基隆、高雄等要港，航路幾乎中斷，工廠大部分停工，社會秩序不安。

檢視日本進入戰時動員體制之後，更是強調戰時警察的功能，亦即戰時警察工作除了政治性治安之外，還要執行各種經濟統制、經濟情報的搜集和特殊物質的配給，對於戰時統制經濟的秩序也更加嚴密。1939 年以後更因為戰爭需要在總督府分設防空課與兵事課，各種重要戰時的措施完全由警察掌握。直到 1945 年 8 月日本宣佈投降後，戰時增設的兵事、防空、防空措施等單位被取消，而增設了等待中國接收的調查與警備課。

戰時動員體制的政治性治安面對逐漸形成高漲的「臺灣意識」，透過增設特高警察的取締思想犯，對於皆二連三地涉嫌叛亂事件，如 1941 年發生的「東港事件」、1944 年發生的「瑞芳事件」、「蘇澳事件」等，對於相關的關係人予以酷刑逼供，冤死監獄者比比皆是。[29]從 1941 年 11 月起，至 1945 年 4 月止，一共起訴 200 多人，其中包括議員、律師、醫生、地方士紳，乃至販夫走卒。[30]

承上論，日治時期軍國主義型政治性治安不論是中央集權、地方分權，和戰爭動員的體制都凸顯在日治之初，總督府即為解決治安而實施《保甲條例》，並制定《聯庄規約》的聯庄自衛方式，總督府亦從聯合庄中推舉壯丁為警吏，在適當場所並設立警察官臨時出差所，令其監督、指揮村民與

---

[29] 黃昭堂 著，黃英哲 譯，《臺灣總督府》，（臺北：前衛，2002 年 3 月），頁 191。
[30] 寺奧德三郎 著，日本文教基金會 編譯，《臺灣特高警察物語》，（臺北：文英堂，2000 年 4 月），頁 83-92。

警吏，作為警察體系的輔助利器，因而形成臺灣特有的警察和保甲兩輪運作機制。保甲制度實施到了 1943 年在臺灣設置保甲的數量已達 6,074 保（里）、58,378 甲（鄰）。[31]

保甲機制也成為警察掌握地方行政的有利工具，愈是基層行政區，警察與行政結合的程度愈高，與臺灣人民的接觸就越密切。因此，治安的重點不僅在行政，更是強調社會的控制力，保甲制度一直實施到 1945 年日本戰敗才廢除。

## 第四節　統制式經濟性治安

日治時期臺灣經濟主要受制於日本資本主義市場欲藉由佔領及經營臺灣為發展因素，以穩固其軍國主義侵略的基礎。換言之，對於日本統治下臺灣經濟發展呈現殖民地化與近代化的雙重性，相較於工業革命時期的歐洲與日本的經濟發展，日本經濟具有比歐洲更為優勢發展的條件諸如：長達 250 年的和平，沒有戰爭，沒有革命；廉價而且便利的水陸運輸；單一文化與語言；廢止舊貿易障礙，並防止新障礙的設立；發展出共同的商業文化等。

由於臺灣是日本的殖民地，初期臺灣經濟發展的主軸是「工業日本、農業臺灣」，迨至發動太平洋戰爭後才調整為「工業臺灣、農業南洋」，形成農工產業不平衡發展的結構關係。如果以日本殖民統治下的朝鮮與臺灣互相比較，由於日本在戰前的擴張政策，北進一直重於南進，朝鮮則為日本北進的基地，其經濟發展以配合軍需發展的工業為主，農業不像臺灣如此強調。[32]

---

[31] 臺灣總督府（1945 年）編撰，山本壽賀子、曾培堂　譯，《臺灣統治概要》，（臺中：大社會文化事業出版社，1999 年 3 月），頁 127。

[32] 林滿紅，《晚近史學與兩岸思維》，（臺北：麥田，2002 年 10 月），頁 129-130。

　　檢視 1895 至 1905 年總督府開始經濟發展的基礎工程；1905 年至 1920
年代前半期即以蔗作農業為中心，臺灣經濟發展成為生產單一作物；而
1920 年代中期到 1930 年代後期即以種植蓬萊米與蔗作並存且相剋的階
段；1930 年代後半期到日本戰敗，即以推行軍需工業化，臺灣經濟成為生
產戰時所需作物及軍需工業產品的基地。[33]

　　以下針對上述經濟議題聚焦在日治臺灣農工業失衡、米糖業相剋，和
專賣獨占業的統制式政策所引發經濟性治安加以檢視。

## 壹、農工失衡的治安議題

　　總督府在臺灣首先推動的資源調查是臺灣統制式經濟發展內地化的最
基礎工程。資源調查包括人口、土地及林野調查等三大項目，特別是土地
調查，反映了日本武裝力量已由北向南逐漸掌控臺灣的推進順序，並且為
了進行資源調查，特地從內地募集來臺執行這項工作的警察，本身並未具
有這方面的專業，素質也很差；另外，有些警察則是由陸軍省的雇員勉強
充任警察官，來臺灣執行這項工作。[34]

　　根據 1898 年 7 月公佈的第一份臺灣《地籍規則》和《土地調查規則》，
當時日本統治的實際範圍僅限於北部地區，檢視 1898 年 7 月至 1900 年的
約兩年半時間，政府所測量的土地面積不過 129,000 甲，且大部分集中在
臺北附近。當 1902 年臺灣全島反抗勢力勢力逐漸被平定之時，也正是土地
調查的巔峰時期，總督府總共投入 1,760,000 人，耗資經費達 5,220,000 元。
[35]

　　因此，土地調查工作的完成，也表示日本對臺灣殖民統治地位的確立。
至於林野調查與整頓，由於山林地與農耕地不同，尚未形成明確的私人所

---

[33]　涂照彥　著，李明峻　漢譯，《日本帝國主義下的臺灣》，（臺北：人間，1993 年 11 月），
　　　頁 55。

[34]　後藤新平、中村哲，《日本植民政策一斑》，（東京：日本評論社，1944 年 2 月），頁 63。

[35]　涂照彥　著，李明峻　譯，《日本帝國主義下的臺灣》，（臺北：人間，1993 年 11 月），
　　　頁 37。

有權，因而總督府在進行林野調查，即出現強權沒收臺灣人私有財產，遂行國家資本主義的目的，總督府共賣出 204,912 甲林地，獲利金額為 5,459,863 圓。[36]

在人口普查上亦以掌握臺灣人的生活動態，而且遍及島內各地，來達成維護社會秩序的治安環境，這是典型軍國主義體制的本質，也是總督府運用權力性格的象徵。

總督府在完成臺灣土地、林地及人口調查等基礎工程之後，即開始進入農業發展的階段。檢視總督府在農業水利設施方面，從官設埤圳、公共埤圳、水利組合，到認定外埤圳等四種型態的變遷，凸顯總督府對水權的控制與支配，一方面要穩固臺灣農業經濟的獲利，另一方面要有助於對日本國內推動資本主義經濟的發展，因而直接衝擊到臺灣原有土地的利用。總督府以發放國家債權的方式補償「大租戶」，其目的在確立「小租戶」為土地的唯一所有者，而佃農仍維持傳統的租佃地位，以簡化所有權關係。

因此，隨著土地權的轉移，大租戶的土地所有權也日漸被削弱。總督府對大租權的整頓，不但確立了臺灣現代的土地所有權制，也使得本地大地主或多或少獲得轉向現代企業和金融投資的機會，例如彰化銀行、嘉義銀行、臺灣製麻會社等本地產業與金融，都是根據總督府的授意和政策性的配合下設立；其中彰化銀行的資本額 22 萬圓、嘉義銀行的資本額 25 萬圓，而臺灣製麻會社也有 20 萬圓。[37]

換言之，總督府為了確保支配權，選擇了保留小租戶所有權，與小租戶階級妥協的手段。該手段促使臺灣在短期內恢復生產、財政自足，以及穩定社會秩序。然而，從長遠來看，臺灣土地分割的零碎化，卻演變成日資後期發展大規模農場的障礙。這一策略的運用亦同樣實施於日本統治的朝鮮，其主要是透過東洋拓殖會社收奪土地、分割土地和移住人民，致使

---

[36] 矢內原忠雄 著，周憲文 譯，《日本帝國主義下之臺灣》，（臺北：海峽學術出版社【重刊】，1999 年 10 月），頁 26-31。
[37] 第一銀行編，《第一銀行七十年》，（臺北：一銀，1970 年 5 月），頁 21。

零佃化，農家結構亦被區分為地主、自耕農、自作兼小、作農、小作農。[38]

另外，總督府依據無主土地「國有化」原則，沒收無法提出所有權證明的臺灣人土地，又透過墾荒和收購破產農民的土地，將其出售給退休的政府官員及日本公司。這些被徵用的土地都成了日資壟斷公司的地產，主要用於種植甘蔗，導致大多數臺灣的農民都被迫成為隸屬在公司組織下的蔗農，形成資本主義或半資本主義生產關係。

至於工業發展方面，由於統制式經濟初期是以臺灣農業配合日本工業發展，臺灣只能選擇開發以食品工業為主的加工出口業，導致臺灣原有的染織、製陶、刺繡、造船等傳統工業，特別是舊式糖廍的喪失競爭力。

臺灣工業建設一直要等到開始有了鐵路網、公路和水力發電等三項成果之後，特別是在 1931 年日本發動上海「九一八戰爭」之後，總督府在臺灣的統制式經濟才由原以「工業日本、農業臺灣」調整為「工業臺灣、農業南洋」的策略，臺灣才轉而發展與軍備有關的工業規劃和生產。

加上，總督府透過統制式經濟政策合併各種企業，並充分運用印尼的鐵礬石、中國東北的菱苦土礦、緬甸的砒化鎳、西伯利亞的礦砂鎳礦、越南鐵礦、菲律賓的雲母礦，以及日本八幡的鐵屑等海外資源來協助發展臺灣工業，以充分支援戰爭的需求。

所以，在 1930 年代末期臺灣工業化的腳步，開始加強製鋁、矽鐵、化學肥料、蔗渣工業、火柴工業，以及酒精、製麻等農產加工業的發展。1937 年 7 月 7 日爆發「盧溝橋事件」以後，臺灣被要求編入日本的總體戰時體制，臺灣援引內地的《臨時資金調整法》，規定金融機關的貸款必須依照政府指示投資用途，優先貸款給直接參與軍需工業有關的企業。

1938 年日本政府依據《戰時總動員法》，制定〈生產力擴充計畫〉，要求臺灣應擴充工業、農業及礦業生產。尤其加強工業方面的生產，如鋼鐵

---

[38] 柯志明，〈農民、國家與農工部門——臺灣農業發展過程中家庭農場之存續與轉型（1895—）〉，徐正光、蕭新煌主編，《臺灣的國家與社會》，（臺北：東大，1996 年 1 月），頁 20。李炫熙，《韓國史大系（第八冊）——日本強佔時期》，（漢城：三珍社，1979 年 8 月），頁 57-63。

（特殊鋼及鍛鑄鋼、鋼鋼）、輕金屬（鋁、鎂）、非鐵金屬、石油（航空石油、汽車用石油、無水酒精）、鹼（工業鹽）、紙漿、金、鐵路貨車等產品。[39]

　　為了達成擴充生產力目標，總督府不但在資金、勞力、物資等方面實施統制管理，更在總督府增設企劃部，負責物資統制與配給，抑制民生產業減少生產，並以其重要設備、原料優先配給軍需產業，並由經濟警察擔負戰時經濟統制之責。

　　1942 年太平洋戰爭爆發，1943 年日本政府不但將自 1925 年以來所設立的商工省（MCI）改為軍需省（MM），更將其內地淘汰或老舊的民間工業機械運來臺灣設廠生產，再將成品銷售到東南亞，並將東南亞的工業原料轉運來臺灣生產，形成「工業臺灣、農業南洋」的產業分工型態。

　　此時總督府的經濟統制政策，乃透過「臺灣鐵工業統制會」制定〈臺灣戰力增強企業整備要綱〉，以及成立「臺灣戰時物資團」，加緊對各項工業物資、人力、資金的統制，並集中在發展軍需工業上，導致臺灣農業、工業結構的嚴重失衡。[40]

　　檢視臺灣的工業發展，特別是在 1934 年日月潭發電所的第一期完工，和 1937 年的第二期完工，其電力供應對煉油、醬油、肥料等化學，和鍊鋁、機械等金屬工業的影響最大。

　　金屬工業占工業總值的比率從 1921 年的 3 百萬圓的占 1.7%，至 1942 年已增加為 46 百萬圓的占 7.0%；化學工業則由 13 百萬圓的占 7.9%，增加為 80 百萬圓的占 12.1%；至於工業與其他產業的比率，臺灣工業生產從 1915 年 101.9 百萬圓的占 38.8%，至 1942 年已增加為 657.四百萬圓的占 47.4%。農、工業結構的變動，工業產值的超越農業產值，顯示臺灣產業已由農業轉型為工業，特別是軍需工業的發展。

---

[39] 張宗漢，《光復前臺灣之工業化》，（臺北：聯經，1980 年 2 月），頁 75-85。
[40] 許介鱗，《戰後臺灣史記（卷一）》，（臺北：文英堂，2001 年 10 月），頁 4-5。

## 貳、米糖相剋的治安議題

　　日治時期統制式經濟政策除了凸顯農工業嚴重失衡之外，由於臺灣農業被迫從事米、糖業的單一耕作生產，凸顯被要求配合維持日本米價的平穩，而抑制臺灣稻米生產與輸入；而又為滿足日本市場對於糖製品的需求，強迫臺灣農民大量種植甘蔗。[41]

　　1911 年梁啟超應林獻堂之邀來臺考察，其中一站拜訪斗六，他眼見日本警察強迫徵購農民土地種植甘蔗，梁啟超感慨地寫了一首〈斗六吏〉，紀錄所見殖民統治壓榨。換言之，總督府針對糖業資本的累積係建立以停滯的米作部門，及其所致生的低米作收入為前提的統制式經濟政策，是一直強制執行到 1920 年代中期才產生了新的變化。[42]

　　由於傳統地主和佃戶家長式關係的沒落，加上農地價格取決於農民依附土地作為維生工具的程度，非以追求利潤為生產目的，又習慣不把自家勞動算入成本，導致臺灣超高的地價，這也造成日本糖業資本家收購土地的障礙。[43]

　　1909 年反抗林本源製糖株式會社強制收購土地，以及 1925 年、1926 年彰化二林地區農民強烈抗議不合理糖業制度所引發的「二林事件」。農民反抗製糖會社的收購政策及其對作物選擇的控制，地方行政部門在製糖會社的要求下，指揮警察恐嚇不願出售土地或拒絕簽屬原料供應契約的農民，凸顯日資藉由國家暴力強行削弱並取代臺灣經濟以土著為主的資本勢力，和英美資本家在臺灣的市場利益。[44]

　　對殖民政府而言，移植日本新式製糖業一方面可以解除每年高達 1 千

---

[41] 葉榮鐘，〈日據時代臺灣的日本警察〉，《小屋大車集》，（臺中：中央書局，1967 年 2 月），頁 539。

[42] 柯志明，《米糖相剋──日本殖民主義下臺灣的發展與從屬》，（臺北：勤學，2003 年 3 月），頁 25。

[43] 宮川次郎，《臺灣の農民運動》，（臺北：拓殖通信社支社，1927 年 12 月），頁 134-136。

[44] 持地六三郎，《臺灣灣植民政策》，（東京：富山房，1912 年 2 月），頁 122。

萬圓的砂糖進口，防止外匯流出，每年還可結餘近 1 千萬圓的臺灣所需財政經費，以達成臺灣財政自足的目標。新式製糖業移植臺灣的統制經濟政策，凸顯臺灣提供了相當基礎的製糖條件，但在比較製糖的過程中，根據新式製糖廠的「分糖法」，臺灣蔗農可以取回固定比率的糖，但糖廠並不是分給蔗農砂糖實物，而是依當時的市價折算現金給付。

「分糖法」的實施，蔗農除了要與糖廠業主共同承擔糖價波動的風險之外，糖廠業主更為榨取蔗農在總督府特權優惠下糖價所帶來的利益，遂以瑣碎易生糾紛為由，改以直接收購的辦法取代。

同時，為了減輕新式製糖廠原料取得的困難，總督府於 1905 年發布〈製糖廠取締規則〉，透過設置壟斷性的原料採集區制，在劃定的甘蔗原料產區內，以新式製糖廠為唯一的買主，賦予市場壟斷權；同時，總督府為為保護新式製糖業，採取現金補助、確保原料供應，及關稅優惠等措施。然而，適用對象僅限於日資的製糖業，而將臺灣原有的舊式製糖業排除在外，形成日資製糖業獨占市場利益的不公平現象。[45]

新式製糖業的產量由 1905 年占舊式糖業總生產量 750 萬斤的 10%，到 1909 年產量已升為兩倍，達到 11,880 萬斤，占臺灣糖產量的三分之二以上。1911 年整個臺灣糖產量高達 4 億 5,000 萬斤，不但創下歷史最高，而且滿足了日本國內市場 80%的需求，致使臺灣舊式糖業的產量，在日本公司的壟斷與排擠下，到了 1937 年，產量比重只剩 2%。[46]

相對於米穀，除了 1924 年臺灣米穀外銷金額首度超過蔗糖之外，1926 年日本蓬萊米的移植臺灣，總督府在水利灌溉設施方面的投入，透過對水權的控制，操縱臺灣種植稻米的利益。總督府投入稻米增產事業的資金，幾乎完全用在灌溉排水設施上，因而在 1933 年確立了米穀外銷首位的態勢。[47]

---

[45] 柯志明，《糖米相剋──日本殖民主義下臺灣的發展與從屬》，（臺北：勤學，2003 年 3 月），頁 112-113。

[46] 臺灣總督府，《砂糖關係調查書》，（臺北：臺灣總督府，1903 年 2 月），頁 176-177。

[47] 1926 年 4 月伊澤總督命名新品種米為蓬萊米，陳政三　譯註，達飛聲（J. W. Davidson）

1934 年在其總投入資金 4,746 萬圓中，有關灌溉排水設施占 98%，近 4,662 萬圓。雖然在灌溉排水設施上的資金投入，並非只是全然有利於稻米種植，其背後尚還附帶對糖業的獎勵政策，但實際上對稻米的增產產生極大效果。[48]因此，大規模的生產糖和米所形成臺灣配合日本經濟需要的準單一作物耕作制，締造了日本的「糖業帝國主義」王國之稱。

另外，日本極欲改善外貿逆差，遂在臺灣選擇甘蔗種植是利益最大，和最符合市場需要；加上與農業緊密關聯的工業，大多是把農產品加工成適合消費或儲存、運輸的產品，卻也導致他項工業產品的停滯。

加上，臺灣農工業的失衡發展，更突顯源於日本支配國對某些產品或原料的需要，或起於殖民主義者為營利目的而種植經濟作物，或兩者兼而有之。檢證了統制式經濟生產決策是由支配國市場和資本的需要決定，而不是由殖民地內部的需要來做考量。

「米糖相剋」凸顯臺灣製糖會社的經營者是日本資本家，而甘蔗耕作者是臺灣人，若不能改善生產關係，使蔗農與製糖業主的利益密切結合，將導致農民的抗爭運動趨於惡化，甚至擴及香蕉與其他的經濟作物。

「米糖相剋」的經濟性治安議題已不是單純的經濟階級矛盾，而是臺灣社會民族對立與階級鬥爭兩股力量的結合，亦即臺灣地主仕紳政治權力和資產階級發展經濟的受挫，匯聚成臺灣抗日的民族運動，亦即因為經濟結構加上階級結構的失衡，造成臺灣米、蔗的小農，與資本家之間互剋所引發統制式經濟性治安的危機。

## 參、專賣獨占的治安議題

總督府實施的專賣獨占業，主要包括專賣性和獨占性的產業。專賣性產業始於 1987 年的鴉片專賣，此後逐漸擴張專賣對象，諸如 1898 年的樟

---

原著，《福爾摩沙的過去與未來》【下冊】，（臺北：國立臺灣歷史博物館，2014 年 9 月），頁 550。

[48] 臺灣總督府殖產局 編，《產米的改良與增殖》，（臺北：臺灣總督府，1930 年 2 月），頁 8-34。

腦，1899 年的食鹽，1905 年的菸草，1922 年的酒精和酒，以及 1943 年的石油等 10 餘種物品。在總督府的特別會計經常收入中，專賣收入所占的比率，最高曾達 55%，最低也有 36%。[49]

回顧專賣事業延續到國府時期，以食鹽為例，1947 年 3 月 12 日國民政府制定〈鹽政條例〉，各類鹽品售價都需由政府訂定，2004 年 1 月 9 日立法院院會通過〈鹽政條例廢止案〉，政府不再管制鹽品產製與運銷，臺鹽公司走向民營化。

當年總督府的除依據《專賣事業法》推動統制性經濟政策之外，又因為 1931 年的發生「九一八事件」，臺灣經濟遂成為日本向中國華南及東南亞推進的基地，被迫分配積極支援日軍南侵的後勤補給。

因此，檢視獨占性產業則是除了臺灣銀行及臺灣電力株式會社等性質的重要產業之外，有關林業及鐵路亦完全收歸總督府所有，不但導致官營企業特權的獨占市場，並且透過指定的委託經營方式，授予民間私人資本獨占的特權，例如由總督府直接監督的臺灣青果株式會社及嘉南大圳等。[50]

尤其是在企業股權結構屬於日資的產業，總督府特別設立以臺灣銀行為中心的貨幣與金融政策，獨厚日資企業取得融資，並結合日本金融制度，透過以統一臺灣幣制的方式來抑制臺灣本土金融業的崛起。

1920 年初，日本爆發所謂「戰後反動」的經濟恐慌；繼之 1923 年發生「關東大地震」，重創內地的經濟發展；1927 年復爆發「昭和金融恐慌」，當時的臺灣銀行縱使有總督府的投資和保證虧損，亦因受到「鈴木商店」不良貸款的拖累，導致臺灣銀行頻臨破產所引發的經濟性治安。尤其當臺灣部分地主有意將農業剩餘資金轉投資工業或金融產業時，就深刻體會自身是獨占產業下差別待遇的受害者。

特別是當 1926 年由林獻堂創辦的大東信託公司，由於其股東結構完全是以臺籍人士所組成的金融機構，導致在初創階段不但受到總督府百般的

---

[49] 涂照彥，李明峻　譯，《日本帝國主義下的臺灣》，（臺北：人間，1993 年 11 月），頁 543。
[50] 矢內原忠雄　著，周憲文　譯，《日本帝國主義下之臺灣》，（臺北：海峽學術出版社【重刊】，1999 年 10 月），頁 62-68。

無端阻擾，而經營非常不順利，甚至被視為是支持臺灣民族運動的潛在工具。

　　加上，深受獨占性統制經濟相關法令的限制。所以，到了 1944 年 8 月總督府更藉由《信託法》在臺灣的實施，強調因應戰時動員需要，強迫大東信託公司與頗具規模的臺灣興業信託、屏東信託合併，改名臺灣信託株式會社，凸顯總督府只允許臺灣企業的經營特權集中在三井物產、三菱商事、杉原產業、加藤商會等與總督府關係密切的日本大資本家手中，對於當時臺灣人的企業經營和結構調整造成很大的衝擊。

　　因此，1938 年成立的經濟警察，業務包括：價格管制與取締，物資管制與取締，勞務調查與管制，總動員物資運輸管制，企業許可與管制，貿易管制，電力調整與管制，資金調節與匯兌等金融管制，暴利行為取締，奢侈品販賣與使用管制，以及生活必需品管制等多項經濟統制措施。

　　1939 年又由於日本《國家總動員法》的實施，臺灣的經濟警察亦於 1940 年由原來的 225 名增加了 380 名。但因戰時物資的缺乏，糧食及其他重要物資都必須實施配給，仍造成經濟警察人力的不足，迫使臺灣所有的警察人力幾乎經濟警察化。

　　單是 1944 年經濟警察一共處分了 34,991 件與違反經濟活動有關的案子，犯案人數多達 40,691 人，其中主要是違反《臨時措置法》的 9,790 件案子、犯案人數 13,162 人，及《國家總動員法》的 24,476 件案子、犯案人數 26,751 人。另外，被檢舉而受牽連，但獲未處分的案子高達 428 件，關係人也高達 531 人，所受影響的經濟項目高達數千百種之多。[51]

　　承上論，統制式經濟性治安當總督府面對臺灣農民為爭取米糖業平衡利益，以及日漸升高的民族運動，總督府乃於 1928 年援引日本內地「特高警察」（思想警察）制度，加強對臺灣人思想的控制。[52]

---

[51] 臺灣總督府（1945 年）編撰，山本壽賀子、曾培堂　譯，《臺灣統治概要》，（臺中：大社會文化事業出版社，1999 年 3 月），頁 169-170。

[52] 許介鱗，〈日據時期的政治措施〉，李國祁 總纂，《臺灣近代史》（政治篇），（南投：臺灣省文獻委員會，1995 年 6 月），頁 261。

　　凡是日本與臺灣來往的船隻都分派警察官，防範彼此之間作思想交流和政治活動的聯繫，查緝人犯的潛伏或偷渡；亦在往來臺灣與中國之間的船隻分派警察官，更在大陸口岸長駐警察官，加強監視中國大陸與臺灣之間的來往，達到鎮壓無產運動與民族主義份子活動的目的。因此，特高警察除了被賦有與日本國內同樣鎮壓無產運動的任務之外，還必須肩負壓制臺灣民族主義高漲的責任。[53]

# 第五節　內地化社會性治安

　　日治臺灣時期所指的「內地化」意涵，主要強調臺灣社會的「日本化」。所以，臺灣時期的社會性治安因素凸顯在臺灣人反殖民、反帝國、反內地化社會運動。主要的社會抗爭運動可分為兩階段：第一階段即是始於上述1895 年 5 月「臺灣民主國」的成立，是以武裝戰爭的方式直接反抗日本統治，形成大有以「臺灣為中國的大陸化」對抗「臺灣為日本的內地化」態勢。

　　有關「臺灣民主國」的倡議者多為清廷官吏以及臺灣本土士紳，其運動並未建立在臺灣一般大眾基礎上，是屬於前現代社會的士紳集團反抗外來統治者的行動，尚未建立基於主權在民的國民國家的抵抗運動。[54]

　　第二階段起於 1914 年林獻堂與日本自由黨黨魁板垣退助共倡「臺灣同化會」的成立，該階段的源起主要是受到現代自由民主、民族自決及馬克思主義啟發的知識份子普遍覺醒，領導了非武裝的、社會及政治的抗日活動。例如在抗日運動中，林少貓的抗日事件，引起社會很大的關注。[55]因此，第二階段可再分為前後兩個時期，前期即民族主義運動的聯合陣線，

---

[53] 鹽見俊二，〈警察與經濟〉，周憲文，《臺灣經濟史》，（臺北：開明，1980 年 5 月），頁950。
[54] 黃昭堂　著、黃英哲　譯，《臺灣總督府》，（臺北：前衛，1996 年 10 月），頁 15。
[55] 王曉波，《被顛倒的臺灣歷史》，（臺北：帕米爾出版社，1986 年 11 月），頁 1-119。

後期則為民族主義運動與階段鬥爭運動的對抗。

　　檢視當時臺灣社會的對日抗爭運動，基本上，公開的社會運動具備右翼、合法的改良主義色彩，主張民眾與本土資產階級都是殖民壓迫的受害者，應緊密團結一致反對殖民者，資產階級和普通老百姓不應因意識型態不同而分裂。然而，私下進行的左翼政治活動，則以社會主義思想的傳播、農民運動及工人運動為核心，其終極目標是透過革命手段，推翻帝國主義的統治，馬克思主義思想也因而在這階段於臺灣傳播開來。[56]

　　以下，本節將就殖民政府實施內地延長、共學共婚，和皇民化運動所引發的社會性治安議題加以檢視。

## 壹、內地延長的治安議題

　　內地同化主義簡稱同化主義，或稱內地法延長主義、內地延長主義。因此，內地延長化也就是要把日本內地（本土）的社會完全複製延伸到臺灣來之意。尤其是日本維新元勳、積極倡導自由與民權的板垣退助，特地於 1914 年 3 月、11 月兩次來臺，與臺灣中部地方士紳林獻堂等人成立「臺灣同化會」。當時林獻堂接受臺灣同化會的設立，其觀念主要受到梁啟超啟示他效法愛爾蘭人之抗英，厚結日本中央顯要以牽制總督府對臺人之苛政。[57]

　　當時板垣退助所提〈臺灣同化會章程〉的第三條指出：本會以內地人（日本人）及臺灣人組織之，相互親睦以厚其交際，渾然同化以奉報一視同仁的皇恩為目的。凸顯臺灣人接受臺灣同化會宗旨的享受與日本人同樣之權利待遇；而在臺灣的日本人則認同臺灣同化會宗旨的化育臺灣人使其與日本人同化。

　　臺灣同化會的會員分為名譽會員、特別會員、普通會員三種，全島加

---

[56] 陳芳明，〈左翼抗日運動的新探索〉，盧修一，《日據時代臺灣共產黨史》，（臺北：前衛出版社，1990 年 5 月），頁 1-2。

[57] 吳三連等，《臺灣近代民族運動史》，（臺北：自立晚報社，1982 年 2 月），頁 9。

盟的結果，除了澎湖、臺東兩廳無人參加之外，共有會員 3,178 人，其中包括內地（日本）人 44 人（含名譽會員 1 人、特別會員 1 人、普通會員 42 人）。[58]

　　臺灣總督府最初以要求該會不要干涉政治，許可其推行日語與移風易俗等性質活動，設定該會是一個對臺灣人進行社會文化侵略的教化團體。可是到了成立隔年的 1 月總督府即以妨害公安為由，命令解散。

　　臺灣同化會不僅只存在一個多月就失敗收場，蔡培火還因為是臺灣同化會成員被迫辭去公學校訓導之職。蔡培火身為臺語羅馬字普及運動的提倡者，這個運動也是孤立的。原因被認為是大部分的知識份子在面對來自日本殖民主義的同化壓力時，無法放棄以漢民族之固有文化和漢字來做為抵抗方法的執著所致。[59]

　　相對的，反對同化論的陳逢源指出，要將臺灣人的民族性變成跟日本人相同是絕不可能，但是教育和經濟等環境的影響，可以漸漸地變化了民族心理，而使之拿人類共同的理想，來享受與異民族共同生活的利益，這種情況不叫做同化，而是友聯。

　　所以，陳逢源就提出友聯主義（federalism）來代替同化論，主張殖民地臺灣與日本要成為聯邦，前提當然是臺灣能高度自治。[60]所以，1921 年以後的臺灣同化會即被轉以推動臺灣議會設置，和臺灣文化協會等團體所禁行的社會改造運動所取代。

[58] 臺灣總督府警務局　編，《臺灣總督府警察沿革誌（三）》，（臺北：臺灣總督府警務局 1933 年 12 月刊行，南天書局 1995 年 6 月重印），頁 16-17、22。
[59] 吳三連等，《臺灣近代民族運動史》，（臺北：自立晚報社，1982 年 2 月），頁 22；若林正丈，《戰後臺灣政治史——中華民國臺灣化的歷程》，（臺北：臺大出版中心，2014 年 3 月），頁 47。
[60] 謝國興，《亦儒亦商亦風流：陳逢源（1893～1982）》，（臺北：允晨，2002 年 6 月），頁 116。

## 貳、共學共婚的治安議題

共學共婚化指的是內臺共學制與內臺共婚化。內臺共學制係針對控制臺灣殖民教育與教師訓練體系，和箝制臺灣的重要文化活動。所以，總督府於 1926 年設立文教局，在文化教育政策上，透過國語傳習所與國語學校，移植日本式的教育，全面壓制臺灣人的傳統漢文教育。

檢視 1922 年以前，採取初等與中等教育區別的方式。在初等教育方面，臺灣有兩種不同的學校，一是專為日本幼童設立的小學校，另一種則是臺灣幼童唸的公學校。在中等教育方面，日本人就讀的學校是獨立的，臺灣人的學校則附屬於日本語學校。

這種教育制度的改變要延續的 1922 年發布新的教育令，推行共學制，臺灣整個教育制度才逐漸一致，但臺灣人受高等教育的機會仍受到歧視而不平等待遇，如 1928 年設立臺灣帝國大學（現在的國立臺灣大學），本質上仍是為日本人而設置的學校。[61]

總督府實施對臺灣人不公平的共學化教育政策，卻改變了臺灣人受教育是少數人專利的傳統觀念，建立了每個人都應該接受教育的進步近代化社會觀念。所以，到了 1944 年，臺灣學齡兒童就學率高達 71.1%，在亞洲可能僅次於日本。[62]

而其中凸顯日本除了在統治上最為實用的醫師養成教育之外，重點大多集中在產業技術面，對文法等社會科學教育方面臺灣人仍是受到相當大的限制。總督府藉引導臺灣青年從事既賺錢又遠離政治的醫師職業，一方面防止具有政治覺悟和文化意識的臺灣菁英向殖民政權提出挑戰。

檢視總督府在嚴厲箝制言論和出版自由方面，首先管制新聞紙的發

---

[61] Patricia E. Tsurumi, *Japanese Colonial Education in Taiwan, 1895-1945* (Cambridge, Mass.: Harvard University Press, 1977), pp. 122-124.

[62] 周婉窈，《臺灣歷史圖說（史前至一九四五年）》，（臺北：聯經，1997 年 10 月），頁 146；有關教育殖民政策的統計資料，參閱：臺灣省行政長官公署統計室編，《臺灣省五十一年來統計提要》，（臺北：臺灣省行政長官公署，1969 年【復刊版】），頁 1211-1213。

行，必需獲得總督府的許可，但臺灣人日刊新聞紙除了《臺灣民生報》之外，從未獲得許可。至於由過去在東京以週刊方式發行的《臺灣民報》，在1927年8月才開始被許可遷回臺北印行，1930年3月改稱《臺灣新民報》，1932年4月15日起改版為日刊報紙，這是日治臺灣唯一由臺灣人所辦的新聞報，也是持續刊行最久的機關報。[63]

《臺灣新民報》最早是由1918年林獻堂在東京以撤廢《六三法》為目標組成啟發會，1920年改名新名會，並與臺灣青年會共同創立機關雜誌《臺灣青年》月刊，1922年4月改稱《臺灣》，翌年改為漢文半月刊的新聞型態《臺灣民報》，同時10月改為旬刊，到了1925年7月改為週刊，1927年8月把發行所遷回臺灣。

1941年日本已準備發動太平洋戰爭，對臺灣的言論控制更加緊密，《臺灣新民報》被迫改名《興南新聞》。1944年戰爭結束前一年的3月，又被迫與其他五家報紙合併為全島唯一的《臺灣新報》。換言之，其他即使是日本出版的雜誌期刊，輸入臺灣時也必須接受嚴格檢查，甚至禁止進口來避免引發社會性治安。

至於，共婚化的社會性治安最早即發生在日治之初的鼓勵日本警察與原住民女子成婚的「內緣妻」政策。當時的部分日本警察縱然在日本內地已經結婚生子，但是其在臺灣娶高山族妻子的法律並不承認，然又有婚姻之實，在戶籍上只能以「內妻」（妾）登錄。

這一政策的實施，主要還是為了血緣同化原住民社會為最終目的。例如「內緣妻」的政略婚姻，包括領導「霧社事件」的馬赫坡社頭目莫那・魯道的妹妹，嫁給日本巡佐近藤儀三郎；曾經擔任霧社地區警察最高長官霧社警察分室主任的下山治平與馬烈巴社頭目道雷・亞猶茲的女兒貝克・道雷結婚；同樣曾經擔任霧社警察分室主任佐塚愛祐與馬悉多翁社頭目泰木・阿拉依女兒亞娃依・泰木的政令逼婚。[64]

[63] 黃得時，〈臺灣新文學運動概觀〉，李南衡　主編，《文獻資料選集－日據下臺灣新文學》（明集5），（臺北：明潭，1979年3月），頁287。

[64] 下山一（林光明）自述，下山操子（林香蘭）　譯寫，《流轉家族──泰雅公主媽媽日

因此，1933年《內臺共婚法》的通過，更凸顯總督府藉由以解決內臺共婚化的適法問題，達成推動內臺一體的內地化目標。

同時，將1915年以前針對原住民所實施的鎮壓式武裝「理蕃」，調整為以撫育的「化蕃」政策。1930年爆發的「霧社事件」之後，促使「理蕃」政策轉而加強學校教育、日語學習、農耕栽培等教化。尤其經過「蕃童教育」畢業後從事的職業，包括警察、教師、醫生、護士等。

1937年以後「理蕃」政策因而著重「蕃地」治安的確保，希望將「蕃地」的人力物資都納入戰爭體制內。總督府除了將「蕃地」編入普通行政區、加強「蕃地」取締、改稱「蕃人」為高砂族，其結果，達成了殖民政府推動內地化的目標，相對的，消滅了臺灣的原住民族文化。

## 參、皇民運動的治安議題

1930年發生重大影響治安的「霧社事件」，迫使總督府在1931年改以制定教化為重的〈理蕃大綱〉，加強管理原住民的農民地，進而同化能夠效忠犧牲的日本帝國臣民。[65]特別是1936年9月小林躋造繼任中川健藏為臺灣總督，以海軍南進論為架構，將南進化、工業化、皇民化合為一體。

總督府認為臺灣過去以作為日本的米糖倉庫而滿足，現在應調整成為神國日本的南方玄關，是以希望使臺灣達到與南方玄關相符合的狀態。同時，必須使居住於當地的人不愧為神國日本的玄關子民，因而對所謂「本島人」（臺灣人）努力施行皇民化運動。皇民化運動為皇國精神強化運動、發揚皇民意識，使本島人能成為真正的日本人，即所謂的皇民化運動。[66]

由於1937年7月7日中日開始全面戰爭，總督府於9月配合〈臺灣總督府國民精神總動員實施綱要〉的實施戰時防務體制，以及1939年加速推

---

本警察爸爸和我的故事》，（臺北：遠流，2011年12月），頁10-31。

[65] 許介鱗，〈日據時期統治政策〉，李國祁 總纂，《臺灣近代史》【政治篇】，（南投：臺灣省文獻委員會，1995年6月），頁228。

[66] 近藤正己，林果顯 譯，〈「皇民化」政策的形成〉，薛化元主編，《近代化與殖民：日治臺灣社會史研究文集》，（臺北：臺大出版中心，2012年4月），頁537。

動臺灣的工業化、南進基地化、皇民化。工業化是要將臺灣從一個以農業為主的殖民地社會，蛻變成為工業社會；南進基地化是要將臺灣從原來只屬於後勤調整成為南進戰略的前哨；皇民化則是要改造與昇華臺灣人的人格，使其成為道地日本人，不但可以具備從軍的資格，從而建構皇民等於日本化等於近代化的思考模式。

所以，皇民化運動的內容主要包括：一、推行國語（日本語）運動；二、改姓名；三、宗教與社會風俗的改革；四、志願兵制度。因此，「皇民化」比先前推動「同化會」的內地化意義更為強烈，尤其日本人擔憂當臺灣人在與同一民族的中華民國作戰時，日本政府對臺灣人的忠誠度產生極大的危機感。

所以，廢止臺灣報紙的漢文欄，積極推行國語（日本語）常用運動，並撤廢偶像、改善正廳、更新牌位、改建寺廟，強制參拜神社，廢止舊曆正月儀式等，達到改造臺灣社會文化的內地化目標。

尤其，1940 年開始實施「改姓名」方案，亦即是不論在精神上、形式上都讓本島人（臺灣人）與內地人（日本人）絲毫沒有兩樣之後，始能稱為完全的日本內地化，遂引發臺灣人的抵制，特別是林獻堂除了未配合皇民化運動的改變臺灣人的信仰與生活習慣、廢止漢文及推動國語之外，更明白的表示自己絕對不改姓名，並公開勸告親族。[67]

1941 年總督府將改姓名的許可權由總督府警務局移至各州管轄。許可的流程，在提出申請後，文件由受理官廳移至所屬派出所，負責的警察則針對所分配到的家庭調查是否常用國語、戶主與家庭成員的品行、經歷、職業、思想傾向，及一心致力涵養皇國民資質的具體事例，並製作調查結果的報告書。

其次，以郡守及警察署長等為委員長，警察課長、庶務課長、督學、街庄長、國民學校校長、民間有力人士等為委員，組成審查委員會加以審議。經過州、廳的保安課與警務課的調查，待州知事、部長、警察部長、

---

[67] 許雪姬等　編註，《灌園先生日記（十二）一九四〇年》，（南港：中央研究院臺灣史研究所，2006 年 9 月），頁 306-308。

高等課長、保安課長、教育課長等之審議裁決而許可。「改姓名」改為由地方審議決定後，以國民精神總動員為中心，加速了改姓名的推動。[68]

　　同時，總督府更配合日本的大政翼贊會，1941 年 4 月在臺灣成立皇民奉公會，陸續組織了奉公壯年團、產業奉公團、挺身奉公隊、臺灣文學奉公會、臺灣美術奉公會、未婚女性的桔梗俱樂部，作為皇民奉公會別動隊，強調文學者必須秉持皇民一員的信念，以推動臺灣的皇民文化運動。[69]

　　除了先後在日本東京召開的第一屆和第二屆大東亞文學者大會、在臺北召開的大東亞文藝會議、臺灣決戰文學會議之外，更組成日本文學報國會臺灣支部，凸顯臺灣作家在大東亞文化共榮圈的陰影下，文學思考與創作完全失去了自主性。

　　1944 年 1 月總督府為了因應臺灣開始實施徵兵制度，更進一步大幅放鬆許可條件。尤其是在西川滿創辦的《文藝臺灣》，和張文環、黃得時創辦的《臺灣文學》的這兩份刊物被迫停刊之後，揭櫫皇民文學大旗的工作改由皇民奉公會所出版的《臺灣文藝》，來遂行配合戰時體制在刀尖下，寫出歌頌日本軍國主義侵略行為的文學創作。[70]《臺灣文藝》在 1945 年 1 月出版最後一期時，皇民化文學運動也隨著告一段落。

　　檢視以日籍作家為主體的《文藝臺灣》，和以臺灣籍作家為主體的《臺灣文學》，當這兩份雜誌之間的緊張關係，正是凸顯了戰爭時期皇民化臺灣作家的迂迴抗拒與消極批判。

　　因為，這樣建構的皇民化文學是配合警察的驅策臺灣人去為聖戰的完成而奮鬥，導致從左翼的楊逵，到右翼的龍瑛宗，其中包括呂赫若、張文環、楊雲萍，以及較為年輕的陳火泉、周金波、王昶雄，都在這場文學其

---

[68] 近藤正己，林果顯　譯，〈「皇民化」政策的形成〉，薛化元主編，《近代化與殖民：日治臺灣社會史研究文集》，（臺北：臺大出版中心，2012 年 4 月），頁 570-571。

[69] 柳書琴，《荊棘之道：臺灣旅日青年的文學活動與文化抗爭》，（臺北：聯經，2009 年 5月），頁 453-456。

[70] 李南衡　主編，《文獻資料選集——日據下臺灣新文學》（明集 5），（臺北：明潭出版社，1979 年 3 月），頁 499。

名、政治其實的運動中受到損害和欺侮。[71]

## 第六節　殖民政府型態治安角色

　　檢視民族主義時代的國際性治安，分析這些被殖民國家的治安議題，有的採取抵抗策略，有的採取妥協讓步。最終，它們都沒有什麼選擇餘地，命運還是由殖民者決定。[72]儘管有人指出帝國主義的殖民地，其取得及捍衛殖民帝國的成本，遠超過所獲得的利益。[73]

　　但是上述兩者都檢證了民族主義時代殖民國家可以提供產品的新市場、增加就業機會、創造財富，並積極對外掠奪，更何況日本軍國主義議題實肇因於武士道，並善用傳統治安的全民戰鬥，凸顯了民族主義時代日治臺灣的涉外性治安。

　　透過中央集權、地方分權、戰時動員體制議題所引發的軍國型政治性治安，以 1922 年警察占人口數的密度為例，臺灣地區的警察密度已經是最高了。在日本帝國的領土範圍，臺灣每一名警察管理住民的人數為 547 人、南樺太（庫頁島）572 人、關東州 797 人、朝鮮 919 人、「內地」（本州地區）1,228 人、北海道 1,743 人。特別是標榜軍人專政的朝鮮，從住民人數的比例來看，警察的數目大約只是臺灣的一半，就面積比例而言，朝鮮每一平方公里有 1.3 名警察，臺灣則是 3.1 名警察，警察單位儼然成為「地下總督府」。[74]

　　統制式經濟性治安係以實施原始積累壓制的軍國主義政策，採行以軍

---

[71] 陳芳明，《臺灣新文學史（上）》，（臺北：聯經，2011 年 10 月），頁 33-34。

[72] Eric Hobsbawm, 張曉華　等譯，《資本的年代 1848-1875》（*The Age of Capital*），（臺北：麥田，1997 年 3 月），頁 189-190。

[73] Paul Krugman, The Great Unraveling: Losing Our Way in the New Century（N.Y.：W. W. Norton & Company）.

[74] 臺灣總督府，《臺灣現勢要覽》，（臺北：臺灣總督府，1924 年 5 月），頁 45。

需工業為核心的由上而下資本主義化路徑，而且以作為低工資勞動力供給的寄生地主與佃農關係為基礎，建立起半封建性的農業結構，其工業資本發展模式則為國家資本及特權關係的產業資本，而此特權資本的發展模式特別凸顯在 1890 年代發跡的日本財閥，因而其所導致臺灣農工業失衡、米糖業相剋，和專賣獨佔的統制式政策議題引發一連串的經濟性治安。

從內地延長化、共學共婚化，以及皇民化運動等檢視臺灣社會內地化的議題，臺灣總督府配合來自日本本土的實施殖民政策，並透過警察體系來達成臺灣社會的內地化目標，警察成為殖民政策下的工具，致使警察有時必須處在臺灣人民的對立面。

或許臺灣從來沒有真正與日本本土（內地）制度一致過，但是內地化的臺灣治安議題，由於日本支配文化的強勢壓境，不但導致臺灣社會的主體性日漸消失，更讓臺灣陷入國族與文化議題認同的社會性治安危機。

總結上論，日治時期臺灣治安的結構與變遷，經由民族主義時代臺灣涉外性治安、軍國型政治性治安、統制式經濟性治安、內的化社會性治安，綜合型塑了日治時期殖民性政府型態的治安角色。

不論從 1895 年至 1901 年的嘗試由「軍警察」改制為「官警察」，經過 1901 年至 1920 年的由「警部」兼任「支廳長」，到 1920 年至 1945 年的由「郡守」兼掌「警察權」，再再都凸顯了殖民治安對社會的兼具汲取性、保護性及生產性功能，殖民地警察在與國家發展的關係中，亦充分扮演了首先維持秩序，其次打擊犯罪，最後才是扮演公共服務的治安角色。

## 第七節　日治與中華民國大陸時期治安史大事記

| 項目 年 | 臺灣 | 清國／中華民國 | 國際 |
|---|---|---|---|
| 1895 年（光緒 | ◆樺山資紀任臺灣總督，實施軍政。◆頒 | ◆制定〈總督府假條例〉、〈地方官臨時官 | |

| 21 年、明治 28 年） | 布〈臺灣監獄令〉 | 制）。 | |
|---|---|---|---|
| 1896 年（光緒 22 年，明治 29 年） | ◆桂太郎、乃木希典先後任總督。辜顯榮擔任臺北保良總局長。◆頒布《六三法》，實施民政。◆臺北縣頒布買賣春取締相關管理辦法，臺灣公娼制度正式開始。◆臺北縣下設立臺北、宜蘭、新竹監獄署；臺中縣下設立苗栗、臺中、鹿港、埔里社、雲林監獄署；臺南縣下設嘉義、臺南、鳳山、恆春監獄署；澎湖廳設澎湖島監獄署。◆延平郡王祠改名為開山神社。◆發生簡義的鐵國山、鄭吉生的鳳山、簡大獅的淡水、許紹文的金包里、陳發的南部番子山等武力抗日事件。 | ◆劉銘傳過世。 | |
| 1897 年（光緒 23 年、明治 30 | ◆乃木希典實施三段警備制。◆頒布〈臺灣鴉片令〉。◆臺灣省民決定國籍之日。◆ | | ◆英國在倫敦召開第三次殖民地會議。◆英國通過勞工賠償法。 |

| 年） | 發生林火旺的臺北、黃國鎮的嘉義等武力抗日事件。 | | |
|---|---|---|---|
| 1898 年（光緒 24 年、明治 31 年） | ◆兒玉源太郎繼任總督，廢止三段警備制。◆實施〈匪徒刑罰令〉。◆制定〈保甲條例〉。◆林少貓招集義民抗日。◆日語和中國語並載的「臺灣日日新報」創刊。◆臺南縣發佈縣令第 3 號進行取締浮浪者。◆臺灣總督府設立警察官和司獄官練習所。 | ◆清政府在長沙成立湖南保衛局，建立近代最早的警察機構。◆戊戌政變失敗，慈禧太后攝政。 | ◆英國租借九龍。◆美國與西班牙爆發戰爭，美國從西班牙取得菲律賓的主權。 |
| 1899 年（光緒 25 年、明治 32 年） | ◆頒布〈臺灣監獄則〉。◆臺灣銀行成立。 | | ◆第一次海牙和平會議。◆美國提出「門戶開放政策」（The Open Door Policy），美國逐漸變成世界強國。 |
| 1900 年（光緒 26 年，明治 33 年） | ◆實施〈臺灣保安規則〉，凡可危害治安維持的日本人或外國人，都可令其出境。◆實施〈臺灣出版規則〉，即使在日本國內不受任何處分的出版物，也可禁止在臺灣 | ◆發生義和團事件，八國聯軍進駐北京，在其佔領區設置安民公所，作為維持治安的臨時機構。 | |

| | | | |
|---|---|---|---|
| | 發賣或發行。◆頒布〈臺灣新聞紙條例〉，新聞的發行必須經過地方或總督的許可。◆頒布〈臺灣總督府監獄官制〉、〈臺灣總督府監獄分課規程〉。 | | |
| 1901 年（光緒 27 年，明治 34 年） | ◆發生詹阿瑞的大墩、黃國鎮的竹頭崎等武力抗日事件。◆總督府廢除警保課改設警察本署，在地方官制修改為總督府、廳與支廳的二級制，廳以下設「警務課」。 | ◆簽訂辛丑合約。◆清政府撤銷外國安民公所，改設工巡總局，在各地創辦巡警。 | ◆美國鋼鐵公司成立。 |
| 1902 年（光緒 28 年、明治 35 年） | ◆林少貓戰死，臺民武裝抗日結束。◆發生「人止關事件」。◆張我軍出生於板橋。 | | ◆英國在倫敦召開第四次殖民地會議。◆英日同盟簽字。 |
| 1903 年（光緒 29 年、明治 36 年） | ◆臺灣確立大租權制度。◆唐景崧卒。 | | ◆大阪舉辦第五屆勸業博覽會。 |
| 1904 年（光緒 30 年、明治 37 | ◆發布〈犯罪即決例〉、〈罪即決例施行細則〉。 | ◆孫中山為入境舊金山，疑使用美國假護照，移民局展開調 | ◆日俄戰爭爆發，日本成為亞洲強國。 |

| 年） | | 查。 | |
|---|---|---|---|
| 1905 年<br>（光緒<br>31 年、<br>明治 38<br>年） | ◆日本政府以第 133<br>號敕令將澎湖戒嚴，<br>劃定馬公要港及其沿<br>岸為臨戰地區。◆日<br>本政府以第 160 號敕<br>令劃定臺灣本島及其<br>沿海為臨戰地區，並<br>下令全臺戒嚴。 | ◆清政府設巡警部，<br>接替工巡總局掌理的<br>警察業務。 | ◆同盟會在東京成<br>立。◆賓州成立第一<br>支州警察保安隊。◆<br>日、俄簽訂「樸資茅<br>斯條約」。 |
| 1906 年<br>（光緒<br>32 年、<br>明治 39<br>年） | ◆佐久間左馬太任臺<br>灣總督。◆大島久滿<br>次任總督府警視總<br>長。◆實施《三一<br>法》。◆實施〈臺灣浮<br>浪者取締規則〉。 | ◆清政府實施官制改<br>革，改巡警部為民政<br>部，內設警政司。 | ◆美國國會通過淨化<br>食品和藥品法案，禁<br>止有害人體的食品買<br>賣，刊登誇張的不實<br>廣告。 |
| 1907 年<br>（光緒<br>33 年、<br>明治 40<br>年） | ◆發生蔡清琳北埔的<br>武力抗日事件。 | ◆清政府在各省成立<br>「巡警道」，從中央到<br>地方形成一個完整的<br>警察行政系統。 | ◆第二次海牙和平會<br>議。 |
| 1908 年<br>（光緒<br>34 年、<br>明治 41<br>年） | ◆發生臺南廳下丁鵬<br>的武力抗日事件。◆<br>發生七腳川社（今花<br>蓮縣吉安鄉）事件。 | | ◆美國羅斯福總統創<br>建調查局。◆保加利<br>亞宣布獨立。 |
| 1909 年<br>（宣統<br>元年、<br>明治 42 | | ◆袁世凱被罷黜。 | |

| 年） | | | |
|---|---|---|---|
| 1910 年（宣統 2 年、明治 43 年） | ◆梁啟超來臺考察。 | | ◆韓國（朝鮮）繼臺灣之後，成為日本殖民地。 |
| 1911 年（宣統 3 年、明治 44 年） | | ◆武昌起義、辛亥革命成功，建立中華民國。 | ◆英國上議院接受「議會法」。 |
| 1912 年（中華民國元年、大正元年） | ◆發生劉乾的林圯埔、黃朝的土庫等武力抗日事件。 | ◆宣統退位。◆參議院成立、孫中山就任臨時大總統，將「巡警」改為「警察」，由內務部統管全國警政，部外設京師高等巡警學堂、京師警察廳；地方為省設警務處，省會設警察廳，地方設警察局、水上警察廳、縣警察所。◆同盟會改為公開政黨、孫中山當選總理。◆孫中山辭去臨時大總統、袁世凱就任臨時大總統、唐紹儀組閣。◆統一黨與民社等政黨，合併改組為共和黨。◆陸徵 | ◆日、俄簽有關東北亞之秘密條約。◆第一次巴爾幹半島戰爭發生。 |

| | | 祥組閣（無黨籍）。◆參議院形成國民黨、共和黨、民主黨三大黨鼎立。◆趙秉鈞（國民黨）組閣。 | |
|---|---|---|---|
| 1913 年（中華民國 2 年、大正 2 年） | ◆發生羅福生的苗栗、李阿齊的臺南關廟、張火爐的新竹大湖、賴來的臺中東勢等武力抗日事件。◆日本人從源頭和下游包夾攻打太魯閣族。 | ◆內務部制定長江及其他水師改組令，凡濱江臨海地區設水上警察。◆中華民國各省參眾兩院議員選舉完竣。◆民主、共和、統一等三黨改組為進步黨。◆兩院決議先定憲法後舉總統，並組憲法起草委員會。◆熊希齡組閣（進步黨）。◆選舉袁世凱為大總統，袁世凱在國會提出增修臨時約法，國會不議，袁世凱組民憲黨，下令解散國民黨。 | ◆第二次巴爾幹半島戰爭發生。◆中、俄達成有關外蒙古協議。 |
| 1914 年（中華民國 3 年、大正 3 年） | ◆田健治郎進行警政改革，州設警務部、廳設警務科、市設警務署，衝要地方並設警務科分室，其下設派出所，在番地（山地原住民區）則設駐在所。◆發生沈阿榮的南投、羅臭頭的六 | ◆袁世凱正式發布解散國會令、內閣制改總統制。◆中華革命黨在東京選孫中山為總理。 | ◆第一世界大戰爆發。 |

| | | |
|---|---|---|
| | 甲等地的武力抗日事件。◆發生太魯閣原住民抗日事件。◆伊澤多喜男於任縣警部長之後，出任警視總監。◆坂垣退助來臺組織同化會。 | | |
| 1915 年（中華民國 4 年、大正 4 年） | ◆安東貞美任臺灣總督。◆發生余清芳的西來庵、楊臨的新莊、南蕃、高雄甲仙埔等地的武力抗日事件。 | ◆內務部頒布〈各省整頓警政辦法大綱〉。◆頒布《違警罰法》◆袁世凱接受日本提出的二十一條件要求。 | ◆美國開始培訓女警。◆巴拿馬運河開放，打通了太平洋與大西洋通道，有助於美國開拓亞洲事業。 |
| 1916 年（中華民國 5 年、大正 5 年） | ◆湯地幸平任總督府警視總長。 | ◆袁世凱登基，取消帝制、徐世昌為國務卿。◆袁世凱逝世、黎元洪就任總統、段祺瑞任總理。 | ◆美國總統威爾遜向交戰國提出和平建議。 |
| 1917 年（中華民國 6 年、大正 6 年） | ◆孫中山大元帥任臺灣霧峰林家後代林祖密為閩南軍司令。 | ◆內務部設立警官高等學校。◆伍廷芳代理總理。◆張勳復辟、馮國璋代理總統、段祺瑞回任總理。◆孫中山在廣州組織軍政府任大元帥。 | ◆美國國會通過「識字測試法案」，要求新移民必須具有掌握英語或其他一種語言的讀寫能力。◆俄國革命，推翻沙皇統治，布爾什維克成立世界上第一個共產主義政府。 |
| 1918 年 | ◆明石元二郎任臺灣 | ◆南方政府改大元帥 | ◆德皇威廉二世遜 |

| | | | |
|---|---|---|---|
| （中華民國 7 年、大正 7 年） | 總督。◆基隆顏雲年與藤田平太郎合資開辦臺北炭礦株式會社，是臺陽公司的前身，籌建平溪鐵路。 | 為總裁、採和議制岑春煊為主席。◆徐世昌就任總統。 | 位，德國與協約國簽「停戰協定」。 |
| 1919 年（中華民國 8 年、大正 8 年） | ◆臺灣確立司法三審制。◆實施同化政策，將警察本署改為警務局。◆首任文官總督田健治郎來臺接事，推動軍民分治政策，改中央集權為地方分權，實施「內臺共學」、「內臺共婚」政策。◆日本民選議會制度並未同步在臺灣實施，臺民的抗日運動分別轉以文化啟蒙與臺灣議會設置運動為主。◆臺灣東京留學生組成新民會。 | ◆中華革命黨改稱中國國民黨。◆北京發動「五四運動」。 | ◆波士頓警察罷工。◆美國通過福爾斯戴德法案（the Volstead Act）的全國禁酒令，將烈酒性的銷售和消費定為非法。◆日本改革「朝鮮總督府官制」，在總督府設置警務局。◆朝鮮爆發「三一獨立運動」。◆第一世界大戰結束，召開「巴黎和會」簽訂「凡爾賽合約」。◆德國「威瑪憲法」生效。◆共產第三國際成立。 |
| 1920 年（中華民國 9 年、大正 9 年） | ◆田健在總督府設置警務局保安課，在州設警務部，廳設警務課，市設警察署，郡設警察課。◆林獻堂、蔡惠如在東京向帝國議會提出臺灣議會設置請願狀。◆臺灣留學生在東京發行《臺灣青年》月刊。 | ◆北洋政府段祺瑞辭總理、靳雲鵬組閣。 | ◆國際聯盟正式成立。◆美國國會通過憲法第 19 條修正案，經過各州批准，婦女有投票權。 |

| | ◆討伐沙拉冒原住民部落。 | | |
|---|---|---|---|
| 1921 年（中華民國 10 年、大正 10 年） | ◆制定法律取代《三一法》，復設臺灣總督府評議會，臺灣統治乃由特別立法制度，轉向表示日本延長主義。◆福田雅太郎任臺灣軍司令官，負責臺灣治安。◆林獻堂、蔡惠如等人第一次提出設置臺灣議會設置請願書。◆臺灣士紳李春生之孫李延禧膺選臺灣總督府評議員。◆蔣渭水等發起成立「臺灣文化協會」。 | ◆國會選舉孫中山為中華民國大總統。◆梁士詒組閣、顏惠慶代理後由周自齊為攝政內閣。◆中國共產黨創立於上海。 | ◆愛爾蘭獨立，大英帝國霸權時代結束。◆俄國實施新經濟政策。 |
| 1922 年（中華民國 11 年、大正 11 年） | ◆公佈〈臺灣州事務分掌規程實施細則〉。◆日本頒布法律第三號，將臺灣的立法基礎由總督的律令改為天皇敕令。◆林獻堂等人第二次提出設置臺灣議會設置請願書。◆《臺灣青年》改名《臺灣》。◆《創造》季刊創刊。 | ◆徐世昌辭去總統、黎元洪就職總統、顏惠慶任總理兼外長。◆顏惠慶辭總理後，由唐紹儀、王寵惠、汪大燮、張紹曾先後組閣。 | ◆華盛頓會議結束，常設國際法庭在海牙成立。◆蘇聯成立。 |
| 1923 年 | ◆內田嘉吉任臺灣總 | ◆內務部敕令京師警 | ◆土耳其簽「洛桑條 |

| | | |
|---|---|---|
| （中華民國 12 年、大正 12 年） | 督。◆警務局長竹內友次郎慫恿辜顯榮組成「公益會」。◆《臺灣民報》半月刊在東京創刊。◆「臺灣議會期成同盟會」向臺北市北警察署提出政治結社申請，發生「治警事件」。 | 察廳，酌予招募女子，設立教練所，此為女警之始。◆孫中山任廣東府大元帥。◆北洋政府黎元洪總統出京、曹錕任總統。 | 約」。 |
| 1924 年（中華民國 13 年、大正 13 年） | ◆伊則多喜男任臺灣總督。◆《臺灣青年》停刊。◆張我軍在《臺灣民報》發表〈致臺灣青年的一封信〉，引爆「新舊文學論戰」。◆蔣渭水支持林兌等人在東京設立文運革新會。◆發生竹山事件。 | ◆南方政府胡漢民代行大元帥、孫中山北上，逝世於北京。◆孫寶琦任內閣總理、顏惠慶就任總理兼內務長、曹錕退位總統、黃郛組攝政內閣。◆第一次國共合作。 | ◆列寧逝世。◆美國制定「新移民配額法」。美國重組調查局為聯邦調查局（FBI）。 |
| 1925 年（中華民國 14 年、大正 14 年） | ◆實施《治安維持法》。◆彰化二林地區蔗農齊聚媽祖宮（今仁和宮）抗議不合理糖業制度的「二林事件」。◆鳳山農民組合成立。◆謝春木、王鍾麟代表臺灣民眾黨參加國民政府舉行孫文移靈中山陵典禮。 | ◆革命政府將廣東省警務處裁撤，改由民政廳設科，掌理警務。◆江蘇省南通縣試辦「擔當區」制，是施行「警勤區」制度的開始。◆汪精衛任國民政府主席，在廣州成立「公安局」。◆第一次直奉戰爭。◆段祺瑞執政、不設總 | ◆日本頒布「治安維持法」。◆興登堡當選德國總統。◆英國恢復金本位。 |

| | | | |
|---|---|---|---|
| | | 理。 | |
| 1926 年（中華民國 15 年、昭和元年） | ◆上山滿之進任臺灣總督。◆後藤文夫任民政長官，之前曾任內務省警保局長。◆臺灣文化協會分裂。◆臺灣農民組合宣佈成立。◆張秀哲、張深切等將廣東臺灣學生聯合會改組為左翼團體廣東革命青年團，返臺後，組織臺灣革命青年團，發行《臺灣先鋒》。 | ◆蔣介石任軍事委員會主席、革命軍總司令。◆北洋政府段祺瑞下台、顏惠慶組閣後改顧維鈞、潘復為內閣總理。 | ◆德國加入國聯。 |
| 1927 年（民國 16 年、昭和 2 年） | ◆蔣渭水、林獻堂等創立臺灣民眾黨。◆《臺灣民報》週刊獲准由東京遷回臺灣發行。◆臺灣農民組合在臺中召開第一屆全島代表大會。 | ◆國民黨進行清黨、寧漢分裂、蔣介石下野、蔣介石復任總司令，並在北伐軍所到各省成立公安局。◆國民政府奠都南京，改內務部為內政部，仍設警政司。 | ◆日內瓦海軍裁軍會議。 |
| 1928 年（民國 17 年、昭和 3 年） | ◆日本發生「三・一五大檢舉」事件。◆川村竹村任臺灣總督，之前曾任內務省警保局長。◆公佈〈警務局章程細則〉。◆蔣渭水等創「臺灣工友總聯盟」。◆臺灣農民 | ◆國府成立內政部，為中央最高警察主管機關，部內設警政司。◆公布〈警察官吏任用暫行條例」、〈各級公安局編制大綱〉。◆國民政府公布「訓政綱領」，實施 | ◆蘇聯實施第一次五年計劃。 |

| | | |
|---|---|---|
| | 組合在臺中召開第二屆全島代表大會。◆謝雪紅、林木順於上海法租界成立日本共產黨臺灣民族支部。◆社會科學研究部改名為社會科學研究會，再更名為臺灣學術研究會。 | 《違警罰法」》確立「以黨領政」體制，蔣介石任國民政府主席、譚延闓任行政院長、蔣介石統一中國。◆湘、贛邊界蘇維埃政府成立。◆張作霖下野。 | |
| 1929 年（民國18 年、昭和 4 年） | ◆日本國內共產黨遭遇大逮捕，史稱「四・一六大逮捕」。◆石塚英藏任臺灣總督，之前曾任總督府警務局長。◆警察搜查全臺 3 百多處的臺灣農民組合機構，史稱「二一二事件」。◆臺灣美術團體「赤島社」成立。 | ◆國府撤銷南京特別市公安局，依《首都警察廳組織法》改公安局為首都警察廳。◆上海市公安局公佈〈女檢查員服務規則〉，開始招考女警。◆蔣介石討伐桂系。◆汪精衛以「護黨救國」反蔣。 | ◆紐約股票大跌，國際經濟大蕭條。 |
| 1930 年（民國19 年、昭和 5 年） | ◆「霧社事件」發生。◆總督府調整市警察署的高等警察，警察署下設立了高等警察掛，改變以往由警察署專屬的臨時編制。◆林獻堂、蔡培火組成臺灣地方自治聯盟。◆蔣渭水、謝春木等人創刊《洪水》報。◆張深切成立臺 | ◆國府公布《市組織法》、《縣組織法》，內設公安局，亦有在縣政府內設公安科者。◆爆發「中原大戰」、反蔣軍瓦解。◆國民政府第一次圍剿結束。「中國左翼作家聯盟」在上海成立。中共成立江西及閩西蘇維埃區、贛浙皖邊 | |

| | 灣演劇研究會。 | 區、鄂豫皖邊區、湘鄂邊區。 | |
|---|---|---|---|
| 1931 年（民國 20 年、昭和 6 年） | ◆發生第二次「霧社事件」。◆太田政弘任臺灣總督，之前曾任警保局長、和警視總監。◆日本共產黨臺灣民族支部改稱臺灣共產黨、臺灣共產黨成立改革同盟、臺灣共產黨召開第二屆臨時大會，成立臺灣赤色救援會、臺南、臺中等地區的臺灣赤色救援會活動被檢肅。◆臺灣民眾黨解散、臺灣文化協會解散。◆《臺灣民報》改為《臺灣新民報》獲准在臺發行、舉行模擬選舉。◆禁止臺灣民眾黨活動，獨立主義派乃沒落。◆臺灣地方自治聯盟以促進地方自治制度的單一目標而繼續活動。 | ◆國府公布《戶籍法》。◆國民政府第二、三次剿共，蔣介石辭去國民政府主席、行政院長及陸海空軍總司令，反蔣的中央委員在廣州召開非常會議，自立政府。◆中共在瑞今成立「中華蘇維埃共和國政府」。瑞金通過中華蘇維埃共和國憲法，全國蘇維埃大會為最高政權機關，毛澤東任主席。◆中日爆發「九一八事變」。 | ◆犬養毅內閣成立 |
| 1932 年（民國 21 年、昭和 7 年） | ◆南弘、中川健藏先後任臺灣總督。◆《臺灣民報》週刊改為日刊。◆《南音》半月刊中文雜誌問世。◆ | ◆蔣介石復職。◆上海爆發「一二八事變」。◆戴笠受命組成「特務處」。 | ◆犬養毅被殺，齋藤實內閣成立。◆美國羅斯福推動「新政」（New Deal）。 |

| | | | |
|---|---|---|---|
| | 「臺灣藝術研究會」成立，並發行《福爾摩沙》創刊號。◆臺灣文藝協會成立。◆王白淵、張文環等人組成東京臺灣人文化同好會。 | | |
| 1933 年（民國 22 年、昭和 8 年） | ◆臺灣文藝協會發行《先發部隊》雜誌。◆《臺灣新民報》東京支社成立。 | ◆國民政府第四次剿共。◆日軍佔領熱河，簽署「塘沽協定」，華北倡議「聯省自保」運動。◆福州召開人民代表大會，成立「中華共和國人民革命政府」◆蔣介石辭去國民政府主席兼行政院長、林森為國民政府主席、孫科為行政院長。 | ◆日本小林多喜二在東京的築地警察署被特高警察殺害。◆日本實施《大米統制法》。◆日本退出國聯。◆希特勒出任德國總理。 |
| 1934 年（民國 23 年、昭和 9 年） | ◆臺灣文藝協會發行《第一線》雜誌。◆臺灣議會設置請願運動取消。◆臺灣文藝聯盟成立，《臺灣文藝》發行。◆旅日音樂加江文也組成「鄉土訪問團」在臺灣各大城市巡迴演出。 | ◆溥儀在長春登基，國號「滿洲國」。◆中國共產黨和紅軍進行長征。 | ◆日本岡田啟介內閣成立。 |
| 1935 年（民國 | ◆臺灣總督府舉辦「始政四十周年博覽 | ◆國府公布「警察任用條例」。◆國民政府 | ◆日本共產黨發表「國體明征」決議的 |

| | | |
|---|---|---|
| 24 年、昭和 10 年） | 會」。◆《福爾摩沙》與臺灣文藝聯盟組成臺灣文藝聯盟東京支部（簡稱文聯東京支部。◆實施議員半官選半民選的地方自治來收編臺籍人物。◆楊逵夫婦創刊《臺灣新文學》雜誌，並發行《新文學月報》。 | 根據〈何梅協定〉，退出平津，接連發生河北、張北等事件，殷汝耕在通州成立冀東防共自治委員會。◆中共召開遵義會議，毛澤東領導權確立。 | 攻擊天皇機關，遭到鎮壓。◆俄國出售中東鐵路。 |
| 1936 年（民國 25 年、昭和 11 年） | ◆恢復武官總督，小林總督開始進行戰爭物資控制。◆發生「祖國事件」，林獻堂辭去總督府評議員與《臺灣新民報》社長之職，避居日本。◆《臺灣文藝》停刊。 | ◆軍事委員會會同行政院令各省裁團改警，頒布「各級警察機關編制綱要」，首都定名為警察廳，各省為警務處、警察局。國府公佈「整理警政原則」、「非常時期維持治安緊急辦法」，採行「警管區」勤務制。◆李士珍接掌警官高等學校校長，嗣改為中央警官學校，蔣介石兼任校長。◆發生西安事變。 | ◆日本齋藤實殺害，廣田弘毅內閣成立。◆日、德簽署《防共公約》。 |
| 1937 年（民國 26 年、昭和 12 年） | ◆臺灣地方自治聯盟被解散。◆臺灣軍司令宣佈臺灣進入戰時防衛體制。 | ◆國府修正公佈《省警務處組織法》，警務處直屬省政府。◆國府第五次剿共，頒行《警察官任用條例》、《建警試行警員 | ◆日本林銑十朗、近衛文呂（第一次）內閣先後成立。◆義大利加入《日德防共公約》。 |

| | | 制方案及實施辦法》。◆中日爆發「八一三淞滬戰役」」、「盧溝橋事件」。◆蘇維埃政府改名為中華民國特區政府，紅軍改為國民革命軍，接受南京政府與軍事委員會指揮。◆中俄簽訂互不侵犯條約。◆王克敏在北平成立「中華民國臨時政府」。 | |
|---|---|---|---|
| 1938年（民國27年、昭和13年） | ◆臺灣實施國家總動員，進入戰時體制。◆總督府警務局及州警務部增設經濟警察課，市警察署與郡警察課增設經濟警察股職司取締違反各種統制令的行為，戰時警察制度的重心轉移到經濟警察的業務上。 | ◆內政部頒行〈戰區警察大綱〉，以因應抗戰。◆日本公布《國家總動員法》。◆國民政府完成戰時體制，軍事委員會直屬國民政府，採委員長制，確立「總裁」領導體制。 | |
| 1939年（民國28年、昭和14年） | ◆實施皇民化、工業化、南進基地化策略。◆辦理第二屆市街庄議員選舉。◆南沙群島併入高雄州。 | ◆國府公佈〈懲治盜匪暫行辦法〉，賦予軍隊與警察同等的維持治安權、逮捕權，軍隊還擁有司法審判權。 | ◆平沼騏一郎、阿部信行內閣先後成立。◆美國修改「中立法」。◆第二次世界大戰爆發。 |
| 1940年（民國 | ◆長谷川清繼任總督。◆推動大政翼贊 | ◆國民政府成立中央設計局，隸屬國防委 | ◆米內光政、近衛文呂（第二次）內閣先 |

| | | | |
|---|---|---|---|
| 29 年、昭和 15 年） | 會。◆鼓勵臺灣人改從日本姓名。 | 員會，並由國防委員會為高委員長蔣中正兼中央設計局總裁。◆公佈非常時期維持治安緊急辦法。◆汪精衛政權成立於南京，自任國民政府主席兼行政院長。 | 後成立。日本「大政翼贊會」成立。◆日、德、義簽署《柏林公約》。◆英國重開滇緬公路。 |
| 1941 年（民國 30 年、昭和 16 年） | ◆成立皇民奉公會。 | ◆國府內政部成立戶政司。◆修正公佈《違警罰法》。 | ◆近衛文呂（第三次）、東條英機內閣先後成立。日本偷襲珍珠港，爆發太平洋戰爭。日本主張大東亞共榮圈。◆日、俄簽署《日俄中立條約》。◆英美宣布《大西洋憲章》，包括民族自決、消除恐懼與匱乏、海上自由、裁軍等。 |
| 1942 年（民國 31 年、昭和 17 年） | ◆總督府警務局刊統計資料，臺灣番社戶口有 162,031 人，臺灣志願兵入伍，高砂義勇隊赴南洋作戰。 | | ◆二十六國在華府簽署〈聯合國宣言〉。◆日軍佔領新加坡。◆美國轟炸機開始空襲東京。◆美、日爆發中途島海戰。 |
| 1943 年（民國 32 年、昭和 18 | ◆徵集學生兵。 | ◆中美英發表「開羅宣言」，將臺灣歸還中華民國。◆修正實施《違警罰法》。 | ◆日本公佈《違警罰法》◆蘇聯宣布解散第三國際。◆召開「開羅會議」、「德黑蘭會 |

| 年） | | | 議」。 |
|---|---|---|---|
| 1944 年（民國 33 年、昭和 19 年） | ◆安藤利吉繼任總督。◆改志願兵為徵兵制。◆依據〈臺灣決戰非常措置要綱〉，勒令停止生產一切非戰略性的物質。◆強迫民間賣出黃金、鑽石。◆發生瑞芳事件。◆停刊全臺報紙、嚴禁收聽廣播。 | ◆國府中央設計局設立臺灣調查委員會，陳儀為主任委員，準備接收臺灣。◆國府制頒《改善全國警察待遇辦法》。◆國府制頒《懲治盜匪條例》。◆核頒〈中華民國境內出入及居留規則〉。◆中國民主同盟成立，與中共同唱結束國民黨一黨專政。 | ◆東條內閣總辭，小磯國昭內閣成立。◆聯軍登陸諾曼地。◆國際貨幣基金會議在美國中部召開布列敦森林會議。 |
| 1945 年（民國 34 年、昭和 20 年） | ◆廢止保甲制度。◆日本無條件投降，臺灣光復，政權移轉給中華民國。 | ◆抗戰勝利，發布胡福相為臺灣省警務處長，及其他各省警務長。 | ◆鈴木貫太郎、東久邇宮稔彥、幣原重喜郎內閣先後成立。◆雅爾達會議召開。◆希特勒自殺、德國無條件投降。◆日本接受《波茨坦宣言》。◆廢除《治安維持法》，釋放政治犯。◆美軍登陸沖繩島，二次大戰結束。◆日本在東京灣美艦密蘇里號上簽署投降書。 |

資料來源：本研究。

# 第七章 國治時期與戒嚴治安
## （1945-1987）

財富的獲得是一種永無止境的過程，它只能由奪取政權來保障。
因為，累積過程遲早必定會強迫打開一切既定的領土邊界。社會
已進入了永無終結的獲得財富之路，不得不設計一個充滿活力的
政治組織，能夠適應於永無終止的權力增長。

~Thomas Hobbes(1588-1679，英國政治哲學家)

　　近代臺灣治安史的涉外結構與變遷，基本上在歷經代表歐洲的荷蘭、
西班牙統治之後，主要經過三個性格迥異的帝國，包括：作為古典之世界
帝國的大清國、作為近代殖民帝國的日本、作為第二世界大戰後「非正式
帝國」的美國所主導下國際競爭體系、世界資本主義體系和公民社會體系
的邊陲處境，其中或編入或被庇護，刻劃出臺灣一段獨特的發展歷程。

　　而所謂「非正式帝國」的美國帝國，擁有自由主義的價值體系，內部
有主權評等為核心的主權國家體系以及資本主義經濟體系並存。這是一種
志不在擁有殖民地之「無殖民地的帝國」，他的非正式帝國體系是透過在其
他主權國家內所租借的土地上建構的軍事基地網絡，以及在東南亞地區典
型可見的軸心—放射狀之安保同盟的圈圈來維持的。這是一個「基地的帝
國」、「租地的帝國」，也是一個「據點的帝國」。[1]

---

[1] 若林正丈，《戰後臺灣政治史——中華民國臺灣化的歷程》，（臺北：臺大出版中心，2014
年 3 月），頁 85。

# 第一節　國治時期戒嚴治安議題

　　回溯 1911 年孫中山領導辛亥革命，推翻滿清政府，1912 年元月孫中山依照〈臨時政府組織大綱〉就任臨時大總統，宣布中華民國成立，但臺灣、澎湖尚處在日本的殖民統治之下。1945 年日本戰敗，遂依據 1943 年 11 月〈開羅宣言〉（Cairo Declaration）約定，將臺灣、澎湖諸島歸還中華民國。1949 年底的國民政府自中國大陸遷來臺灣，1950 年 5 月宣布臺灣地區戒嚴，直到 1987 年 7 月宣布臺灣解嚴。

　　但是臺灣自 1895 年清治政府將臺灣、澎湖割讓給日本，一直到 1945 年歸還的這一段時間，已經在第六章有所論述。因此，本章所指國治時期臺灣戒嚴治安的時間是從 1945 年國民政府接收臺灣起，論述到 1987 年臺灣解嚴為止，至於 1912 年至 1949 年國府在大陸時期的治安結構與變遷，仍將安排在本章的第二節加以檢視。

　　國治時期臺灣戒嚴治安的結構與變遷，主要探討 20 世紀中華民國如何在美、蘇兩大集團中的生存與發展，凸顯極端主義時代國際性治安的臺灣的主權、非法入境、危險物及武器販運、劫機、貪污與賄賂、恐怖分子活動等議題所引發的涉外性治安；在威權型政治體制治安是從蔣介石硬式威權和蔣經國軟式威權統治的議題，來檢視其引發的政治性治安；在家父長式經濟上則從貿易結構、產業結構等議題所引發的經濟性治安加以檢視；在黨國化社會方面是從公黨營企業、中小業等議題來探討社會性治安，最後，根據極端主義時代涉外治安、威權型治安、家父長式經濟治安、黨國化社會治安所綜合型塑了國治時期的戒嚴治安角色。

## 第二節　極端主義時代涉外性治安

霍布斯邦（Erin Hobsbawn）指出，20 世紀的從 1914 年起到 1945 年二次大戰結束，可視為大災難的時期（Age of Catastrophe）；緊接著 1945 年以後到 1970 年代的初期，它可以視為某種黃金年代（Golden Age），是一段經濟成長異常繁榮，社會進行重大變遷的 25 年至 30 年；而自 1970 年代晚期至該世紀末，則是一個解體分散、徬徨不定，危機重重的年代。[2]

回溯 1945 年到 1970 年代初期，美國的「非正式帝國」就是擁有壓倒性的實力（power），依據此一實力，不但可以影響對方國家的外交政策，對於其國內政治更具有不對稱的巨大影響力；在國際體系內則是在經濟、軍事、價值觀上佔據壓倒性優越地位，能夠對多數國家發揮影響力的國家。

換言之，美國帝國主義和歐洲帝國主義最大的不同是美國不是以佔有其他國家為主要目的，而是以取得據點和控制海洋交通為主要目的；而且美國的帝國主義是一時的，只要其他國家不染指與美國利益有關的地區或基地，美國便無意繼續擴張。[3]

所以，戰後以美國為首的國際體系，是一種同時具有以帝國為馬首是瞻之階層性色彩的經濟、軍事和價值觀的下層結構，以及反映這種結構的以帝國為中心之軸心—放射（hus spoke）狀的同盟關係與軍事基地網絡的上層結構，極端主義時代的國際就以這種結構為前提，對於體系內部的政治體（國家）行駛壓倒性不對稱的影響力。[4]

檢視國民政府 1912 年至 1914 年臨時政府時期的警政，中央將民政部

---

[2] Erin Hobsbawn, 鄭明萱　譯，《極端的年代 1914-1918)》（上冊），（臺北：麥田，1996 年 11 月），頁 11。

[3] 關中，《意識型態和美國外交政策》，（臺北：臺灣商務印書館，2005 年 10 月），頁 145-146。

[4] 若林正丈，《戰後臺灣政治史——中華民國臺灣化的歷程》，（臺北：臺大出版中心，2014 年 3 月），頁 84-85。

改內務部，警政組織主要分為中央警察機關、首都警察機關和地方警察機關等三大部門。中央警察機關屬於內務部警務局，首都警察機關主要是採取巡警和衛戍交互運作的雙軌制，由江寧巡警路工總局負責，下轄各區的巡警署。[5]

至於地方警察機關，中央要求各省所設的「部」改為「司」，縣級單位的警察機關有稱「民政部」者，亦有稱「警務科」者，名稱與職權不一，凸顯 1912 年至 1914 年的政治局勢並未實質統一。[6]

1915 年至 1928 年南北分裂政府時期的警政，是以孫中山為首的南方軍政府在大元帥之下設最高統帥部，稱之「大本營」。[7]袁世凱北京政府則將晚清京師內外城巡警總廳合併的京師警察廳，直屬內務部。[8]1925 年 3 月孫中山在北京過世，7 月南方政府於廣州改組大本營的大元帥政府為國民政府，第一任主席由汪精衛當選，並成立公安局。[9]

1928 年蔣介石北伐完成，但從 1929 年至 1949 年的政府則形成中央與地方分治的警政，政府為因應反國民黨言論的不斷升高，遂 1932 年 4 月蔣介石指定戴笠成立「特務處」，辦理「參謀本部特務警員訓練班」，9 月軍委會成立「調查統計局」（簡稱軍統局），「特務處」改編為該局的第二處。[10]

另外，由負責黨務的陳立夫等人也在中央黨部成立「調查統計局」（簡稱中統局）。軍統局和中統局的上級指導單位則由委員長侍從室第六組負責。所以，在中國現代的國民黨政治史中，政治警察被稱為「特務（系統）」

---

[5] 參閱：韓延龍、蘇亦工　等著，《中國近代警察史》，（北京：社會科學文獻出版社，2000年 1 月），頁 295-296。

[6] 陳添壽，《臺灣治安制度史——警察與政治經濟的對話》，（臺北：蘭臺，2010 年 2 月），頁 80-81。

[7] 中華民國各界紀念國父百年誕辰籌備委員會學術論著編撰委員會，《國父全集》（第一冊），（臺北：中華民國各界紀念國父百年誕辰籌備委員會，1965 年 11 月），頁參 67-70。

[8] 劉紹唐，《民國大事日誌》，（臺北：傳記文學社，1979 年 3 月），頁 67。

[9] 陳添壽，《臺灣政治經濟思想史論叢》（卷三），（臺北，元華文創，2018 年 8 月），頁 132。

[10] 楊明基，《從無名英雄到有名英雄——戴雨農先生的奮鬥過程》，（臺北：正中，1977 年 1 月），頁 86-87。

（戰後在臺灣，後來也被稱為情（報）治（安）系統）。特務的工作不只是對外蒐集情報，也會對政權內部的政敵或者體制外的反對者進行情報蒐集、監視、逮捕、拘禁的工作，有時候也會變成執行恐怖攻擊的組織，是政治權力的重要支柱之一。[11]

1934 年 11 月國民政府重行公布《戒嚴法》，國內遇有非常事變，對於某一地域應施行戒嚴，國民政府得不經立法院之議決宣告戒嚴。中華民國在大陸時期的歷史上曾公布三次《戒嚴法》，分別是 1912 年（民國元年）12 月 16 日的《戒嚴法》、國民政府於 1916 年（民國 15 年）7 月 29 日北伐公布的《戒嚴條例》，和 1934 年（民國 23 年）11 月 29 日訓政時期重行公布的《戒嚴法》。其中影響及於戰後臺灣戒嚴歷史的為 1934 年（民國 23 年）所公布者。[12]

1936 年 4 月政府鑒於各省市警察行政與警察教育的各自為政，而統一警官教育又為改革警政的張本，遂將警官高等學校改為中央警官學校，蔣介石兼任校長。1943 年政府提出「建警五年計畫大綱」，確定警政發展方針。

1945 年 8 月抗戰勝利，蔣介石發布各省警務處長，胡福相被派任臺灣省警務處長，10 月率領臺幹班師生來臺灣接收警政，進駐日治時期的臺灣總督府警察官與司獄官訓練所。[13]1947 年 1 月 1 日起中華民國《憲法》開始實施，1948 年 12 月 10 日中華民國首次宣布全國性《戒嚴令》。

## 壹、極端主義時代國際性治安議題

由於 1943 年美國提出以美國、蘇俄、英國、中國的「四大警察」（four

---

[11] 若林正丈，《戰後臺灣政治史──中華民國臺灣化的歷程》，（臺北：臺大出版中心，2014 年 3 月），頁 106。

[12] 薛月順等　編註，《從戒嚴到解嚴──戰後臺灣民主運動史料彙編（一）》，（臺北：國史館，2012 年 7 月），頁 3。

[13] 內政部警政署，〈顏世錫序文〉，《中華民國（臺灣地區）警察大事記》，（臺北：內政部警政署，1995 年 12 月），頁 1。

policemen），來維護國際性治安角色的不被接受，遂致形成 20 世紀以來，極端主義時代的 50、60 年代，以「非正式帝國」的美國國際競爭性國家和世界性資本主義體系。

除了必須因應國內財政收支的赤字之外，還要負擔包括西歐國家的馬歇爾計畫（Marshall Plan）、中華民國、希臘與土耳其，以及對未開發國家的援助；再加上北大西洋公約組織和韓戰軍費的支出，並容忍以西德為主的歐洲國家和日本所採用的貿易保護和對美元的差別待遇政策。

尤其是布萊頓森林會議勉強建立的國際貿易組織（ITO）協定，為了促進國際貿易發展，美國及其重要經濟伙伴乃於 1947 年在日內瓦行簽訂關稅暨貿易總協定（General Agreement on Tariffs and Trade, GATT）。

但在 1967 年的甘乃迪回合（Kennedy Round）之後，因為，國際貿易的結果加深了國與國之間的互賴程度；國家競爭力改變了產業結構；石油危機與停滯性通貨膨脹迫使政府採取行貿易限制政策；以及浮動匯率造成美國貿易赤字，導致國際貿易轉而趨向保護主義。[14]

檢視極端主義時代國際性治安環境，在 1960 年代以前由美國主導的「圍堵」（containment）策略並未因美國改採取和解策略，就消弭了發生在共產主義與資本主義、極權體制與個人自由、無神論與宗教信仰之間的衝突議題。因此，對照於國共延續戰爭受到國際治安環境的制約，導致蔣介石領導的國民政府遷移來臺，以及戰後亞洲世局的轉變，凸顯國共內戰即是美蘇兩大集團主導的國際性安全議題。

例如 1940 年代史迪威（Joseph W. Stilwell）事件牽涉中美戰時合作政策，史迪威代表美國政府到中國負責協調國共內戰的過程，而國民黨政權的國際治安環境則藉由美國冷戰戰略中擔負起「協力者」的角色，不但獲得美國在經濟、軍事上的援助，更可以在國際上成為「一個中國」原則的受益者。對國民黨的政權而言，這是其中一項確保國家安全和政治正統性

---

[14] J. E. Spero, *The Politics of International Economic Relations*（N. Y.: St. Martin's Press, 1990）.

的重要來源。

可是到了 1960 年代末期，美國受到越戰的重擊，在國際上改以和解為策略，以爭取「敵人的敵人」，但國際性治安環境並未達成美國重造國際社會新秩序的目標，因而更凸顯極端主義時代主權、軍經援、非法入境、危險物及武器販運、劫機、貪污與賄賂、恐怖分子活動等議題所引發的治安議題。

## 貳、戒嚴時期臺灣涉外性治安議題

1945 年至 1949 年期間，中華民國政府在這階段治安工作的重點，在警政接收與重建。然而，1949 年 5 月的宣布戒嚴，年底國民黨政府撤退來臺，國民黨進行權力核心結構的重大變革，確立戡亂戒嚴體制的正當化，積極推動警政一元化。迨至 1971 年中華民國退出聯合國，國民黨政府面對國內外政經情勢的變化，開始進行比較大幅度的政治自由化與警政現代化的改革，這階段一直延續到 1987 年的政府宣佈解嚴。[15]

因此，檢視延續國共戰爭臺灣涉外性治安的主權議題，依據 1943 年 11 月《開羅宣言》（Cairo Declaration），協議日本將東北四省、臺灣、澎湖群島，須於戰後歸還中華民國，美國希望藉由戰勝的四大國來構思戰後的世界秩序，讓蔣介石領導的中華民國和美國、英國、蘇聯一起扮演維持世界秩序的「四位警官」角色，進而擔負起大國應有的責任。[16]

但從 1949 年 8 月美國發表〈對華白皮書〉、10 月 1 日毛澤東在北京天安門廣場宣布成立中華人民共和國，至 1950 年 6 月韓戰爆發，美國雖仍在表面上承認中華民國政府，但拒絕繼續給予軍援，並將臺灣屏棄在美國西太平洋防線之外。直到韓戰爆發，改變了美國對遠東的政策。

---

[15] 陳添壽、章光明，〈警察與國家發展之關係〉，章光明　主編，《臺灣警政發展史》，（桃園：中央警大，2013 年 10 月），頁 4。

[16] U. S. Dept. of State, Foreign of the U. S. Diplomatic Paper, *The Conference at Cairo and Teheran 1943*（N. Y.：U. S. Government Printing Office, 1961），pp. 448-449.

　　要點為：美國決以海空軍援助南韓；除已令美國第七艦隊防止中共攻擊臺灣外，同時要求臺灣中國政府停止一切對大陸之海空攻擊；臺灣未來地位，等太平洋安全恢復後，由對日合約予以解決；已令美軍增強對菲律賓之防禦及軍援；加強對越南法軍之支援；其次是聯合國安全理事會的援韓決議。[17]

　　杜魯門（Harry S. Truman）認為中共若佔領臺灣，勢將直接威脅美國在太平洋區域的安全與利益，美國才恢復對中華民國的支持，並恢復原已中斷的軍事援助。繼任總統艾森豪（Dwight D. Eisenhower）即以結束韓戰訴求為其新政策，以中華民國暫不參加舊金山對日和約，另在三年內與日本單獨簽訂和約。換言之，從法理上論，1952 年 4 月日本與中華民國在臺北簽訂《中日和約》才是至今界定臺灣主權歸屬及國籍移轉的最後一個國際性條約。[18]

　　換言之，臺灣涉外關係自《波茨坦宣言》、《開羅宣言》，乃至於《舊金山和約》及《中日和約》才確立中華民國在臺澎金馬的主權地位。1954 年 12 月美國與中華民國在華盛頓簽訂《中美共同防禦條約》（The Sino-U.S.A. Mutual Defense Treaty）。

　　條約內容旨在重申締約國對聯合國憲章之宗旨與原則之信心，及其與所有人民及政府和平相處之願望，並欲增強在西太平洋區域之和平機構；以光榮之同感，追溯上次大戰期間兩國人民為對抗帝國主義侵略而在相互同情與共同理想之結合下，團結一致並肩作戰之關係；願公開並正式宣告其團結之精誠，及為其自衛而抵抗外來武裝攻擊之共同決心，俾使任何潛在侵略者不存在有任一締約國在西太平洋區域立於孤立地位之妄想；並願加強兩國為維護和平與安全而建立集體防禦之現有努力，以西太平洋區域更廣泛之區域安全制度之發展。[19]

---

[17] 邵毓麟，《使韓回憶錄》，（臺北：傳記文學，1980 年 11 月），頁 166。

[18] 林滿紅，《晚近史學與兩岸思維》，（臺北：麥田，2002 年 10 月），頁 50、57。

[19] 袁文靖，《美國對華政策——繼續協防臺灣》，（臺北：國際現勢週刊，1978 年 12 月），頁 283。

　　1955 年 1 月通過《臺灣決議案》（Formosa Resolution），進一步確保了
中華民國的國際地位，和臺澎金馬的安全。特別是中共受到《中美共同防
禦條約》的影響，1958 年 8 月 23 日發動猛烈炮轟金門，造成臺海治安史
上的另一大危機，促使美國檢討在國際安全上是否有必要改變對中共實施
的圍堵政策，同年 8 月中共的〈北戴河會議〉決定推動「人民公社化運動」
和「生產大躍進運動」。

　　因此，檢視 1950 年代臺灣涉外性治安議題凸顯美國對國府的軍事和經
濟援助。回溯 1948 年 7 月中美政府在南京簽訂《中美經濟援助協定》，美
國經援 27,500 萬美元，但因國共內戰，實際僅支用 17,005 萬美元，餘數
則又由美國政府移用於東南亞地區。

　　惟在國共內戰後期，美國對國民政府由支持轉為放棄，美援也隨之由
撥款轉為中止；韓戰爆發後美國恢復對臺援助。美國軍事援助先運抵臺灣，
隨後也恢復經濟援助，並將前未撥付的援款餘額延用至 1950 年 6 月底止。
美國對臺軍經援助金額，從 1950 年起至 1967 年止，屬贈與之金額為 3,575.3
百萬美元，屬貸款之金額為 394.7 百萬美元，所占比率分別為 90% 與 10%。[20]

　　初期的美援以政經安定為主要目標，然而，美援的目的並非出自人道
主義關懷，而是要將臺灣地區變成圍堵體系的一環，是軍事、戰略性的。
所以，美援對於臺灣紡織工業，因棉花自美國進口而受惠，卻對臺灣肥料
工業發展產生不利影響。

　　因為，美國為了解決盟軍佔領下日本的缺糧與工業復建問題，曾於
1950 年 9 月透過盟軍總部的安排，要我國和日本簽定《中日貿易協定》，
規定臺灣自日本進口肥料及其他工業產品，並出口米、糖及其他農產品，
這協定透過每年的更新，使政府在 1950 至 1965 年間不得不將肥料進口稅
固定於 5%，因而造成臺灣在關稅收入的損失，和政府原先的整建與發展
計劃。[21]

---

[20] 趙既昌，《財經生涯五十年》，（臺北：商周文化，1984 年 7 月），頁 11。
[21] 尹仲容，《我對臺灣經濟的看法》（初編），（臺北：行政院經設會，1963 年 11 月），頁
　　12。

1970 年美援物質的運抵臺灣，宣告美國為解決援外經濟的龐大負擔，也為了冷戰帶來危機的氛圍，決定改變全球的軍事戰略，以對話代替對抗，臺灣涉外關係進入險峻挑戰。美國的軍事援助，直到 1974 年結束為止，總金額約計 25 億 6,600 萬美元，至於經濟援助方式，是依據《公共安全法》（Mutual Security Act, MSA）到 1965 年為止，總計約 15 億美元。[22]

溯自 1957 年 3 月臺灣發生涉外性治安的「劉自然事件」，事情經過是服務於國民黨陽明山革命實踐研究院擔任打字員的劉自然，在美軍眷屬區被美軍顧問團上士雷諾（Robert G. Reynolds）開槍打死。

據雷諾指出，劉到他家偷窺他太太洗澡，被他看到，劉持棍子，他為了自衛才開槍。當時我國警方前往調查，卻遭美軍阻止，理由是依《中美共同防禦協定》規定，美軍顧問團屬美國大使館一部分，享有治外法權，美軍犯罪由美方處理。

事後，美軍軍事法庭以「罪嫌不足」宣判兇手無罪，5 月 24 日劉自然遺孀前往美國大使館門前抗議，聚集的民眾，包括中國青年反共救國團團員，高喊殺人償命，以石頭、磚、木棍攻擊大使館；另有一部分群眾圍攻美國新聞處和美軍協防司令部，並將不滿政府退守臺灣，及對趾高氣昂的外國人累積不滿情緒，轉嫁對警車縱火，政府宣布臺北市及陽明山進入戒嚴狀態，晚上並實施宵禁，最後由衛戍部隊將群眾驅散，然而被捕的民眾多達 111 人，被起訴的有 40 人，最後只有 7 人被判處一年至六個月有期徒刑。[23]

該治安事件（又被稱為「五二四事件」），的癥結在於美軍所享有不受當地法權管理的特權，最後結果竟導致外交部長葉公超和駐美大使董顯光向美國正式道歉，衛戍司令黃珍吾、憲兵司令劉煒、警務處長樂幹等人被撤職，俞鴻鈞閣揆的職務也改由副總統陳誠兼任。1958 年 7 月「臺灣警備

[22] 若林正丈，《戰後臺灣政治史——中華民國臺灣化的歷程》，（臺北：臺大出版中心，2014 年 3 月），頁 82。
[23] 陶涵（Jay Taylor）著，林添貴　譯，《蔣介石與現代中國的奮鬥》（下卷），（臺北：時報文化，2010 年 3 月），頁 615。

總司令部」成立，接管原保安司令部，並合併臺灣防衛司令部、臺北衛戍司令部、臺灣省民防司令部，改隸國防部，執行臺灣本島戒嚴任務。[24]

換言之，臺灣涉外性治安議題面臨 1958 年 8 月 23 日爆發「八二三砲戰」的美軍介入金門防務，1958 年 10 月美方迫使蔣介石放棄武力反攻大陸，但越戰使美國陷入泥沼，蔣介石藉此機會再提反攻大陸，遂於 1965 年 9 月派蔣經國以國防部長身分訪美，向美國國防部提出了國軍登陸西南五省，徹底解決中共援越使美國進退失據的困境。

此一計畫的英文代號是 GT-5，即「大火炬五號」（Great Torch Five）之意，在這個計畫下，國軍由美國海空軍掩護並運送下，登陸廣東、廣西、雲南、貴州、四川五省，切斷中共援助越南對抗美國的腹地和補給線。[25]

以及 1966 年加拿大提議聯大研究中國代表權問題，後因大陸發生文化大革命中共自顧不暇，研究中國代表權之議遂擱置下來。亦即早 1961 至 1968 年間的甘乃迪（John F. Kennedy）與詹森（Lyndon B. Johnson）總統任內，臺灣涉外關係受到國際姑息主義瀰漫、越戰和中共與蘇聯關係惡化，開始謀求改善與中共關係的影響。

尤其是 1961 年 1 月甘乃迪繼艾森豪之後出任美國總統，其政府在內政外交倡導「新境界」（New Frontier），在國際裁軍問題、中共對東南亞自由民主國家的威脅，和聯合國中華民國代表權問題僵局所引起困擾的情勢下，極欲對中華民國的外交關係有所突破。[26]

1970 年代是國民黨政府涉外失落的 10 年。1969 年 1 月尼克森（Richard M. Nixon）就任提出以「談判」（negotiation）代替「對抗」（confrontation），4 月時任行政院副院長蔣經國再度赴美訪問，在紐約遇刺不遂，兩名兇手黃文雄、鄭自才均來自臺灣，具「臺灣獨立聯盟」背景，凸顯蔣介石執政

---

[24] 陳添壽、章光明，〈警察與國家發展之關係〉，章光明　主編，《臺灣警政發展史》，（臺北：中央警察大學，2013 年 10 月），頁 11-12。

[25] 陶涵（Jay Taylor）著，林添貴　譯，《蔣介石與現代中國的奮鬥（下卷）》，（臺北：時報文化，2010 年 3 月），頁 591。

[26] 關中，《中美關係的檢討》，（臺北：作者自刊，1985 年 7 月），頁 51-64。

時期臺灣涉外性治安議題的複雜性與困難度。[27]

　　1971 年 7 月季辛吉（Henry Kissinger）密訪中國大陸，與周恩來會談有關「中華人民共和國」加入聯合國等議題。尼克森認為「政府採取初步行動，設法結束中國大陸在世界上的孤立何以重要的原因，他預測世界上將出現五大經濟超級強權，美國、西歐、日本、蘇聯，和中共，它們的關係將決定我們這一代的和平架構。[28]

　　因此，美國曾向聯合國提出兩項議案，一是將「驅逐中華民國」列為重要問題，須三分之二絕對多數才能通過；一是「雙重代表權案」，要求同時承認「中華民國」和「中華人民共和國」。[29]而季辛吉的訪問北平，無疑被各國視為美國已改變立場的跡象，認為美國已從反對中共加入聯合國，轉而歡迎其加入。[30]

　　1971 年 10 月 25 日聯合國通過重置（恢復）中華人民共和國在聯合國的一切合法權利，重創中華民國涉外主權議題和在國際上活動空間。據了解當時外交系統有部分人士曾建議，為讓中華民國的聲音能夠在國際上被聽到，希望能以「中華臺灣共和國」的名義，試圖留在聯合國，但被蔣介石悍然拒絕。

　　尤其是 1971 年 6 月 17 日美國與日本簽署沖繩返還協定，1972 年 5 月美國將釣魚島列島的行政管轄權隨同沖繩管治權一起交還於日本，日本開始實際控制釣魚台群島，而臺灣及中國大陸在 1971 年開始對日本對釣魚島行使主權提出抗議的「保釣運動事件」。特別是在發現釣魚台周邊海底蘊藏豐富的資源之後，更重視釣魚台列島的主權議題。

　　臺灣涉外性治安議題緊接著受到 1972 年美國與中共發表〈上海公報〉

[27] 陶涵（Jay Taylor）著，林添貴　譯，《蔣經國傳》，（臺北：時報文化，2000 年 10 月），頁 326-328。
[28] 時報公司 特譯，《季辛吉回憶錄——中國問題全文》，（臺北：時報文化，1969 年 12 月），頁 166。
[29] 許介鱗，《戰後臺灣史記》（卷二），（臺北：文英堂，2001 年 10 月），頁 151。
[30] 沈劍虹，《使美八年紀要》，（臺北：聯經，1982 年 10 月），頁 52。

（Shanghai Communique）聲明，和 1978 年卡特（Jimmy Carter）政府宣佈與中華民國斷交、撤出駐臺美軍、廢止共同防禦條約及終止與臺灣所有官方關係，承認「中華人民共和國」才是代表中國唯一合法政府的衝擊。

　　聲明「中」美關係走向正常化是符合所有國家的利益，而美國對臺灣的立場則為信守對同盟國的條約、美國政府獎勵美國企業的對臺投資、美國輸出入銀行將繼續給與臺灣大量融資，以及對臺軍事援助案，突顯美國一方面想要與中華人民共和國樹立外交關係，另一方面也想要防衛臺灣的安全。[31]

　　尤其在〈上海公報〉提出的中國政府堅決反對任何旨在製造「一中一台」「一個中國、兩個政府」、「兩個中國」、「臺灣獨立」和鼓吹「臺灣地位未定論」的論題，美國方面則接受只有「一個中國」的立場。

　　1979 年美國國會通過《臺灣關係法》（Taiwan Relations Act），它是美國以國內法來規範與一個非邦交國家的關係，一定程度上認可了臺灣的主權地位，因其主要內容認定任何試圖以和平手段以外之方式，包括經濟抵制或禁運，決定臺灣之未來，將被認為乃對西太平洋和平與安全的一項威脅，為美國所嚴重關切，美國將提供臺灣防衛性武器，維持美國之能力，以抵抗任何可能危及臺灣人民安全、或社會經濟制度之武力行使，或其他形式之強制行動。

　　1980 年雷根（Ronald W. Reagan）就任美國總統，1982 年與中國大陸簽署〈八一七公報〉，宣稱逐年減少對台軍售，但仍將根據《臺灣關係法》售予臺灣防衛性武器，和繼續發展與臺灣的關係。《臺灣關係法》背後凸顯美國必須保有臺灣這個亞太地區的重要據點，中華民國政府在涉外治安議題上遂改採取「彈性外交」推動對外實質關係與經貿活動。[32]

　　但在 1984 年 10 月發生重大涉外治安的「江南命案」，緣起旅美作家劉

---

[31] MacFarquhar, Roderick ed., *Sino-American Relations, 1949-1971* (London: Royal Institute of Internation Affairs, 1972), pp.246-254.

[32] 陶涵（Jay Taylor）著，林添貴　譯，《蔣經國傳》，（臺北：時報文化，2000 年 10 月），頁 376、427-432。

宜良（筆名江南）在美國舊金山住處遭到兩名不明人士的槍殺斃命。此案牽涉中華民國軍事情報局幕後指使幫派份子謀害殺人，對美國而言，是臺灣的國家特務單位在美國領土槍殺了一位美國人，是極其嚴重的侵犯主權與犯罪行為。

1985 年 4 月「江南命案」依中華民國戒嚴時期的軍法判決相關人員罪刑。這一涉外性治安議題，劉宜良家屬後來在美國控告中華民國政府，1990 年政府付 145 萬美元「人道慰問金」和解，蔣經國雖已於 1988 年去世，但此案已對臺灣軟式威權統治時期的涉外性治安造成不小衝擊。

被槍殺的劉宜良（筆名江南）著有《蔣經國傳》一書，根據其自序所寫，1950 年年末，加入國防部政治幹部訓練班，班主任正是蔣經國；後來到空軍擔任政工官，再入幹校，1954 年 1 月在該校舉行畢業典禮之際，因故離去。亦即劉君從 1949 年到臺灣，1967 年赴美為止，共十七寒暑，兩度做過蔣經國的學生。[33]

劉君稱自己是個自由主義很強烈傾向的人，是否因撰寫《蔣經國傳》後，有意寫《吳國楨傳》，會抖出更多蔣經國難堪內幕，才引來被殺，抑或其被發現有兩岸雙面間諜，又是美方線民之嫌，其爭議至今未解。

1988 年李登輝政府轉以「務實外交」取代「彈性外交」，以因應臺灣的涉外性治安議題。[34]

## 第三節　威權型政治性治安

國民黨政治菁英依靠侍從主義（clientelism）方式從臺灣社會贏取政治支持的手法，也為階級政治之所以沒有在臺灣發生提供了間接的貢獻。國民黨政治菁英藉由對黨國資本主義體制所控制、汲取的獨占性經濟資源進

---

[33] 江南，《蔣經國傳》，（臺北：前衛，1997 年 1 月），頁 25-31。
[34] 鄒景雯採訪紀錄，《李登輝執政告白實錄》，（臺北：INK，2001 年 5 月），頁 227。

行策略性運用，構築出一套「二重侍從主義」的機制，藉以從臺灣社會贏取政治支持。[35]

換言之，威權主義有下列特徵：作為一種政治思想最為混沌，通常只不過是統治者為了統治的現實所採取的方便措施。作為一種統治方式，威權主義的制度化最低。就經濟發展而言，威權主義國家一般都行貿易保護、以進口替代方式，發展國內工業、通常國內工業的速度乃由幾個與政府關係密切的大企業所決定。[36]臺灣威權型政治性治安凸顯在威權主義（authoritarianism）的強調軍事治理角色，其統治集團通常由社會上不同菁英團體共同組成，他們以公開或非公開的方式聯合遂行寡頭統治，以保障其自我權益，並維護統治權於不遂。[37]

檢視戰後臺灣政治體制的演變是從戡亂動員體制的「硬性威權主義」（hard authoritarianism）到「軟性威權主義」（soft authoritarianism）」的權力轉移過程，並在 1990 年代的中期以後，出現從軟式威權主義轉型到自由民主的體制。[38]

承上論，本節將威權型政治性治安的分為：從 1945 年臺灣光復到 1949 年國民黨政府因國共內戰失利，撤退來臺的戡亂動員體制的治安議題；1950 年至 1975 年蔣介石硬式威權體制的治安議題，以及 1976 年至 1987 年蔣經國軟式威權體制的治安議題加以檢視。

## 壹、戡亂動員體制的治安議題

戰後臺灣雖然脫離日本殖民統治，然而國共內戰的如火如荼，導致臺

---

[35] 若林正丈，《戰後臺灣政治史——中華民國臺灣化的歷程》，（臺北：臺大出版中心，2014年 3 月），頁 12。

[36] 趙建民，《威權政治》，（臺北：幼獅，1994 年 12 月），頁 2-3。

[37] Roy C. Macridis, *Modern Political Regimes: Patterns and Institutions* (Boston: Little, Brown, 1986), P.216。

[38] Winckler, Edwin A., "Institutionalization and Participation on Taiwan : From Hard to Soft Authoritarianism？" *The China Quarterly* 99（Sep. 1984），pp.481-499.

灣治安仍未能脫離戰爭的軍人角色。檢視臺灣戡亂動員體制的政治性治安
議題可溯自 1944 年 4 月，國府在中央設計局設立「臺灣調查委員會」，派
陳儀為主任委員，並在〈臺灣省接管計劃綱要〉中，規定「預備實施憲政，
建立民權基礎」、「接管後，應積極推行地方自治」。

　　1945 年 9 月 1 日國民政府公布《臺灣省行政長官公署組織大綱》，任
命陳儀為臺灣省行政長官兼警備總司令，歸軍事委員會指揮。[39]10 月 25 日
臺灣行政長官陳儀，代表中國戰區最高統帥蔣委員長，在臺北市公會堂（今
中山堂）二樓（今光復廳）主持受降典禮，日方由臺灣總督安藤利吉代表
全體日人投降，美軍也派代表到場。[40]臺灣住民並從這一天起恢復中華民
國國籍，也同時被賦予了「省籍」。

　　依據 1931 年制訂的《戶籍法》規定，「籍貫」是一種顯示個人與其男
性祖先所來自的特定省、縣之間的關聯之分類觀念，戰後本省人與外省人
的稱呼由此而起。換言之，所謂的「籍貫」並不一定是個人的出生地，也
不一定是指父親的出生地。但是「籍貫」這一概念，直到 1992 年《戶籍法》
的修訂以前，卻關係到國家考試的法定名額，以及中央民意代表分配的法
定人數。[41]

　　檢視 1945 年抗戰勝利至 1947 年 7 月政府頒布〈戡亂動員綱要〉的綏
靖期間，依據《臺灣省行政長官公署組織條例》，臺灣雖不依行與大陸各地
同樣的省制，而採取由中央政府所任命之行政長官掌握政府的行政、立法、
司法等大權。由於當時中國國民黨負責臺灣黨務工作的組織尚未建置完
成，黨的權力運作還是委由行政長官維持類似日治時期總督府的統治模式
來推動。

　　在這戡亂動員的綏靖期間，臺灣從 1946 年 3、4 月間選出縣市參議員
（及其遞補者）；1946 年 4 月 15 日選出省參議員（及其遞補者）；1946 年

---

[39] 陳添壽，《臺灣政治經濟思想史論叢》（卷三），（臺北，元華文創，2018 年 8 月），頁 265。

[40] 謝東閔口述，《歸返》，（臺北：聯經，1982 年 12 月），頁 188-191。

[41] 王甫昌，〈由「中國省籍」到「臺灣族群」——戶口普查籍別類屬轉變之分析〉，《臺灣
社會學》（第 9 期），（臺北：中央研究院社會學研究所，2005 年 6 月），頁 59-115。

8 月選出臺灣地區國民參政員；1946 年 10 月底選出制憲國民大會臺灣省代表；1947 年底選出行憲國民大會臺灣省代表；1948 年初選舉產生的臺省監察委員；1948 年 1 月下旬選舉產生的臺省立法委員，以上七種職稱的民意代表，可以分為三個等級，即縣市、省，即中央三級的民意代表機構，代表民意行使職權。[42]

然而，1947 年 2 月 28 日臺灣因警察查緝私菸，不幸爆發「二二八事件」，警備總司令部宣布臺北市臨時戒嚴，引發大陸人和臺灣人之間省籍和族群對立的政治性治安議題。

遠因可溯自 1945 年光復前日本安藤總督所主使日本少壯派軍人及臺灣少數分子醞釀「臺灣自治」活動。近因則是當「二二八事件處理委員會」提出〈處理大綱〉，國府蔣介石主席於 3 月 10 日的總理紀念周上指出，臺灣省所謂「二二八事件處理委員會」所提出的無理要求，有取消臺灣警備司令部，繳械武器由該會保管，並要求臺灣陸海軍皆由臺灣人充任，此種要求已踰越地方政治範圍，中央自不能承認，而且日昨又有襲擊機關等不法行動相繼發生，故中央已決派軍隊赴臺，維持當地治安。[43]

3 月 8 日深夜，奉命來臺的整編第二十一師主力在基隆上岸，其後一個星期，暴力鎮壓，濫捕濫殺，隨即展開，有不少臺籍菁英份子以及基層百姓，在這個期間喪命，乃至中部地區組成的所謂「二七部隊」。[44]

3 月 17 日國府派遣國防部長白崇禧來臺並下令「禁止濫殺，公開審判」，軍警情治單位由此收斂，許多已判死刑犯人，得以免死，判徒刑者，或減刑，或釋放。[45]

5 月因米價飛漲，學潮如排山倒海而來，「反飢餓」、「反迫害」的罷課

[42] 李筱峯，《臺灣戰後初期的民意代表》，（臺北：自立晚報，1986 年 2 月），頁 2。

[43] 陳添壽，《臺灣治安史研究——警察與政經體制的演變》，（臺北：蘭臺，2012 年 8 月），頁 98-99。

[44] 有關「二七部隊」成立經過與發展，參閱：陳芳明，《謝雪紅評傳》【全新增訂版】，（臺北：麥田，2009 年 3 月），頁 241-256。

[45] 白先勇、廖彥博，《療傷止痛：白崇禧將軍與二二八》，（臺北：時報文化，2014 年 3 月），頁 5-7。

請願運動洶湧，政府宣布實施〈維持治安臨時辦法〉。[46]

承上論，蔣介石在二二八政治性治安議題上，初起即認定此事是共產黨的陰謀，而決心加以剿平的心態，恐怕與後來所採取的血腥鎮壓及清鄉有相當密切的關聯吧！[47]

檢討二二八政治性治安議題的發生與後果，國民黨政府府撤換陳儀，臺灣行政長官公署改組為臺灣省政府，改由文人魏道明接任省府委員兼主席和臺灣省警備總司令，同時宣布結束戒嚴、廢止郵件檢查、重申新聞自由，並開始推動地方選舉。[48]

換言之，二二八事件凸顯了中華民國國家機構對臺灣的統合在短期內算是成功。但是，中場長時間所發生的這一樁二二八事件悲劇，卻訴說了其國民統合方面的挫折，例如 1948 年春，廖文毅與謝雪紅等人組成的「臺灣在解放同盟」，1950 年 2 月廖文毅、邱永漢等人組成的「臺灣民主獨立黨」，以及隨後在東京組成的「臺灣共和國臨時政府」，由廖文毅就任總統。[49]

在這權力移轉的過程中，國民黨政府順利地鞏固統治臺灣的基礎。1948 年 3 月蔣介石、李宗仁當選為中華民國第一屆總統、副總統，但為因應反共戰爭，5 月公布《動員戡亂時期臨時條款》和修正公布實施《戒嚴法》，這政治結構凸顯「戡亂戒嚴」與「民主憲政」體制並行的正當性。[50]

回溯 1948 年行憲之後，修正《戒嚴法》，將公布機關改為總統，且應於一個月內提交立法院追認，如遇立法院休會期間，應於復會時即提交追認。此外，接戰地域內軍事機關得自行審判或交法院審判之罪包括「其他

[46] 郭廷以，《近代中國史綱》，（香港：中文大學，1976 年 9 月），頁 781-782。

[47] 許介鱗，《戰後臺灣史記》（卷二），（臺北：文英堂，2001 年 10 月），頁 87-89。

[48] 陶涵（Jay Taylor）著，林添貴　譯，《蔣介石與現代中國的奮鬥》（下卷），（臺北：時報文化，2010 年 3 月），頁 480-481。

[49] 若林正丈，《戰後臺灣政治史——中華民國臺灣化的歷程》，（臺北：臺大出版中心，2014 年 3 月），頁 49、63。

[50] 陳添壽，《臺灣治安史研究：警察與政經體制的演變》，（臺北：蘭臺，2012 年 8 月），頁 312。

特別刑法之罪者」，擴大戒嚴司令官之權，得解散集會結社及遊行請願、限制或禁止人民之宗教活動有礙治安者，對於人民罷市罷工罷課及其他罷業得禁止及強制其回復原狀。

　　1949 年 1 月最後一次修正，將軍事機關得自行審判或交法院審判之罪擴大適用於警戒地域。依該《戒嚴法》的規定，〈戒嚴令〉之公布須經總統之宣告與立法院之通過或追認。[51]

　　1949 年 1 月陳誠接任臺灣省政府主席兼臺灣省警備總司令、彭孟緝為副總司令，蔣經國為臺灣省黨部主任委員，這是所謂「白色恐怖」時期的開端。1952 年 1 月吳國禎曾向蔣介石抱怨「祕密警察橫行」，如果蔣經國繼續領導祕密警察，必將「成為人民仇恨的對象」。[52]

　　蔣介石在總統職位引退但仍擔任中國國民黨總裁，由李宗仁代理總統職權後，撤銷〈戡亂總動員令〉，停止《戒嚴法》的實施。11 月李宗仁稱病出國治療，立法委員、監察委員，及國大代表先後聯電蔣介石復行總統職權，同時促請李氏返國；12 月國民黨中央政府撤退到臺北。

　　檢視這一段期間臺灣的政治性治安議題還包括：發生於 1949 年 4 月的「四六事件」，該事件發生於 1949 年 3 月 19 日晚上，臺大學生李元勳和師院何景岳兩名學生，共乘一輛腳踏車從士林回學校時遭警員取締，雙方起爭論，執勤警員被激怒動手打了學生。

　　兩名學生分別回到宿舍，兩校的住校生大約 400 人集體包圍警員服務的第四分局（今大安分局），要求分局長出面解釋，分局長不在，正好督察長趕到處理，冒稱是分局長，學生不能接受，並請督察長到台大宿舍前面廣場，等候分局長出面，但分局長始終未出現，學生開始隔天的罷課示威。嗣經臺北市警局承諾會要求警察改善處理違規事件的態度，示威學生才散

[51] 薛月順等　編註，《從戒嚴到解嚴——戰後臺灣民主運動史料彙編（一）》，（臺北：國史館，2012 年 7 月），頁 3-4。

[52] 陶涵（Jay Taylor）著，林添貴　譯，《蔣經國傳》，（臺北：時報文化，2000 年 10 月），頁 192。參閱：陶涵（Jay Taylor）著，林添貴　譯，《蔣介石與現代中國的奮鬥》（下卷），（臺北：時報文化，2010 年 3 月），頁 587。

去。

　　3 月 29 日臺北市許多大學生成立「學生聯盟」，以「結束內戰和平救國、爭取生存權、反飢餓反迫害」為口號遊行，晚間在臺大法學院舉行青年營火晚會。事後，臺灣省主席兼臺灣警備總司令陳誠擔心臺灣治安受到當時大陸學生與軍隊衝突的影響，於是下令清查學運主謀。

　　4 月 5 日晚上，警備總部派人進入臺大、師院校園逮捕學生 28 人，引發警察和軍隊與師院學生的對峙。4 月 6 日警總下令強制逮捕學生 200 多名。8 日被捕學生有 100 多人由家長具保領回，有 19 名移送法辦。時任臺大校長傅斯年十分不滿當局未經法律程序進入校園內逮捕師生，還親自與國民黨高層交涉，甚至嚴詞警告策畫逮捕行動的彭孟緝。

　　為表示對該不幸事件的發生而負責，謝東閔辭去師院代理院長的職務。[53]同時，政府在整體事件過後，1950 年政府訂定〈戡亂建國教育實施綱要〉，加強三民主義等政治課程，1952 年規定高中以上學校都須設軍訓室，凸顯這些措施的實行與「四六事件」的發生有密切的關連。

　　1997 年臺大校務會議決議通過成立「四六事件資料蒐集小組」，由黃榮村擔任召集人。1999 年 4 月 3 日公布更多詳細資料指出，「四六事件」發生前，臺大學生社團有麥浪歌詠隊、耕莘社等 20 多個，且有臺大集師院學生的壁報區，被學生戲稱「民主走廊」。事件發生時，多位麥浪歌詠隊及耕莘社學生都被捕，有三位耕莘社學生被槍斃。[54]

　　接著 1949 年 7 月間，除了發生澎湖因軍方強徵學生入伍充當兵源，導致血腥鎮壓的「七一三事件」。該事件的發生源之於山東煙臺聯合中學校長張敏之帶領八千多名師生流亡到澎湖，澎湖防衛司令李振清、三十九師長韓鳳儀等人欲強徵學生入伍充當兵源。

　　其中包括顏世錫在內的身為山東省流亡學生，在煙台聯合中學校長張

---

[53]　陳添壽、章光明，〈警察與國家發展之關係〉，章光明　主編，《臺灣警政發展史》，（桃園：中央警大，2013 年 10 月），頁 7。

[54]　戴國煇，魏廷朝譯，《臺灣總體相》，（臺北：遠流，1992 年 3 月），頁 122。

敏之的帶領下來到臺灣，曾經歷澎湖「七一三事件」所導致軍方血腥鎮壓的衝突事件。這對於日後負責治安工作，有機會擔任警政署長的顏世錫而言，可真是一件很特別的重要經歷。

這事件又稱「山東流亡學生事件」，校長張敏之、分校校長鄒鑑和五位同學最後遭到槍決，另有四十一位羈押入獄，並受九個月的感化教育，六十一人歷經酷刑，受到管訓或個別看管等不當待遇，全案株連師生 109 人，還有因而被列入黑名單者更不計其數。

該事件直到 1998 年，依據〈戒嚴時期叛亂及匪諜案件和不當審判補償條例〉，被害人與其家屬才獲得平反。這歷史事件，校長張敏之因為抗議將他的學生拉進部隊當兵而犧牲，他的夫人王培五女士更背負「匪妻」的忍辱生活，除了必須撫育小孩外，先後在屏東萬丹初中、臺北建國中學等校教書，1969 年王女士赴美，直到獲得平反隔年的 1999 年，口述出版了《十字架上的校長——張敏之夫人回憶錄》一書，2014 年 6 月在美辭世，享壽 106 歲。[55]

另外，在臺北的臺灣省郵政管理局，則因為郵電改組暨郵電員工分班糾紛，引發了怠工請願的社會抗爭風潮，更加速延續國共內戰政治性治安事件在臺灣的表面化和激烈化，尤其是針對戰後「臺灣共產黨」從「臺共省工委」、「臺灣民主自治同盟」，以及「重整後臺共省委」等共產黨組織的一連串破壞治安活動。[56]

因此，國民黨政府為穩定臺灣治安，展開全面性的實施戶口總普查，並自 5 月 20 日起全省宣佈戒嚴，對投共、擾亂治安、金融及煽動罷工罷課罷市等份子皆依《動員戡亂時期懲治叛亂條例》處以重刑，以遏止共產黨在臺灣蔓延的勢力，同時，為因應中共一再高喊「武力解放臺灣」。

1949 年 8 月陳誠被任命管轄江蘇、浙江、福建、廣東的東南軍政長官，並決定成立臺灣防衛司令部，任命孫立人為防衛司令官。9 月更透過改組

[55] 陳添壽，《臺灣治安制度史——警察與政治經濟的對話》，（臺北：蘭臺，2010 年 2 月），頁 127。
[56] 郭乾輝，《臺共叛亂史》，（臺北：中國國民黨中央委員會第六組，1954 年 4 月），頁 45-57。

臺灣省警備總部後的臺灣省保安司令部，派彭孟緝為司令，加強入境臺灣
檢查，嚴格取締縱火的破壞社會秩序行為，舉發與肅清中共間諜，禁止與
中共地區的電信往來等措施。[57]12 月院會決議改組臺灣省政府，陳誠免兼
臺灣省主席，而任命改由吳國楨接任。

　　1949 年 5 月 1 日臺灣省實施戒嚴，舉行的戶口總檢，全省違檢被拘留
者 1,500 餘人；5 月 27 日臺灣省警備總部根據〈戒嚴令〉制定〈防止非法
的集會、結社、遊行、請願、罷課、罷工、罷市、罷業等規定實施辦法〉
和〈新聞、雜誌、圖書的管理辦法〉，以有效維護社會治安，確實掌控臺灣，
以致引來政府被批評不民主、不重視人權。[58]

　　同時，為了徹底使臺灣免於受到國共內戰的影響，政府採取與大陸隔
離策略。臺灣省主席兼兼臺灣省警備總司令陳誠還特別採取三項措施，第
一是在大陸上的銀行，一律不准在臺灣復業，以免擾亂金融；第二是在大
陸上公私立大學，一律不准在臺灣復校，以避免學潮；第三是大陸上的報
紙，除了南京「中央日報」以外，一律不准在臺灣復刊，以避免混淆視聽。
此外，從高雄或基隆登陸的軍隊，一律按實際人數加以收編，不得帶武器
上岸，以避免影響臺灣治安。[59]

## 貳、硬式威權體制的治安議題

　　1950 年 3 月 1 日蔣介石復任總統職務，並以電報告知李宗仁，希望他
以副總統的身份做專使，在美國爭取外援。[60]同時，為了強化治安工作，
並將原非正式單位的「政治行動委員會」，改稱「總統府機要室資料組」，

---

[57] 陳添壽，〈政經轉型與警察角色變遷之研究〉，《警學叢刊》（第 33 卷第 2 期），（桃園：中
央警察大學，2002 年 9 月），頁 36。

[58] Thomas B. Gold, *State and Society in the Taiwan Miracle*（Armonk: M. E.
Sharpe, 1986），p. 51.

[59] 陳添壽，《警察與國家發展──臺灣治安史的結構與變遷》，（臺北：蘭臺，2015 年 11 月），
頁 254。

[60] 李宗仁　口述，唐德剛　撰寫，《李宗仁回憶錄》（下冊），（香港：南粵，1986 年 3 月），
頁 665-671。

由蔣經國擔任這個「資料組」主任，重建臺灣情治系統的治安工作。

　　4 月臺灣開始實施綏靖與清鄉的治安工作。同時，蔣介石檢討在大陸的軍事失敗，是因為政治性治安工作不如中共，中共軍之所以有今日的發展和勝利，主要歸功於他們對政治工作。[61]

　　所以，當蔣介石復職總統後，隨即宣布成立國防部總政治部，重建軍隊的政工來加強思想教育，竭誠服膺領袖的領導，並透過黨的組織建置來掌握軍隊，但隨著 1950 年 4、5 月戰事再失利，國民政府相繼棄守海南島、舟山島，轉而全力固守臺澎金馬，國民政府從抗日勝利的頂峰跌落到成為流亡臺灣的谷底悲劇。[62]

　　檢視政府面對兩岸戰爭局勢和鞏固領導中心，乃透過強化硬式威權治安結構的重組，首先進行中國國民黨的改造工作，成立中央改造委員會的目的在：第一，明定黨的屬性為革命民主政黨；第二，裁撤中央監察委員會，採評議委員會制，促使領導更趨於一元化；第三，注重基層組織與民眾團體；第四，建立幹部制度；第五，確立新的黨政關係。[63]

　　改造的目標是要貫徹以黨對政、軍、警、情治，及工會、商會、漁會、農會、青年、婦女、文化界等社會團體的指揮機制，建立「以黨治國」的威權體制，並強烈主張代表的是中國合法正統，不容許有任何反對言論和行動的對政權提出挑戰。改造時間是從 1950 年 8 月起到 1952 年 10 月國民黨召開第七次全國代表大會開幕之日止。

　　國民黨組織改造的結果，在消極方面，要把失敗主義的毒素徹底肅清，要把派系傾軋的惡習痛切悔改，要把官僚主義的作風切實剷除；在積極方面，關於基層組織的充實，幹部制度的建樹，黨政關係的確立，教育訓練的實施，文化事業的鼓勵，民眾運動的發展，社會調查的舉辦，設計研究

[61] 國軍政工史編撰委員會，《國軍政工史稿》（下），（臺北：國防部總政治部，1960 年 4 月），頁 1409。
[62] 梁敬錞，《中美關係論文集》，（臺北：聯經，1982 年 12 月），頁 148。
[63] 中國國民黨黨史會，《至公至誠的中國國民黨》，（臺北：近代中國社，1991 年 11 月），頁 232。

的進行，大陸工作的策劃，海外黨務的發展，紀律與考核的執行，以及財務與黨營事業的整頓，較之於改造以前，顯然已有相當的成績與進展。

由於黨政關係制度的建立，各級黨政民意機關中政治小組，政治綜合小組，以及黨團的運用，使黨政工作互為表裏，相得益彰。而且早在 1949 年 10 月，並已開始在陽明山創辦革命實踐研究院，有計劃的調訓黨內高級和中級幹部。[64]

1952 年 10 月國民黨召開第七次全國代表大會，並通過修改黨章，藉由中央委員會的組織結構，接掌原已運作的中央改造委員會職權。中央委員會閉會期間則透過中央常務委員的權力核心執行黨務工作，對中央委員會負其責任。這次的全國代表會議結果，正式宣告陳果夫、陳立夫兄弟（所謂的 CC 派）、宋子文、孔祥熙、孫科等重量級人士，和閻錫山、白崇禧、楊森等多位將校紛紛被解除軍職，而被排出權力核心，蔣介石第一次完全控制中國國民黨，硬式威權體制獲得更進一步的鞏固。

政府為鞏固硬式威權體制還採取凍結總統、中央民意代表的選舉，只局部開放具有象徵意義的地方性選舉，會有這樣的選舉方式的考量，一方面可以凸顯實施民主政治，另一方面也使人們能有效地表達言論的自由，而且只需要花費極少的成本。

對於中央民意代表方面，立委、監委則依據大法官 1954 年 1 月 30 日釋字第 31 號解釋：「在第二屆委員未能依法選出集合與召集以前，自應由第一屆立法委員、監察委員繼續行使職權」；國大代表，則適用憲法第 28 條「每屆國民大會代表之任期至次屆國民大會開會之日為止」的條文。第一屆國大代表的任期與立委、監委一樣，實際上無限期延長，形成舉世罕見的「萬年國會」。

對於不會影響權力結構的地方性選舉，政府依據 1950 年 4 月制定的《臺灣省各縣市實施地方自治綱要》，卻發生 1950 年中再度審理包含省長民選在內的《省自治通則》法案，並進入二讀，由於當時擔任行政院長的陳誠

---

[64] 張其昀，《黨史概要》（補編），（臺北：中央文物供應社，1979 年 3 月），頁 2065-2066。

主張應該慎重其事，使得審議中止，因而出現臺灣省主席陳誠所提出的臺灣省長民選法案，竟被自己擔任行政院長所否決的怪事。

　　1951 年 12 月及 1954 年 4 月分別選出第一、二屆臨時省議員；1957 年 4 月及 1960 年 4 月分別選出第一、二屆省議員；縣市長則於 1950 年 10 月、1954 年 4 月、1957 年 4 月，及 1960 年 4 月分別選出第一屆至第四屆的縣市長。[65]

　　這是透過籠絡地方政治精英及結合地方仕紳的策略，實施既能以民主選舉號召，又能兼顧確立威權體制治安的有效雙軌制，繼續以〈動員戡亂時期臨時條款〉及〈戒嚴令〉，限制人民的言論、集會、結社、出版，及新聞等自由，並強調以「法統說」來掌控國會的權力運作。

　　1953 年 6 月政府制定《警察法》，凡警察之組織、職權、人事、教育、經費、設備，警察權由中央與地方行使的事項，皆訂有規範可循，並通過工礦、森林、外事等專業警察的相關組織規程。

　　1954 年政府實施〈臺灣省警察政訓工作綱領〉，凸顯臺灣省警政工作配合反共抗俄的需要，及符合政治改革的要求，以堅持三民主義革命政策統一警察人員思想，團結警察人員精神，激發工作情緒，改變警察氣質，養成優良紀律，促進警民合作，完成國民革命第三期任務，突顯戰時革命警察的特質。[66]

　　同時，為確保威權型政治性治安，1954 年將「總統府機要室資料組」以國家安全局之名，被正式納歸到模仿美國的國家安全會議而設立「國防會議」（1967 年改名「國家安全會議」）之下，由蔣經國擔任國防會議副秘書長。[67]

　　該會議不經立法程序，不必向國會負責，卻掌握大權，不僅各情治單

[65] 鄭梓，《臺灣議會政治四○年》，（臺北：自立晚報，1987 年 10 月），頁 113-124。
[66] 陳添壽、章光明，〈警察與國家發展之關係〉，章光明　主編，《臺灣警政發展史》，（臺北：內政部警政署、中央警察大學，2013 年 10 月），頁 10-11。
[67] 若林正丈，《戰後臺灣政治史——中華民國臺灣化的歷程》，（臺北：臺大出版中心，2014 年 3 月），頁 106-107。

位必須對其負責，必要時連相關部會首長亦須接受節制，人稱「太上內閣」，該會之下設有「國家安全局」，負責協調並監督各情治機關的治安工作。

1958 年「臺灣省警備總司令部」成立，接管原保安司令部等單位所負責的戒嚴、警備、出入境管理、文化檢查、郵件檢查、軍法審判等業務。除此之外，改組後的國民黨海工會、陸工會、社工會，及憲兵、外交部情報司等單位，雖各有職司，但是都必須向國安會彙報。[68]

另外，硬式威權體制也凸顯在 1952 年 10 月 31 日成立的中國青年反共救國團，強制規定所有高中以上學生為當然團員，團員必須信仰三民主義、宣傳三民主義，以三民主義為中心思想，凡有背叛三民主義者以違犯團紀論處。救國團本身擁有《幼獅通訊社》、《幼獅月刊社》、幼獅廣播公司、中國青年寫作協會，和各地的青年活動中心，舉辦各類型青年活動，加強與青年的聯繫和輔導；並且採取與國民黨各縣市黨部相平行的組織建置，來配合推動黨的工作，做為國民黨領導青年並儲備青年黨員的機構，達成如同 1947 年 9 月國民黨第六屆四中全會通過〈統一中央黨部團部組織案〉，將三民主義青年團與國民黨進行黨團合併模式。[69]

換言之，硬式威權型政治性治安藉由「黨團合一」、「黨外無黨、黨內無派」的完成，不但確立國民黨在臺灣一黨獨大的優勢，和鞏固以蔣介石和培植蔣經國為權力核心的硬式威權體制。

因而 1954 年 3 月發生吳國禎因在臺灣省主席兼保安司令任內，反對蔣經國搞救國團的工作，除了不給予經費資助之外，還指責該團為希特勒的法西斯集團和共產黨的共青團，導致吳國禎被國民黨開除黨籍事件。[70]蔣經國與吳國楨的意見之爭，還有臺灣火柴公司總經理王哲甫被省保安司令部逮捕事件。[71]

[68] 許介鱗，《戰後臺灣史記》（卷二），（臺北：文英堂，2001 年 10 月），頁 16-22、24-26。
[69] 中國國民黨黨史會，《至公至誠的中國國民黨》，（臺北：近代中國社，1991 年 11 月），頁 210。
[70] 許介鱗，《戰後臺灣史記》（卷二），（臺北：文英堂，2001 年 10 月），頁 78-79。
[71] 江南，《蔣經國傳》，（臺北：前衛，1997 年 1 月），頁 281-282。

另外，孫立人以陸軍總司令因抵制蔣經國政工制度，導致後來所引發
1955 年 5 月陸軍步兵學校少校教官郭廷亮以匪諜案被捕，接著又有 300 多
位軍官被捕，經過審訊後，共有 35 名由軍事法庭起訴判刑，時任總統府參
軍長的孫立人被迫辭職，並軟禁 30 多年的所謂「孫立人兵變」事件。[72]

另外，檢視硬式威權所引發言論自由的政治性治安議題，主要是胡適、
雷震、殷海光等自由人士自 1949 年 11 月 20 日創刊至 1960 年 9 月 1 日被
迫停刊的《自由中國》雜誌的批評。

「自由中國」每期必刊出的四條創刊宗旨是：第一，我們要向全國國
民宣傳自由與民主的真實價值，並且要督促政府（各級政府），切實改革政
治經濟，努力建立自由民主的社會；第二，我們要支持並督促政府用種種
力量抵抗共產黨鐵幕之下，剝奪一切自由的極權政治，不讓他擴張他的勢
力範圍；第三，我們要盡我們的努力，援助淪陷區域的同胞，幫助他們早
日恢復自由；第四，我們的最後目標，是要使整個中華民國成為自由的中
國。[73]

《自由中國》一開頭是受到蔣介石支持的，立場明顯，就是支持蔣介
石的反共抗俄政策，胡適擔任名譽發行人、實際發行人是雷震。1951 年 6
月爆發的〈政府不可誘民入罪〉社論開始，《自由中國》為了爭取言論自由
和新聞自由，先後和黨國多有衝突，其中犖犖大者如 1956 年的〈祝壽專
號〉、1957-1958 年的〈今日的問題〉系列社論、〈出版法修正案〉等，都
引發警總等情治單位的干擾，到了 1959 年反對蔣介石的三連任之後，關係
方才破裂。[74]

尤其當 1960 年蔣介石以增訂臨時條款方式，總統任期將不受憲法第四
十七條連任一次的限制，和中央民意代表不用定期改選的延續硬式威權政

---

[72] 陶涵（Jay Taylor）著，林添貴　譯，《蔣介石與現代中國的奮鬥》（下卷），（臺北：時
報文化，2010 年 3 月），頁 553-554。

[73] 胡虛一，〈雷震日記介紹及選註〉，李敖等，《萬歲・萬歲・萬萬歲》，（萬歲評論叢書 1），
（臺北：天元，1984 年 1 月），頁 29-30。

[74] 雷震　著，林淇瀁　校註，《雷震回憶錄之新黨運動白皮書》，（臺北：遠流，2003 年 9 月），
頁 34-35。

權時，《自由中國》雜誌嚴厲批判的最終下場，是 1960 年 9 月雷震等人在警總偵訊後，即由軍事檢察官起訴，認定雷震「散播無稽謠言，打擊國軍士氣，煽惑流血暴動，蓄意製造變亂，勾通匪諜份子，從事有利於叛徒之宣傳，包庇掩護共諜」，審判庭作出「雷震明知劉子英為匪諜而不告密舉發，處有期徒刑七年」，以及「連續以文字為有利於叛徒之宣傳，處有期徒刑七年」，被判決須合併「執行有期徒刑十年，褫奪公權七年」。

當然，《自由中國》雜誌於 12 月 20 日正式宣布停刊，雷震與高玉樹等臺籍人士預定成立反對黨—中國民主黨的工作也就胎死腹中。雷震一案，就因雷震與臺籍人士李萬居等過從甚密，企圖組織反對黨所致。有聲望的外省人士與臺灣士紳「勾結」，是當局的「夢魘」，必須阻止。[75]

另一扮演批評政府言論的雜誌是創刊於 1957 年而結束於 1965 年的《文星雜誌》。雖然「文星」發刊詞標示的三項性質是：生活的、文學的、藝術的，在這種性質的內涵之下，它是「啟發智慧並供給知識」，所謂「啟發智慧」是現代人「生活的」必要條件，它的範圍當然囊括了思想上的開明和人權上的保障，所以「思想的」討論，也自然屬於「文星」雜誌的一個主題。[76]

但是《文星雜誌》的為自由民主的奮鬥訴求，難逃被警總發動圍剿、被封殺、被刑求、被下獄，而繼《自由中國》事件之後的下場。同時，1964 年臺大教授彭明敏、魏廷朝等人撰擬〈臺灣自救宣言〉，也都在政府的監控和壓制之下，也同樣有人因叛亂罪而遭到入獄的悲慘遭遇。[77]

換言之，這些為推動政治民主化和自由化的言論，其相對於武裝奪權

---

[75] 白先勇、廖彥博，《療傷止痛：白崇禧將軍與二二八》，（臺北：時報文化，2014 年 3 月），頁 10；許介鱗，《戰後臺灣史記》（卷二），（臺北：文英堂，2001 年 10 月），頁 139-143；聶華苓，《三輩子》，（臺北：聯經，2011 年 5 月），頁 191；雷震 著，林淇瀁 校註，《雷震回憶錄之新黨運動白皮書》，（臺北：遠流，2003 年 9 月），頁 56。

[76] 蕭孟能，〈文星雜誌選集序言〉，蕭孟能，《文星雜誌選集》（第一冊），（臺北：文星書店，1965 年 5 月），頁 1-6。

[77] 許介鱗，〈後記——記我的朋友魏廷朝〉，《戰後臺灣史記》（卷四），（臺北：文英堂，2001 年 11 月），頁 361-364。

和非法組織政黨的權力運作，都只是還停留在標榜延續「五四」精神的啟蒙運動和對「東西文化」的論戰框框，純屬於部份知識分子的爭取言論自由層次，並未能對硬式威權型政治性政權產生威脅。[78]

對比於硬式威權型政治性治安造成衝擊的是選舉議題，臺灣地方自治選舉到了 1963 年有李萬居、郭雨新、許世賢的當選省議員，1964 年有高玉樹當選臺北市長、葉廷珪當選臺南市長、林番王當選基隆市長、黃順興當選臺東縣長，1968 年有楊金虎當選高雄市長，但反對人士仍然只是在硬式威權體制實施黨禁、報禁的有限度環境下，滿足少數地方政治精英的參政冀望而已。

甚至於當面臨大陸選出的中央民代日漸老化、凋零的嚴重問題時，硬式威權型為避免造成法統統治合法性危機引發政治性治安議題，只得於 1969 年在臺灣地區舉辦增補選，反對人士也只有郭國基及黃信介等少數進入中央民意機構，不管是在中央或地方的選舉結果，在硬式威權的權力結構上反對人士並未能凝聚成有組織的黨派。

換言之，這些零星政治性突圍，對於當時硬式威權體制的權力結構，根本無法撼動或制衡蔣介石所建立的威權統治。基本上，也都只是屬於微弱的「孤星式」抗爭。因而，硬式威權型政治性治安的弱化機會，也一直要等到 1975 年 4 月 5 日蔣介石過世之後才有鬆動的現象，但也是在不影響國民黨威權統治臺灣的基礎下逐步展開來。

## 參、軟式威權體制的治安議題

對比硬式威權型政治性治安議題的弱化為軟式威權型政治性治安的跡象，可以回溯 1965 年陳誠去世，行政院長嚴家淦派蔣經國出任國防部長，1969 年 6 月擔任行政院副院長時已悄然進行，到了 1972 年 5 月蔣經國出任行政院長，國民黨的權力結構核心已逐漸轉移到蔣經國所掌控的單位上，所謂「接班人」態勢已隱約浮出檯面。

---

[78] 胡適等，《胡適與東西文化》，（臺北：水牛，1968 年 1 月），頁 187-266。

　　1968 年柏楊（本名郭衣洞）因漫畫內容恰巧是大力水手與其小兒子海上落難，飄到小島，於是就發展到角逐誰統治的問題，大力水手就允諾兒子繼承。這涉及到敏感的「接班」問題，震怒了有關當局，柏楊曾因「以影射方式，攻訐政府，侮辱元首，動搖國本」入獄，關了九年多。[79]

　　蔣經國在面對臺灣長期以來內部一直存在國家認同與族群意識的挑戰，凸顯訴求「臺灣獨立」的抗爭治安事件，與臺灣威權體制民主化運動的形影相隨。蔣經國深刻體會和了解到中國國民黨與中華民國政府「本土化」的迫切性與重要性。

　　蔣經國遂採取以強化內部正統性彌補涉外正統性的缺損，透過擴大延攬臺籍精英參與黨中央、中央政府機關及國會決策的權力運作，藉由組閣時機即大幅增加本省閣員的比率，由臺籍人士出任重要政治性職務，如行政院副院長、內政部長、交通部長，以及臺灣省主席和臺北市長都由臺籍人士出任。[80]

　　同時，透過 1972 年 12 月辦理自由地區增額中央民意代表選舉，以充實中央民意代表機構，並且審慎、小心的培養與控制溫和在野勢力的成長。由於選舉結果，縱使國民黨候選人全部落選，都不至於影響國會的權力結構。這樣的選舉，與其說民主選舉，不如說「威權主義的選舉」。[81]

　　當蔣介石於 1974 年 5 月過世時，總統職務雖由副總統嚴家淦依《憲法》繼任，但國民黨總裁一職，則在當月 28 日所召開的國民黨中央臨時全體會議決議，保留黨章「總裁」一章，另推舉蔣經國為中央委員會主席兼中央常務委員會主席，蔣經國乃正式成為國民黨的黨主席。

　　然而，威權型政體所面對一連串的政治性治安議題的挑戰，1970 年代初釣魚島爭議和中華民國退出聯合國的遊行事件，凸顯改革運動已普遍從

---

[79] 李寧，〈與柏楊談敏感問題〉，柏楊 65 編委會，《柏楊 65：一個早起的蟲兒》，（臺北：星光，1984 年 3 月），頁 159-199。

[80] 彭懷恩，《臺灣政治變遷四〇年》，（臺北：自立晚報，1990 年 5 月），頁 105。

[81] 若林正丈，《戰後臺灣政治史——中華民國臺灣化的歷程》，（臺北：臺大出版中心，2014 年 3 月），頁 17。

省籍權力分配、社會利益分配，及政經主體性等實際結構和意識型態向威權體制提出挑戰。

　　尤其是一批年輕學者藉由《大學雜誌》的平台，延續《自由中國》、《文星雜誌》書生論政的風格，督促政府尊重人權、政治民主化、國會全面改選的改革等訴求，要求政治革新的呼聲越來越高。

　　1972 年底《大學雜誌》就分裂了，其中一部分被國民黨政權所吸收，一部分則透過選舉與「草根黨外」結合。1975 年 8 月以黃信介為發行人、康寧祥為社長、張俊宏為總編輯，創辦了《臺灣政論》。

　　這是首次以本省人為中心的政論雜誌，雖然在第五期就被禁止發行，但發行量卻高達 5 萬份，康寧祥也在同年底的「增額立委選舉」中再次當選。但是宜蘭籍政壇老將郭雨新卻意外落選，導致他在心灰意冷之餘遠走海外。在此，我們可以說「黨外雜誌」的向公職選舉挑戰的階段。

　　1977 年 8 月 16 日臺灣長老教會發表的〈人權宣言〉，敦促政府面對現實，並採取有效步驟，以使臺灣成為一個新而獨立的國家，以及 11 月 19 日因地方公職人員選舉所發生的「中壢事件」，選舉結果導致臺灣地方政治權力結構的巨變。

　　由於受到「中壢事件」治安的衝擊，孔令晟署長特別強調，警政現代化的警民關係，和警察新型鎮暴能力的整建，尤應按完整之整建程序，積極進行，以其有備而無患。[82]並於 1978 年 6 月向行政院所提出的〈改進警政工作方案〉，這方案包括了四十六項執行計畫，至此改革事業方向已定。

　　1978 年 3 月第一屆國民大會第六次會議選舉蔣經國、謝東閔為第六任總統、副總統，5 月 20 日正式就職，22 日蔣經國提名孫運璿並獲立法院高票同意，擔任行政院長，正式開啟了蔣經國統治臺灣的時代。

　　然而，對軟式威權型政治性治安造成重要影響的關鍵因素，除了是強調「臺灣意識」的體制外改革運動所引發「中壢事件」的挑戰之外，在 1978

---

[82] 郭世雅，《孔令晟與警政現代化》，（桃園：警大行政警察研究所碩士論文，2001 年），頁 61、74-75。

年 12 月 16 日美國與中共建交，而在總統發布緊急處分令，致使原訂於 12 月 23 日舉行中央民意代表的選舉被迫延期。

　　然而，在這場選舉活動中，「黨外」作為反對勢力的角色卻進一步地成形。具體而言，他們組織了「臺灣黨外人士助選團」，展開全國競選活動，導致 1979 年 12 月 10 日爆發「高雄事件」或稱「美麗島事件」。

　　這是「二二八」政治性治安議題以來，臺灣發生另一嚴重的政治性治安議題，直接衝撞國民黨的威權體制。然而，「美麗島事件」的發生，政府並沒有停止臺灣實施地方自治選舉的政策，反而加速推動臺灣政治自由化。

　　政府以修正《動員戡亂時期臨時條款》的方式，擴大選舉名額，容納更多政治精英參與中央決策。使得國民黨對於黨外所升高之對民主化與臺灣化之要求的過敏反應有所減輕。

　　同時，為了彰顯政府推動政治自由化的決心，政府在審理「美麗島事件」上更是採取公開方式的開明作法，也突顯警察在治安事件上以打擊犯罪、維持秩序的執行法律角色，亟欲避開戡亂戒嚴的「以軍治警」色彩。

　　1982 年 4 月退伍老兵李師科蒙面搶劫土地銀行，是臺灣第一宗治安史上的銀行搶案，破案後李師科被依《懲治盜匪條例》判處死刑，也因為此案被誤抓的王迎先成了陪葬的冤魂，社會警覺維護人權的重要性。

　　因此，立法院火速通過《刑事訴訟法》的 27 條修正案，被告得隨時選任辯護律師，俗稱「王迎先條款」。但是，這時「黨外」的運動並沒有因為「美麗島事件」重要幹部被逮捕而趨式微，反而因新崛起的領導者而激進化。

　　1983 年增額立委選舉時組織的「黨外選舉後援會」，在選舉後，更組成「黨外公共政策研究會」，並對外表示，未來將在各地設置地方支部。這堪稱是實質的組黨宣言。

　　1984 年 3 月蔣經國、李登輝的當選中華民國第七任總統、副總統，臺灣政治民主化的腳步又向前跨了一大步。但承上所述，1984 年 10 月發生「江南案」後，臺灣治安機關發動大規模掃蕩黑道幫派的「一清專案」行動，同時美方指涉有情治人員介入其中，政府亦對情治人員的涉案表示非常震驚，並免除汪希苓國防部情報局局長的職務。

接著情報單位改組，改名後的國防部軍事情報局只負責蒐集軍事情報，禁止在美國從事任何秘密工作，國家安全局集中力量從事情報蒐集、分析及反情報工作，不搞秘密行動，經過一段時間之後，汪敬熙調離國家安全局局長。

1985 年政府先後通過修正《警械使用條例》、《槍砲彈藥刀械管制條例》，和《動員戡亂時期檢肅流氓條例》等相關法規，凸顯政府在維護治安及保障人權方面皆具積極的意義與作用。

但是以實施《違警罰法》為例，警察仍屬擁有極大權限的機關，其不僅擁有法規制定權，如頒布一些職權命令，且依據《違警罰法》，掌理警察司法裁判權。警察行政權之範圍，仍擁有一些衛生、消防、工商、安全以及風俗等警察之事務。

此種警察權，包括行政、立法以及司法裁判權等，非常類似「警察政治」國家的警察權。因此，1986 年 9 月 28 日政府對於參與組織成立「民主進步黨」的「黨外人士」，乃採取以溝通協調的包容方式處理。

尤其 2000 年政黨輪替之後，陳水扁政府認為戰後臺灣民主運動的一脈傳承是《自由中國》、《文星雜誌》、《大學雜誌》、《美麗島雜誌》到民主進步黨的成立。這個排列方式等於把《自由中國》，以及因為《自由中國》而入獄的雷震，放在戰後臺灣民主運動的發軔與啟蒙的崇高地位。[83]

蔣經國的軟式威權型體制到了 1987 年 7 月公佈《動員戡亂時期國家安全法》的解除戒嚴，與 11 月的開放大陸探親，緊接著 1988 年 1 月 1 日的解除黨禁、報禁，其對國民黨的權力結構已產生很大的變化。

1987 年 7 月 15 日凌晨零時起的解除在臺灣本島、澎湖與其他附屬島嶼實施的戒嚴令，同時宣布廢止依據《戒嚴法》制定的 30 項相關法令，國防部也對 237 位於戒嚴時期遭司法審判的民眾予於減刑或釋放。民眾不再受軍法審判，民眾可以依法組黨結社、集會遊行和從事政治活動。

---

[83] 雷震　著，林淇瀁　校註，《雷震回憶錄之新黨運動白皮書》，（臺北：遠流，2003 年 9 月），頁 19。

軟式威權體制的調整策略尤其是在蔣經國 1988 年 1 月 13 日過世的前一年，其對外宣稱自己是「中國人」也是「臺灣人」，中華民國逐漸臺灣化的權力結構演變，凸顯標榜「自由中國」的國家發展主軸逐漸轉型為發展「經濟臺灣」的總體目標。

到了 1988 年 1 月 13 日李登輝繼任總統，和 7 月 7 日在國民黨第十三次全國代表大會當選黨主席，彰顯「中國意識」和「臺灣意識」交織形成的主體意識形成，中華民國威權體制與治安結構的發展進入轉型期的新階段。

## 第四節　家父長式經濟性治安

戰後臺灣經濟發展的歷程，政府政策在 1950 年至 1960 年代主要是優先抑制通貨膨脹，以農業培養工業，以工業發展農業；力求預算平衡、改革外匯制度、實施單一匯率。

在 1960 年至 1970 年代政府政策主要是節約消費、鼓勵儲蓄、增加內資財源、減少對美元依賴；鼓勵發展勞力密集出口工業加速經濟發展，追求經濟自主為目標。到了 1970 年代以後，政府政策是以貿易為前導的經濟發展，以支援第二回合的進口代替工業；工業快速發展，導致政府負責之各項公共設施產生瓶頸現象（包括公路、鐵路、港口等），亟需大量投資；而國際經濟不穩定，以致出現貨幣危機、糧食危機及能源危機的現象。

臺灣產業結構的變化，到了 1963 年工業產值已由 28.1%超過農業產值的 26.8%；到了 1988 年服務業產值已由 49.3%超過工業產值的 45.7%。[84]蕭峰雄指出，分為戰後重建時期的發展民生工業、輕工業時期的發展勞力密集工業、重工業時期的發展資本密集工業、策略性工業時期的發展技術密

---

[84] 李國鼎，《國鼎文集之八——臺灣的經濟計劃及其實施》，（臺北：資訊與電腦雜誌社，1999年 2 月），頁 43-55。

集工業，及高科技工業時期的發展高科技工業。[85]

　　檢視 1950 年代的經濟政策，尹仲容贊成工業民營化，卻反對自由放任式的自由經濟。因為，尹仲容認為在落後國家，民間還沒有具經驗的人才和經濟力量，因此政府不宜放手讓民營企業隨意去做，而應該由政府來統籌全局，從整體經濟利益著眼，決定某一個時期工業發展的方向與目標，亦即哪些工業應優先發展，哪些應暫緩，哪些應在某一段時期內發展到某種程度。

　　這種經濟計劃，並不同於共產集權國家的經濟計畫，因為在那些國家中，政府並不掌握生產工具，也未控制所有的經濟活動；政府的計畫只涉及工業的種類，而沒有牽涉到各類工業中的生產單位企業，因此這些單位企業仍有充分的活動自由。尹仲容曾稱這種經濟為「計畫式的自由經濟」。[86]

　　從國家（state）是否掌握「所有權」（income power, 或稱收益權）和「使用權」（control power,或稱控制權）的產權標準來衡量，如國家同時擁有生產工具的所有權和使用權，便是「統制經濟」（command economy）；如果國家對於生產工具有所有權，但是沒有使用權，便是「市場社會主義」（market socialism）；如果是私人有所有權，而國家有控制權，便是「國家資本主義」（state capitalism）；最後，如果私人同時擁有所有權和控制權，這就是自由放任的資本主義。[87]

　　所以，李國鼎稱 1950 年代臺灣採行的是「計畫性自由經濟」制度，是以市場機能為基礎，但政府可視實際需要，另做必要而合理的干預。因此，隨著經濟發展階段的不同，自由與計畫的相對成分會有所變異。其實臺灣經濟的自由化直到 1980 年代中期，也只能算是局部自由化（partial

---

[85] 蕭峰雄，《我國產業政策與產業發展》，（臺北：遠東經濟研究顧問社，1994 年 7 月），頁 53。

[86] 康綠島，《李國鼎口述歷史——話說臺灣經驗》，（臺北：卓越，1993 年 9 月），頁 87-88。

[87] Yu-Shan Wu, Comparative Economic : Mainland China, Hungary, the Soviet Union, and Taiwan（Standford University Press, 1994）.

liberalization）。[88]

　　臺灣經濟政策已從戰後原先的「節制私人資本」的原則，逐漸轉化成「扶植民間企業」的方向。也就是「計劃經濟」逐漸轉變成「計畫性自由經濟」的道路上去了。從經濟學理論的角度，這種強調政府介入市場經濟，以補救市場失靈的現象，我們稱之為凱因斯的經濟學理論。

　　檢視戰後政府制定的經濟管制規則，常常淪為少數個人或獨占企業的保護工具，極易形成所謂的「企業化政客」（political entrepreneur）。「企業化政客」集團經常利用各種政治上的特權或職位上的權力，鑽營法規的漏洞，或創造出有利於自己或企業的法規。

　　1945 年至 1987 年的這一段期間，由於政府牢牢地掌控龐大的公營企業，與核准各種特許行業的權力；加上執政黨又擁有許多黨產和黨營企業，透過交互投資極易和民間財團結合形成「黑金」結構，導致經濟失序議題所引發家父長式（paternalism）的經濟性治安。

　　以下，本節將從外貿管制、產業失衡、公黨營事業等三大議題引發的經濟性治安加以檢視。

## 壹、外貿管制的治安議題

　　回溯 1945 年戰後國府主政下大陸的經濟復元措施，由於受到資金缺乏、罷工不斷、生產成本提高，導致貿易出口減少，外匯短缺。加上，物價膨脹的助長企業寧可囤積獲取暴利，而不願意投資生產，導致國共戰爭對財務的排擠，政府在經濟發展與軍事支出的經費比率逐年下降。[89]

　　政府雖然亟欲擺脫「軍事財稅主義」（military fiscalism），但當時 1 包米在 1948 年 6 月售價法幣 670 萬元，8 月已漲到 6 千 3 百萬元。所以，當

---

[88] 李國鼎，《國鼎文集之八——臺灣的經濟計劃及其實施》，（臺北：資訊與電腦雜誌社，1999 年 2 月），頁 13-14。

[89] Chou Shun-hsin, *The Chinese Inflation, 1937-1949*（N. Y. : Columbia University Press, 1963），p. 109.

時的國民政府頒布命令，要求老百姓交出所有的金、銀及舊鈔「法幣」，換取新鈔「金圓券」，兌換率是 300 萬法幣換 1 元金圓券。金圓券之後，中央銀行在大陸改發行銀圓券，但要 5 億元金圓券才能換 1 圓銀圓券。

當時國民黨政府的三大經濟管制區集中在上海、廣州和天津，其中以上海的成敗最具關鍵。因為，當時的上海市長是吳國楨，蔣介石還特別任命俞鴻鈞為上海經濟管制督導員，賦予警察權。不過，命俞鴻鈞只是名義上的督導員，蔣經國奉派擔任他的副手，是實際權力的執行者。

蔣經國在父親蔣介石的同意授權之下，基本上，他主持上海的經濟、金融、商業和相關警察功能，不需請示別人。可是，最後在未能全國普遍一致執行幣制改革，整個工作還是失敗。[90]

到了 1947 年下半年，更受到大陸局勢惡化和幣制改革失敗所引起通貨膨脹的影響，1948 年 8 月國民黨政府公布〈財政經濟處分令〉，管制民間買賣金鈔、套匯、經營地下錢莊，一經破獲，都可能援用《妨害國家總動員懲罰暫行條例》，由軍事機關審判。

因「法幣」及「金圓券」兌換新臺幣比率偏高，乃致使大量資金從大陸流向臺灣，「臺幣」隨之膨脹。因此，臺灣不但發生通貨膨脹；再加上物價上漲受到大陸金圓券貶值的拖累，政府遂以上海運來的 200 萬兩庫存黃金、白銀作為準備。

尤其 1949 年 6 月 15 日政府又頒布〈臺灣省幣制改革方案〉及《臺灣省進出口貿易及匯兌金銀管理辦法》，規定改用「新臺幣」取代「舊臺幣」，以當時 4 萬元舊臺幣才能換 1 元新臺幣。並另設發行準備監理委員會，臺灣的物價才受到控制而慢慢穩定下來。[91]

因此，溯自 1945 年政府成立的臺灣省接收委員會與日產處理委員會，將重要鐵公路運輸、電話電報通訊系統，及菸酒樟腦等專賣事業，併歸國

---

[90] Jay Taylor 著，林添貴　譯，《蔣經國傳》，（臺北：時報文化，2000 年 10 月），頁 166-176。

[91] 張導民，〈柏園先生對臺灣經濟發展之貢獻〉，參閱：徐柏園先生治喪委員會，《徐柏園先生紀念集》，（臺北：未註明出版處及年月），頁 36。

營或省營，同時藉由銀行的公營與貿易的壟斷，控制臺灣較具規模的大企業及金融貿易等相關的發展。加上，臺灣在二次大戰期間遭受盟軍的轟炸，一些基礎設施遭受破壞，導致經濟發展受到很大傷害。

臺灣在戰後的 1950 年代，最先引發經濟性治安是在外匯和外貿議題上。臺灣原可供外銷的農產品米、香蕉與鳳梨等，已因日本與大陸市場的流失而出口量大減，無法再為國家獲取外匯；在國內市場又由於為數眾多的大批軍民來自大陸，消費量增加，可供外銷的產品數量所剩不多。

加上，剛萌芽的部份勞力密集產品，又受制於日貨的強勁競爭。因此，政府決定採行進口替代策略，以自製非耐久性消費品代替進口貨，一方面對外可以節省外匯，另一方面對內又可以保護幼稚工業的發展。[92]

而外匯與貿易政策是由行政院「外匯暨貿易審議委員會」（外貿會）主持，實際的外匯業務是由臺灣銀行獨家辦理。1950 年代初期，臺灣不但外匯存底枯竭，且對外積欠外匯達 1 千餘萬美元，臺銀開出的 L/C 已被國外銀行所拒絕接受，政府除採取金鈔只許持有不許買賣的新金融措施之外，另一立刻措施就是建立「外匯審核制度」，在臺銀之下，分別設立進口外匯初審小組及普通匯款初審小組，開始實施外匯管制，按需要的優先次序，以減少外匯支出。

在對外貿易則授權中央信託局統一辦理。例如政府所有對外採購，包括國防部的軍事採購，皆由中信局代為辦理。又如凡是美國援華物質，也悉數由美援會委託中信局獨家辦理。再者，當時糖類產品為臺灣最大宗出口商品，臺糖公司所有糖類外銷業務，亦委託中信局辦理。

除此之外，中信局還受臺鹽公司委託，代辦臺鹽銷日業務；受省糧食局委託，負責對日銷售食米換取日本化學肥料進口業務。總計糖、米、鹽三類商品占當時全臺灣出口總值四分之三以上，這些產品的出口業務，全部由中信局代辦。

---

[92] Robert Wade, "The Role of Government in Overcoming−Market Failure: Republic of Korea and Japan." In Helen Hughes, ed. *Achieving Industrialization in East Asia* (Cambridge : Cambridge University Press, 1988), pp. 129-163.

　　這樣的外匯暨貿易管制政策，導致 1955 年 3 月爆發監察院糾舉中央信託局不法貸款高雄楊子木材公司的經濟性治安案件，乃至於擔任外貿會主委、兼中央銀行總裁的徐柏園牽涉 1969 年 3 月爆發的「香蕉案」，導致徐柏園去職，外貿會的外匯業務併入央行，成立外匯局；貿易業務併入經濟部，成立國貿局。

　　高雄楊子木材公司案的爆發，導致 1955 年 4 月尹仲容辭去中央信託局局長一職，10 月再辭經濟部長與工業委員會召集人。楊子公司案後經法院審理，尹獲判無罪。1957 年 8 月尹仲容復出，就任經安會秘書長。

　　至於「香蕉案」（即所謂的金盤金碗案）儘管若干官員入獄，但徐柏園僅負行政責任。當時蔣介石尚有保全之意，案發之後，蔣介石曾在主持國民黨中常會時講過這樣的話：「國家培養一個人才很不容易，但要毀掉一個人才卻很容易。大家應該以本案為殷鑑，注意做事細節。」[93]

　　政府採取的經濟政策是既保護又鼓勵的雙軌並行方式，而進口替代貿易策略的最直接措施就是由當時擔任外貿會主委的徐柏園決定採用複式匯率，在出口時用的是基本匯率，而進口時除基本匯率之外，還加上給匯證、防衛捐等，進口與出口的差別匯率，遂形成以變相徵收額外進口稅的方式，加重進口產品的成本，減少外國產品的進口，來保護國內產業，但見進口商將本求利，匯率一但提高，國內批發價及零售價格也會隨之提高。

　　政府曾有一度除了一般進口匯率之外，為配合僑資，還設計了一種投資觀光匯率：美金 1 元比新臺幣 35 元，以鼓勵外資來臺投資觀光。而出口率也有兩種：1 比 18 與 1 比 24，至於哪一種貨品應用哪一種匯率，並沒有什麼固定的標準，反正當時出口都是糖、鹽等公營事業。這些匯率的差額最終雖然都繳到國庫，但是這種多元匯率不利於出口，也導致資源分配不當和許多不法行為。[94]

　　同時，採用高關稅稅率與外匯分配等方式，管制消費性產品進口，確

---

[93] 王駿　執筆，俞國華　口述，《財經巨擘——俞國華生涯行腳》，（臺北：商智，1999 年 5 月），頁 230。
[94] 康綠島，《李國鼎口述歷史——話說臺灣經驗》，（臺北：卓越，1993 年 9 月），頁 123-124。

保進口替代產業的國內市場；而且，透過公營金融機構對若干進口替代業的優惠資金融通，來促進企業投資的成長與減低經營成本；並且透過提供原料，保障工廠線的穩定生產。

當時的外匯改革政策，開始將多元匯率改為二元匯率，而二元匯率改為一元匯率共分三個階段進行。所以，外匯改革到了 1960 年 7 月的最後階段，才將美金 1 元固定比新臺幣 40 元的匯率。然而，因受到政府保護的廠商獲利甚豐，常引起外界不滿。

臺灣原來不產棉花，因此衣著向來仰賴進口，再加上日本或低價傾銷，更使臺灣紡織業無法發展。政府有鑒於美援物資中有大量的棉花與棉紗，而大陸紡織業遷臺時亦帶來了不少機器，因此主張管制棉布、棉紗進口，以保護本國的紡織業。

1950 年代政府更以「代紡代織」模式，解決資金及原料的難題扶植了國內棉紡織業的發展。[95]「代紡代織」指的是政府批發美援的棉花、棉紗給業者，並支付業者一筆加工費，最後成品也由政府收購。加工費通常定得很高，以降低紡織業者風險，保障利潤。「代紡代織」政策剛實施時，因成品品質低劣，民眾多怨聲載道，但 1953 年當政府將「代紡代織」的保護政策取消，國內紡織業已能穩定成長了。

檢視臺灣自 1953 年至 1960 年期間經濟發展對美援的依賴，特別是對臺灣紡織工業的影響，雖然因為棉花的自美國進口，而有所幫助，可是臺灣肥料工業的發展，就沒有那麼幸運了。

因為，美國為了解決盟軍佔領下日本的缺糧與工業復建問題，曾於 1950 年 9 月透過盟軍總部的安排，要求我國和日本簽定〈中日貿易協定〉，規定中華民國自日本進口肥料及其他工業產品，並出口米、糖及其他農產品，這協定透過每年的更新，使政府在 1950 至 1965 年間不得不將肥料進口稅固定於 5%的管制措施，這是所有進口項目中稅率最低者。日本肥料

---

[95] 黃進興，《半世紀的奮鬥──吳火獅先生口述自傳》，（臺北：允晨公司，1990 年 10 月），頁 133。

的入侵完全破壞政府原先的整建與發展計劃。

　　與臺灣同時發展輕工業的許多第三世界國家，在推行進口替代策略一段時間，同樣會面臨國內市場飽和的壓力，政府明智地不是深化進口替代，而是改採出口擴張策略。

　　為擴展臺灣對外貿易，政府進行〈外匯貿易改革方案〉」確立匯率訂為40：1 的單一匯率，並繼續簡化退稅手續及放寬退稅條件，同時放寬外銷低利貸款項目；推動〈加速經濟發展方案〉的〈十九點財經改革措施〉，和頒布《獎勵投資條例》，以減免租稅獎勵投資；通過《加工出口區設置管理條例》，在港口都市附近興建標準廠房，提供電力、給水、通信等各種公共設施以及港口與倉儲設備，以簡化申請投資設廠、成品出口、原料進口、匯出入款等手續，來降低投資的管理成本，同時藉大幅稅捐減免，配合優秀而廉價勞動力，吸引僑外投資人來臺投資。[96]

　　從 1963 年起是臺灣有效推廣輸出的轉捩點，自此以後，臺灣已逐步擺脫對美元的依賴。檢視當時政府所推動的鼓勵出口政策，包括：

　　第一、是對於直接生產者的鼓勵，由於直接生產者農民不諳國際市場情況，受到中間商的剝削，故欲加強推廣輸出，必須保障直接生產者利益，提高其增產興趣，並使其有財力作增產的投資，改進生產技術，以提高品質，政府實施「香蕉出口五五制」，便是對生產者的鼓勵；

　　第二、對國際市場有計畫的拓展，對洋蔥、柑橘採統一供應方式，鳳梨罐頭則實施聯購原料，香茅油辦理統一報價，洋菇及蘆筍罐頭更實施全面性之產製銷；

　　第三、對工業廠商的鼓勵，對棉紡、毛紡、鋼鐵及橡膠等生產廠商，採取各項鼓勵措施，諸如出口獎勵金、出口退稅及低利貸款等。[97]

　　1961 年至 1972 年間臺灣經濟結構的變化是工業成長率遠高於農業成

---

[96] 王作榮，《壯志未酬——王作榮》，（臺北：天下，1999 年 3 月），頁 593-600；李國鼎，《經驗與信仰》，（臺北：天下，1991 年 6 月），頁 61-63。

[97] 何顯重，〈悼柏公憶往事〉，參閱：徐柏園先生治喪委員會，《徐柏園先生紀念集》，（臺北：未註明出版處及年月），頁 63-64。

長率，不但 1963 年是臺灣經濟起飛期、1967 年後的階段臺灣工業化程度才超越日治時代的水準，而且在 1968 年臺灣已進入勞動剩餘的終結年。工業年成長率高達 16.7%，而農業成長為 4.7%；工業部門中，尤以製造業成長最速，年成長率高達 18.5%，礦業為 4.3%，公用事業為 13.6%。[98]

然而，邢慕寰指出，60 年代初期以後持續呈現的高度出口成長，最主要的原因並不是國內產業結構真正有所改善，或其對外競爭能力真正有所增強，而是政府一直維持 60 年代初期所定的外匯匯率，使臺幣價值一直相對偏低，從而形成實質的外銷補貼。在這種情況之下，加上國內市場高築的關稅和非關稅壁壘，終於導致央行外匯存底的急速累積和因為收購出口外匯所引起的貨幣供給的急速增加。[99]

1950 年代至 1960 年代之間，政府在行政院之下設有「力行小組」，由各部會首長組成，其任務就是「對匪經濟作戰」，其起源於蔣介石認為臺灣有必要透過香港對大陸進行經濟作戰。當時蔣介石認為，臺灣有很多東西賣到香港去，可是並沒有標明出產於臺灣，例如許多臺灣米賣往香港，都用大麻袋包裝，不如改以小袋子包裝，袋子上面著名臺灣生產，可以達到國際宣傳效果。

此外，也可以在香港設立臺灣商品陳列室，宣揚臺灣經濟成果。為了執行蔣介石的指示，除了在行政院成立「力行小組」之外，還在臺灣成立了「臺港貿易公司」，又在香港成立「港臺貿易公司」，也就是當年臺灣在香港對大陸進行經濟戰的前哨。[100]

政府為因應國際能源危機、國內通貨膨脹壓力，及解決經濟結構的問題，1974 年開始推動〈穩定當前經濟措施〉從穩定物價、健全財政，及限建措施等來帶動經濟持續發展。

---

[98] 許松根，〈論臺灣經濟發展的轉捩點〉，收錄：梁國樹 編，《臺灣經濟發展論文集——紀念華嚴教授專集》，（臺北：時報，1994 年 12 月），頁 244-246。
[99] 邢慕寰，《臺灣經濟策論》，（臺北：三民，1993 年 3 月），頁 186。
[100] 王駿 執筆，俞國華 口述，《財經巨擘——俞國華生涯行腳》，（臺北：商智，1999 年 5 月），頁 240。

　　尤其，政府在逐步推動國家建設的同時，由於經濟的快速成長，許多基礎設施已不敷需求，形成經濟發展的瓶頸；而且工業發展所需的基本原料日增，能源亦感不足，只能大量依賴進口。因此，十大建設主要項目是基礎建設與加強重化工業投資，包括核能電廠、六項交通建設、一貫作業煉鋼廠、中船高雄廠，及石油化學工業等。[101]

　　推動十大建設具有凱因斯式政府的強烈生產性角色，不但帶動公、黨營事業投資，更彌補私經濟部門投資與有效需求的不足。同時，由公營部門投資所帶動基礎設施的健全化，更提供了有利於經濟發展的外部條件，大量吸引民間及外國廠商的投資，擴大有效需求，除有助臺灣重化工業發展之外，更因經由經濟層面的起死回生，連帶有促使政局穩定的效果。

　　同時，提高了 1970 年代乃至於 1980 年代臺灣經濟發展的自主性，相對地降低了對外依賴的程度。因此，到了 1976 年臺灣輕、重工業比率，首度由重工業的 50.8% 超過輕工業的 49.2%，臺灣多年來推動重工業要在工業結構中占比率較重的目標終於達成。[102]

　　因此，從 1971 年起除了與進出口融資有關及進口機器設備之外資外，國際資本之流入仍受到嚴格的管制，直到 1979 年 2 月 1 日外匯市場成立，外幣帳戶除原有之外幣存款外，增設外匯存款，准許廠商及個人將外匯所得以「外匯存款」方式持有。

　　惟營業性質之外匯收入只能存外匯存款，且提取有用途限制，而能舉證為自備外匯者才能存入外幣存款，才可自由提取；並隨著外匯市場的建立，匯率改採管理式機動匯率制度。然而，1976 年夏天，爆發「啟達案」，這是繼前一年度「青年公司冒貸案」之後的金融弊案。

　　啟達集團共有五家公司，啟達公司製造玻璃紙，立達公司產製模造紙、牛皮紙、打字紙，中洲公司產製紡織品，啟信公司產製瓦楞紙箱，經成公司產製不鏽鋼餐具，因積欠農銀等多家公營銀行，金額達 18 億 4 千 2 百萬

---

[101] 行政院研究發展考核委員會　編印，《十項重要經濟建設簡介》，（臺北：研考會，1976 年），頁 1-98。

[102] 林鐘雄，《臺灣經濟發展四〇年》，（臺北：自立晚報社，1993 年 3 月），頁 80-81。

元。

　　政府嚴格規定銀行對單一企業及其關係企業放款，不得超過銀行存款總額的一定百分比，後來陸續演變這項限制就納入《銀行法》，以及禁止或限制銀行負責人三親等以內貸款、投資房地產及投資股票上限等規定。1984年6月5日臺北開辦境外金融業務，允許外匯銀行與非居住民從事新臺幣以外之所有外匯交易，但與居住民間之交易仍受到限制。

　　因此，在1971年至1984年時期之金融自由化可稱為「管制外匯體制下的金融自由化」；1985年以後則為「金融自由化與國際化業務開拓期」，1987年7月5日修正外匯管理條例，大幅放寬外匯管制，宣布所有與貿易相關的經常帳外匯管制悉數撤除，允許中華民國居民自由持有及運用外匯，另規定資本帳部份，凡非金融機構的個人及廠商可不經事先核准從事匯出匯入，每人每年可匯入5萬美元，匯出500萬美元。

　　同時並開放外國證券業務投資國內證券商，其股份可達40%，及外國人可參與我國證券投資信託事業，股份可達49%；1989年銀行法修正，撤除對銀行存放款利率之管制，央行取消銀行間外匯交易的價格限制；1988年及1990年分別准許本國銀行成立信託部，及開放外國銀行在臺灣華辦理儲蓄存款與信託業務，以鬆綁臺灣的外匯與外貿市場的管制。尤其是臺灣的外匯市場，到了1991年已趨於平衡。[103]

## 貳、產業失衡的治安議題

　　臺灣發展重化工業的同時，政府注意到中小企業是處於政經權力核心體系的邊陲，除完成「中小企業發展條例」的立法工作，及於1981年正式成立中小企業處外，並積極展開對中小企業提供整體性輔導，以改善中小企業的經營體質，來提高競爭力，並協助中小企業轉型。許多中小企業不但發展成大企業，更因應國內外環境的變遷，淘汰勞力密集的產業轉型為

---

[103] 王駿　執筆，俞國華　口述，《財經巨擘——俞國華生涯行腳》，（臺北：商智，1999年5月），頁298-301。

發展電子科技業等。[104]

　　換言之，政府選擇了產業關聯效果大，技術密集高，有廣大市場的紡織、石化、電子、鋼鐵及機械等五大工業，作為策略性的產業，以帶動整體工業的升級。臺灣經濟發軔以來，不論農業、工商業或製造業，乃至於服務業的企業經營結構，都是以中小規模的方式為主，其中最大關鍵就是資本取得的問題。

　　政府為解決中小企業融資困難，特成立中小企業信用保證基金，及臺灣中小企業銀行。因此，政府透過對中小企業的輔導，創造了許多就業機會，也達成社會安定、所得平均分配，及城鄉均衡發展的經濟和社會目標。[105]

　　當然臺灣中小企業幾乎佔企業整體結構中的97%以上，亦是臺灣經濟發展的重要特色之一，其具有維持市場自由競爭的功能，藉由中小企業與大企業之間的互補作用，大企業不宜生產的零件，分配給垂直分工的中小企業來生產製造，充分發揮產業之間的互利共生結構。

　　反之，高科技技術密集產業是要在資本密集產業發展的基礎上逐漸發展起來。1980年代，對臺灣經濟發展而言，實際上是一個過渡時期。因為，臺灣的經濟目標時而模糊，時而矛盾，如在發展農業與工業之間、保護主義與競爭優勢之間、公營與民營企業之間、外國與國內資本之間、小型與大型企業之間，及在地化與國際化之間。

　　尤其，1980年代以後，臺灣經濟受到高度成長衍生問題的影響，出現高額貿易出超，外匯存底快速累積增加，新臺幣急劇升值，引進大量熱錢及貨幣供給額增加的壓力，造成股票飆漲、房地產價格暴升、工資不斷上漲，致使生產成本上升、競爭力逐漸減退，投資環境漸趨不良的窘境。

　　加上，解嚴後社會脫序所形成的環保抗爭、勞資爭議、政治不安定、

---

[104] 趙既昌，《財經生涯五十年（趙既昌憶往）》，（臺北：商周文化公司，1994年7月），頁136-137；陳介玄，《臺灣產業的社會學研究──轉型中的中小企業》，（臺北：聯經，1998年6月），頁165-166。

[105] 吳惠林，《臺灣經濟的奇蹟、危機與轉機》，（臺北：正中，1994年9月），頁169。

治安惡化，導致投資減少及產業外移。政府採納「經濟革新委員會」的提議，加速臺灣經濟自由化、國際化及制度化的「經濟三化策略」。

自由化的目的是要檢討以往對產品、資金、關稅、外匯及技術在國內與國際間流通的限制，透過鬆綁的力求開放程度，讓臺灣經濟國際化，並檢討有礙經濟發展的法令規章予以制度化。[106]

臺灣於 1977 年 3 月成立園區執行小組，1980 年 9 月正式成立科學園區管理局，12 月園區開幕，為臺灣高科技創業投資與結合國內外人才，奠定了臺灣發展高科技工業的基礎。

實施「科學技術發展方案」，設立新竹工業園區，提出「加強培育及延攬高級科技人才方案」等重要發展技術密集產業的政策，尤其是 1985 年政府訂定「國家科技發展十年計劃（1986-1995）」，1994 年通過「十大新興工業發展策略及措施」，並依「科學技術基本法」訂定國家科學發展計畫，提升臺灣成為「技術立國」的先進國家，以因應「知識經濟時代」的來臨。[107]

臺灣經濟政策的逐漸從自由化和國際化而走向全球化的經濟發展佈局，在科技產業與傳統產業之間也出現產業結構嚴重失衡的現象。

## 參、公黨營事業的治安議題

戰後臺灣企業經營的結構特色，主要可以分為公營、黨營和民營企業等三大類型的經營模式。所謂「公營事業」，根據 1953 年《公營事業移轉民營條例》第二條之規定，係指：一、政府獨資經營之事業；二、各級政府合營之事業；三、依事業組織特別法之規定，由政府與人民合資經營之事業；四、依公司法之規定，由政府與人民合資經營而政府資本超過百分

---

[106] 李登輝，《經營大臺灣——李登輝總統談市政經營、省政經營與國家經營》，（臺北：遠流，1995 年 1 月），頁 275。

[107] 李國鼎，《國鼎文集之九——臺灣的工業化》，（臺北：資訊與電腦雜誌社，1999 年 2 月），頁 143-145。

之五十以上之事業。

　　尤其在公營事（企）業和黨營事（企）業方面，之所以不稱「企業」，而稱「事業」，就當時政府的考量，認為公營和黨營，不似民營之純以營利為目的，而是賦與社會民生的福利責任兩者都具有特殊的時代背景和歷史意義。也因為政府和政黨的介入企業經營，遂亦有人將戰後國民政府統治臺灣時期所實施的政經體制稱為「黨國資本主義」（KMT-State Capitalism）。[108]

　　戰後政府的公營事業來源，除了部分是大陸遷臺企業之外，主要接續日治時期殖民經濟所留下來的資產。國府接收日人企業部分主要依據 1945 年 3 月修正定案的〈臺灣接管計劃綱要〉，並由臺灣省行政長官公署與臺灣省警備司令部聯合組設臺灣省接收委員會，下設軍事、民政、財政、金融會計、教育、農林漁牧糧食、工礦、交通、警務、宣傳、司法法制、總務等組。其中，軍事組係由警備司令部擔任，餘皆由行政長官公署統籌。[109]

　　日人所屬企業則於委員會下增設「日產處理委員會」，將重要鐵公路運輸、電話電報通訊系統，及菸酒樟腦等專賣事業，併歸國營或省營（下文統稱公營企業），同時藉由銀行的公營與貿易的壟斷，控制臺灣較具規模的大企業及金融貿易等相關產業的發展，總計 383 單位。[110]

　　公營事業到了 1965 年 1 月李國鼎擔任經濟部長任內，主張大力擴充公營事業規模，而在經費上與財政部多所意見相左，1969 年 7 月初李國鼎改派財政部長，接替俞國華。隨著政府積極推動十大建設，不但要求公營事業擴大投資與生產，而且也邀請國民黨的黨營企業，及部分的民間企業配合加入。

---

[108] 陳師孟　等著，《解構黨國資本主義——論臺灣官營事業之民營化》，（臺北：澄社，1991年 9 月），頁 15。

[109] 臺灣省行政長官公署，《臺灣省行政長官公署三月來工作概要》，（臺北：行政長官公署，1946 年），頁 4-5；臺灣省行政長官公署，《臺灣省行政長官公署施政報告》，（臺北：行政長官公署，1946 年），頁 217-237。

[110] 參閱：張瑞誠　編，〈光復臺灣之籌劃與受降接收〉，《中國現代史史料叢編》（第四集），（臺北：中國國民黨中央委員會黨史會，1990 年 6 月）。

公營事業公司的存在與經營，主要偏重在加強與公營部門投資有關的基礎設施行業，以及投資報酬率回收時間長，或是資本和技術方面民間企業無法經營者，都由政府組成的公營公司來經營。諸如當時政府為推動重化工業投資分別於 1977 年成立中國造船公司、中國鋼鐵公司等公營事業。

然而，公營事業存廢的爭議始終存在。反對公營事業者，認為企（事）業公營必導致效率低落，成為缺乏效率的最好溫床；而贊成者則力主公營事業可濟民營企業追求私利不顧公益之失，故可提升整體經濟的福利。[111]

公營事業發展到了 1980 年代末期，盤根複雜的公營事業轉投資民間企業常被批評與民爭利和利益輸送的工具，在省屬部分包括省屬事業投資民間企業，和省屬金融行庫投資企業兩大類別。

特別是到了 1991 年，在省屬投資民營企業方面分為企業轉投資企業與省屬金融行庫投資企業兩大類。在中央所屬部分亦包括中央所屬事業轉投資企業，和中央所屬金融行庫轉投資企業兩大類別。在中央所屬投資民營企業亦可分為企業轉投資企業與金融行庫轉投資企業。特別是政府為特別照顧退伍軍人轉業的工作與生活輔導，行政院所屬退輔會的榮民事業系統設置了直屬事業單位和轉投資企業。

然而，政府為因應 1990 年代臺灣社會急遽變遷，由於臺灣高度經濟成長所衍生的貿易出超造成外匯存底過高，臺幣升值引進熱錢和貨幣供給增加，於是股票飆漲、房地產遽升、工資上漲形成生產成本增加，投資環境惡化、競爭力減退等經濟因素。在非經濟因素方面更因為環保抗爭、勞資爭議、治安敗壞。

因此，政府提出經濟自由化、國際化和制度化的三化策略，政府遂於1991 年修正業已停擺將近 40 年的《公營事業移轉民營條例》，將原條文第三條：「左列公營事業應由政府經營，不得轉讓民營：一、直接涉及國防秘密之事業。二、專賣或獨占性之事業。三、大規模公用或有特定目的之事

---

[111] 許嘉棟，〈公營事業與民營事業經濟效率的計量分析──成本函數之應用〉，馬凱　主編，《臺灣工業發展論文集》，（臺北：聯經，1994 年 5 月），頁 319。

業。」的內容，修正為「公營事業業經主管機關審視情勢，認已無公營之必要者，得報由行政院核定後，轉讓民營。」臺灣的公營企業再繼 1953年的四大公營企業民營化後，被迫鬆綁地走向民營化。

　　至於黨營事業的經營，政黨以取得執政權力為目標，必須結黨營私從事政治經營與政黨競爭，乃至被詬病「黨庫通國庫」，引發嚴重的黨國化社會治安議題。回溯國民黨的黨營事業源起於 1945 年該黨的第六屆全國代表大會，黨中央依循會議所訂的財務基本方針，以事業盈餘充作黨務經費，而成立於 1947 年由陳立夫創辦的齊魯公司是唯一在臺復業的黨營生產事業單位。[112]質言之，戒嚴時期黨國化社會治安議題是受到黨營事業結構變遷與發展的影響。

　　承上論，黨營事業經過 1950 年代俞鴻鈞主導（1950 年 3 月至 1955 年4 月）的初創期。僅有齊魯公司早期負責生產橡膠製品，包括橡膠鞋、蛙鏡、輪胎等供應軍方使用，以後更擴及生產雷管、導火線、導爆索等工礦器材，作為軍方和各大建設破爆之用；1953 年為因應臺灣當時陷入困境的對外貿易，以 50 萬元資本額成立裕台公司，經營進出口貿易。[113]

　　歷經 1960 年代徐柏園主導（1955 年 4 月至 1970 年 4 月）的奠基期，和 1970 年代俞國華主導（1970 年 4 月至 1979 年 12 月）的拓展期之後，黨營事業在結構上有了調整。到了 1980 年代鍾時益（1979 年 12 月至 1988年 6 月）的轉型期，黨營事業在以前投資案絕大部分配合政府政策，投資多與行政院開發基金或公營事業合作，1980 年代以後則轉型多與民間企業合作。

　　國民黨政府在發展重化工業替代策略的同時，體會到中小企業是處於政經體系中的權力邊陲，通過《中小企業發展條例》，及特別成立中小企業處，積極對中小企業提供整體性輔導，以改善經營體質，提高競爭力，並

---

[112] 中國國民黨黨營事業管理委員會，《黨營經濟事業的回顧與前瞻》，（臺北：中國國民黨黨營事業管理委員會，1994 年 12 月），頁 34。
[113] 中國國民黨黨營事業管理委員會，《黨營經濟事業的回顧與前瞻》，（臺北：中國國民黨黨營事業管理委員會，1994 年 12 月），頁 34-38。

協助轉型。許多中小企業得順利發展成大企業，由勞力密集產業轉型為發展電子業。

另外，政府為解決中小企業融資困難，透過結合公營和黨營事業機構的方式，成立中小企業信用保證基金，及臺灣中小企業銀行。政府透過對中小企業的輔導，創造許多就業機會，達成社會安定、所得平均分配，及城鄉平衡發展的社會目標。

臺灣中小企業幾乎占企業整體結構中的 97% 以上，具有維持市場自由競爭的功能，中小企業與大企業之間的互補作用，大企業不宜生產的零件，垂直分工由中小企業來製造配合。因此，臺灣家父長式社會治安議題隨著 1990 年代以後公營事業的逐漸民營化，和國民黨的停止經營黨營事業，政府與企業已從家父長式調整為夥伴式關係。

臺灣自戰後的冷戰開始期間，即與美國為首的資本主義集團站在同一條生命線上，儘管實施的是「軟性的計畫經濟」或稱「計畫性自由經濟」，走的是介於純粹資本主義和中央計畫經濟之間的「三民主義道路」，略近於戰後的德國和日本模式，但整體而論臺灣經濟發展的黨國化體制是無可避免的被美國化了。

因此，政府的公營和國民黨的事業在經濟決策的領域中是逐漸走向虛有其表畫，黨國資本主義的家父長式在形式上固然掌握了一些利益分配的管道與權力，然而民間企業在「計畫自由經濟」運作機制中也有很大的彈性活動空間。[114]

## 第五節　黨國化社會性治安

戒嚴時期臺灣社會治安是從殖民社會性格，歷經國、共兩黨「內戰論」

---

[114] 徐振國，《中國近現代的「國家」轉型和政商關係遞變》，（臺北：韋伯，2008 年 8 月），頁 5。

的地方社會性格，而逐漸形成國家社會性格。換言之，戒嚴時期社會治安是國民黨政府要實現黨國化社會為目標，要貫徹以黨對政、軍、警、情治，及工會、商會、漁會、農會、青年、婦女、文化界等社會團體的指揮機制，建立「以黨治國」的威權體制，並強烈主張代表的是中國合法正統的過程。

然而，卻也型塑了臺灣是一個被矮化為「地方政權」的社會階段，毫無「國家認同」的立場。亦即出現如果認同大陸，就等於承認臺灣是它的；如果只認同臺灣，就會被扣上「臺獨」的矛盾現象。

以下，本節將從文化認同運動、鄉土文學運動、新興社會運動等三議題來檢視其所引發的黨國化社會性治安。

## 壹、文化認同運動的治安議題

從 1945 年 8 月終戰，到 1947 年「二二八事件」發生，是臺灣作家和知識分子追求思想解放的旺盛時期。1946 年 1 月陳儀政府開始實施〈臺灣省漢奸總檢舉規則〉，同年 4 月，國語普及委員會正式成立，6 月更成立「臺灣文化協進會」，其成立宗旨是要聯合文化教育之同志及團體，協助政府宣揚三民主義，傳播民主思想，改造臺灣文化，推行國語國文。

臺灣文化協進會的主要工作，便是官方能夠透過一個民間機構，使中國化的文化政策推行到廣大的知識份子之中。因此，除了發行《臺灣文化》之外，也不定期舉辦文化講座、座談會、音樂會、展覽會與國語推行。然而，反諷的是部分臺籍知識份子卻利用《臺灣文化》發表迂迴諷刺的批判文章，對中國化政策進行杯葛與揭發。

10 月，禁用日語的政策付諸實踐，臺灣部分作家在經歷了 1937 年禁用漢語與這次禁用日語的官方政策，臺灣社會出現嚴重錯亂的文化認同問題，凸顯臺灣黨國化社會治安環境的混亂現象。

《臺灣文化》的刊行還有另一任務，就是要臺籍作家與外省作家合作，以便突破大陸與臺灣之間語言和文化的隔閡，建設民主的臺灣新文化和科學的新臺灣。在此刊物發表文章的大陸籍作家通常有一共同特色，便是具有左翼思想的色彩。另外還有一個重要特色，則是他們對於魯迅思想的傳播致力甚深。

這是臺灣抗日傳統與中國五四精神嘗試結盟的一個重要契機，卻由於歷史文化思想背景所導致治安環境的不容許，這種結盟只存在五個月，便因「二二八事件」的發生而宣告解散。

陳儀政府為肅清日人在臺灣文化思想上之遺毒起見，依據〈取締違禁圖書辦法八條〉，統計自臺灣光復一年來臺北市計有違禁圖書 836 種，7,300餘冊，除了一部分留作參考外，餘均焚毀。其餘各縣市報告處理違禁圖書經過者，既有臺中、花蓮、屏東、高雄、臺南、彰化、基隆等七縣市，焚毀書籍，約有 1 萬餘冊。足證當時思想檢查之嚴密而徹底，對於作家的創作空間已構成重大威脅。相對於日本殖民政府的思想控制，陳儀政府可為有過之而無不及。因為，上述的查禁工作，僅在光復後短短一年之內就完成了。[115]

臺灣抗日傳統與中國五四精神的這兩股文學結盟，卻是陳儀政府極力予於阻撓並鎮壓，導致 1947 年發生「二二八事件」所引發的社會性治安，其中社會的文化差異衝突也是占其中很重要因素，凸顯這階段政府推動文化認同的運動是失敗收場。

而在這場中國化的國家認同與文化認同運動中，引發治安事件入獄的文化人除了楊逵入獄百日之外，還包括捲入「鹿窟武裝基地事件」的呂赫若；曾經領導臺灣文藝聯盟的張深切與張星建在「二二八事件」後的長期亡命；《臺灣文化》編輯蘇新，則偷渡逃亡到香港；小說家張文環逃至山中躲藏；王白淵則被指控知情不報，判刑入獄兩年；鹽分地帶詩人吳新榮遭到通緝，在自首之後受到監獄、審判，經過三個月後才獲釋；《民報》發行人林茂生，和《人民導報》發行人王天燈都在事件中遭到殺害。

另外，在大陸來臺的左翼作家如臺靜農、黎烈文則留在臺灣大學教書，終身不再提起魯迅。至於曾任陳儀臺灣行政長官的編譯館館長，雖於其任內負有編輯各種教科書，致力於使臺灣同胞了解祖國的文化、主義、國策、政令等任務的許壽裳，亦於 1948 年 2 月在擔任臺大中文系系主任任內遇害。

---

[115] 陳芳明，《臺灣新文學史》（上），（臺北：聯經，2011 年 10 月），頁 230-231。

「二二八事件」後，又緊接著實施綏靖與清鄉的軍事鎮壓，臺灣社會經歷軍事生命危殆的恫嚇與壓制，民間社團被解散，報紙刊物又被查封，致使知識分子沉默下來，不但是造成省籍之間的裂痕，繼而又使臺灣社會的文化傳承發生嚴重的斷層，縱使 1948 年至 1949 年曾經發生在外省作家與本省作家，處在不同政治文化背景下引發的「臺灣文學論戰」，臺灣社會再度陷入受到日本殖民的臺灣人與來自祖國新文學的文化認同爭論。

換言之，1949 年 4 月爆發「四六事件」前臺灣已有許多新文藝活動，如新生報「橋」副刊主編歌雷、作家楊逵等人的討論過方言文學問題；還有麥浪歌詠隊隊員臺靜農之女臺純懿、楊逵之子楊資崩當時都是小學生與藝術教授黃榮燦等人，以「祖國大合唱」、「黃河大合唱」為招牌曲目。

「四六事件」當天的楊逵被逮捕，係因 1949 年 1 月 21 日在上海《大公報》發表了一份「和平宣言」，呼籲國共內戰不要席捲到臺灣，要求當局應該實施地方自治，主張島上的文化工作者不分省籍團結起來，使臺灣保持一塊淨土，這場文化認同的焦慮也因楊逵被捕而冷清下來。楊逵後來因為此案被判刑 12 年。

1949 年年底至 1950 年上半年，是國民黨在臺灣建立黨國化社會性治安的關鍵時期，亦即建立反共反蘇的文化運動。1950 年 4 月在國民黨主導下成立「中華文藝獎金委員會」與「中國文藝協會」。

特別是「中國文藝協會」的成立，是以團結全國文藝界人士，研究文藝理論，從事文藝創作，展開文藝運動，發展文藝事業，實踐三民主義文化建設，完成反共抗俄復國建國任務，促進世界和平為宗旨，並發行《文藝創作》。檢視這個組織的權力結構，是以國民黨員為核心，以外省作家為主要成員。工作的推動先由黨內核心組織下達決策，然後由民間團體配合，落實到社會各階層。

1951 年「中國文藝協會」呼應國防部總政治部主任蔣經國的文藝到軍中去運動，提倡軍中革命文藝的推廣活動。1951 年葉石濤因與左派文人來往，被以「知匪不報」罪名逮捕，判刑 5 年，因蔣介石連任總統減刑，才得以服刑 3 年出獄。

1954 會 5 月 4 日「中國文藝協會」更以 1953 年 11 月蔣介石完成的〈民

生主義育樂兩篇補述〉為最高指導原則，推動「文化清潔運動」，並推廣到軍中。同時，為吸納本省籍作家的參與，「中國文藝協會」在下設的 17 個委員會中，成立「民俗文藝委員會」，更凸顯臺籍作家在文化位階與認同仍存有落差。[116]

另外，為全面貫徹黨國化社會的目標，特別在中國青年反共救國團下成立中國青年寫作協會，並發行《幼獅文藝》；在臺灣省黨部成立臺灣省婦女寫作協會，以黨團系統掌控社會中國化的話語權。

## 貳、鄉土文學運動的治安議題

當 1950 年代黨國化社會性治安的反共文學如火如荼進行之際，迫使臺灣文化界充分追求自由的文學想像受到抑制，如 1951 年 8 月胡適因為「軍事機關」（保安司令部）干涉《自由中國》言論自由而辭去發行人名義，以及聶華苓主持《自由中國》文藝版的表現自由主義文學觀。[117]

尤其 1958 年 5 月 4 日文藝節，胡適接受中國文藝學會的邀請，以〈中國文藝復興、人的文學、自由的文學〉為題做公開演講，胡適批判所謂文藝機構與文藝政策的不當，說明文藝創作不應受到任何權力干涉。

檢視 1953 年至 1965 年臺灣接受美援時期的帝國主義文化影響，臺灣社會文化成為冷戰軍事圍堵共產主義下的一員。臺灣黨國化的社會文化到了 1960 年代中期以後，反共文學的強調戰鬥氛圍已呈現疲態；同時，臺灣社會分別出現「為藝術而藝術」議題的現代主義，和 1970 年代興起「為人生而藝術」議題的鄉土文學，臺灣社會的文化認同議題又進入一個新的階段。

臺灣現代主義思潮主要是由帝國主義文化與臺灣親美文化的相互激盪形成，其代表對當時反共政策與戒嚴體制的抗拒、對封閉的政治體制表達深沉的抗議，同時反映戰爭離亂的苦難、鄉土歷史的崩塌、傳統人倫的傾

---

[116] 參閱：陳芳明，《臺灣新文學史》（上），（臺北：聯經，2011 年 10 月），頁 266-270。
[117] 聶華苓，《三輩子》，（臺北：聯經，2011 年 5 月），頁 180-184、193-195。

斜，規範這樣書寫的背後其實有一個龐大的中國心靈。

因此，能保持與臺灣社會對話的文學，顯然相當稀少，除了陳映真、黃春明與王禎和等少數臺灣籍作家之外。所以，到了 1970 年代，臺灣社會出現改革的呼聲，配合政治上對戒嚴體制批判所形成「黨外」為名的民主運動，在文化上浮現以本土精神為依歸的鄉土文學運動。

檢視 1964 年 4 月吳濁流創辦《臺灣文藝》，從雜誌名稱要凸顯承續日治時期臺灣文藝聯盟未竟的歷史使命，也要強調臺灣文學有其固有的特殊性與自主性，當賦有治安責任的情治人員以各種有形無形的方式來威脅他辦刊物時，吳濁流仍然不放棄《臺灣文藝》的命名。

因此，回溯臺灣鄉土文學雖萌芽於擺脫殖民「文化附庸」的 1930 年代，直到 1977 年爆發的鄉土論戰與政經文化的轉型，尤其是 1977 年國民黨為鄉土文化論戰召開第二次文藝會談，當時總統嚴家淦呼籲作家「堅持反共文學立場」。翌年在國軍文藝大會上，國民黨文工會主任楚崧秋和總政治部主任王昇強調要發揚民族文化，也要團結鄉土，認為鄉土之愛、就是國家之愛、民族之愛，而停止了官方對鄉土文學的批判，也讓鄉土文學論戰一時靜寂下來。

尤其，1978 年 11 月行政院的《縣市文化中心計畫大綱》及 12 月的《文化活動強化方案》中的具體化政策，由於這些縣市設置的文化中心逐漸能凸顯出，戰後臺灣地方文化接地氣的特性。

從 1930 年代「臺灣語文運動」、1956 年開始的「說國語運動」，到 1970 年中期的「臺灣鄉土文學運動」，凸顯臺灣社會文化的受制於黨國強勢文化桎梏，導致臺灣的語言、記憶與歷史都刻意遭到邊緣化。所以，到了這時期所型塑出臺灣鄉土文學運動引發了臺灣社會文化上的「中國意識」與「臺灣意識」，乃至於國家認同的統獨之爭。

尤其是隨著臺灣社會主題意識的提高，當時對於鄉土文學的過於強調本土的書寫，卻忽視了懷抱中國意識作家其所強調臺灣歷史與文學應從中國國族主義來理解的主張。

戒嚴時期黨國化社會治安政策是以中原文化為唯一的政治認同時，臺灣鄉土文學凸顯的是臺灣社會與臺灣住民、生活、語言交互作用，彰顯的

是一種新的國族想像。例如，葉石濤在 1987 年解嚴前夕所出版的《臺灣文學史綱》最具代表性，在新詩方面則是由吳瀛濤主持的《笠》詩社，和出版與臺灣語言、文化有關的《臺灣民俗》、《臺灣諺語》等作品。[118]

## 參、新興社會運動的治安議題

戒嚴時期黨國化社會治安對於勞工階級，從極早時期開始就針對公營和黨營業的勞工提供極為優渥的福利政策，並以公營和黨營企業的勞工為中心，在國民黨的主導下組織了金字塔式的勞工組織，藉以控制公營和黨營企業勞工，防止其走向抵制黨國化社會政策的推動。

然而，到了 1980 年左右，新興社會運動本質上已「脫革命化」，社會型態逐漸進入人民和國家政權在公共偏好的研判，以及對未來視野的論述競爭和動員的比賽，亦即新興議題的社會運動已和爭奪政權無直接關聯。

1970 年代臺灣新興社會運動開始受到現代化與民主化運動，同時構成文學本土化的重要基石，作家書寫的議題觸及農民、勞工、女性、生態環境所面臨的危機，同時也深入探索外資帶來不公平、不公義的社會議題。尤其是跨國公司的進駐臺灣，雖然提供了就業機會，但是企業為了創造巨大利潤的完全不顧及低廉工資的不合理，和對員工身心所造成的傷害，更不在乎對臺灣環境生態造成破壞所付出的代價。

因此，現實主義逐漸取代了現代主義，尤其 1980 年代以後社會自主性提高，強調對社會議題的關懷，解嚴前便已出現的運動包括：消費者運動、反污染自力救濟運動、生態保育運動、婦女運動、原住民人權運動、學生運動、新約教會抗議運動等等。

1987 年解嚴後出現的社會運動主要轉為勞工運動、農民運動、教師人權運動、殘障及福利弱勢團體抗議運動、老兵權利自救運動、政治受刑人

---

[118] 葉石濤，《臺灣文學史綱》，（高雄：高雄文學界雜誌社，1987 年 2 月）；吳瀛濤，《臺灣民俗》，（臺北：眾文，1980 年 4 月）。

人權運動、外省人返鄉運動等七種。[119]

　　檢視 1987 年臺灣解嚴前的所有勞資爭議都是透過由黨國所組織的調解委員會調解，沒有一件爭議是透過司法解決。調解委員會的組成一般除了包括衝突的勞資兩造，還包括國民黨地方黨部幹部、主管勞工事務的地方政府官員，和地方警察局。調解的目標與效果往往並非藉國家作為依客觀的仲裁者解決問題，化解怨懟，而只是要藉干預而壓制潛在的社會衝突。[120]

　　因此，1980 年初期普遍出現「自力救濟」的抗議事件，冀求黨國化政府的介入，尤其是在經濟性的補償事件。1980 年至 1986 年間光是非政治性的「自力救濟」活動，因公害而受害的地方住民所常見的典型反應，對造成傷害者進行直接的抗議與要求補償，超過 3,000 件。群眾公然的集體抗議活動的頻繁，明顯地削弱了依靠長期戒嚴體制所進行的社會控制。[121]

　　換言之，1970 年代臺灣社會自覺意識的普遍覺醒，對於新興社會運動的爭議議題，反映了臺灣黨國化社會的多重矛盾。也就是 1987 年解嚴前的民主的、民族的、省籍的，與階級的矛盾所引發的社會性治安議題。社會運動在凸顯社會的自主性，和資源分配的重組，戒嚴時期政府面對來自民間的挑戰，所引發的黨國化社會性治安議題不得不因應社會變遷而加以調整。

---

[119] 蕭新煌，〈多元化過程中社會與國家關係的重組〉，蕭新煌、徐正光　主編，《臺灣的國家與社會》，（臺北：東大，1996 年 1 月），頁 367。

[120] 趙剛，〈1987 年的臺灣工會、國家與工運〉，蕭新煌、徐正光　主編，《臺灣的國家與社會》，（臺北：東大，1996 年 1 月），頁 119。

[121] 若林正丈，《戰後臺灣政治史——中華民國臺灣化的歷程》，（臺北：臺大出版中心，2014 年 3 月），頁 240。

## 第六節　戡亂政府型態治安角色

　　承上論，戰後戡亂政府型態的治安角色分期，大致可分為五個階段：第一階段是 1940 年代後期的接收與重建的調整期，工作的重心在接收日本警務，並於內政部設警政司，掌理全國警政；第二階段是 1950 年代的建立警察體制時期；第三階段是 1960 年代的穩定發展期；第四階段是 1970 年代的調整體制倡導警政現代化時期；第五階段是 1980 年代以後繼續推行警政現代化，及規劃解嚴的因應措施時期。[122]

　　若以戒嚴時期的戡亂政府型態而論，治安從 1987 年的解嚴為界線，主要分為戒嚴的軍領（管）警察和解嚴後政府的警管警察。同時，戡亂政府軍領警察應溯自 1944 年國民政府大陸時期在中央設計局成立的「臺灣調查委員會」，和 1945 年臺灣省行政長官公署與警備司令部前進指揮所成立。

　　這時由陳儀兼任司令的「臺灣省警備司令部」，體制上歸軍事委員會領導，司令部有兩個辦公地點，一在臺北，一在重慶。「二二八事件」之後，改名「臺灣全省警備司令部」，首任司令為彭孟緝，歸臺灣省主席節制，1949 年 2 月改名為「臺灣省警備總司令部」，由省主席陳誠兼任總司令，改隸國防部，9 月又改名「臺灣省保安司令部」，一直到 1958 年 7 月改名為「臺灣警備總司令部」，這一名稱伴隨臺灣政經體制發展的變遷而深植臺灣人民心中，1987 年解嚴後的 1992 年才裁撤。

　　至於日軍被解除警察權後的成立臺灣省警察訓練所，乃於 1946 年 3 月《中央警官學校組織條例》由國民政府修正公佈實施，1949 年 12 月中央警官學校奉內政部令歸併臺灣警察訓練所。而 1947 年發生「二二八」事件，國府為壓制混亂情勢所展開軍事行動。更因為中央政府在軍事上的失

---

[122] 陳純瑩，〈戶政、警政與役政〉，李國祁　總纂，《臺灣近代史政治篇》，（南投：臺灣省文獻委員會，1995 年 6 月），頁 440-450。

據，被迫遷都臺北的召開首次院會。

　　因此，戡亂政府型態除了集政訓、特務、肅奸於一體的軍中政工體系，透過臺灣省警務處於 1945 年制頒的〈臺灣省警察政訓工作綱領〉，而延伸到警察組織。由於 1946 年國共內戰的因素，加上 1949 年臺北發生的「四六事件」，警察進入校園逮捕間諜或抗議分子的鎮壓行動，導致國共鬥爭在臺灣的更為表面化，而將戡亂動員體制由大陸地區延伸到臺灣來。

　　政府為求國家安全與經濟穩定，遂於 1949 年 5 月 1 日自零時起，實施全省戶口總檢查，20 日全省宣告戒嚴，並透過《懲治叛亂罪犯條例》的實施，對率隊投共、擾亂治安、金融及煽動罷工罷市者，須受軍法審判，軍事權高於一切。8 月間臺灣省警備總司令部人員分別調撥成立「東南軍政長官公署」及「臺灣省保安司令部」，將臺灣省警務處及保安總隊改隸保安司令部建制，專司全省治安工作，隨後於 10 月 5 日才將警務處及保安總隊改隸省政府，惟治安權責仍受保安司令部節制。[123]

　　同時，為因應中共一再高喊「武力解放臺灣」，臺灣省保安司令部並規定：加強入境臺灣的檢查，嚴格取締縱火的破壞社會秩序行為，舉發與肅清中共間諜，禁止與中共地區的電信往來等四項緊急措施。

　　換言之，戰後國民政府派遣來臺的 2 萬 8 千名官員和警察，隨著國共內戰日趨白熱化，90%的軍隊撤離臺灣，使得當時維護臺灣的軍警人員僅 1 萬 1 千餘人，為 1940 年日本憲警的 6%。由於軍警力量大幅減少，以致面對打擊犯罪和較大規模的民眾反對政府活動時，處理能力有限。[124]

　　特別是為配合動員戡亂，維持全省經濟治安議題，臺灣行政長官公署早於 1946 年 12 月根據〈經濟警察組設計畫大綱〉，成立經濟警察訓練班；1947 年 4 月警務處及各縣市警察局成立第四科主掌經濟警察業務。

　　這項工作一直延續到 1985 年 12 月警政署由經濟組掌理經濟警察業

---

[123] 內政部警政署，《中華民國（臺灣地區）警察大事記》，（臺北：內政部警政署，1995 年 12 月）。

[124] 賴澤涵，《臺灣光復初期歷史》，（南港：中央研究院中山人文社會科學研究院，1993 年 12 月），頁 117-118。

務，臺灣省警務處則由經濟科負責，直轄市警察局及各縣市警察局則由刑事警察隊掌理，原有經濟科（課）裁撤，各警察分局原由一組（行政組）承辦之經濟警察業務，亦劃歸三組（刑事組）掌理。[125]

到了 1949 年 9 月政府即通過〈經濟作戰委員會組織規程〉，與 10 月頒訂〈取締擾亂金融平抑金鈔波動具體辦法〉十項，及〈船舶總隊編組辦法〉，任何船舶軍需呈報候編，以加強水上安全管理，確保治安。同時，為確保山地治安，依據〈戒嚴時期臺灣省區山地管理辦法〉，管制一般平地居民入山，預防中共建立游擊基地為主要目標。[126]

1950 年 3 月 1 日國民黨總裁蔣介石復行總統職務，為貫徹以黨對政、軍、警、情治，及社團等機關的「一元化」領導。特別是以〈動員戡亂時期臨時條款〉及〈戒嚴令〉，限制人民的言論、集會、結社、出版，及新聞等自由，並強調以「法統說」來掌控國會運作。

1952 年 4 月 30 日公佈〈臺灣省戒嚴時期取締流氓辦法〉，自 1955 年開始檢肅流氓工作，執法依據除依刑法第一五四條、各級警察機關依違警罰法第廿八條查處，如有該條情形，而又符合上開公佈的〈臺灣省戒嚴時期取締流氓辦法〉條件者，由直轄市、縣（市）警察局蒐證提報，直轄市、縣（市）「審查小組」（由地區警備司令部、憲兵隊、警察局會同組成）審查通過後層報警備總部複審，通過核定為流氓者予以列冊，由該管警察局予以告誡列為輔導對象，輔導期間仍有違警違法行為時，則予移送矯正處分，亦即所謂「遇案取締」（實務認定違警三次即可移送）一期五年。以及代執行軍司法機關依動員戡亂時期竊盜犯贓物犯保安處分條例宣付保安處分者一期為三年，但兩者都具有彈性，得觀察其表現優劣而延長或縮短。

大體而言，在蔣介石執政的 1950 年代，戡亂政府不但是在延續戰時體制的復員工作，先後從日人手中接收公營企業與發展民生工業；推動為促進農業發展的基礎公共建設；土地改革的維護大多數佃農利益；並以「防衛捐」的課稅方式，籌措國防經費，均有賴警察扮演戰時軍人角色，來協

---

[125] 周勝政，《經濟警察概論》，（桃園：中央警察大學，1996 年 5 月），頁 17-18。

[126] 戴國煇，《臺灣總體相》，（臺北：遠流，1992 年 3 月），頁 21。

助維護國家安全；並透過警察來執行各項經濟管制政策，諸如管理旅館、飲食店、電影戲劇業、遊藝場、舊貨業、理髮業、介紹業、刻印業、代書業、葬儀業、按摩業、屠宰業、獸肉業、牛奶製造業、露店、大工廠、原動機、苦力業、渡船業、冷飲菓子業等 20 種特種營業，以維護經濟秩序。[127]因此，警察在這階段的治安主要是以維護政權為主。

1960 年代由於國共戰爭稍息，警察在這時期，為配合政府鞏固政權，以及執行對異議人士抗爭的壓制，並藉由妥為運用美國軍援與經援，實施計畫性自由經濟的各項管制，顯見警察配合政府在維護國家安全與經濟管制政策上，俾延續維護政權於不墜。

尤其是 1958 年將各縣市消防隊納入警察局編制，以及在 1968 年將由原民政機關主管的戶籍登記，基於戡亂時期嚴密戶口管理，而配合治安需要，逐步實施「戶警合一」制，劃歸警察機關主管，基層的鄉鎮市區公所戶籍課，更是改為鄉鎮市區戶政事務所，隸屬各縣市政府警察局。

1970 年代蔣經國執政的時期，即開始面對自日治以來，臺灣內部一直存在國家認同與族群意識，或是「本土」與「非本土」的嚴重問題，尤其「臺灣獨立」的訴求，近乎與臺灣民主運動形影相隨。如果從這塊土地觀是來自「認同」，是「建構性」的而非「本質性」的，如果你自認為是「臺灣人」，你就是臺灣人」。換言之，如果你自認為是「中國人」，你就是中國人」。

在面對國內新興團體要求改革的呼聲，戒嚴政府深刻了解到本土化政策，乃是臺灣未來永續生存與發展的重要關鍵，不得不修正〈動員戡亂時期臨時條款〉，以擴大名額方式容納更多地方派系人士及政治精英參與中央決策。

但「本土化」與「臺灣化」是有不同程度的解讀。蔣經國時期的「本土化」是將臺灣省籍菁英的吸納入中華民國和中國國民黨體系，是維護中

---

[127] 臺灣省行政長官公署警務處，《臺灣一年來之警務》，（臺北：臺灣省行政長官公署警務處，1946 年）。

國國民黨與中華民國政權永續的政經策略。而主張「臺灣獨立」的所謂「臺灣化」強調的是要「去中華民國化」的手段。

　　同時，戡亂政府在 1974 年開始推動十項建設，以因應當時惡劣政經環境的挑戰，及解決臺灣經濟所面臨結構性的問題。尤其中華民國退出聯合國、尼克森訪問中國大陸，這些接踵而至的外交挫折與衝擊，加上 1979 年國內發生「美麗島事件」，成為國際人權與政治民主化程度關注的焦點，政府以軍法公開審理方式，強調警察打擊犯罪、維持秩序的執行法律角色，降低了警察的軍人角色，也促使蔣介石執政時期的硬式，調整為蔣經國執政時期的軟式威權體制。

　　1976 年當時擔任行政院長的蔣經國，有感於民主法治時代的來臨，警察工作與人民的關係最密切，任命海軍陸戰隊司令孔令晟為警政署署長，並兼任臺灣省警務處處長，從事〈改進警政工作方案〉的警政現代化工程。

　　1985 年通過〈五年警政建設方案〉，和以後修正《警械使用條例》、《槍砲彈藥刀械管制條例》和《動員戡亂時期檢肅流氓條例》等相關法規，凸顯政府在維護治安及保障人權方面皆具有積極的意義。警察的治安角色隨著戡亂政府型態的調整而逐漸偏重於執行法律的角色。

　　1980 年代以後，警察在執行法律角色仍然存在諸多爭議。正如上述，1980 年當大法官會議解釋《違警罰法》違憲以前，警察仍屬擁有極大權限的機關，其不僅擁有法規制定權，如頒布一些職權命令，且依據《違警罰法》，掌理警察司法裁判權。而其警察行政權之範圍，仍擁有一些衛生、消防、工商、安全以及風俗等警察之事務，此種警察權，包括行政、立法以及司法裁判權等，非常類似警察國家之警察權。[128]

　　依據一項推估，由 1949 至 1987 年官方宣布的抓人數字是 2 萬 9,407 人，估計其中恐怕有相當於 15%左右約 4,500 人被處死刑。[129]在「國家安全」高於一切的前提下，戒嚴時期的警察仍然扮演依法執行「軍管警察」

---

[128] 蔡震榮、黃翠紋，〈現代警察概念與職能之發展趨勢〉，《警學叢刊》（第 30 卷第 6 期），（桃園：中央警察大學，2000 年 5 月），頁 54。
[129] Jay Taylor，林添貴　譯，《蔣經國傳》，（臺北：時報文化，2000 年 10 月），頁 230。

的角色。

　　尤其是社會不斷要求政黨退出校園、軍隊、警察，以及法官不得參加政黨活動的呼聲，迫使國民黨的「一元化黨國領導」不得不做出調整，不在大學校園設「孔知青」、軍隊設「凱旋」、警察設「劉中興」等黨部組織。[130]惟軍隊內部成立的所謂「特種黨部」組織，因受限於《憲法》所標榜的主張，只能非公開地進行。

　　綜論上述警察在政府未宣佈解嚴的威權體制過程中，戡亂政府型態軍領警察角色的深受社會詬病，就以《違警罰法》為例，也一直要到 1991年 7 月 1 日才廢止，改由《社會秩序維護法》取代，凸顯《違警罰法》在1980 年代前後階段，當警察處理層出不窮的涉外性、政治性、經濟性和社會性治安議題的困難度和複雜性，卻也相對突顯戡亂政府型態欲以法治展現其由維護政權為主，轉型為偏重執行法律為主的治安角色。

## 第七節　國治時期戒嚴治安大事記

| 項目<br>年 | 中華民國（臺灣） | 中華人民共和國 | 國際 |
|---|---|---|---|
| 1945 | ◆國府公佈《臺灣省行政長官公署組織條例》，在臺北設置臺灣省長官公署及臺灣警備總司令部前進指揮所。陳儀出任臺灣行政長官兼臺灣省警備 | | ◆簽署聯合國憲章，聯合國成立。◆杜魯門繼羅斯福為美國總統，採取「重歐輕亞」放手政策（Hands-off Policy），導致前有兩個中國政策的出現， |

---

[130]　呂芳上，〈光復後的政治建設（二）〉，李國祁 總纂，《臺灣近代史》（政治篇），（南投：臺灣省文獻委員會，1995 年 6 月），頁 613-614。

|  |  |  |  |
|---|---|---|---|
|  | 總司令，歸軍事委員會指揮，接管臺灣總督府。◆臺灣行政長官公署公佈〈臺灣省省轄市警察局組織暫行規程〉、〈臺灣行政長官公署警務處警察大隊組織規程〉。◆胡福相出任臺灣省警務處第一任處長。（1945-1947）。◆公佈〈臺灣省警察訓練組織規程〉，臺灣省警察訓練所成立。 |  | 後有韓戰的發生。 |
| 1946 | ◆國民政府自重慶遷回南京，國共內戰開始。◆國民政府公佈《內政部警察總署組織法》，由軍統局長唐縱出任警察總署長。◆陳儀政府公佈〈臺灣省行政長官公署警務處組織規程〉、〈臺灣省各縣警察機關組織規程〉、實施〈臺灣省漢奸總檢舉規則〉。 | ◆四川、西康等省發生民變。 | ◆盟軍總司令部下令解散日本超國家主義團體。◆吉田茂內閣（第一次）成立。◆邱吉爾在密蘇里州的富爾敦（Fullerton）發表「鐵幕」（The State of Siege）的演說，揭開冷戰（Cold War）的序幕。 |
| 1947 | ◆公布《中華民國憲法》。◆臺灣發生「二二八事件」。◆張群組閣，撤銷臺灣行政長 | | ◆日本憲法實施。◆片山內閣成立。◆美國發表「杜魯門主義」（　　　　　Truman |

| | | |
|---|---|---|
| | 官公署，成立臺灣省政府，魏道明為首任主席。◆彭孟緝擔任全省警備司令部總司令，歸省府主席指揮。◆國民政府宣布全國總動員、公佈實施《戶口普查法》。◆公佈《省警保處組織條例》，王民寧接任第二任警務處長（1947-1948），配合整軍計畫，制定建警方案，實施以「國防中心主義」的建警方針。◆將警察基層單位的「警管區」制改稱「警勤區」。◆中央警官學校成立十一週年紀念。 | | Doctrine）、「馬歇爾計劃」（Marshall Plan）。◆關稅暨貿易總協定（GATT）成立。 |
| 1948 | ◆公布〈動員戡亂時期臨時條款〉。◆修正公佈實施《戒嚴法》◆何應欽繼張群、翁文灝、孫科後組閣，閻錫山繼後為閣揆兼國防部長，國民政府流亡於廣州、重慶。◆陳誠繼任臺灣省主席。◆胡國振接第三任警務處長（1948-1949）。◆臺灣 | | ◆蘆田、吉田茂（第二次）相繼組閣。◆聯合國大會通過「世界人權宣言」。◆大韓民國、朝鮮人民共和國分裂。 |

| | | | |
|---|---|---|---|
| | 省警察訓練所改為臺灣省警察學校。 | | |
| 1949 | ◆軍人王成章出任警務處長（1949.2-1950.4）。◆師大和臺大發生「四六事件」。◆公佈〈臺灣省戒嚴令〉，實施〈臺灣省准許入境軍公人員及旅客暫行辦法〉、〈臺灣省出境軍公人員及旅客登記辦法〉。◆臺灣省實施戶口總清查。◆通過《動員戡亂時期懲治叛亂條例》。◆李宗仁代理總統，蔣介石仍任國民黨總裁，李宗仁赴美後，閻錫山代行總統職。◆國民政府宣佈遷往臺灣。◆內政部警察總署又縮編為警政司。◆訂頒「臺灣省警務處戒嚴時期維持治安緊急措施方案」。◆臺灣省警務處及保警總隊均改隸保安司令部建置，彭孟緝為司令，一個月後保安司令部之警務處及保安總隊改隸省政府，吳國楨主席兼臺 | ◆中華人民共和國成立，毛澤東為主席，設立中央人民政府公安部。 | ◆吉田茂內閣（第三次）成立。◆北大西洋公約成立。◆東、西德分裂。 |

| | | |
|---|---|---|
| | 灣省保安司令部總司令，由國防部督導，但關於治安部分仍受保安司令部指揮。◆《警民導報》創刊，由第四任警務處長王成章擔任發行人，以旬刊方式發行。 | | |
| 1950 | ◆蔣介石在臺北復行視事，陳誠繼任行政院長。◆公布《懲治叛亂條例》。◆實施《戡亂時期檢肅匪諜舉辦聯保連坐辦法》。◆臺灣省警察大會通過〈臺灣戰時警察工作綱領〉，決議舉行「肅清共諜運動週」，省警務處頒發「戰時警察工作方案」。◆軍人陶一珊接第五任警務處長（1950.4-1953.6）。◆臺灣省各地舉行戶口總檢查。◆美軍協防臺灣。 | | ◆麥克阿瑟組建日本「警察預備隊」。◆美國國內開始盛行麥卡錫主義（McCarthyism）。◆韓戰爆發，美國與南韓簽署「軍援協定」，麥克阿瑟受任聯合國在韓聯軍總司令。 |
| 1951 | ◆行政院通過〈共匪及附匪份子自首辦法〉及〈檢肅匪諜獎勵辦法〉。 | ◆中共進行「思想改造運動」。 | ◆聯合國大會宣佈中國大陸為韓國侵略者。◆麥克阿瑟被解職，由李奇威繼任。◆四十九國在舊金山 |

| | | | |
|---|---|---|---|
| | | | ◆簽署《對日合約》。◆簽訂《日美安全保障條約》。 |
| 1952 | ◆與日本簽訂《舊金山合約》。◆實施〈國家總動員計畫綱領〉。◆發生鹿窟事件。 | | ◆日本警察預備隊改名為安保隊。◆吉田茂內閣（第四次）成立。◆日皇裕仁有意對二戰表達反省與悔意，但因當時首相吉田茂反對，相關談話遭到刪除。◆艾森豪當選美國總統。◆《對日合約》和《美日防衛安全條約》生效。 |
| 1953 | ◆臺灣省主席俞鴻鈞兼任臺灣省保安司令部總司令。◆制定《警察法》，警察總署改為內政部警政司。◆陶一珊辭警務處長，保安司令部督察處長陳仙洲繼任為第六任警務處長（1953.6-1955.12）。 | | ◆吉田茂內閣（第五次）成立。◆在板門店簽署「韓戰停戰協定」。◆史達林過世。 |
| 1954 | ◆臺灣省主席嚴家淦兼任臺灣省保安司令部總司令。◆警察廣播電台開播。◆中央警官學校在臺復校，樂幹任校長、梅可望 | ◆中共進行「除壺（胡）運動」。 | ◆日本公佈「警察法」。成立防衛廳和自衛隊。◆鳩山內閣（第一次）成立。◆日美簽署「相互安全保障條約（MSA）。 |

| | | |
|---|---|---|
| | 任教育長，樂幹同時奉派兼臺灣省警察學校校長。◆中華民國與美國簽訂《共同防禦條約》。 | | |
| 1955 | ◆工礦警察總隊成立。◆制定〈臺灣省戒嚴時期取締流氓辦法〉、〈戡亂時期肅清煙毒條例〉、〈臺灣省警務處戰時指揮所設置辦法〉。◆全臺實施戶口普查。 | | ◆鳩山先後成立第二、三次內閣。◆英國首相邱吉爾去職，艾登繼任。 |
| 1956 | ◆軍人樂幹出任警務處長（1955.12-1957.5）◆公佈〈警察法實施細則〉。◆趙龍文接任中央警官學校校長、繼兼省警察學校校長。◆配合戰時警察任務需要，在直屬大隊下增設裝甲車中隊。◆全省未設分局之200於鄉鎮普設分駐所。◆為加強船舶管理，以利漁民作業，訂頒〈臺灣省各縣市船舶整編辦法〉。 | | ◆艾森豪連任美國總統，提出中東國家的政府受共產黨顛覆威脅時，美國可以派兵介入的「艾森豪主義」。◆蘇聯共產黨第20次代表大會召開。◆日本石橋內閣成立。◆日本、俄國結束戰爭狀態，恢復外交關係。 |
| 1957 | ◆臺灣省主席周至柔 | ◆中共制訂〈中華人 | ◆簽署「歐洲經濟共 |

| | | | |
|---|---|---|---|
| | 兼任臺灣省保安司令部總司令。◆發生「劉自然事件」，臺北衛戍司令黃珍吾、憲兵司令劉煒、警務處長樂幹均遭撤職，史稱「五二四事件」。◆郭永接任警務處長（1957.5-1962.8）。◆發布〈戡亂時期臺灣地區入出境管理辦法〉。 | 民共和國人民警察條例〉，人民警察受公安部和地方各級公安機關領導。進行「大鳴大放」的反右鬥爭運動。 | 同體和歐洲原子能條約。◆岸信介內閣（第一次）成立。◆蘇俄發射第一個人造衛星。 |
| 1958 | ◆行政院俞鴻鈞辭職，陳誠再度以副總統兼任行政院長。◆修正《出版法》。◆簡化治安機構，統一指揮權責，將原負治安責任之臺北衛戍總部、臺灣防衛總部、臺灣省保安司令部及民防司令部合編為「臺灣警備總司令部」，由黃鎮球出任總司令兼臺灣軍管區司令（1958.6-1958.7），同時為執行治安業務，必要時得指揮臺灣省警務處。◆臺灣省警務處旅檢室撤銷，出入境審查業務由警備總部設聯審處主管。◆臺灣省警務 | ◆中共推動三面紅旗、生產大躍進、人民公社運動。 | ◆蘇聯赫魯雪夫總書記兼任部長會議主席。◆日本岸信介內閣（第二次）成立。政府向國會提出「警職法」修改案未通過。◆歐洲共同市場與歐洲原子能組織成立。 |

| | | | |
|---|---|---|---|
| | 處接替憲兵擔任國民黨中央黨部警衛勤務。◆實施「臺灣省各級警察機構暨警力調整方案」，全省增設25個分局。◆爆發金門「八二三炮戰」。◆胡適回台接任中央研究院院長。 | | |
| 1959 | ◆黃杰上將出任警總總司令兼臺灣軍管區司令（1958.7-1962.11）。◆行政院通過「臺灣省各警察機關組織規程及員額編制案」。◆中南部發生「八七水災」，臺灣省警務處長郭永應邀國民黨中央委員會總理紀念週報告八七水災情況及搶救措施。 | | ◆赫魯雪夫訪問美國。 |
| 1960 | ◆行政院通過〈戡亂時期臺灣地區出入境管理辦法〉，特別規定臺北、臺中、臺南、基隆、高雄等五個省轄市接獲人民申請出入境時，市警察局應於兩天內核轉警備總部辦理。◆公佈《警察教育條例》。◆雷震 | | ◆為在美國華盛頓簽署「新日美安全保障協約」，日本政府和自民黨讓警察進入眾議院，強行表決該協約「自行通過」。◆岸信介被刺傷，內閣總辭，池田勇人內閣（第一次）成立，五個月後（第二次）成立。 |

| | | | |
|---|---|---|---|
| | 被捕。 | | ◆南韓發生「四月革命」，李承晚政權結束。◆經濟合作暨開發組織（OECD）成立。 |
| 1961 | ◆省府核定臺灣省警察廣播電台編制、預算，並由段承愈出任台長。 | | ◆甘迺迪當選美國總統，提出「新邊疆」的國內政策。◆美國與古巴斷絕外交關係，發生豬玀灣事件。◆東德在柏林興建圍牆。◆南韓發生軍事政變，朴正熙組織軍人政府。 |
| 1962 | ◆陳大慶上將出任警總總司令兼臺灣軍管區司令（1962.11-1967.7）。◆實施「臺灣省戒嚴時期戶口臨時檢查實施辦法」。◆張國疆接任省警務處長。◆胡適逝世於中央研究院院長任內。 | ◆中共和印度發生邊境衝突。 | ◆美日簽署償還美國佔領地區救濟基金和經濟復興基金協定。 |
| 1963 | ◆立法院通過《保安處分執行法》。◆行政院核定修正「臺灣省各縣市警察局組織規程及員額編製表」，主要在各縣市增設副局長一人。 | | ◆南韓朴正熙就任大統領。◆美國總統甘迺迪被槍擊身亡，詹森繼任總統。 |

| 1964 | ◆周中峯接任省警務處長。◆頒行「警政四年計畫」。 | ◆法國承認中國大陸主權。◆中國大陸引爆第一顆原子彈。 | ◆詹森當選美國總統，提出「大社會」政策。美國通過《民權法案》。美國介入越戰。◆佐藤榮作內閣（第一次）成立。 |
|------|------|------|------|
| 1965 | ◆省警務處長周中峯兼任臺灣省警察學校校長。◆實施戒嚴時期臺灣省山地管制辦法。◆蔣經國任國防部長。◆陳誠卒。◆主張臺灣獨立的廖文毅離日返臺。◆《警民導報》與《親民》半月刊合併為《警光雜誌》，並由警廣總台長段成愈擔任社長。 | | ◆日本首相佐藤訪問沖繩，發表「沖繩不歸還日本，戰後狀態就沒有結束」的談話。◆新加坡退出馬來西亞聯邦。 |
| 1966 | ◆梅可望接任中央官校校長。◆蔣介石連任總統、嚴家淦任副總統。 | ◆發生文化大革命。 | |
| 1967 | ◆劉玉章上將出任警總總司令兼臺灣軍管區司令（1967.7-1970.7）。◆省警務處副處長黃對墀代理省警務處處長◆臺北市改制直轄市，設市警察局，由省警務處代 | | ◆美國總統所屬執法和司法單位提出改進警務工作的建議。◆佐藤榮作內閣（第二次）成立，阻止佐藤首相訪問東南亞和美國的學生與警察發生嚴重衝突。◆東南亞 |

| | | | |
|---|---|---|---|
| | 理處長黃對墀兼任局長。 | | 國協（ASEAN）成立。◆爆發以、阿戰爭。 |
| 1968 | ◆行政院核頒「臺灣省戶警聯繫辦法」。◆陸軍中將羅揚鞭接任省警務處長兼臺北市警察局長。 | | ◆美國核動力航空母艦企業號進駐日本佐世保港。◆尼克森當選美國總統。◆越共在南越發動春節攻勢。 |
| 1969 | ◆李登輝被帶往警備總司令部訊問。◆行政院頒行「改革臺灣地區警政制度」，修正組織編制、增加員額、充實裝備器材，以加強警察工作能力。◆行政院通過「中央警官學校組織條例修正草案」。 | | ◆日本自衛隊的半自動防空警戒體系啟動。佐藤與尼克森舉行會談，一致同意歸還沖繩。◆美蘇簽署「非核擴散條約」。◆人類首次登陸月球。 |
| 1970 | ◆尹俊上將出任警總總司令兼臺灣軍管區司令（1970.7-1975.4）。◆辦理五十九年度臺灣地區戶口校正。 | | ◆佐藤榮作內閣（第三次）成立。◆「美日安全保障協約」自動延長。 |
| 1971 | ◆公佈《內政部警政署組織條例》。◆確立臺灣警備總部負責社會治安的監控，警察是實際執行基層偵防 | | ◆尼克森發表訪問中國計劃。美國放棄金本位制度。◆日本警視廳警務部長住宅，和新宿伊勢丹百貨公 |

| | | |
|---|---|---|
| | 工作的分工。◆省警務處完成修正「臺灣省暫時警務工作計畫」。◆中華民國退出聯合國。 | | 司前發生爆炸案。 |
| 1972 | ◆蔣經國出任行政院長，謝東閔繼任陳大慶為臺灣省主席，啟動國民黨本土化政策。◆臺北市改制院轄市，警政司擴充為內政部警政署，並與臺灣省警務處合署辦公。◆警政署長周菊村兼任臺灣省警務處長、臺灣省警察學校校長，原省警務處長兼任臺灣省警察學校校長羅揚鞭調任憲兵司令。◆出入境管制從主管機關臺灣警備司令部改制為內政部警政署入出境管理局。◆修正《中央警官學校組織條例》。 | | ◆美國將沖繩歸還日本，佐藤首相引退，田中角榮先後成立第一、二次內閣。◆美蘇簽署「限制戰略武器條約」（SALT）。◆尼克森當選連任美國總統，提倡「乒乓外交」，赴北京訪問，簽署「上海公報」。 |
| 1973 | ◆行政院修正實施「戡亂時期臺灣地區戶政改進辦法」，推行「戶警合一」，各鄉鎮市區戶政事務所改隸警察機關。◆臺灣地 | | ◆簽署「巴黎協定」，美國退出越戰。◆美國緝毒署（DEA）成立。◆美國通過「戰爭權力決議案」（War Powers Resobition）。 |

| | | | |
|---|---|---|---|
| | 區各級民防機構併入警察機關，內政部民防業務由警政署掌理，在警政署未設置民防業務單位前，由臺灣省警務處暫時兼辦。◆頒布〈內政部警政署入出境管理局暫行組織規程〉。◆內政部警政署刑事警察局正式成立。 | | ◆韓國發生「金大中事件」。◆中東戰爭再次爆發，導致石油危機。 |
| 1974 | ◆公佈「穩定當前經濟措施」方案，各重要民生必需品實施平價及議價，由警察機關配合有關單位嚴格執行。 | ◆進行「批林批孔」運動。 | ◆日本國土廳成立，日本企業相繼發生被炸彈爆炸事件。三木武夫內閣成立。◆美國總統尼克森因「水門醜聞」Watergate Scandal）辭職，福特繼任。 |
| 1975 | ◆鄭為元上將出任警總總司令兼臺灣軍管區司令（1975.4-1978.7）。◆內政部發布施行「流動人口登記辦法」，被廢止「戡亂時期臺灣地區流動人口登記辦法」。◆蔣中正過世。 | | ◆北越統一全越南，越戰結束。◆日本公勞協舉行192小時的爭取罷工權罷工。◆美國總統福特訪問北京。 |
| 1976 | ◆行政院訂頒「加強經濟保衛實施方案」 | ◆毛澤東、周恩來相繼過世。◆逮捕江青 | ◆卡特當選美國總統。◆日本確定防衛 |

| | | |
|---|---|---|
| | 及「有關情報蒐集實施表」，暨「防止人為操縱物價工作實施計劃」。◆蔣經國出任中國國民黨主席。◆警政署長兼臺灣省警務處長周菊村奉調軍職，由海軍陸戰隊司令孔令晟接任警政署長。 | 等「四人幫」。◆北京發生「天安門」事件。 | 費限制在 GDP 的 1%以內。福田糾夫內閣成立。 |
| 1977 | ◆發生「中壢事件」。 | ◆鄧小平復出。 | |
| 1978 | ◆汪敬熙上將出任警總總司令兼臺灣軍管區司令（ 1978.7-1981.12）。◆蔣經國、謝東閔當選總統、副總統。◆發生高雄「美麗島事件」。◆為防護航空事業設施，維持民航場站治安秩序，並執行出入國境證照查驗，成立內政部警政署航空警察局。◆行政院核定「改進警政工作方案（第一階段）」，推動警政現代化。◆行政院核定每年 6 月 15 日為「警察節」。 | ◆中（共）日簽署《中日和平友好條約》。◆美國卡特政府宣佈與中國建交。 | ◆大平正芳內閣（第一次）成立。◆爆發第二次石油危機。 |

| 1979 | ◆中國與美國建立正式外交關係，美國國會制定《臺灣關係法》，中國全人代常務委員會發表「告臺灣同胞書」，警政署配合中央訂頒「中美斷交後加強戶口查察措施」。◆爆發「美麗島事件」。◆為維護國道中山高速公路交通秩序，維護交通安全，成立「內政部警政署公路警察局」。◆為空中機動支援各類警察勤務，實施警政現代化，使警察勤務邁入立體境界，以加強為民服務，成立空中警察隊。 | ◆這次的改革開放可視為中共第二次革命。◆中越邊界戰爭爆發。 | ◆美蘇簽署「雙邊限制戰略武器條約」（SALT II）。◆大平正芳內閣（第二次）成立。◆南韓大統領朴正熙遇刺身亡。◆俄軍進兵阿富汗。 |
|------|------|------|------|
| 1980 | ◆警政署長回任軍職，由警備總部副總司令何恩廷接任警政署長。◆行政院核定「改進警政工作方案（第二階段）」，推動警政現代化。◆警政署完成《社會安寧秩序維護法》草案。◆發生林宅血案 | | ◆美國司法協助、研究和統計辦公室取代執法協助局，進入社區警務的時代。◆大平首相去世，鈴木幸善內閣成立。 |

| 1981 | ◆陳守山上將出任警總總司令兼臺灣軍管區司令（1981.12-1989.12）。◆警政署訂定「警察勤務規劃」、「增進警民關係工作實施要領」。 | ◆中國全人代常務委員會會長葉劍英發表「九點和平主張」。 | ◆全斗煥當選南韓大統領。◆美國國務卿海格訪問中國大陸。◆鈴木首相訪美，與新當選總統雷根舉行會談。◆波蘭共黨政府宣布緊急狀態，鎮壓「團結工聯」活動。 |
|---|---|---|---|
| 1982 | ◆行政院核定「改進警政工作方案（第三階段）」，推動警政現代化。◆警政署修正「警察勤務規劃」為「警察勤務規範」，以加強維護社會治安、改進警察教育為重心。◆臺北市警察局長胡務熙調升警政署副署長兼臺灣省警務處長，原臺灣省警務處長係由警政署長兼任，「署」、「處」首長分任，仍合署辦公。 | ◆中國大陸將人民解放軍中執行內衛和邊防任務的部隊轉交公安機關，並與公安機關原有兵役制警察，組建成中國人民武裝警察。◆公布〈新憲法草案〉。 | ◆中曾根康弘內閣（第一次）成立。◆蘇共總書記布里茲涅夫去世。 |
| 1983 | ◆立法院通過《槍砲彈藥刀械管制條例》。◆警政署訂頒「七十二年加強檢肅流氓補充提示事項」及「考核獎懲規定」。◆警政署所屬警政資訊系統正式啟用，臺 | ◆鄧小平向楊力宇等美籍華人教授訪問團提及「一國兩制」構想。◆進行政法體制改革，國家安全、監獄、勞教機關從公安機關 | ◆美國國務卿舒茲訪問中國大陸。◆英國與中國大陸就香港問題舉行談判。◆田中角榮在洛克希德事件中被判有罪，仍高票當選國會議員。中曾根康弘內閣（第二次） |

| | | | |
|---|---|---|---|
| | 灣進入科學辦案的治安時代。 | 分離出來，國家安全部負責原由公安部主管的對諜、特務的偵察、情報工作，監獄和勞教工作歸司法行政部門。 | 成立。 |
| 1984 | ◆警察廣播電台成立三十週年，國民黨文工會周應龍、新聞局長宋楚瑜分別頒贈獎牌，表彰其對社會服務的貢獻。◆警備總司令部副總司令羅張接任警政署長◆警政署訂頒「主動打擊、消滅犯罪綱要計畫」。◆全國情治機關聯合執行緝捕幫派首要份子，代號為「一清專案」的掃黑行動。◆發生「江南事件」。 | ◆鄧小平說他在這一年做了兩件大事，一是用一國兩制的辦法解決香港問題，另一樁就是開放十四個沿海城市。 | ◆雷根訪問中國大陸。◆雷根和布希當選美國總統、副總統。 |
| 1985 | ◆制訂《動員戡亂時期檢肅流氓條例》取代《臺灣省戒嚴時期取締流氓辦法》，後修改為《檢肅流氓條例》。◆通過修正《警械使用條例》、《槍砲彈藥刀械管制條例》。◆行政院核定 | | |

| | | | |
|---|---|---|---|
| | 「五年警政建設方案」。◆行政院核定入出境管理局增設國際旅客入出境資料處理中心。 | | |
| 1986 | ◆通緝在案的前桃園縣長許信良企圖從中正機場闖關入境，發生接機人士與警察衝突，多名執勤憲警人受傷。◆民主進步黨成立。◆公佈《警察教育條例》。 | | ◆法國公布「國家警察職業道德準則法」。 |
| 1987 | ◆臺北市警察局長顏世錫調任中央警官學校校長。◆廢止〈戒嚴令〉，改以《動員戡亂時期國家安全法》，後配合停止動員戡亂時期修正為《國家安全法》。◆民進黨發動反對國安法，爆發激烈抗爭的「六一二事件」。◆解嚴後，臺灣警備總司令部所掌理之機場、港口、安檢工作及集會遊行主管機關由警政署接掌。◆國防部掌理之漁船民編組、漁民教育、漁民法紀等工 | ◆總書記胡耀邦下台、趙紫陽代理。 | ◆美國國務卿舒茲訪問中國大陸。◆葡萄牙與中國大陸就澳門問題簽署〈聯合聲明〉，1992 年 12 月葡萄牙將歸還澳門。◆竹下登任日本首相。 |

| 作，依法移轉警政署接辦，民防組成漁事股，推動有關業務。 ◆核定「臺灣地區人民出境轉往大陸探親規定」，民眾前往中國大陸旅遊解禁。 | | |
|---|---|---|

**資料來源：本研究。**

# 下　編

## 臺灣治安史第三大階段歷史變遷：

## 後現代的臺灣警管治安年代

## （1987-迄今）

# 第八章　國治時期與解嚴治安
# （1987-2019）

發生在 1974 至 1990 年間，大約 30 個國家由非民主政治體制轉型
到民主政治體制的原因，他認為這不是一種巧合，包括臺灣在內，
這些國家在這個時候出現民主轉型的原因包括：民主價值的普世
化、1960 年代的全球性經濟成長、天主教教會的影響、美國的人
權政策及民主的滾雪球效應等。在臺灣，中產階級的興起、經濟
的快速成長、所得分配平均等擴大政治參與，開啟了民主化的進
程。

　　　　　　　　　　～Samuel P. Huntington(1927-2008，美國政治學家)


　　臺灣戒嚴戡亂體制轉型在 1987 年的宣布解嚴，和 1991 年廢止〈動員
戡亂時期臨時條款〉等重大國家體制的改革之後，展開了一連串警察與國
家發展的結構性轉型，建構臺灣治安成為全球競爭體系國家和世界資本主
義體系的一部分，其中國家性（stateness）與其民主轉型的治理能力
（governability）更牽扯兩岸關係，乃至於區域安全和美國所建構世界秩序
的治安議題。

　　換言之，解嚴後，幾乎意味著後現代與後殖民相關的同義詞，也意味
著全球化浪潮的全面襲來的階段。以下將先論述國民政府時期轉型治安議
題，次論臺灣後冷戰時代的涉外性治安、威權轉型政治性治安、夥伴式經
濟性、多元化社會性治安之後，最後，型塑以轉型政府型態警察的治安角
色為結論。

## 第一節　國治時期轉型治安議題

臺灣戒嚴戡亂體制的轉型，凸顯在 1980 年代後期的結束軟式威權體制之後展開，尤其 1991 年 2 月國統會通過〈國家統一綱領〉，4 月通過《中華民國憲法》增修條文，廢止長達 43 年的〈動員戡亂時期臨時條款〉和賦予第二屆國代與立委的產生法源依據。

接著廢止《懲治叛亂條例》、修正通過排除思想叛亂入罪的《刑法》第一百條、通過《兩岸人民關係條例》等重大法案；以及攸關改變政治生態的總統副總統、立委、省長省議員、縣市長縣市議員等多項選舉，導致轉型期國家權力結構的重大變革。

檢視臺灣轉型期的治安，在涉外性治安議題上突顯後冷戰時代的主權、洗錢、貪污與賄賂、非法毒品販運、非法入境、人口販運、恐怖份子活動、網路犯罪、跨國詐欺、跨國金融犯罪等；在政治性治安議題上突顯轉型體制的兩岸關係、警備保安、戶口管理、民防、安全檢查、維護政權、修改憲法、中央民意代表改選等；在經濟性治安議題上突顯夥伴式的經濟制度化、自由化、國際化、產業轉型等；在社會性治安議題上突顯多元化的交通事故、消防救災、貧富差距、環保、勞工、消費者意識、外勞、外籍配偶等相關議題。

## 第二節　後冷戰時代涉外性治安

1987 年臺灣解嚴之後有關政經與治安環境的發展與變遷，主要發生在 2000 年中華民國的第一次政黨輪替，經改由民進黨取得政權之後，執政政府的自稱國號雖仍維持「中華民國」，但是國際上的對外場合通常僅稱「臺灣」。

　　這是因為與中華人民共和國有邦交國的政府，因為認知或顧慮中國大陸堅稱的「一個中國」原則，以致於當他們在提及存在於臺灣之事實的國家之際，往往避免使用具有國家含意的用語，而這些國家的大眾媒體也採取和政府同一步調的態度，來處理中華民國的國際外交事務與涉外性治安的議題。

　　以下本節從後冷戰時代國際性治安議題，與轉型時期臺灣涉外性治安議題加以論述。

## 壹、後冷戰時代國際性治安議題

　　延續戰後國際金融流動，主要是南北體系關係中的先進國家對開發中國家的資金與技術，尤其在冷戰初期，美國透過國際金融體系的提供，幫助美國外交政策和軍事安全體系的建立與維護，而造成 70 年代以後跨境流動資金的政治化與私有化，致使許多開發中國家引發債務問題。

　　到了 80 年代中期之後，由於經濟不景氣，和國際環境的轉變，導致非優惠資金貸款的增加，和透過私人市場來解決，以及援助金額的減少。

　　因此，1992 年至 1993 年固定匯率制的垮台，迫使英國撤銷它創建歐洲共同貨幣的努力；尤其是 1994 年至 1995 年墨西哥財政金融惡化所導致世界性的資本主義經濟危機，使私人銀行的貸款變成了沉重的外債負擔，乃至於 1997 年發生的東亞金融風暴，其中國際貨幣基金（IMF）和世界銀行（WB）都依賴以美國為首的競爭性國家和世界性資本主義體系中扮演救火隊的角色。

　　特別是在 1997 年亞洲金融發生危機時，IMF 對南韓等國家就是採用此一金融策略，以協助解決南韓因為過分依賴以外幣標價的短期貸款，因為這種貸款在利率升高或貨幣貶值時會使該國經濟處於非常脆弱的情境。所以，改善國際金融不安全的 IMF，在全球化時代應轉型變成主導國際流動資金保險系統的機構。在平常或金融危機發生前，IMF 可以提供審核通過的第三世界國家必要的國際流動資金保險，若符合條件的國家遭受國際性的金融危機，仍可接受 IMF 原先承諾的資金援助。

　　至於，世界銀行成立的目的就是要協助第三世界國家取得基礎建設的

資金，幫助貧窮國家快速發展經濟，但現在全球資本主義市場資金充沛，且極樂意資助高獲利的第三世界國家進行基礎建設計劃，世界銀行應該轉型為全球性多邊的教育援助部門。因為，先進國家金援貧窮國家時，可以優先將資金投入國民教育已步入正軌的國家，若能辦好教育，等於社會系統具備融入發展經濟的優勢，便可吸引外商直接投資。[1]

然而，國際貿易保護主義的興起，破壞 GATT 所規範的自由國際貿易秩序，這也是 70、80 年代間，日本與歐洲共同體的崛起，以及美國經濟相對的式微，使得國際貿易管理體系呈現多元，藉由多邊體系的貿易談判機制，來解決貿易國之間涉外性不公平的歧視議題。

因此，後冷戰時期 GATT 的貿易體制，在面對涉外性新保護主義議題時越來越顯得無能為力，尤其在非關稅和自願出口限制方面。再加上許多國家對農業、服務業、金融流動，及智慧財產權等新興議題的干預增多，許多政策轉趨於重視管理貿易機制，迫使 GATT 在面臨世界性資本主義體系的新國際貿易趨勢，進而於 1995 年 1 月 1 日起改名「世界貿易組織」（World Trade Organization, WTO）。

世界性資本主義體系 WTO 多邊貿易的基本理念在於創造一個自由、公平的市場經濟環境，使資源依照永續發展的原則，做最佳配置的使用以提升生活水準，確保充分就業，並擴大生產和貿易開放、平等、互惠與互利，期能透過貿易提升開發中與低度開發中國家的經濟發展，彰顯 WTO 是一個經濟性質的機構，而非全球性的政府。

然而，許多不公平議題的貿易治理和談判仍必須藉由國際組織制定規範，和強權國家願意遵守規範的並行機制，才有可能實現全球共享貿易利益的成果。例如美國接受 WTO 對它不利的裁決，美國願意改變行為或繳納罰款，但有些爭議部分，各國政府尚未能達成協議，也沒有專責的國際組織，只有依賴強權國家嘗試建立規範加以監督，也逐漸導致區域經濟的興起。

---

[1] L. C. Thurow, 蘇育琪　等譯，《勇者致富——全球化：在拒絕與接受之間》，（臺北：天下，2003 年 11 月），頁 344-346。

　　例如會員國對主要爭議的農產品補貼及工業產品市場開放等談判議題未能達成共識下，中止了杜哈（Doha）回合談判。該談判失敗的影響，將可能使世界貿易組織多邊自由貿易體系的信用與合法性受到侵蝕，更可能使貿易保護主義捲土重來。

## 貳、轉型時期臺灣涉外性治安議題

　　承上論，後冷戰時代的涉外性治安隨著競爭性國家體系國際秩序的重組，尤其出現於 1991 年年底的蘇聯集團的瓦解，葉爾欽（Boris Yeltsin）取代戈巴契夫（Mikhail Gorbachev）掌握俄羅斯政權，中亞的哈薩克、吉爾吉斯、烏茲別克、塔吉克等國家紛紛脫離蘇聯集團而獨立，以及改革開放後的中國，都出現了由統制經濟轉型到世界性資本主義體系的市場經濟，促使競爭性國家和世界性資本主義體系結構的重組，然而，也隨著蘇聯等共產社會主義經濟的惡化，致使競爭性國家體系轉為由美國獨霸稱強的局勢。[2]

　　檢視臺灣治安史結構與變遷在進入 1987 年至 2008 年的轉型時期，在涉外性治安上，臺灣的對外武器購買從 1993 年前海軍上校尹清楓被人發現浮屍宜蘭外海，爆發了國軍史上最大收賄、洗錢的武器採購弊案，最高法院認定，郭力恆、汪傳浦共收不法佣金 3 億 4,053 萬餘美元，特偵組查扣汪傳浦家族帳戶在瑞士、列支敦士登、盧森堡、奧地利、英屬澤西島、英屬開曼島，和郭力恆兄弟帳戶在瑞士有關拉法葉艦、獵雷艦等弊案海外帳戶資金。

　　2014 年 4 月最高法院審結宣判，前海軍上校郭力恆，被依購辦公用器材收取回扣罪，重判 15 年，併科罰金 2 億元，並追繳不法所得 104 億元。

　　另外，1996 年 3 月，針對中華民國總統實施直選，中國大陸展開大規模的軍事演習，並於 8 日和 13 日在臺灣近海發射四枚不帶彈頭的對地彈道

---

[2]　吳玉山，《俄羅斯轉型（1992～1999）：一個政治經濟學的分析》，（臺北：五南，2000 年 4 月），頁 3。

飛彈進行軍事恐嚇。美國隨即採取行動，調派兩個航空母艦戰鬥部隊駛向臺灣沿海，進行維護區域軍事安全的舉動，幾乎改變臺灣海峽的穩定局勢，揭開了國際政治經濟的新序幕。

重返聯合國的訴求，在國內最早見之於 1986 年民進黨在中央民意代表選舉中的共同政見。1991 年立法院以臨時提案方式通過「建議行政院積極拓展外交關係，爭取國際支持，並於適當時機，以中華民國民意申請重返聯合國」。同年 8 月以民進黨部分立委成員，和 50 名士農工商組成的「臺灣加入聯合國宣達團」，並以舉行公民投票進入聯合國活動的方式，促使行政院成立「參與聯合國決策小組」，以及在外交部設置「參與聯合國專案小組」。

接著 1993 年雖然有「臺灣加入聯合國促成會」的成立，外交部主導的「中華民國各界支援參與聯合國行動委員會」，以及 1996 年 9 月的「愛與和平臺灣宣達團」所推動的「臺灣加入聯合國」等活動。但受制於國內各黨派意識強烈，導致對於參與聯合國的方式與名稱爭議不斷。

加上，參與提案連署與發言支持臺灣加入的國家，皆屬國際上的小國家，政經實力並不強，所以效果有限。但藉友邦的發聲凸顯我國作為主權獨立國家的事實，並喚起國際社會重視我國所受到涉外性的不平等待遇，導致 1999 年執政的李登輝首度將兩岸關係定位國家與國家至少是「特殊國與國關係」，以及 2000 年 5 月民進黨執政陳水扁的提出「一邊一國」主張，再再凸顯臺灣涉外性治安環境的複雜性與困難度。

## 第三節　政黨型政治性治安

杭廷頓（Samuel P. Huntington）指出，發生在 1974 至 1990 年間，大約 30 個國家由非民主政治體制轉型到民主政治體制的原因，他認為這不是一種巧合，包括臺灣在內，這些國家在這個時候出現民主轉型的原因包括：民主價值的普世化、1960 年代的全球性經濟成長、天主教教會的影響、美國的人權政策及民主的滾雪球效應等。在臺灣，中產階級的興起、經濟的

快速成長、所得分配平均等擴大政治參與，開啟了民主化的進程。[3]

　　檢視 1986 年至 1989 年的四年間，「黨外」與民進黨所主導的群眾活動至少有 568 件。其中針對特定議題表達不滿與抗議，進行遊行、請願、靜坐與絕食等「行動動員」的有 299 件。為向群眾訴求，批判體制的反對運動之意識型態，以及體制的不正當性，而進行演說會、說明會、座談會、歡送會、餐茶會、成立大會等「認同動員」的集會活動有 269 件。[4]

　　解嚴後的臺灣政治體制轉型，本節將從憲政改革、國安五法、轉型正義三個議題所引發的政黨型政治性治安加以論述。

## 壹、憲政改革的治安議題

　　臺灣政治的民主化所指的就是硬式威權政體過渡到民主體制的過程，亦即定期舉行自由且公正的公職選舉，以及因此所必需的結社、集會遊行、資訊的自由，及選舉與被選舉之間的義務責任都受到保障的政治體制。

　　尤其 1991 年 12 月開始至 2000 年的多次選舉，導致政治權力結構的改變與調整，更是國家建立政治民主體制關鍵時刻，彰顯示臺灣已從戡亂戒嚴體制的轉型中，透過解嚴、國會全面改選到總統直選，完成國家憲政體制的轉型工程，臺灣的治安結構與工作也配合國家體制的轉型進行一連串的變革。

　　換言之，這階段完成了以「中華民國」實質統治範圍的選民為主題的國民主權制度化，達成作為戰後臺灣國家的「中華民國」其內部正統性的民主式更新。這是自 1970 年代以來，替代戰後臺灣國家被國際社會否定作為「中國國家」的國家性（stateness），而對「以臺灣為範圍」的主權國家賦予國家性，並透過民主改革，將此一政治上的理想藍圖深化於政治結構

---

[3] See Samuel P. Huntington, *The Third Wave-Democratization in the Last Twentieth Century* (Norman: University of Oklahoma Press, 1991).

[4] 王甫昌，〈臺灣反對運動的共識動員──一九七九至一九八九年兩次挑戰高峰的比較〉，《臺灣政治學刊》（第 1 期），（臺北：臺灣政治學會，1996 年 7 月），頁 129-210。

中。[5]

　　2000 年總統大選結果，中華民國出現史上第一次經由民主選舉導致的政黨輪替，由民進黨取得執政權。2008 年中華民國再度出現政黨輪替，由國民黨再次取得執政權。2016 年再由民進黨取得執政權，更深化了臺灣民主化的政黨政治發展。

## 貳、國安五法的治安議題

　　臺灣政黨型型政治性治安凸顯在兩岸關係、警備保安、戶口管理、民防、安全檢查、維護政權、修改憲法、中央民意代表改選等議題，其權力結構的轉型可溯自 1986 年 3 月中國國民黨第十二屆三中全會通過「政治革新」方案、9 月民進黨正式建黨、1987 年立法院通過《集會遊行法》、《資深中央民代自願退職條例》、《選罷法》修正案、《人團法》修正案等一連串攸關臺灣政黨型政治性治安的重要法令。

　　特別是解嚴後開放黨禁、報禁與大陸探親，並呼應社會要求的政黨必須退出校園、軍隊、警察等機關，不得繼續成立政黨組織，以及法官不得參加政黨活動。1990 年李登輝當選中華民國第八任總統，1991 年展開第一階段修憲，至 2000 年的八年間，共進行六階段的修憲，凸顯「經濟臺灣」朝向「政治臺灣」的國家發展主軸。[6]

　　李登輝政府時期臺灣權力結構的明顯變化，除了 1991 年 5 月 1 日終止〈動員戡亂時期臨時條款〉、1991 年 6 月廢止《懲治叛亂條例」以及 1992 年 5 月修正通過《刑法》一百條，排除思想叛亂入罪之外，影響國民黨黨國體制的重大挑戰與改變，肇因於 1992 年 12 月的第二屆立委選舉，民進黨獲得 31%的總得票率及 50 席的立委，相較於國民黨的 53%及 102 席，國內政黨政治競爭的態勢隱然形成。

---

[5] 若林正丈，《戰後臺灣政治史——中華民國臺灣化的歷程》，（臺北：臺大出版中心，2014年 3 月），頁 259。

[6] 陳添壽、章光明，〈警察與國家發展之關係〉，章光明主編，《臺灣警政發展史》，（臺北：警政署、中央警察大學，2013 年 10 月），頁 20。

　　加上 1993 年 8 月原從國民黨分裂出去的「新國民黨連線」，另行成立新黨，及 1994 年 7 月立法院通過《省縣自治法》和《直轄市自治法》的 12 月所舉辦的臺灣省長、北高市長與省議員選舉，而 1995、1998 年立委和 1997 年的縣市長選舉之後，更加劇朝野政黨因內部權力結構的調整，與理念的歧異，及政爭的紛擾，國內政黨與政黨之間和各黨自己內部的派系權力角逐已更形尖銳化。

　　1996 年 12 月舉行國家發展會議決議應將臺灣省虛級化，引發省長宋楚瑜的辭職風波。換言之，國民黨到了 1994 年 8 間召開的第十四屆中央委員會第二次全體會議時，就宣稱其自己的政黨屬性已從早期的「革命政黨」逐步蛻變為「革命民主政黨」、「富有革命精神的民主政黨」，乃至於成為政黨政治中的「民主政黨」。[7]

　　因此，1996 年第三屆國大代表選舉與中華民國第 9 任總統、副總統的直接民選，是國家憲政上建立自由民主體制關鍵時刻，揭示我國已從威權政經體制的轉型中，建立了以主權在民為機制的政黨政治民主體制，選舉結果李登輝、連戰當選總統、副總統。這階段臺灣從解嚴、國會全面改選到總統直選，不但完成了主權在民的價值觀，以及強化主權國家定位來凸顯臺灣追求相對主體性的國家整體目標。[8]

　　從轉型期政黨型政治性治安的權力結構議題，檢視總統、副總統的直接民選，正表示國民黨已不是一個「外來政權」的統治政權，臺灣的權力結構逐漸走向蘭迪斯（David S. Landes）所指出，社會開放構成的力量，可以驅策社會走向效率與合理化，並重新設定經濟活動的秩序，引導經濟活動往比較優勢的方向進行，而遠離賄絡與裙帶主義。[9]

　　這是轉型期政黨型政治民主化的意義，但是所謂「統一或獨立」、以及

---

[7] 中央委員會秘書處　編，《中國國民黨第十四屆中央委員會第二次全體會議總紀錄》，（臺北：中央委員會秘書處編印，1994 年 8 月），頁 234。

[8] 參閱：鄒景雯採訪紀錄、李登輝受訪，《李登輝執政告白實錄》，（臺北：INK，2001 年 5 月），頁 222。

[9] See Landes, David S., The Wealth and Poverty of Nations: Why Some Are So Rich and Some So Poor（N. Y.：W. W. Norton, 1999）.

臺灣住民「究竟是臺灣人或是中國人？」等國家認同的議題，隨著兩岸關係互動的成為爭議焦點，導致 2000 年臺灣政治權力結構產生很大的變化，國民黨不但在總統大選失掉執政權，同時也出現臺灣政治史上的第一次政黨輪替，代表民進黨的陳水扁和呂秀蓮依憲法當選第十任中華民國總統、副總統。

2004 年陳水扁當選連任的投票日前夕發生總統槍擊事件，投開票日當天的晚上，連戰、宋楚瑜將聚集在競選總部的支持者帶到總統府前，開始靜坐抗議，並展開往後長達三周的街頭抗議，與此同時也向高等法院提起選舉無效，與陳、呂配當選無效之訴。

有關當選無效與選舉無效之訴，分別於 11 月和 12 月由高等法院判決連宋陣營敗訴。然而，2008 年國民黨馬英九又贏回政權，臺灣政治轉型體制的政黨政治發展又進入新階段。

檢視解嚴後政黨型政治性治安重大議題也出現在首次由警察系統出身的莊亨岱出任警政署長，以及「國安三法」中的通過修正《人民團體法》的政黨解散改由憲法法庭處理；修正《國家安全法》的放寬對異議人士返臺的限制；修正《集會遊行法》刪除不得違背憲法的規定。

2019 年民進黨政府針對與「國安三法」有關的國家安全議題，分別於 5 月 7 日通過「刑法部分條文修正案」及「國家機密保護法部分條文修正案」、5 月 31 日通過「兩岸人民關係條例增訂第五條之三修正案」、6 月 19 日通過「國家安全法部分條文修正案」，以及 7 月 3 日通過「兩岸人民關係條例部分條文修正案」等所謂的「國安五法」。

1996 年通過的《組織犯罪防制條例》，乃至於從 1985 年 7 月公佈施行，再歷經 1992 年與 1996 年修正，直到 2009 年才正式廢止爭議多年的《檢肅流氓條例》；以及 1999 年的廢止《出版法》、2002 年的廢止《懲治盜匪條例》等，都直接影響警備總部與警察治安業務上的調整，和攸關國家體制轉型的重要法案。

亦即國人冀望建構警察專業化、行政中立化的安定政治體系，亟需要建立一套人人服膺政黨政治的民主競賽規則，以確保政治性治安的順利推展，以發揮警察的服務性功能。

特別是 2003 年通過的《警察職權行使法》，更落實了依法行政之法律保留的原則；此外，在《刑法》、《刑事訴訟法》與《警察勤務條例》的修正、行政救濟制度改革、《行政執行法》修正、《行政程序法》、《行政罰法》制定，行政法制終於朝向落實正當程序原則、周延保障人民權益，和促進民眾參與的民主法治精神邁進，直接衝擊著轉型期治安的警察執法思維與法治內容。

換言之，以軍領警的政治性治安模式，隨著 1992 年警備總部的裁撤，另成立海岸巡防司令部，以及 2000 年依據《海巡法》成立行政院海岸巡防署，軍管與海巡的分置政策，正式確立軍警的分立，轉型期治安的警察政治色彩逐漸淡化，警政功能得以改善。加上 2005 年通過《內政部入出國及移民署組織法》，並於 2007 年正式運作，更整備了警管治安的功能。

政黨型政治性治安配合國家體制轉型與政黨競爭凸顯了權力的重新分配、政治參與的擴充和落實、民意對政策影響力的增加，以及特權的消除等等。臺灣政黨型政治性治安所形成具有的政黨輪替執政機制，也是以解嚴治安為核心發展的國家體制在歷經政黨競爭之後，改以為實現國民為主體的政治民主化意義。

回溯臺灣以軍領警的威權統治時代特徵，凸顯依賴戒嚴治安政府為中心的國家主義來維繫並整合；但是，當威權統治在內外政經衝擊下，就必須轉型依靠以政黨型政治性治安的國民主義來發展，而使政黨競爭型政府能在政策制定的過程與目標中，反映整體國民的需要、利益和尊嚴，實現真正以國民為主體的國家。

## 參、轉型正義的治安議題

轉型期政黨型政治性治安的警察行政中立，凸顯警察在執行職務時，不僅在政治或政黨議題上要力求中立，平等對待。同時在男女性別、宗教、種族、階層等面向，亦應一切依法行政。警政中立化的關鍵在於兩次政黨輪替的結果，和逐步進行政府再造和改造的完成。

政府再造的形成，較早見之於 1996 年底，首任民選總統李登輝在國家發展會議所達成「提升行政效率，加速推動政府再造，建立小而能的新政

府」、「檢討並簡化政府層級，落實分層負責，縮短行政程序」、「明確規定中央與地方政府之權責區分」、「調整精簡省府之功能業務與組織，並成立委員會完成規劃及執行，同時自下屆起凍結省自治選舉」等共識。[10]

歷經連戰和蕭萬長兩位閣揆，先後成立了政府再造推動委員會與政府再造諮詢委員會，從組織再造、人力及服務、與法制再造等三方面，進行全面性政府再造工程。

綜觀 2000 年首次政黨輪替，民進黨取得執政後，依「政府再造」而改名稱進行「政府改造」，乃至於 2007 年 9 月民進黨通過《正常國家決議文》。比較具體的成效是 2004 年立法完成《中央行政機關組織基準法》，該法並於 2008 年 6 月部分條文修正通過，其中有關增列警察及檢調排除適用之特別規定。

2008 年國民黨馬英九、蕭萬長當選第十二任總統、副總統，臺灣出現了第二次的政黨輪替，臺灣政治轉型正義的治安議題又繼續深化的進入政黨競爭階段；同時，對政府組織再造更朝向民主化體制邁進，警政業務的執行得以秉持行政中立。然而，「中立化」並不表示沒有立場、沒有價值取向，而是以全民的立場為立場，全民的價值為價值。

轉型正義治安議題的警察專業化更隨著軍隊國家化和民主法治化的落實，而在完成政黨型政治性治安的其中一項重要元素，就是臺灣地方自治的實施。當前地方警察的預算歸屬地方政府作業，地方警察首長的人事調動已不再是採完全由中央強勢的決定，而是改採尊重地方首長的職權和考量地方治安的需要，先儘量在人選上有了共識後，才由中央發佈，這是有助於警察執法的專業化。[11]

在法治人權方面亦從強調「轉型正義」，試圖除了透過二二八事件、林家血案、陳文成命案、尹清楓軍購案等攸關政治性治安事件的重新調查，

---

[10] 國家發展會議秘書處，《經濟發展議題總結報告》，（臺北：國家發展會議秘書處，1996 年 12 月），頁 12。

[11] 陳添壽、章光明，〈警察與國家發展之關係〉，章光明　主編，《臺灣警政發展史》，（臺北：警政署、中央警察大學，2013 年 10 月），頁 23。

實踐刑事正義的彰顯人權法治。

　　諸如 1995 年 1 月《戒嚴時期人民受損權利回復條例》，3 月《二二八事件處理暨補償條例》；以及 1998 年 5 月《戒嚴時期不當叛亂暨匪諜審判案件補償條例》的實施，雖然針對轉型治安合法的人權政策與法律變革有了具有的規範性限制，但社會意見的分歧仍難在短時間內取得共識，凸顯社會對於所謂「轉型正義」的認知與做法仍然存在複雜的矛盾性。

　　特別是《戒嚴時期不當叛亂暨匪諜審判案件補償條例》在 2000 年 11 月修正，將該條例適用範圍稍有擴大，也包含戒嚴施行前的左翼份子遭遇迫害事件，和 1979 年美麗島事件在內。同時，官方又比照財團法人二二八事件紀念基金會方式，成立「戒嚴時期不當叛亂暨匪諜審判案件補償基金會」。

　　然而，轉型正義的治安議題必須尊重回歸歷史傳承的漸進改革過程，對於有些特殊的政治性案件應該避免導致轉型正義的意義受到扭曲。

　　2017 年 12 月民進黨執政，針對國民黨威權統治時期違反自由民主憲政秩序之不法行為與結果，強調為促進轉型正義及落實自由民主憲政秩序，經由立法院通過《促進轉型正義條例》。執行項目包括：一、開放政治檔案。二、清除威權象徵、保存不義遺址。三、平復司法不法、還原歷史真相，並促進社會和解。四、不當黨產之處理及運用。五、其他轉型正義事項。

　　然而，也引發朝野對於「正義」與「不正義」的各自解讀，致使社會存在許多的爭議，尤其是成立的「促進轉型正義委員會」，由於組成的委員部分過於偏向政黨或意識形態的色彩，導致該委員會淪為政黨鬥爭的工具，喪失該有的公正、客觀的立場。目前爭論最大的議題包括促轉會亟欲將中國青年救國團、中華民國婦女聯合會和中華救助總會等機構的視為國民黨附隨組織，這是假轉型之名、行真豪奪的「轉型不正義」。

## 第四節　夥伴式經濟性治安

　　戒嚴時期國民黨政府實施所謂「計劃性自由經濟」，制定部分管制經濟的管制規則（regulations），常常淪為少數個人或獨占事業的保護工具，極易形成政治經濟學家所謂的「企業化政客」（political entrepreneur）。

　　「企業化政客」經常利用各種政治上的方便或職位上的權力，專營法規的漏洞，或創造有利於自己的法規與環境，凸顯夥伴式經濟性治安是由於政府一直控制了規模十分龐大的公營企業與各種特許行業的許可權力。

　　加上執政的國民黨政府又擁有許多黨產和黨營企業，雖然到了 1990 年代的轉型而逐漸民營化，但是黨國資本主義的主要受益者並未在全球化與新自由主義的改革中遭到淘汰，大部分反而在法規鬆綁所帶來的金融及證券、電信及媒體、石油銷售、甚至是機場建設等大型公共工程的參與中獲得了新的利益和地位。

　　政治家和資本家之間的恩庇關係，如今換成另一種形式的政企關係的「黑金」結構，導致執政長達 56 年的國民黨，不得不在 2000 年總統大選失敗之後，由民進黨陳水扁執政，但政企關係的「黑金」結構型態並未獲得改善，經濟性治安議題仍延續至 2008 年的政黨再次輪替，由國民黨馬英九的當選總統。

　　檢視夥伴式經濟性治安凸顯在解嚴之後產業面臨轉型，和對兩岸經貿的戒急用忍的議題上。以下將從產業升級、政企關係、戒急用忍等三項議題所引發的夥伴式經濟性治安加以檢視。

### 壹、產業升級的治安議題

　　解嚴之後，臺灣產業結構也面臨轉型的關鍵期，製造業方面雖然仍有王永慶所屬臺塑等大企業的投資設廠，但是檢視臺灣經濟結構到了 1988 年，服務業的 49.3% 生產值首度超過工業的 45.7%。

到了 2000 年臺灣工業與服務業產值占國內生產毛額之比重是 32.37% 比 65.57%，農業更減至 2.06%，而服務業項目中，批發、零售及餐飲業占 19.16%，運輸業占 6.74%，金融保險及不動產業占 20.5%，其他服務業占 19.17%。[12]

因此，政府為解決國內投資意願低落的議題，溯自 1993 年 7 月起實施「振興經濟方案---促進民間投資行動計劃」，其目標在達成產業升級及發展臺灣地區成為亞太營運中心，藉以充分發揮臺灣在亞太地區及兩岸之間的經濟戰略地位，吸引跨國企業並鼓勵本地企業以臺灣作為投資基地及經營東亞市場，以突顯臺灣在這一地區經濟整合中所扮演的關鍵角色，並同時擔負先進國家與開發中經濟承先啟後「中繼者」的國際責任。

為加速產業升級、提高產品之附加價值，政府自 1991 年 1 月實施《促進產業升級條例》，期藉由「功能別」的獎勵，取代《獎勵投資條例》的「產業別」獎勵。

《促進產業升級條例》有關租稅優惠包括：利用租稅抵減獎勵措施來鼓勵廠商進行研究發展、自動化和人才培訓等，重要科技、重要投資事業持有股票之投資抵減，重要科技、重要投資、及創投事業五年免稅或股東抵減擇一適用，重要事業得在不超過資本額二倍之限度內保留盈餘。《促進產業升級條例》原訂於 2000 年落日，但為避免產業升級所引發治安議題的危機，政府不得不又延長實施，針對獎勵的內容作了部分修正。

到了 2010 年 4 月，政府為促進產業升級更以《產業創新條例》取代《促進產業升級條例》，提供多元化獎勵工具，協助產業改善環境、提升競爭力；並全面推動產業發展，以因應產業日漸多元的發展特性；塑造產業創新環境，協助產業從事包括發展品牌、產學研合作及設立創新研發中心等創新活動；落實產業永續發展，推動溫室氣體減量或污染防治技術之發展及應用；轉型工業區為產業園區，整備產業發展的基礎建設。

《產業創新條例》期以達成調降營所稅稅率、降低中小企業及傳統產

---

[12] 經建會，《發展臺灣成為亞太營運中心計畫》，（臺北：經建會，1995 年 4 月），頁 1-5。

業租稅負擔、透過研發租稅獎勵引導產業升級轉型、補助中小企業增僱員工與創造就業機會、協助新興服務業取得必要用地來促進相關產業發展。雖然臺灣服務業占 GDP 已經達到 7 成以上，但就業吸納卻未成等比例，在於新興服務業投資不足所導致的治安議題。為了配合臺灣產業型態逐漸朝服務業或複合性發展，臺灣需要發展各式態樣的產業園區，以促進產業升級。

## 貳、政企關係的治安議題

政治要為經濟發展服務，企業家則要爭取政治支持。臺灣政經發展的軌跡，少不了政府與企業之間的互動關係，只是在不同的年代，有不同的結果與評價，凸顯了政企關係所引發治安性的議題。

檢視解嚴治安的政企關係議題，國民黨延續的黨營機構到了 1990 年代徐立德（1988 年 8 月至 1993 年 2 月），和劉泰英（1993 年 3 月接手）的主導時期，整個黨營事業發展到了 1995 年的巔峰。

在黨營事業與公營事業的交互投資情形，檢視各公營事業在民間金融企業投資，顯示公營事業資本作為民間企業的股東，可以對該民營企業的經營權產生一定的干預力，特別金融企業大多為特許行業，在相關市場上占有特殊地位，等於是黨國資本主義對金融體系的每一個層面都擁有實質的控制力。

然而，這種夥伴式政企關係由於金融機構擁有特殊的市場地位，政府很容易經由獨占或寡占進行超額利潤的汲取，而流入國庫與黨庫。這也是臺灣在一黨獨大體制下所特有的政經網絡關係，其不僅見於金融體系，也普遍出現在生產事業體系之中。同時，民營企業依附公營和黨營事業的發展，已從「家父長式關係」調整為「大小夥伴關係」結構。

尤其 1980 年代以後，特別是開放新銀行與新券商等金融機構的成立，新銀行和新券商的開放，雖然符合金融自由化與國際化的需要和趨勢，但是企業財團化的結果，加上立法院提供企業菁英新機會追求決策過程的影響力，各式各樣的企業集團突然變成選舉政客及地方派系競相爭取為合夥的對象，並與國民黨和國民黨的黨營企業相結合。

政府為加速國營事業民營化，除了 1982 年將中臺化工併入中國石油化學開發公司，1983 年中國磷業與臺灣碱業由中國石油化學開發公司吸收合併，1987 年更將臺鋁及臺金兩家公司結束營運。[13]經濟部所屬國營事業由原 15 家減為臺電、中油、臺糖、臺肥、中鋼、中船、中化、臺機、中工、臺鹽等 10 家事業。接著 1989 年開放決定中鋼、臺機、中船、中華工程、中國產物、高雄硫酸亞、中興紙業、唐榮、臺灣農工、臺灣省鐵路管理局、臺汽、臺航、一銀、華銀、彰銀、臺灣中小企銀、臺灣土地開發信託投資、臺壽、臺產等 20 家國營事業民營化，國營事業不能再像過去為擴張新的企業範圍或規模而損及民間企業。[14]

到了 2007 年整個國營事業民營化的推動，剩下經濟部所屬 6 家事業，除臺灣自來水公司暫不採釋股方式民營化，而採業務項目委託經營，其餘臺灣中油、臺船、臺電、漢翔、臺糖等 5 家公司，積極推動民營化相關作業。

中國國民黨的黨營事業亦如公營事業民營化的進程，逐步清理黨產和停止黨營事業的經營，特別是受到社會輿論壓力的影響。檢視從 1989 年隨著新的立法委員產生，在野政黨強烈要求禁止行政部門編列預算補助國民黨及其黨營事業，以及國營事業利益輸送黨營事業等情事。

到了 1993 年更提出，反對政府運用行政權圖利國民黨黨營事業、反對國民黨成為金融霸主、反對公營事業淪為黨營化、反對賤賣黨產、反對財政部「球員兼裁判」的圖利國民黨：並將《人民團體組織法（修正草案）》的限制黨營事業條文交付審查。[15]

因此，按國民黨依會計師簽證報告的黨營事業淨值，以 1994 年 12 月 30 日為基準日，黨營事業七家控股公司的資產總額為 649 億 5 千萬餘元，

---

[13] 劉玉珍，《鐵頭風雲——趙耀東傳奇》，（臺北：聯經，1995 年 9 月），頁 316。

[14] 陳師孟等，《解構黨國資本主義——論臺灣官營事業之民營化》，（臺北：澄社，1992 年 7 月），頁 51-52。

[15] 臺灣研究基金會，《還財於民——國民黨黨產何去何從》，（臺北：商周，2000 年 7 月），頁 181-183。

負債總額為 231 億 5 百萬餘元，資產減去負債後淨值為 418 億 4 千萬餘元，轉投資企業共 121 家。[16]

1996 年 8 月國民黨召開第 14 屆中央委員會第四次全體會議修改〈中央委員會組織規程〉的第五條將中央文化工作會對「黨營文化傳播事業之管理」修訂為對「黨營文化傳播事業文宣政策之督導」，以及第十三條的「黨營事業管理委員會」修訂為「投資事業管理委員會」，突顯國民黨對黨營事業政策的改變。1996 年 12 月國家發展會議通過黨營事業不得從事壟斷性事業之經營、不得承接公共工程、不得參與政府採購之招標、不得赴大陸投資。

回顧黨營事業在臺灣近代經濟發展過程中的意義，除有其政黨本身利益之外，實存亦有對國家、社會經濟的貢獻，最重要的就是：國家需要它的時候、民間投資意願不高的事業，黨營事業配合國家整體發展的需要來進行，並扛起責任。

因此，黨營事業在經營這麼多年來，除了進行一般性的企業投資外，更配合政府經濟發展與產業升級的政策，在各時期從事不同重點的產業投資；有時更為了配合政府政策及克盡對社會的責任，不但要承擔風險，甚至要犧牲盈餘，但因此確能帶動民間企業的成長，增加了政府賦稅收入，更對國家的經濟繁榮與社會進步有直接、無私的貢獻，同時創造了國民的就業機會。[17]

2000 年 1 月國民黨總統候選人連戰提出國民黨「黨產信託」的主張，3 月 18 日陳水扁當選總統，臺灣的民主政治進入政黨輪替、政權和平轉移的階段，而失去政權的國民黨亦由連戰主導黨務，並對國民黨黨產和黨營事業處理原則做出具體回應，即將七大控股公司裁併為三家，並在完成黨產清查，而於一年內完成黨產信託。

---

[16] 中國國民黨黨營事業管理委員會，《黨營事業面面觀》，（臺北：中國國民黨黨營事業管理委員會，1995 年 8 月），頁 7-14。

[17] 中央委員會秘書處，《中國國民黨第十四屆中央委員會第四次全體會議總紀錄》，（臺北：中央委員會秘書處編印，1996 年 8 月），頁 113。

　　由於國民黨黨產一直是社會爭議的焦點，迫使 2000 年 5 月馬英九當選總統，不得不亦以兼任黨主席的身分要求黨產妥為處理來紓解外界的壓力。根據 2013 年 12 月 31 日國民黨黨產專案報告的統計，不動產部分，國民黨名下土地 147 筆，公告現值為 6 億 1512 萬元，房屋共 152 筆，值 4 億 765 萬元；事業投資則包括中投、欣裕台 2 家公司，合計淨值 233.36 億元。同時，國民黨再三強調，自 2007 年起就不再投資或經營任何黨營事業。

　　黨營事業交付信託之後，在馬英九主席任內曾進行 5 次標售，最後都以流標收場，這絕非國民黨所樂見，但也不能削價求售，否則賤賣黨產將有觸犯《刑法》背信罪之虞。國民黨對黨產的處理，儘管如此，但社會對其導致黑金結構的批評，認為其未能符合公平正義的爭議之聲仍然爭議不斷。

　　2016 年 3 月 10 日國民黨立院黨團更公開聲明，主張國民黨黨產扣除依法影給付黨工退休金的結算金額後全數捐出，作為青年教育訓練與弱勢家庭照顧。但是 2016 年 5 月 20 日民進黨蔡英文就任總統，7 月 25 日立法院三讀通過《政黨及其附隨組織不當取得財產處理條例》。

　　根據該條例成立的「不當黨產處理委員會」（簡稱黨產會），於 2016 年 8 月 31 日成立任務編組機關，職掌事項是臺灣戒嚴時期之中華民國政黨財產的調查、返還、追徵、權利回復。凡是於 1987 年 7 月 15 日以前所成立、並且依照《動員戡亂時期人民團體法》之規定備案的 10 個政黨（中國國民黨、中國青年黨、中國民主社會黨、中國新社會黨、中國中和黨、民主進步黨、青年中國黨、中國民主青年黨、民主行動黨、中國中青黨），以及這些政黨的附隨組織，其受託管理人都必須向該委員會申報政黨財產。

　　尤其黨產會特別針對國民黨黨產的進行一系列追討工作，堅持沒收充公。國民黨認為若依黨產會的惡質作法，形同默認國民黨的黨產完全是不當取得。因此堅決無法同意黨產會的片面行為，引發兩造有爭議的部分就是訴之法院處理，也增多社會的不安情緒。

　　持平而論，對於公營事業作為臺灣近代經濟發展過程中的歷史實存，其具有對應於不同時空環境下的不同特質，無法以一概括性的規範性觀點來評斷其存在之意義。尤其黨產會清查所謂「不當黨產」範圍的從社團法

人、財團法人的進一步擴大道調查自然人。面對部分建物曾經由國民黨轉賣，黨產會竟主動向買家查詢此事。這種做法恐非民主國家應有的作為，且有違反法治國家法不溯及既往、信賴保護原則與善意第三人保護之嫌。

檢討公營事業民營化或其它所有權制的施行，所反映的不是昨非今是模式，不是要對過去以公營事業所達成之控制資源作法的否定，而是國家以更具正當性與合理性的，特定之民營化作為或所有權型態，將之過渡到另一種新的控制型態。

此種改變的過程並不代表某種規範上的所有權制「趨善」過程，而是一種政經體制反應外在社會結構變遷下整體合理化（rationalization）過程的一部份。[18]這對國民黨黨營事業在中華民國史上的發展與變遷，不也該作如是觀嗎？

## 參、戒急用忍的治安議題

1990 年代爆發的亞洲金融危機，政府為分散海外貿易市場、因應東南亞經貿整合新趨勢，以及繼續加強與東南亞等國經貿關係，於 1994 年元月起實施「加強對東南亞地區經貿工作綱領」，亦即所謂「南向政策」的市場轉向。但當中國大陸成為世界工廠，對全球市場產生巨大磁吸效應，儘管為期 3 年的「南向政策」採取了加強輸出融資和推動簽訂貨品暫准通關協定等獎勵措施，但透過政府管制政策的強力推動，績效仍然不彰。[19]

國民黨政府在兩岸關係上，雖然已經放棄「漢賊不兩立」的思考模式，而改以「兩岸雙贏」的態度與做法，希望積極改善兩岸關係，促進兩岸合作，同時也提出了許多具體的方案，例如「領導人會面」、「國際合作」、「境外航運中心」、「文化交流」、「農業合作」、「國有企業改革」等，但中共堅持所謂的「一個中國」模式，指控國民黨政府「搞台獨」，導致兩岸「雙贏」

---

[18] 吳若予，《戰後臺灣公營事業之政經分析》，（臺北：業強，1992 年 12 月），頁 213。

[19] 薛琦，〈南向政策與亞太營運中心〉，收錄：彭百顯　主編，《南向政策與臺灣經濟未來》，（臺北：新社會基金會，1995 年 2 月），頁 26-28。

的構想不能發揮作用，迫使國民黨政府不得不採取「戒急用忍，行穩致遠」的因應方針。[20]

因此，基於分散市場風險的考慮，「戒急用忍」只是對大陸投資作若干限制，且範圍限於高科技、基礎建設等項目之投資，以及對大型投資作更合理規範，對一般投資及中小企業完全沒有影響。

「戒急用忍」是階段性政策，假若大陸政經情勢趨於穩定，兩岸關係明顯改善，中國大陸尊重兩岸對等分治，臺商投資權益可經由雙方協議受到確切保障，而且不影響臺灣經濟穩健發展，則政府將就「戒急用忍」政策加以檢討調整。

檢視夥伴式經濟性治安議題也因臺灣對中國大陸開放成品市場，進口中國大陸在國際市場上極具競爭力的中低檔產品，讓兩岸充分享受比較利益帶來的優勢，形成一種產業內與產業間並重、貿易與投資同行的分工合作關係。

甚至形成「頭腦」國家設計產品，與「身體」國家製造產品的所謂「虛擬國家」（virtual state）之夥伴關係，不論是國民黨李登輝政府的「戒急用忍」，或是民進黨陳水扁政府的「積極開放、有效管理」，或是「積極管理、有效開放」，臺灣在兩岸關係才能取得自主權。

2016 年民進黨蔡英文政府的不接受「九二共識」，和中國大陸的強調「一個中國」，在雙方未能持有「相互主體性」的思維下，終致兩岸關係發展的呈現停滯狀態，甚至於推向戰爭危機的邊緣。

## 第五節　多元化社會性治安

解嚴之後的治安議題，臺灣社會現象呈現出各個文化族群的自主意

---

[20] 李登輝，《臺灣的主張》，（臺北：遠流，1999 年 5 月），頁 156。

識，扎根文化的歷史雖有不同，在價值上是平等的，國家或者族群相互之間都必須尊重這種文化的多元性。

換言之，社會性治安已不在只是凸顯環保、原住民、勞工、消費者意識、老兵返鄉、毒品、電玩、簽賭、飆車、消防救災、教改等議題上，而是已經延伸到對整個大地生態、人民居住環境、外勞、外籍配偶的關懷，諸如反核電運動、客家母語文化運動、無住屋者團結運動、民間司法改革運動、貧富差距等。

臺灣多元化社會所引發貧富差距，和多重族群的議題，成為轉型時期臺灣的多元化社會性治安議題。尤其各類社會運動也逐漸從直接的反支配的抗爭目的，轉移到提出具體的政策改革，以進行與政府相關部門的對話方式，戒嚴治安時期的激烈社會街頭抗爭已較少見。

因此，本節將從貧富差距、自主意識、多從族群等三項社會議題所引發的多元化社會性治安加以檢視。

## 壹、貧富差距的治安議題

解嚴之後，臺灣多元化社會性治安議題所凸顯的貧富差距的現象，其之所以形成實導因於，長期以來政府實施以農業支援工業發展的不均衡政策，以及公營、黨營事業的寡占市場特權，致使社會出現嚴重財富分配不合理的現象。若將家庭所得區分為五個階層，其最高所得與最低所得之間的比率，從 1991 年的 5.0 到 10 年後的 2001 年時，已經上升到 6.4。[21]

換言之，回溯 1987 年的臺灣解嚴以來，民間社會對於國民黨的黨營事業，和政府壟斷公營事業的支配，出現了強烈的批判與改革呼聲。執政的國民黨政府是以發展夥伴式經濟策略，持續以自由化、國際化、制度化的「經濟三化策略」，及科技導向的發展高科技工業政策，來因應臺灣社會多元化、美國新保護主義，及區域經濟發展的競爭，因而持續受到經濟外部不平衡的壓力，更凸顯在勞工、農民，和反核抗爭的社會性治安議題上。

---

[21] 行政院主計處，《社會指標統計年報 2006》，（臺北：行政院主計處，2007 年）。

　　勞工運動抗爭的議題，在凸顯解嚴之後多元化社會勞資雙方協商的失敗，和勞委會無力解決勞資問題。與原有工會對峙的新興自主工會遂紛紛成立，更暴露接受國民黨控制的工會已無法代表勞工爭取其應有的權益，而日益遭到勞工階級的排斥和不滿；甚至一些跨地區的「工會兄弟會」、「勞工聯盟」、「自主工聯」亦展現其串連動員的運動手段。諸如工黨的成立，及從其組織出走的勞動黨，更使得勞工運動的政治色彩，增加許許多多不可預測的複雜因素。

　　戒嚴時期臺灣的農會組織也如同勞動團體組成的工會一樣，幾乎完全受到國民黨政府的支配和控制，未能具有充分的自主性格代表小農權益與政府展開溝通。解嚴之後的治安議題，逐漸升高自主性的農業組織和農民團體開始與原有國民黨控制下的農會、水利會等團體分庭抗禮。尤其是各縣市「農民權益促進會」的組織紛紛成立。

　　檢視 1988 年 5 月 20 日由雲林「農民權益促進會」主導，起先是單純的農民抗議國民黨政府長期以來犧牲農民權益，提出舉辦農保，及停止國外農產品進口等請願的訴求活動，結果卻演變成為入夜後大規模的城市暴動，估計約有 50 多名的抗爭民眾被逮捕。同情農民、反對憲警暴力的學者將近二百多人發表「我們的呼籲」。

　　尤其是在爆發「520 事件」之後，政府感受到農民運動的訴求壓力，而認真的面對與回應。最後，該事件所引發的治安議題導致農委會主委的下台，以及國民黨政府不得不該年底召開「全國農業會議」，同時，為了表示重視農民權益，亦邀請抗爭最力的農權組織參加。[22]

　　抗議運動所引發的治安事件並不因此而停下來，緊接著 1997 年 5 月臺北街頭重現抗議人潮，從「五〇四」、「五一八」到「五二四」，不同的社會團體進行跨黨派、跨統獨、跨議題的串聯，群眾主要訴求「白曉燕命案」的治安事件，民眾憂心社會治安日益惡化、厭惡只會政治鬥爭的政客，與形式民主的政黨分贓。

---

[22] 蕭新煌，〈臺灣新興社會運動的剖析：自主性與資源分配〉，臺灣研究基金會國防研究小組　編，《解剖臺灣經濟》，（臺北：前衛，1992 年 11 月），頁 19-21。

　　接連幾次的街頭抗議事件，雖然政府因應得宜，抗爭的活動理性和平落幕。部分社運團體轉而提出離開街頭抗爭回歸社區營造，和草根民眾結合的行動主張，做為日後社會運動的實踐標的，農運的街頭暴力現象漸趨和緩。

　　回溯 1980 年以前，臺灣的社會運動並未出現反核運動。1985 年初監察院由於政府興建核四廠的經費一再增加，繼而又有立法委員再對核四議題提出緊急質詢。1985 年 5 月當政府宣布核四暫停興建後，反核的行動者有更組織化的情形，反核的聲浪受到國內外核電廠意外事件的助長，有從都市向核廠地區的偏遠角落發展的情形。[23]

　　檢視 1988 年春節之後，住在核四預定地附近的居民組成「鹽寮反核四自救委員會」，接著環保運動人士發動反核禁食抗議行動，並編組了一個「1989 年反核委員會」開始與臺電興建核四做持久性的抵制。尤其是凸顯在解嚴初期的階段，貧富差距的社會改革和政治改革運動的密切關係，更使得國內多元化社會性治安環境的複雜化。

## 貳、自主意識的治安議題

　　隨著轉型社會運動的制度化與專業化，以及新自由主義的時代伴隨著消費主義時代在 1990 年代的強大支配力，臺灣大規模的反抗社會運動顯然受到多元、自主文化的影響。

　　隨著 1994 年「生為臺灣人的悲哀」發言欲重返聯合國運動的再起，以及 1996 年總統直選，李登輝政權獲得比較穩固的使用「生命共同體」，來論述臺灣主體性的國民統合理念。1999 年 7 月 9 日李登輝在接受德國廣播公司「德國之聲」訪問時宣布中華民國與中華人民共和國是「特殊的國與國關係」，李登輝與「臺灣民族主義」者在意識形態上的距離已經縮短，無異是在回應臺灣人自主意識的抬頭。

---

[23] 張茂桂，〈臺灣「反核運動」之評析〉，徐正光、宋文里 合編，《臺灣新興社會運動》，（臺北：巨流，1992 年 5 月），頁 205-206。

　　「臺灣民族主義」乃由長期處在各個不同帝國邊陲的歷史背景出發，而立基於追求臺灣住民的主體意識，要求掌握自身政治前途的決定權。從與中華民國臺灣化的相關性來說，所謂的「臺灣民族主義」，其原動力便是確立「以臺灣為範圍」的國民國家（Nation-state）為其最終目標的意識形態。同時，這個意識形態更成為 1980 年代以後，挑戰國民黨一貫堅持的「中國國家體制」。[24]

　　尤其在 2000 年政黨輪替後，臺灣各地「臺灣民族主義」知識份子，和文化界人士的意見團體，開始以南部「南社」、中部「中社」之類的型態組織起來，在「臺灣團結聯盟」成立前的 2001 年 6 月，李登輝也出席了「北社」的成立大會。接著準政黨型態的臺聯外圍組織「李登輝之友會」、「群策會」、「李登輝學校」陸續成立。

　　2002 年 5 月李登輝參加了「臺灣正名運動聯盟」，以「臺灣正名」為訴求在臺北與高雄兩市舉行之遊行活動。「臺灣正名運動聯盟」就是以臺灣獨立聯盟為核心的臺灣獨立運動聯合組織之一。同年 10 月「群策會」以「邁向正常國家」為題舉行研討會，明確標榜「正常國家」路線的理念，承續李登輝的「兩國論」主張。

　　解嚴之後多元化社會治安的自主意識普遍形成，各類型團體紛紛成立，尤其是政治性團體的小黨林立。如果以臺灣兩大政黨的國民黨和民進黨，其所揭櫫不同訴求所引發的爭議，呈現彼此意識形態的對峙。

　　政治上，以國民黨為主的泛藍政團強調「作為主權獨立的臺灣國家之中華民國」、「作為一個主權獨立的臺灣國家，參與國際社會」；以民進黨為主的泛綠政團則強調「主權獨立的臺灣共和國」、「以臺灣為名義參與國際社會」。

　　經濟上，以國民黨為主的泛藍政團強調「市場自由化」、「經由大陸市場，有助於市場國際化」；以民進黨為主的泛綠政團則強調「市場自由化」、

---

[24] 若林正丈，《戰後臺灣政治史──中華民國臺灣化的歷程》，（臺北：臺大出版中心，2014 年 3 月），頁 330。

「國際化不能依賴大陸市場」。

社會文化上，以國民黨為主的泛藍政團強調「中華文化、中華民國與臺灣樣式的融合」；以民進黨為主的泛綠政團則強調「去中國化、臺灣正名」，兩黨政團各自標榜「國家主體意識」。

國民黨強調 1945 年的臺灣光復，和「九二共識、一中各表」的中華民國主體性歷史觀；民進黨則在 2019 年新課綱的歷史課本中充滿「臺灣地位未定論」的思維。

也因為轉型期臺灣社會自主意識的抬頭，加上各政黨間對意識型態的堅持，導致社會對立的情勢日趨嚴重，各政黨為在選舉中取得勝利，乃各自動員支持的群眾上街遊行，展現動員能量。然而，遊走法律邊緣的治安議題時而發生，其所引發的治安事件層出不窮。

## 參、多重族群的治安議題

1996 年總統直選，臺灣社會出現一種以臺灣現住公民為疆界，有主權國家象徵的選舉競爭，以及國家帶動、鼓勵的「社區總體營造」，進一步帶出「公民自主意識」的氛圍，凸顯多元化社會族群自我主張運動，也促使政府在中央部會先後成立了客家委員會和原住民族委員會，來建構「多重族群社會」，以回應原住民、老兵返鄉、外勞、外籍配偶等弱勢族群的權益。

從原住民族對其自身所擁有正統性的復權訴求，進者乃是對於戰後臺灣國家及其主流民族，亦即漢人其內部殖民主義的控訴，遠者更可溯自 17 世紀以來對漢人的殖民，以及近代日本帝國主義體制下，歷史性長期累積而爆發出來的一種「去殖民地」的治安議題。

檢視戰後原住民族的訴求還我土地運動，旨在要求政府歸還其故有祖居地，和內部的自治運動。原住民族的這項復權運動，不但與「臺灣民族主義」的興起齊頭並進，並因其自身所具備的正統性訴求，影響了多重族群社會的重組與多元文化主義理念的抬頭。

特別是 1975 年警察沒收長老教會編撰的泰雅語聖經和讚美歌集，以及 1981 年山地長老教會遭各地方政府視作「違反使用保留地的外部團體」而

徵收高額地租，卻不問那究竟是建於原住民信徒所提供的山地保留地，或是租用國有地而興建的。1988 年 7 月「臺灣原住民族還我土地運動聯盟」成立，並展開「為求生存、還我土地」的遊行示威。

到了 1993 年，臺灣的原住民族呼應國際原住民族運動的「自然主權」與「民族自決」主張。政府為了平息原住民一連串的抗爭活動，遂於 1996 年 12 月成立「行政院原住民委員會」，1998 年通過《原住民族教育法》、2001 年公布《原住民身分法》，2002 年改名「行政院原住民族委員會」，以及通過 2005 年《原住民族基本法》，但是有關原住民族等團體訴求憲法條文明確保障自治權，與土地權議題的抗爭，仍未完全獲得合理解決。

有關對「臺灣民族主義」源起的另一種解讀，乃認為是被日本殖民政府「以臺灣為範圍」背景之抗日民族主義所發展出來的。此一抗日臺灣民族主義論述，由於在日本殖民主義下被視為帝國的「二等臣民」，故在「本島人」的認同之間，儘管漢人內部準族群間各有其「邊界」（frontier），和文化上的「異質性」（alien），卻在殖民政策高壓統治下所形塑泛漢人的所謂「臺灣人」認同，成為銜接福佬人和客家人這兩大準族群間的橋梁。此一「臺灣人」的概念，正是臺灣史上最早具有近代性意義的族群意識。[25]

承上論，檢視族群認同，不管是閩南人、客家人、原住民或外省族群，從國家社會性格的角度而論，臺灣是一個移民社會，族群認同和文化認同隨著兩岸關係發展，慢慢轉變成文化尋根的層次，不要把族群認同擺在國家認同之上，臺灣發展需要的是融合多元文化，孕育共享。尤其是要共同建立「臺灣自我的歷史意識」與「世界史的定位」的新思維。

例如 2000 年 3 月 18 日夜晚，有群眾認為外省籍無黨候選人宋楚瑜的功虧一簣與國民黨候選人連戰的大敗，乃因採取臺灣化路線的李登輝總統（時兼國民黨主席）在暗地裡支持陳水扁所致，開始聚集到位於臺北市內的國民黨中央黨部前抗議，往後他們連日佔據周邊的公共道路，持續求李登輝辭去國民黨主席。

---

[25] 若林正丈，《戰後臺灣政治史——中華民國臺灣化的歷程》，（臺北：臺大出版中心，2014 年 3 月），頁 331-332。

22 日宋楚瑜表明成立新政黨，24 日李登輝表明辭去國民黨主席，國民黨總部前的群眾即逐漸散去。5 月 27 日更發生外省籍退役軍人對卸任總統李登輝潑灑紅墨水加以侮辱的事件。這原是容易誘發族群的衝突事件，後因李登輝的不願追究，朝野的呼籲「族群和解」，事件才得以平息。

換言之，轉型期社會治安所凸顯的多元化社會現象，也面臨民主化之後臺灣政治，呈現出一種圍繞著臺灣的濃厚「認同政治」、「認同文化」樣貌的挑戰。多元應是現象，是社會文化發展的條件之一，而不應是終極的追求，一味強調，只會稀釋原先核心的社會文化與價值。

為濟多元化社會的有時混亂之弊，繼續強調要「把國家找進來」（Bringing in the State）的建立國家制度與政策，但絕「不是要把社會踢出去」（But not kicking society out），強壯的經濟必然需要強壯的國家，而強壯的國家必然伴之以強壯的社會文化。

因此，偏執的強調「國家中心論」或「社會中心論」的說法，關鍵乃在於如何建立「一種公私混合的制度」；或如何建立「一種相互競爭又相互支援的制度以制定經濟政策」，乃至於不會因多元的稀釋就喪失自己社會文化的根基。

## 第六節　轉型政府型態治安角色

溯自 1987 年 7 月 1 日政府公佈《動員戡亂時期國家安全法》，15 日宣布臺灣地區解除戒嚴，開放黨禁、報禁與大陸探親。1988 年 1 月政府為因應國家整體情勢變化，進行相關法令的制定與修正，諸如完成了終止動員戡亂時期，通過《資深中央民代自願退職條例》，廢除《懲治叛亂條例》；接著通過《國家安全法》、《人民團體法》、《集會遊行法》、《刑法》第一百條修正案、《組織犯罪防制條例》，以及 1999 年 1 月廢除《出版法》等攸關國內解嚴治安的重要法案。[26]

---

[26] 陳添壽，〈政策制定：組織犯罪防制條例立法過程的評析〉，《警學叢刊》（第 31 卷第 6

尤其是 1998 年政府推出「治安內閣」，要整治社運流氓，維護社會治安。因此，陸續針對行政救濟制度的改革、行政執行法的修正，以及行政程序法、行政罰法的制定，透過我國行政法制的落實正當程序原則、周延保障人民權益、促進民眾參與的民主法治制度，直接衝擊著治安警察機關傳統執法思維與法治的內容。[27]到了 2007 年 7 月，包括長期以來被質疑有侵害人權之嫌的「戶口查察」工作亦走進治安措施歷史。

根據章光明對我國警察功能與包括人口、國民平均所得、高等教育人數、人民團體數、政治競爭率、警察領導專業程度的各政治發展變項間之相關係數研究指出，警察的執法功能與各國政治發展變項成高度正相關；而秩序維護功能與各變項則呈負相關。

數字顯示我國半世紀以來，教育、經濟與社會力三者不斷成長，其中 1987 年解嚴以後成長的幅度尤為明顯，說明這三股力量提供了政治改革的基石，而政治改革的成就卻再度造就三者，使其不斷攀升發展。在此同時，也影響警察功能由秩序維護導向執法。[28]

至於警察的服務性功能，則仍處於萌芽的階段。情治體系對警察機關的干預，是警察服務功能未能及早出現的重要原因之一。而該體系之所以存在，主要目的為戒嚴時期防止中共之滲透。根據《戒嚴法》，戒嚴地區最高司令官的軍事指揮權及於行政官，警察乃成了政權保衛的工具。

直到解嚴以後，轉型政府型態隨著警備總部於 1992 年 7 月 31 日起裁撤，同年 8 月 1 日另成立海岸巡防司令部，2000 年 2 月《海巡法》通過，和成立「行政院海岸巡防署」，建構了軍管與海巡分置。「軍管區司令部」於 2002 年 3 月 1 日正式修編為「國防部後備司令部」，完成確立軍警分立制度，化解戒嚴時期的軍民對立狀態，警察的政治色彩漸淡，警察治安功

---

期），（桃園：中央警大，2001 年 5 月），頁 233-248；陳添壽，〈政經轉型與警察角色變遷之研究〉，《警學叢刊》（第 33 卷第 2 期），（桃園：中央警大，2002 年 9 月），頁 31-54。

[27] 洪文玲，〈「警察法規」課程學習指引〉，《空大學訊》（第 386 期），（臺北：國立空大，2007 年 10 月 16 日），頁 41-42。

[28] 章光明，〈警察與政治〉，《警學叢刊》（第 30 卷第 6 期），（桃園：中央警大，2000 年 5 月），頁 177-202。

能得以改善。

警察與軍人不一樣，軍人是要消滅敵人，警察則是沒有敵人，對於犯嫌是以教育為目的，而非以敵人對待為手段。[29]紀登斯（Anthony Giddens）指出，軍事力量與警備力量之間傾向於具有相當明確的差異，前者是「對外的」，而後者則是「對內的」。[30]

轉型政府權力體系的調整，警察治安角色才得以從戒嚴時期的「軍領」的「軍警察」調整為「警管」的「官警察」角色。檢視歷年來警察首長的由軍人轉任，直到了 1990 年 8 月以後，才首次由警察系統出身的莊亨岱出任內政部警政署長，擔負起社會治安的責任。

國民政府「以軍領警」時期的警察首長（1945.11～1990.08），從第 1 任的胡福相，歷經王民寧、胡國振、阮成章、陶一珊、陳仙洲、樂幹、郭永、張國疆、周中鋒、黃對墀、羅揚鞭、周菊村、孔令晟、何恩廷、羅張等皆出身軍旅。[31]政府才逐漸從偏重「國家安全」、「維護政權」調整為兼顧「社會安全」、「公共服務」的警察治安角色。

特別是解嚴治安，當國內尚充滿泛政治化風氣、統獨爭議、法制不足、治安不良、社會運動畸形發展，及行政效率有待提昇等難題時，影響了民間企業長期投資意願與經濟發展。

因此，政府當面臨威權體制的轉型與產業升級的政治性和經濟性治安壓力時，不但要改善因資本累積而造成的所得分配漸趨不均，及大量社福支出增加。同時，為全民健保與對青少年、婦女、殘障、勞工，及原住民的保護；政府也要以透過公平交易委員會的功能來維護市場機能，提供市場公平競爭的環境，及對消費者、環境生態的保護，政府經濟政策不但要

---

[29] 訪談顏世錫先生，2012 年 7 月 31 日。感謝王政教授的協助。參閱：陳添壽、章光明，〈警察與國家發展之關係〉，章光明　主編，《臺灣警政發展史》，（臺北：內政部警政署、中央警察大學，2013 年 10 月），頁 19。

[30] Anthony Giddens, 胡宗澤　等譯，《民族-國家與暴力》，（臺北：左岸，2002 年 3 月），頁 18。

[31] 陳添壽、章光明，〈警察與國家發展之關係〉，章光明　主編，《臺灣警政發展史》，（臺北：內政部警政署、中央警察大學，2013 年 10 月），頁 27-29。

將早期過於重視經濟管制調整為強調社會公平，警察的治安角色也必須配合轉型政府政策調整為重視傳輸福利與追求效率的公共服務。

尤其，警察隨著解嚴後的威權轉型的為法制化和專業化，特別是《社會秩序維護法》取代《違警罰法》。根據大法官釋字第 166 號解釋有關警察官署裁決之拘留、罰役，係關於人民身體自由所為之處罰，應改由法院依法定程序為之，以符《憲法》第八條第一項之意旨，以及受第 251 號文解釋的影響，將自由剝奪之處罰回歸憲法。

同時，在警察任務上，轉型期的治安任務不但從戡亂戒嚴體制的「以軍領警」轉移解嚴後「警察專業」的型態，相關警察業務的調整，諸如消防、水上、移民、外事、保安等也都已經陸續「除警察化」，調整為不再繼續扮演「制服警察」的執行治安任務。

## 第七節　國治時期解嚴治安大事記

| 1988 | ◆開放報禁。◆蔣經國過世，李登輝就任總統。◆國民黨中常會通過李登輝代理主席。◆制定「動員戡亂時期集會遊行法」，後配合停止動員戡亂時期修正為《集會遊行法》。◆國民黨十三全大會選舉李登輝為黨主席。 | ◆西藏拉薩再爆發反共示威。 | ◆布希當選美國總統。◆南韓盧泰愚大統領訪美。 |
| --- | --- | --- | --- |
| 1989 | ◆周仲南上將出任警總總司令兼臺灣軍管區　　司　　令（1989.12-1992.8）。◆ | ◆發生「六四天安門事件」。◆總書記趙紫陽被黜，喬石接任。 | ◆布希訪問中國大陸。 |

|  |  |  |  |
|---|---|---|---|
|  | 通過《人民團體法》，民進黨取得合法地位。◆通過《第一屆中央民意代表退職條例》。◆俞國華請辭，李煥組閣。 |  |  |
| 1990 | ◆郝柏村組閣。◆召開國是會議，提案總統直接選舉、廢除臨時條款，進行修憲。◆成立「國家統一委員會」。◆行政院核定「後續警政建設方案」。◆莊亨岱出任警政署長，成為首任非軍人、非特務出身的警政署長。◆淡水水上警察巡邏隊擴編為保安警察第七總隊。◆參照動員戡亂時期國家安全法之規定，警察機關接辦機場、港口之安全檢查等任務，故配合增設「安檢組」。 | ◆中共開放市場經濟可視為第三次革命。◆兩岸紅十字會代表簽署「金門協議」，福建省金門縣警察局配合中華民國紅十字會首次執行遣返工作。 | ◆南韓大統領盧泰愚訪問日本。◆南韓總理姜英勳與北韓總理延亨默在漢城舉行會談。◆德國統一。◆新加坡與中國大陸建交。 |
| 1991 | ◆宣佈結束「動員戡亂時期」，廢止《動員戡亂時期臨時條款》、廢除《懲治叛亂條例》、廢止《違警罰法》，新訂《社會秩序維護法》。◆民進黨將臺灣 | ◆成立海協會。 | ◆葉爾欽經直接民選當選俄羅斯總統，戈巴契夫辭共黨總書記、解散蘇共中央委員會，蘇聯解體。◆宮澤喜一出任日本首相。 |

| | | |
|---|---|---|
| | 獨立列入黨綱。◆海基會成立。◆舉行第二屆國民大會代表選舉。◆第一屆國民大會代表、立法委員與監察委員全部退職。 | | |
| 1992 | ◆通過《刑法》第一百條修正案，排除思想叛亂入罪。◆戶政業務回歸由民政單位掌理，戶口業務「除警察化」。◆裁撤「警備總部」。◆通過《兩岸（臺灣地區與大陸地區）人民關係條例》。◆金門、馬祖地區廢除戰地政務體制，轉由警察局負責治安。 | ◆中共十四大，開啟中國特色社會主義新局。◆訂頒《中華人民共和國人民警察銜條例》。 | ◆柯林頓當選美國總統。◆ASEAN 宣言中通過「對該地域有直接利害的諸國，為確保航海、通信的安全，海洋污染的防止、救難活動和海盜行為、麻藥走私的取締等共同協助、超越主權和領有權的主張，表明探究南中國海協助的可能性決議。」 |
| 1993 | ◆連戰組閣，提出「向毒品宣戰」政策。◆通過《二二八事件賠（補）償條例》。◆盧毓鈞擔任警政署長，建置國內第一套指紋資訊系統。◆《內政部警政署國道公路警察局組織條例》公布。◆新黨成立。◆通過《國家安全法》、《國安局組織法》。 | ◆辜振甫與汪道涵在新加坡舉行會談。◆發表「臺灣問題與中國統一白皮書」。 | |
| 1994 | ◆警政署長盧毓鈞以 | | ◆美國「社區警務聯 |

| | | |
|---|---|---|
| 從政黨員身分列席國民黨中常會報告警政工作。◆通過《省縣自治法》及《直轄市自治法》，引發中央與地方的警察人事權之爭。◆《內政部警政署刑事警察局組織條例》公布。◆舉行行憲以來，第一次省長與直轄市長選舉，宋楚瑜當選省長、陳水扁臺北市長、吳敦義高雄市長。 | | 盟」（Community Policing Consortium）成立。 |
| 1995 | ◆省市自治法通過，省市首長民選後，為落實地方自治及順應時代潮流需要。內政部警政署與臺灣省政府警務處正式分立辦公。◆顏世錫擔任警政署長（1995-1996）。◆成立「治平專案」。◆成立「內政部消防署」，專責火災預防、災害搶救及緊急救護工作，消防業務「除警察化」。◆公佈《中央警察大學組織條例》，中央警官學校更名中央警察大學。◆李登輝總統訪問美國。 | ◆公佈《人民警察法》，人民警察包括公安機關、國家安全機關、監獄、勞動教養管理機關的人民警察，和人民法院、人民檢察院的司法警察。◆海協會會長訪臺。 | |

| 1996 | ◆姚高橋擔任警政署長（1996-1997）。◆直選總統、副總統，由代表國民黨的李登輝、連戰當選，就任中華民國第9任總統、副總統。◆通過《組織犯罪防制條例》。◆公布《內政部警政署航空警察局組織條例》。 | | ◆柯林頓連任美國總統。 |
| --- | --- | --- | --- |
| 1997 | ◆連戰院長主持「社會治安諮詢會議」，決議內政部警政署研就改制為行政院警察總署、官警兩校合併，和警察預算由中央統一編列。◆發生「白曉燕命案」，警政署長姚高橋請辭。◆丁原進擔任警政署長（1997-2000）。◆臺灣省政府警務處更名為臺灣省政府警政廳。◆蕭萬長組閣。 | | ◆德國公布《聯邦警察法》。 |
| 1998 | ◆通過《犯罪被害人保護法》、修正通過《毒品危害防制條例》。◆成立任務編組「內政部警政署電信警察隊」。◆內政部警政署保安警察第七總隊改制為 | | |

| | | | |
|---|---|---|---|
| | 「內政部警政署水上警察局」。◆宋楚瑜臺灣省長任期屆滿。 | | |
| 1999 | ◆李登輝提出兩岸至少為「特殊國與國關係」。◆公佈實施《入出國移民法》。◆集集發生「九二一大地震」。◆臺灣省政府警政廳併入內政部警政署；臺灣省鐵路警察局、臺灣省保安警察總隊、臺灣省基隆、臺中、高雄及花蓮港務警察所與臺灣省政府警政廳民防指揮管制中心均改隸內政部警政署，其中臺灣省鐵路警察局更名為內政部警政署鐵路警察局、臺灣省保安警察總隊更名為內政部警政署臺灣保安警察總隊。 | | |
| 2000 | ◆行政院核定「警政再造方案。◆通過《海岸巡防法》，海巡署成立，姚高橋擔任署長，原警政署水上警察局併入該署之海洋巡防總局，納併原由警察執行之海洋巡防及海岸 | | ◆小布希當選美國總統。◆美國制定「人口販運被害人保護法」。 |

| | | |
|---|---|---|
| | 安全檢查等業務。◆王進旺擔任警政署長（2000-2003）。◆代表民進黨的陳水扁、呂秀蓮就任中華民國第 10 任總統、副總統。◆李登輝提前辭去國民黨主席。◆簽訂「金門協議書」，作為兩岸雙方遣返違反相關規定入境的民眾或刑事罪犯等。 | |
| 2001 | ◆開始「小三通」。◆以李登輝為精神領袖的臺灣團結聯盟成立。◆民進黨黨代表大會以「臺灣前途決議文」取代「臺獨黨綱」。◆行政院核定《內政部警政署鐵路警察局組織條例》、《內政部警政署臺灣保安警察總隊組織條例》、《內政部警政署港務警察局組織通則》、《內政部警政署民防防情指揮管制所組織條例》、《內政部警政署警察廣播電臺組織條例》、《內政部警政署警察機械修理廠組織條例》、《內政部警政署警察電訊所組織條 | ◆美國紐約、華盛頓和賓州西部發生 911 恐怖攻擊事件。 |

| | | | |
|---|---|---|---|
| | 例》。◆公布原基隆、臺中、高雄及花蓮港務警察均更名為港務警察局、原民防指揮管制中心更名為民防防情指揮管制所。 | | |
| 2002 | ◆陳水扁發表「一邊一國」論。◆馬英九當選臺北市長。◆實施「提升國家治安維護力專案評核計畫」。◆廢止《懲治盜匪條例》。 | ◆中共「十二五計畫」的政治、經濟、社會的交互變革，可是為中共第四次革命。 | ◆美國公佈《國土安全法》。◆英國公佈《警察改革法》。 |
| 2003 | ◆成立任務編組保護智慧財產權警察大隊。◆制頒《警察職權行使法》。◆行政院設置行政院反恐怖行動小組。◆張四良擔任警政署長（2003～2004）。 | | ◆美國國土安全部（the Department of Homeland Security, DHS）成立。◆英國公佈《反社會行為法》。 |
| 2004 | ◆代表民進黨的陳水扁、呂秀蓮連任中華民國總統、副總統。◆謝銀黨擔任警政署長（2004-2006）。◆公布《中央行政機關組織基準法》。 | | ◆小布希連任美國總統。◆日、韓修正《警察法》。 |
| 2005 | ◆前副總統連戰與中共總書記胡錦濤在北 | ◆通過《反分裂國家法》。 | ◆韓國部分修正《警察公務員法》。 |

| | | |
|---|---|---|
| | 京人民大會堂會面。◆馬英九當選國民黨主席，提出「先連結臺灣才有中國」的臺灣本土論述。◆政府實施「全民拼治安行動方案」。 | | |
| 2006 | ◆陳水扁宣布廢除國家統一綱領與國家統一委員會。◆成立「內政部入出國及移民署」。◆侯友宜擔任警政署長（2006-2008）。◆倒扁紅衫軍事件。 | | ◆英國實施《嚴重有組織犯罪和警察法》、《反恐怖法》。 |
| 2007 | ◆馬英九在首長特別費案被起訴，請辭國民黨主席，同時宣布角逐2008 年總統大選。◆通過《警察及消防人員安全基金設置管理條例》。◆整合災害防救、反恐及全民動員等三體系為「行政院國土安全辦公室」。◆警政署正式上線「智慧型 e 化勤務指管系統」。 | | |
| 2008 | ◆馬英九、蕭萬長就任中華民國第 12 任總統、副總統。◆王卓鈞接任警政署署長（2008-2016）。◆吳瑛 | | ◆歐巴馬當選美國總統。 |

| | | |
|---|---|---|
| | 接任調查局局長。 | |
| 2009 | ◆廢止《檢肅流氓條例》」◆全國警政機關取消要民眾按指紋的規定。◆簽署「海峽兩岸共同打擊犯罪及司法互助協議」。◆馬英九總統簽署〈公民與政治權利國際公約〉和〈經濟社會文化權利國際公約〉。 | |
| 2010 | ◆第五次「江陳會談」於大陸重慶舉行，簽署「兩岸經濟合作架構協議」（ECFA）。◆前總統陳水扁入監服刑。◆警政署長王卓鈞首次帶團訪問大陸，商談兩岸共同打擊犯罪。 | |
| 2011 | ◆前總統李登輝、前國民黨投管會主委劉泰英因國安密帳遭特偵組起訴。◆駐香港機構中華旅行社、駐澳門臺北經濟文化中心，均更名為臺北經濟文化辦事處，享有駐外人員待遇，特別是共同打擊犯罪和司法互助合作等業務。◆鑒於警察機關 | ◆第十一屆全國人大第四次會議審議《十二五規劃綱要》，首度以專章規劃未來五年對臺政策。 | |

| | | | |
|---|---|---|---|
| | 組織之特殊性，「中央行政機關組織基準法」明定警察機關組織得以組織法律另為規定。《警政署組織法》（草案）業經行政院函請立法院審議。◆修正《社會秩序維護法》，將違憲的「罰娼不罰嫖」，規定各縣市可設立性專區，但在性專區外娼嫖皆罰。 | | |
| 2012 | ◆馬英九、吳敦義當選中華民國第 13 任總統、副總統。5 月 20 日馬英九在就職演說中提出「一個中華民國，兩個地區」論述，10 天之後，國臺辦發言人楊毅以「兩岸不是兩個中國」、「兩岸關係不是國與國關係」回應。◆新當選的民進黨主席蘇貞昌表示，在沒有預設任何前提下，願意以黨主席身分前往中國訪問。 | | |
| 2015 | ◆太陽花事件。 | | |
| 2016 | ◆蔡英文、陳建仁當選中華民國總統、副總 | | |

| | | |
|---|---|---|
| | 統。◆通過《政黨及其附屬組織不當取得財產處理條例》。◆民進黨不接受「九二共識、一中各表」的兩岸政策。◆警政署長陳國恩接任。 | |
| 2017 | ◆通過《促進轉型正義條例》。 | ◆中共十九大於北京召開。大會通過了關於《中國共產黨章程（修正案）》的決議，「習近平新時代中國特色社會主義思想」寫入黨章。修憲取消國家主席任期限制。 | |
| 2018 | ◆軍公教警消等團體陸續發動遊行抗議政府推動年金改革，對軍公教警消人員不公平。警政署長陳嘉欽接任。 | |
| 2019 | ◆通過《刑法》部分條文修正案、《國家機密保護法》部分條文修正案、《兩岸人民關係條例》增訂第五條之三修正案、《國家安全法》部分條文修正案，以及《兩岸人民關係條例》部分條文修正案等與 | ◆習近平提出「一個中國臺灣方案」的兩岸關係思維。◆中共十九大四中全會通過「中共中央關於堅持與完善中國特色社會主義制度、推進國家治理體系和治理能力現代化若干重大問題的決定」。 | |

| | | |
|---|---|---|
| 國家安全有關的所謂「國安五法」。◆司法院大法官公布審理軍人、公務員及教師年改釋憲結果，其中除有關再任私校教職相關規定外，其餘條文均屬合憲。 | | |

資料來源：本研究。

# 第九章　結論與建議

> 這是 1%所有、1%所治、1%所享的社會！我們的經濟與政治體系
> 承諾我們要做的事，與他們實際做的事，兩者天差地別到不能容
> 忍忽視的地步。
>
> ～Joseph E. Stiglitz(1943-，2001 年諾貝爾經濟學獎得主)

2008 年、2016 年總統大選的政黨再次輪替，臺灣治安史從轉型期進入民主的深化，更凸顯警察治安依法行政的法治化功能，而有別於政治是競爭或經營權力的做法，先分敵友而決定是非；法治則是不問誰是敵友而依據法律斷是非。

2009 年完成《行政院組織法》和實施的《公務人員行政中立法》，其中第九條規定公務人員不得為支持或反對特定之政黨、其他政治團體或公職候選人從事如站台、拜票、主持集會、發起遊行或領導連署等高度政治性活動，卻也招來被在野民進黨的批評箝制講學自由及剝奪政治權力等違反人權的質疑。亦即言論自由受到憲法保障，不得立法侵犯。

至於《集會遊行法》的修正也從早期「罵不還口、打不還手」的態度，調整為依法保障合法的憲法人權，將《集會遊行法》從本質上屬於一般禁止之特定行為的許可制，改為原則上視為人民權利的報備制，該修正草案已將室外集會、遊行事前許可制，修正為事前報備制，並於 2012 年 5 月送請立法院審議。

2014 年 3 月 21 日大法官會議針對 2008 年底「野草莓」運動，群眾遭驅離所引發集會遊行法申請許可是否違憲作成 718 號解釋，集會遊行法採許可制合憲，但該法第 9 條、12 條「緊急偶發性狀況、24 小時前申請許可」

的規定，不符比例原則，宣告違憲，2015 年 1 月 1 日後失效。

　　臺灣治安與國家發展的強調法治治安為了確實保障人權，不但將沿用多年的戶警合一措施改採戶警分立制，戶口查察也改採具資訊隱私或自決權的家戶訪查方式來進行。

　　加上，2009 年簽署的〈公民與政治權利國際公約〉及〈經濟社會文化權利國際公約〉。這對於自 1967 年以來，即為首批簽署公約國家的中華民國而言，嗣因於 1971 年在失去聯合國的中國席位前未能批准公約。此後，中華民國政府便一直被排除在聯合國人權佈局外，不過這並不影響臺灣推行民主政治，自行履行公約內容。

　　政府為強調法治治安，確實保障人權，警政署要求警察單位作筆錄不再按捺指紋，以尊重人權。2012 年 3 月「雷震紀念館暨雷震研究中心」在政治大學成立，馬英九代表政府表示，政府面對歷史，沒有任何的禁區，對於過往白色恐怖的歷史，政府會誠實面對、誠實認錯、誠實道歉、誠實改錯。

　　民主法治化的治安工作，讓警察專業執法的功能得以發揮，讓民主鞏固擴大了人權保障的範圍，真正實現警察執法是為保障人權執法，達成行使警察權的人權保障與治安任務的衡平，貫徹憲法人權保障旨在「限制國權，保障民權」，以民主為基礎來踐行法治國原則。

## 第一節　結論：臺灣治安史的三大階段歷史變遷

　　綜合上論，本文將跨越四百多年臺灣治安史的結構與變遷，歸納表 9-1：

**表 9-1　臺灣治安史的結構與變遷表**

| 歷史分期 | 結構因素／治安階段 | 涉外性治安 | 國　內　治　安 | | | 政府型態治安角色 |
|---|---|---|---|---|---|---|
| | | | 政治性治安 | 經濟性治安 | 社會性治安 | |
| 第一大歷史階段：前現代傳統治安年代（—一八九五） | 原住民時期村社治安階段（1439-1624） | 失竊時代 | 村社型 | 自足式 | 氏族化 | 會議政府治安角色 |
| | 荷西時期商社治安階段（1624-1662） | 大航海時代 | 重商型 | 複合式 | 多國化 | 公司政府治安角色 |
| | 鄭治時期軍屯治安階段（1662-1683） | 近世國家時代 | 受封型 | 宗主式 | 土著化 | 封建政府治安角色 |
| | 清治時期移墾治安階段（1683-1895） | 工業革命時代 | 皇權型 | 君主式 | 定著化 | 邊陲政府治安角色 |
| 第二大歷史階段：現代軍管治安年代（一八九五—一九八七） | 日治時期殖民治安階段（1895-1945） | 民族主義時代 | 軍國型 | 統制式 | 內地化 | 殖民政府治安角色 |

| | | 國治時期<br>戒嚴治安階段<br>（1945-1987） | 極端主義時代 | 威權型 | 家父長式 | 黨國化 | 戒嚴政府治安角色 |
|---|---|---|---|---|---|---|---|
| 第三大歷史階段：後現代警管治安年代 | （一九八七—迄今） | 國治時期<br>解嚴治安階段<br>（1987-2019） | 後冷戰時代 | 政黨型 | 夥伴式 | 多元化 | 轉型政府治安角色 |
| | | 國治時期<br>法治治安階段<br>（2019-迄今） | 全球化時代 | 民主型 | 市場式 | 公民化 | 服務性政府治安角色 |

資料來源：本研究

## 表 9-2　警察治安與國家發展關係的矩陣表

| 角色類別<br><br>治安分期 | 維護政權<br>（戰時軍人、<br>國家安全） | 執行法律<br>（維護秩序、<br>打擊犯罪） | 公共服務<br>（傳輸福利、<br>追求效率） | 警察治安與國家發展的型塑綜合性定位 |
|---|---|---|---|---|
| 前現代傳統治安 （一四三九—一八九五）年代 | ○○○ | ○○ | ○ | 維護政權為主的警察治安角色，偏重抵禦外侮和強調國家安全。 |

| 現代軍管治安年代（一八九五─一九八七） | | ○○ | ○○ | ○○ | 執行法律為主的警察治安角色，偏重制定法令和維護社會秩序。 |
|---|---|---|---|---|---|
| 後現代警管治安年代（一九八七─迄今） | | ○ | ○○ | ○○○ | 公共服務為主的警察治安角色，偏重保障人權和促進服務效率。 |

**說明：○○○表示治安角色較強、○○表示治安角色強、○表示治安角色弱。**

**資料來源：本研究**

　　根據表 9-1、表 9-2，本文研究發現：

　　第一、臺灣治安第一大歷史階段變遷：歷史 1895 年以前的前現代傳統年代的治安結構與變遷，涵蓋原住民族、荷西、東寧到清治的四個階段。

　　在涉外性治安上，其綜合性治安歷經失竊、大航海、近世國家，到工業革命等四個時代治安議題；在政治性治安上，其綜合性治安實施的是村社型、重商型、受封型，到皇權型等四種體制治安議題；在經濟性治安上，其綜合性治安從自足式、複合式、宗主式，到君主式等四類治安議題；在社會性治安上，其綜合性治安從氏族化、多國化、土著化，到定著化社會治安議題，而形塑治安的從會議政府型態治安、公司政府型態治安、封建政府型態治安，到邊陲政府型態治安。

　　臺灣前現代傳統治安主要以突顯在王權的集「官制」、「法制」與「軍制」的複合體，透過代表王權的權力體系統領治安，執行對內維護秩序、

鞏固政權，和對外禦侮，扮演捍衛國土家園與生命財產安全而偏重戰時軍人與國家安全的「維護政權」角色。

第二、臺灣治安第二大歷史階段變遷：1895-987 年現代臺灣軍領治安年代結構與變遷，涵蓋日治殖民治安和國治戒嚴治安的兩個階段。

在涉外性治安上，其綜合性治安歷經民族主義和極端主義時代治安議題；在政治性治安上，其綜合性治安歷經日治軍國主義和國治威權主義兩個階段治安議題；在經濟性治安上，其綜合性治安歷經日治的統制式和國治的家父長式經濟治安議題；在社會性治安上，其綜合性治安歷經在日本統治的內地化和國民政府的黨國化治安議題，而型塑治安的從日治時期的殖民政府型態治安，和國治戒嚴時期的戡亂政府型態治安。

因此，在治安結構與變遷上，是透過特殊法令規章的以實施軍領治安為主，而偏重秩序維護與打擊犯罪的「執行法律」角色。

第三、臺灣治安第三大歷史階段變遷：1987-迄今的後現代警管治安年代結構與變遷，涵蓋國治時期解嚴治安（1987-2019）和國治時期法治治安（2019-迄今）的兩個階段。

在涉外性治安上，其綜合性治安面對後冷戰和全球化時代治安議題；在政治性治安上，其綜合性治安歷經轉型和民主體制兩個階段治安議題；在經濟性治安上，其綜合性治安歷經夥伴式和市場式經濟治安議題；在社會性治安上，其綜合性治安歷經多元化和公民化治安議題，而形塑轉型政府型態治安，和法治政府型態治安的保障和保護人民權益的能力，而偏重傳送福利與追求效率的「公共服務」角色。

綜論，臺灣治安史的結構與變遷，從扮演戰時軍人國家安全的「維護政權」角色，以及秩序維持與打擊犯罪的「執行法律」角色，而對於當前強調傳輸福利與追求效率的「公共服務」角色明顯比較不足。

今後當隨著政治民主的深化，治安功能已脫離較受爭議的工具性「維護政權」，而改以「依法維持公共秩序、保護社會安全、防止一切危害、促進人民福利」的目標，亦即在「執行法律」之外，強調緊守行政中立的加強專業，以促進服務性的功能。

這一結論，同時印證了美國警政發展從維護政權的政治干預時期、執

行法律的改革時期，及公共服務的社區警政時期的三大階段變遷。[1]

## 第二節 建議：服務性政府型態治安角色

　　面對日漸整合的全球經濟，人類面對的困境：是要選擇開放市場和開放社會所帶來的福利，把人們從貧窮中拉出來，透過技術階梯，一步步爬上更好、更有意義的生活，同時還要把基本的正義問題牢牢放在心上；或是要選擇拒絕這個機會，而擁抱保守主義、保護主義、民粹主義，或是所有這類的主義，在這樣的世界裡，當我們的身分受到攻擊，當我們看不到更好的選擇時，社區就因而凋敝。

　　根據圖 9-1 臺灣治安史的未來模式圖，當全球政經環境在前世紀的 20 世紀 80 年代以後，揆諸全球資本主義的市場經濟和政治民主化，是一條比較適合人類發展的路，或許可以將它稱之為「管理資本主義」（managed capitalism）治安的時代，同時也挑戰「新自由主義」（neoliberalism）經濟掛帥所造成貧者愈貧、富者愈富的 M 型化兩極社會，和公民社會政黨之間的兩極對立。

　　全球化時代治安角色發展，隨著民主型政治性治安、市場式經濟性治安、公民化社會性治安的綜合性法治治安發展，型塑了服務性政府型態治安的偏重保障人權與促進服務效率的模式。

---

[1] See G. L. Kelling and M. H. Moore, *The Evolving Strategy of Policing* (Washington D. C. : National Institute of Justice, 1988).

**圖 9-1　臺灣治安史的未來模式**
**資料來源：本研究**

　　因此，從政治與經濟整合理論乃是印證歷史性結構與變遷的途徑。當臺灣治安面臨全球化時代，在人類歷史發展的關鍵時刻，已經明顯地向世人指出，一個功能性國家（a functioning state）的存在，政治民主化、經濟市場化、社會公民化是一條比較符合法治治安的國家發展模式。[2]

　　特別是臺灣所處的國內外環境，警察與國家發展的治安應朝向此主流

²　Juan J. Linz, and Alfred Stepan, *Problems of Democtatic Transition and Consolidation* (Baltimore: Johns Hopkins University Press, 1996), p.7.

價值前進，未來在面對國際強權與市場利益的挑戰之下，亦應該靈活因應當前社會高度互賴、互惠的新思維，並將其促使全球國家間建立國際性法令、規則、規範或組織來處理全球性共同治安的議題，以促進彼此合作機制（regimes），達成治安服務為人民，創造最高福祉的目標。讓治安史的歷史性知識能夠對解決現實問題有所幫助，特別是在國家發展的議題上。

　　環伺當前國際陸續發生的全球金融風暴和恐怖主義的盛行，更警告所謂新自由主義制度運作的缺失。對於美國企業倫理價值的破滅，更突顯政治與經濟整合理論來彌補過度強調自由市場經濟，無法使經濟成長兩露均霑的弊端。

　　良好的治安就是必須提供一個有利於國家發展的環境，亦即權力體系必須考慮統治的有效性和穩定性，因而需要民間社會的支持。檢視歷史，從 20 世紀初期孫中山推翻大清政權，建立中華民國的民主歷程，出現了軍閥和內戰的流血；以及到 20 世紀晚期蘇聯解體之後，許多東歐國家即使民主化了，有的也帶來內戰和暴力流血。質言之，國家發展的追求「民主」順位是要放在「強有力的國家」和「法治」之後。

　　誠如 2001 年諾貝爾經濟學獎得主史迪格利茲（Joseph E. Stiglitz）指出，政策基礎不在於自由市場的意識型態，而在於了解市場及政府的限制，這樣才有可能創造出社會榮景。我們其實還有另一個願景可以選擇：這個願景的基礎是全球社會正義，以及政府與市場的均衡角色。[3]

　　同時，體認市場與政府的優缺點，不但彰顯其與政治經濟學的功能型理論相符，這不僅僅是發生在已高度發達國家的美國社會，也印證臺灣治安史結構與變遷的案例。

　　展望未來全球化時代的涉外性治安，臺灣與國際強權關係必須建構在「相互主體性」和「歷史整合性」的思維下，重視政治經濟整合理論功能型的治安與國家發展關係，聚焦在國內涉及治安環境因素的民主型政治性

---

[3] See Joseph E. Stiglitz, The Roaring Nineties: A New History of the World's Most Prosperous Decade（N.Y.：W. W. Norton, 2003）.

治安、市場式經濟性治安，和公民化社會性治安所型塑綜合性的法治治安。

　　國家發展的治安關係除了兼顧戰時軍人與國家安全的維護政權，和秩序維護與打擊犯罪的執行法律之外，更要朝向偏重於保障人權與促進服務效率的服務性警察角色，讓治安史研究與知識能夠對解決現實問題有所幫助，特別是在治安與國家發展的議題上。

　　多年來，個人嘗試整合人文與社會科學的治安史教育內涵，本文即是跨學科整合研究的實證個案，自盼有助於治安與國家發展關係的建構「歷史警察學」，而建立服務性政府型態法治治安導向的專業警察角色，當能夠讓國人更深切體認到警察功能不再只是單一性質治安的扮演工具化角色。

# 參考文獻

## 壹、中日韓文部分

### 一、一般史料、官書、口述、回憶錄、訪談、序言

中央警官學校編輯委員會，《六十年來的中國警察》，（臺北：中央警官學校，1971 年 12 月）。

中央委員會秘書處，《中國國民黨第十四屆中央委員會第四次全體會議總紀錄》，（臺北：中央委員會秘書處編印，1996 年 8 月）。

中國國民黨黨史會，《至公至誠的中國國民黨》，（臺北：近代中國社，1991 年 11 月）。

中國國民黨黨營事業管理委員會，《中國國民黨參與投資事業簡介》，（臺北：中國國民黨，1995 年 8 月）。

中國國民黨黨營事業管理委員會，《黨營事業面面觀》，（臺北：中國國民黨黨營事業管理委員會，1995 年 8 月）。

內政部警政署，《中華民國（臺灣地區）警察大事記》，（臺北：內政部警政署，1995 年 12 月）。

臺灣史料集成編輯委員會　編，臺灣史料集成　清代臺灣方志彙刊（第一冊），蔣毓英　纂修，《臺灣府志》，（臺北：文建會，2004 年 11 月）。

臺灣史料集成編輯委員會　編，臺灣史料集成　清代臺灣方志彙刊（第一冊），金鋐　主修，《康熙福建通志臺灣府》，（臺北：文建會，2004 年 11 月）。

臺灣史料集成編輯委員會　編，臺灣史料集成　清代臺灣方志彙刊（第二冊），高拱乾　纂輯、周元文　增修，《臺灣府志》，（臺北：文建會，2004

年 11 月）。

臺灣史料集成編輯委員會　編，臺灣史料集成　清代臺灣方志彙刊（第六冊），劉良璧　纂輯，《重修福建臺灣府志（上）》，（臺北：文建會，2005 年 6 月）。

臺灣史料集成編輯委員會　編，臺灣史料集成　清代臺灣方志彙刊（第九冊），六十七、范咸　纂輯，《重修臺灣府志（下）》，（臺北：文建會，2005 年 6 月）。

臺灣總督府，《臺灣現勢要覽》，（臺北：臺灣總督府，1924 年 5 月）。

臺灣總督府警務局，《臺灣總督府警察沿革誌》，（臺北：南天，1995 年 6 月）。

臺灣總督府警務局　編，《臺灣總督府警察沿革誌（一）》，（臺北：臺灣總督府警務局 1933 年 12 月刊行，南天書局 1995 年 6 月重印）。

臺灣總督府警務局　編，《臺灣總督府警察沿革誌（三）》，（臺北：臺灣總督府警務局 1939 年 7 月刊行，南天書局 1995 年 6 月重印）。

臺灣總督府（作者不詳），《雲林沿革史》，收藏於中央圖書館臺灣分館，（出版地和年月不詳）。

臺灣總督府，《砂糖關係調查書》，（臺北：臺灣總督府，1903 年 2 月）。

臺灣總督府殖產局　編，《產米的改良與增殖》，（臺北：臺灣總督府，1930 年 2 月）。

臺灣總督府（1945 年）編撰，山本壽賀子、曾培堂　譯，《臺灣統治概要》，（臺中：大社會文化事業出版社，1999 年 3 月）。

臺灣省行政長官公署，《臺灣省行政長官公署三月來工作概要》，（臺北：行政長官公署，1946 年）。

臺灣省行政長官公署，《臺灣省行政長官公署施政報告》，（臺北：行政長官公署，1946 年）。

臺灣省政府，《臺灣省總預算案》，（南投，臺灣省政府，1991 年）。

伊能嘉矩，國史館臺灣文獻館　編譯，《臺灣文化志（修訂版）》【上卷】，

（臺北：國史館臺灣文獻館　編譯，2012 年 1 月）。

　　行政院主計處，《社會指標統計年報 2006》，（臺北：行政院主計處，2007 年）。

　　行政院主計處，《1969-1991 年中華民國中央政府總預算案》，（臺北：行政院主計處）。

　　江日昇，《臺灣外記》，〈自序〉，收錄：《臺灣歷史演義》，（臺北：河洛圖書出版社，1981 年 5 月），頁 391。

　　李宗仁　口述，唐德剛　撰寫，《李宗仁回憶錄》（下冊），（香港：南粵，1986 年 3 月）。

　　李南衡　主編，《文獻資料選集——日據下臺灣新文學》（明集 5），（臺北：明潭出版社，1979 年 3 月）。

　　段立生，〈鄭和與暹羅〉，曾玲　主編，《東南亞的「鄭和記憶」與文化詮釋》，（安徽：黃山書社，2008 年 6 月），頁 35-47。

　　施琅，〈平臺紀略碑記〉，臺灣史料集成編輯委員會　編，臺灣史料集成　清代臺灣方志彙刊（第二冊），高拱乾　纂輯、周元文　增修，《臺灣府志》，（臺北：文建會，2004 年 11 月），頁 449。

　　許雪姬等　編註，《灌園先生日記（十二）一九四〇年》，（南港：中央研究院臺灣史研究所，2006 年 9 月）。

　　康綠島，《李國鼎口述歷史——話說臺灣經驗》，（臺北：卓越，1993 年 9 月）。

　　俞國華　口述，王駿　執筆，《財經巨擘——俞國華生涯行腳》，（臺北：商智，1999 年 5 月）。

　　張瑞誠　編，〈光復臺灣之籌劃與受降接收〉，《中國現代史史料叢編》（第四集），（臺北：中國國民黨中央委員會黨史會，1990 年 6 月）。

　　黃得時，〈臺灣新文學運動概觀〉，李南衡　主編，《文獻資料選集——日據下臺灣新文學》（明集 5），（臺北：明潭，1979 年 3 月），頁 269-324。

　　雷震　著，林淇瀁　校註，《雷震回憶錄之新黨運動白皮書》，（臺北：遠流，2003 年 9 月）。

顏世錫先生訪談（2012 年 7 月 31 日），陳添壽、章光明，〈警察與國家發展之關係〉，章光明　主編，《臺灣警政發展史》，（臺北：內政部警政署、中央警察大學，2013 年 10 月），頁 3-32。

陳第〈東番記〉，周婉窈，《海洋與殖民地臺灣論集》【臺灣研究叢刊】，（臺北：聯經，2012 年 3 月），頁 147-150。

陳純瑩，〈戶政、警政與役政〉，李國祁　總纂，《臺灣近代史政治篇》，（南投：臺灣省文獻委員會，1995 年 6 月），頁 433-456。

陳芳明（序），〈左翼抗日運動的新探索〉，盧修一，《日據時代臺灣共產黨史》，（臺北：前衛出版社，1990 年 5 月），頁 8-15。

國家發展會議秘書處，《經濟發展議題總結報告》，（臺北：國家發展會議秘書處，1996 年 12 月）。

經建會，《發展臺灣成為亞太營運中心計畫》，（臺北：經建會，1995 年 4 月）。

梁永煌，〈一二一家黨資事業總覽〉，《財訊》，（臺北：1995 年 4 月），頁 102-108。

薛月順等　編註，《從戒嚴到解嚴——戰後臺灣民主運動史料彙編（一）》，（臺北：國史館，2012 年 7 月）。

謝嘉梁、林金田　訪問，劉澤民　紀錄，《文獻人生——洪敏麟先生訪問錄／洪敏麟口述》，（南投：國史館臺灣文獻館，2010 年 6 月）。

蕭孟能，〈文星雜誌選集序言〉，蕭孟能，《文星雜誌選集》（第一冊），（臺北：文星書店，1965 年 5 月），頁 1-6。

二、專書及論文

下山一（林光明）自述，下山操子（林香蘭）譯寫，《流轉家族——泰雅公主媽媽日本警察爸爸和我的故事》，（臺北：遠流，2011 年 12 月）。

王振寰，《誰統治臺灣？轉型中的國家機器與權力結構》，（臺北：巨流，1996 年 9 月）。

王世慶，《清代臺灣社會經濟》，（臺北：聯經，1994 年 8 月）。

王曉波,《被顛倒的臺灣歷史》,(臺北:帕米爾出版社,1986 年 11 月)。

王作榮,《壯志未酬——王作榮》,(臺北:天下,1999 年 3 月)。

中國國民黨黨營事業管理委員會,《黨營經濟事業的回顧與前瞻》,(臺北:中國國民黨黨營事業管理委員會,1994 年 12 月)。

中村孝治,《荷蘭時代臺灣史研究上卷——概說・產業》,(臺北:稻鄉,1997 年 12 月)。

尹仲容,《我對臺灣經濟的看法》(初編),(臺北:行政院經設會,1963 年 11 月)。

石原道博,《倭寇》,(東京:吉川弘文館,1996 年 10 月)。

矢內原忠雄 著,周憲文 譯,《日本帝國主義下之臺灣》,(臺北:海峽學術出版社【重刊】,1999 年 10 月)。

矢內原忠雄,《帝國主義下の臺灣》,(東京:岩波書店,1929 年 10 月)。

矢內原伊作 著,李明峻 譯,《矢內原忠雄傳》,(臺北:行人文化實驗室,2011 年 3 月)。

白先勇、廖彥博,《療傷止痛:白崇禧將軍與二二八》,(臺北:時報文化,2014 年 3 月)。

臺灣研究基金會,《還財於民——國民黨黨產何去何從》,(臺北:商周,2000 年 7 月)。

伊能嘉矩,國史館臺灣文獻館 編譯,《臺灣文化誌上卷》(修訂版),(臺北:臺灣書房,2012 年 1 月)。

伊能嘉矩,《臺灣文化誌》(上卷),(東京(臺北):刀江書院(南天書局翻印),1928(1994)年 9 月)。

江南,《蔣經國傳》,(臺北:前衛,1997 年 1 月)。

寺奧德三郎 著,日本文教基金會 編譯,《臺灣特高警察物語》,(臺北:文英堂,2000 年 4 月)。

邢慕寰,《臺灣經濟策論》,(臺北:三民,1993 年 3 月)。

李湧清,〈論當代民主社會中警察的角色與功能〉,《警學叢刊》(第 30

卷第 6 期），（桃園：中央警大，2000 年 5 月），頁 79-93。

李國鼎，《經驗與信仰》，（臺北：天下，1991 年 6 月）。

李國鼎，《國鼎文集之八——臺灣的經濟計劃及其實施》，（臺北：資訊與電腦雜誌社，1999 年 2 月）。

李國鼎，《國鼎文集之九——臺灣的工業化》，（臺北：資訊與電腦雜誌社，1999 年 2 月）。

朱雲漢，〈寡占經濟與威權政治體制〉，臺灣研究基金會　主編，《解剖臺灣經濟——威權體制下的壟斷與剝削》，（臺北：前衛，1992 年 8 月），頁 139-160。

朱雲漢，〈九〇年代民主轉型期經濟政策制定的效率與公平性〉，朱雲漢、包宗和　編，《民主轉型與經濟衝突——九〇年代臺灣經濟發展的困境與挑戰》，（臺北：桂冠，2000 年 6 月），頁 1-26。

李登輝，《臺灣的主張》，（臺北：遠流，1999 年 5 月）。

李筱峯，《臺灣戰後初期的民意代表》，（臺北：自立晚報社，1986 年 2 月）。

李瑄根　原著，林秋山　譯註，《韓國近代史》，（臺北：中華叢書編審委員會，1967 年 3 月）。

李炫熙，《韓國史大系（第八冊）——日本強佔時期》，（漢城：三珍社，1979 年 8 月）。

李國祁，〈政治近代化的肇始〉，《臺灣近代史（政治篇）》，（南投：臺灣省文獻委員會，1995 年 6 月），頁 125-175。

李寧，〈與柏楊談敏感問題〉，柏楊 65 編委會，《柏楊 65：一個早起的蟲兒》，（臺北：星光，1984 年 3 月），頁 159-199。

李理，《日據臺灣時期警察制度研究》，（臺北：海峽，2007 年 12 月）。

呂實強、許雪姬，〈政治制度與運作〉，李國祁總纂，《臺灣近代史》（政治篇），（南投：臺灣省文獻委員會，1995 年 6 月），頁 1-84。

村上直次郎，郭輝　譯，《巴達維亞城日記》，（臺北：臺灣文獻委員會，

1970 年 6 月）。

近藤正己，林果顯　譯，〈「皇民化」政策的形成〉，薛化元主編，《近代化與殖民：日治臺灣社會史研究文集》，（臺北：臺大出版中心，2012 年 4 月），頁 535-582。

吳若予，《戰後臺灣公營事業之政經分析》，（臺北：業強，1992 年 12 月）。

吳文星，《日治時期臺灣的社會領導階層》，（臺北：五南，2012 年 2 月）。

吳三連 等，《臺灣近代民族運動史》，（臺北：自立晚報社，1982 年 2 月）。

孟維德，〈我國警政模式的變遷與發展——民國元年～一百年〉，中央警察大學行政警察學系暨警察政策研究所，《建國百年治安、警政變革與展望學術研討會論文集》，（桃園：中央警察大學，2011 年 5 月 24 日），頁 21-42。

孟維德，《國際警察合作與跨國犯罪防制》，（桃園：中央警察大學，2000 年 9 月）。

東嘉生，《臺灣經濟史研究》，（東京：東都書籍，1944 年 11 月）。

何顯重，〈悼柏公憶往事〉，參閱：徐柏園先生治喪委員會，《徐柏園先生紀念集》，（臺北：未註明出版處及年月），頁 63-64。

周憲文，《臺灣經濟史》，（臺北：開明，1980 年 5 月）。

周一夔，《美國歷任總統列傳》，（臺北：黎明，1986 年 2 月）。

周婉窈，《臺灣歷史圖說（史前至一九四五年）》，（臺北：聯經，1997 年 10 月）。

周勝政，《經濟警察概論》，（桃園：中央警察大學，1996 年 5 月）。

柳書琴，《荊棘之道：臺灣旅日青年的文學活動與文化抗爭》，（臺北：聯經，2009 年 5 月）。

林滿紅，《晚近史學與兩岸思維》，（臺北：聯經，2002 年 10 月）。

林景淵，《濱田彌兵衛事件及十七世紀東亞海上商貿》，（臺北：南天書局，2011 年 9 月）。

林呈蓉，《水野遵：一個臺灣未來的擘畫者》，（臺北：臺灣書房，2011 年 12 月）。

林鐘雄，《臺灣經濟發展四〇年》，（臺北：自立晚報社，1993 年 3 月）。

卓克華，《清代臺灣行郊研究》，（臺北：揚智，2007 年 2 月）。

郁永河，《裨海紀遊》，（南投：臺灣省文獻委員會，1996 年 12 月）。

郭廷以，《近代中國史綱》，（香港：中文大學，1976 年 9 月）。

郭乾輝，《臺共叛亂史》，（臺北：中國國民黨中央委員會第六組，1954 年 4 月）。

郭承天，〈有錢大家賺？民主化對金融體系的影響〉，收錄：朱雲漢、包宗和　編《民主轉型與經濟衝突——九〇年代臺灣經濟發展的困境與挑戰》，（臺北：桂冠，2000 年 6 月），頁 75-111。

持地六三郎，《臺灣灣植民政策》，（東京：富山房，1912 年 2 月）。

張漢裕與馬若孟（Ramon H. Myers）著，〈日本在臺殖民開發政策（1895-1906）——官僚經營的研究〉，收錄：金耀基等著，《中國現代化的歷程》，（臺北：時報出版公司，1990 年 11 月），頁 299-331。

張其昀，《黨史概要》（補編），（臺北：中央文物供應社，1979 年 3 月）。

若林正丈，《戰後臺灣政治史——中華民國臺灣化的歷程》，（臺北：台大出版中心，2014 年 3 月）。

凃照彥　著，李明峻　漢譯，《日本帝國主義下的臺灣》，（臺北：人間，1993 年 11 月）。

後藤新平、中村哲，《日本植民政策一斑》，（東京：日本評論社，1944 年 2 月）。

徐振國，《中國近現代「國家」轉型和政商關係遞變》，（臺北：韋伯，2008 年 8 月）。

袁文靖，《美國對華政策——繼續協防臺灣》，（臺北：國際現勢週刊，

1978 年 12 月）。

高朗，〈從整合理論探索兩岸整合的條件與困境〉，收錄：包宗和、吳玉山 主編，《爭辯中的兩岸關係理論》，（臺北：五南，2000 年 4 月），頁 41-75。

馬中慧，〈從戰後政經變遷論我國公共安全體系的發展〉，（桃園：中央警大犯罪防治研究所博士論文，2009 年 6 月）。

宮川次郎，《臺灣の農民運動》，（臺北：拓殖通信社支社，1927 年 12 月）。

陳奇祿，《民族與文化》，（臺北：黎明，1983 年 6 月）。

陳其南，《臺灣的傳統中國社會》，（臺北：允晨文化，1997 年 10 月）。

陳紹馨，《臺灣的人口變遷與社會變遷》，（臺北：聯經，1979 年 5 月）。

陳芳明，《謝雪紅評傳》【全新增訂版】，（臺北：麥田，2009 年 3 月）。

陳芳明，《臺灣新文學史（上）》，（臺北：聯經，2011 年 10 月）。

陳師孟等，《解構黨國資本主義――論臺灣官營事業之民營化》，（臺北：澄社，1992 年 7 月）。

陳國棟，〈轉運與出口：荷據時期貿易與產業〉，收錄：《福爾摩沙――十七世紀的臺灣荷蘭與東亞》，（臺北：故宮，2003 年 1 月），頁 53-74。

陳昭瑛，〈論臺灣的本土化運動：一個文化史的考察〉，《臺灣文學與本土化運動》【東亞文明研究叢書 84】，（臺北：臺大出版中心，2009 年 10 月），頁 97-175。

陳翠蓮，《臺灣人的抵抗與認同：1920～1950》，（臺北：遠流，2008 年 8 月）。

陳添壽，《臺灣政經發展策略》，（臺北：黎明，1996 年 3 月）。

陳添壽，〈政經轉型與警察角色的變遷之研究〉，《警學叢刊》（第 33 卷第 2 期），（桃園：中央警大，2002 年 9 月），頁 31-54。

陳添壽，〈臺灣產業發展中的政府角色分析（1945-1995）〉，收錄：陳添壽，《文化創意與產業發展》，（臺北：蘭臺，2007 年 9 月），頁 193-342。

陳添壽，〈近代經濟思潮與臺灣產業發展之探討：政府和警察角色的變遷〉，《第三屆通識教育教學觀摩資料彙集》，（桃園：中央警大，2007 年 12 月），頁 1-37。

陳添壽，〈臺灣殖民化經濟與警察角色演變之探討〉，收錄：陳添壽等，《臺灣經濟發展史》，（臺北：蘭臺出版社，2009 年 2 月），頁 539-583。

陳添壽，〈臺灣傳統治安與產業發展的歷史變遷〉，收錄：陳添壽等，《臺灣經濟發展史》，（臺北：蘭臺，2009 年 2 月），頁 494-537。

陳添壽，《臺灣治安制度史——警察與政治經濟的對話》，（臺北：蘭臺，2010 年 2 月）。

陳添壽，《臺灣治安史研究——警察與政經體制的演變》，（臺北：蘭臺，2012 年 8 月）。

陳添壽，《警察與國家發展：臺灣治安史的結構與變遷》，（臺北：蘭臺，2015 年 11 月）。

陳添壽，《臺灣政治經濟思想史論叢》（卷三），（臺北，元華文創，2018 年 8 月）。

連橫，《臺灣通史》（中），（南投：臺灣省文獻委員會，1976 年 5 月）。

梁敬錞，《中美關係論文集》，（臺北：聯經，1982 年 12 月）。

堀江忠男，李相斗　譯，《經濟體制變遷》，（漢城：三星文化財團，1973 年 3 月）。

章光明，〈從政治改革論我國警察業務功能之演變〉，《中央警察大學學報》，（桃園：中央警大，1999 年 5 月），頁 1-34。

章光明，〈警察與政治〉，《警學叢刊》（第 30 卷第 6 期），（桃園：中央警大，2000 年 5 月），頁 177-202。

柯志明，〈農民、國家與農工部門——臺灣農業發展過程中家庭農場之存續與轉型（1895—）〉，徐正光、蕭新煌　主編，《臺灣的國家與社會》，（臺北：東大，1996 年 1 月），頁 15-38。

柯志明，《番頭家——清代臺灣族群政治與熟番地權》，（臺北：中央研究院社會學研究所，2002 年 1 月）。

柯志明,《糖米相剋——日本殖民主義下臺灣的發展與從屬》,(臺北:勤學,2003 年 3 月)。

許雪姬,《北京的辮子——清代臺灣的官僚體制》,(臺北:自立晚報社,1993 年 3 月)。

許雪姬,《滿大人最後的二十年》,(臺北:自立晚報社,1993 年 3 月)。

許介鱗,《英國史綱》,(臺北:三民,1981 年 2 月)。

許介鱗,〈日據時期統治政策〉,李國祁總纂,《臺灣近代史》(政治篇),(南投:臺灣省文獻委員會,1995 年 6 月),頁 223-290。

許極燉,《臺灣近代發展史》,(臺北:前衛,2000 年 4 月)。

梅可望,《警察學原理》,(桃園:中央警大,2000 年 9 月)。

曹永和,《臺灣早期歷史研究》,(臺北:聯經,1979 年 7 月)。

曹永和,《臺灣早期歷史研究續集》,(臺北:聯經,2000 年 10 月)。

翁佳音,《荷蘭時代臺灣史的連續性問題》,(臺北:稻鄉,2008 年 7 月)。

翁佳音,〈原鄉:世變下的臺灣早期原住民〉,《福爾摩沙——十七世紀的臺灣、荷蘭與東亞》,(臺北:故宮,2003 年 1 月),頁 103-124。

湯錦台,《大航海時代的臺灣》【全新增修版】,(臺北:如果出版社,2011 年 11 月)。

葉榮鐘 等,《臺灣民族運動史》,(臺北:自立晚報社,1982 年 2 月)。

費孝通,〈論紳士〉,《皇權與紳權》,(上海:觀察社,1948 年 12 月)。

劉玉珍,《鐵頭風雲——趙耀東傳奇》,(臺北:聯經,1995 年 9 月)。

楊永年,〈警察行為〉,《警學叢刊》(第 30 卷第 6 期),(桃園:中央警大,2000 年 5 月),頁 203-216。

楊明基,《從無名英雄到有名英雄——戴雨農先生的奮鬥過程》,(臺北:正中,1977 年 1 月)。

趙建民,《威權政治》,(臺北:幼獅,1994 年 12 月)。

趙既昌，《財經生涯五十年》，（臺北：商周文化，1984 年 7 月）。

黎東方，《細說明朝》第一冊，（臺北：文星書店，1965 年 11 月）。

鶴見俊輔　著，邱振瑞　譯，《戰爭時期日本精神史》，（臺北：行人文化實驗室，2008 年 1 月）。

賴澤涵，《臺灣光復初期歷史》，（南港：中央研究院中山人文社會科學研究院，1993 年 12 月）。

薛化元，《臺灣開發史》，（臺北：三民，2008 年 1 月）。

謝國興，《亦儒亦商亦風流：陳逢源（1893～1982）》，（臺北：允晨，2002 年 6 月）。

韓延龍、蘇亦工　等箸，《中國近代警察史》，（北京：社會科學文獻出版社，2000 年 1 月）。

聶華苓，《三輩子》，（臺北：聯經，2011 年 5 月）。

藍奕青，《帝國之守：日治時期臺灣的郡制與地方統治》，（臺北：國史館，2012 年 7 月）。

鄭善印，〈警察與法律〉，《警學叢刊》（第 30 卷第 6 期），（桃園：中央警察大學，2000 年 5 月），頁 141-176。

鄭梓，《臺灣議會政治四〇年》，（臺北：自立晚報社，1987 年 10 月）。

鄭維中，《荷蘭時代的臺灣社會：自然法的難題與文明進化的歷程》，（臺北：前衛，2004 年 7 月）。

鄭廣南，《中國海盜史》，（上海：華東理工大學，1998 年 12 月）。

戴炎輝，《清代臺灣之鄉治》，（臺北：聯經，1979 年 5 月）。

戴寶村，《近代臺灣海運發展——戎克船到長榮巨舶》，（臺北：玉山，2000 年 12 月）。

戴天昭，《臺灣國際政治史》，（臺北：人間，1997 年 1 月）。

鹽見俊二，〈警察與經濟〉，周憲文，《臺灣經濟史》，（臺北：開明，1980 年 5 月），頁 947-983。

蕭全政，《臺灣地區新重商主義》，（臺北：國家政策研究資料中心，1989

年 4 月）。

蕭新煌、徐正光　主編，《臺灣的國家與社會》，（臺北：東大，1996 年 1 月）。

# 貳、西文部分

## 一、一般史料及譯書

Andrade, Tonio　鄭維中　譯，《福爾摩沙如何變成臺灣府》，（臺北：遠流，2007 年 2 月）。

Andrade, Tonio　鄭維中　譯，《決戰熱蘭遮：歐洲與中國的第一場戰爭》，（臺北：時報文化，2012 年 12 月）。

Bensel, Richard Franklin　吳亮　等譯，《美國工業化政治經濟學（1877 ～1990）》，（吉林：長春出版社，2008 年 1 月）。

Blake, Robert　張青　譯，《怡和洋行》，（臺北：時報文化，2001 年 8 月）。

Borao, Jose Eugenio　那瓜　譯，《西班牙人的臺灣經驗（1626～1642）—— 一項文藝復興時代的志業及其巴洛克的結局》，（臺北：南天，2008 年 12 月）。

Brook, Timothy　方駿　等譯，《縱樂的困惑：明朝的商業與文化》，（臺北：聯經，2004 年 2 月）。

Braudel, Fernand　施康強　等譯，《15 至 18 世紀的物質文明、經濟和資本主義》（卷一～三），（臺北：貓頭鷹，2000 年 3 月）。

Davidson, James W.　陳政三　譯註，《福爾摩沙島的過去與現在》【上、下冊】，（臺北：國立臺灣歷史博物館，2014 年 9 月）。

Gendre, C. W. Le　黃怡　譯，《南臺灣踏查手記》，（臺北：前衛，2012 年 11 月）。

Giddens, Anthony　胡宗澤　等譯，《民族-國家與暴力》，（臺北：左岸，2002 年 3 月）。

Hobbes, Thomas 朱敏章　譯,《利維坦》,（臺北：商務,2002 年 9 月）。

Hobsbawn, Eric. 鄭明萱　譯,《極端的年代 1914-1991）》（上冊）,（臺北：麥田,1996 年 11 月）。

Hobsbawn, Eric 鄭明萱　譯,《極端的年代（1914-1991）》（下冊）,（臺北：麥田,1997 年 2 月）。

Kerr, George H. 詹麗茹　等譯,《被出賣的臺灣》,（臺北：臺灣教授協會,2014 年 2 月）。

North, Douglass C. 劉瑞華　譯,《經濟史的結構與變遷》,（臺北：時報文化,1999 年 10 月）。

Smith, Adam. 謝宗林、李華夏　譯,《國富論》,（臺北：先覺,2000 年 8 月）。

Smith, Adam. 謝宗林　譯,《國富論 II》,（臺北：先覺,2005 年 10 月）。

Taylor, Jay. 林添貴　譯,《蔣介石與現代中國的奮鬥（下卷）》,（臺北：時報文化,2010 年 3 月）。

Taylor, Jay. 林添貴　譯,《蔣經國傳》,（臺北：時報文化,2000 年 10 月）。

Tocquerville, Alexis de 秦修明　等譯,《民主在美國》,（臺北,貓頭鷹,2000 年 4 月）。

Weber, Max. 于曉　等譯,《新教倫理與資本主義精神》,（臺北：左岸,2001 年 6 月）。

Wecter, Dixon 秦傳安　編譯,《經濟大蕭條時代》,（臺北：德威,2009 年 1 月）。

Zandvliet, Kees 鄭維中　譯,〈經緯：地圖與荷鄭時代的臺灣〉,收錄《福爾摩沙——十七世紀的臺灣、荷蘭與東亞》,（臺北：故宮,2003 年 1 月）,頁 33-52。

江樹生　譯註,《熱蘭遮城日誌》（共四冊）,（臺南市：臺南市政府,2000 年 8 月、2002 年 7 月、2003 年 12 月、2011 年 5 月）。

程紹剛　譯註，《荷蘭人在福爾摩沙》（ De VOC en Formosa,1624-1662），（臺北：聯經，2000 年 10 月）。

## 二、專書

Alt, James E. and K. Alec Chrystal, *Political Economics* (California: California University Press, 1983).

Arrighi, Giovanni, *The Long Twentieth Century: Money, Power, and the Origins of Our Times* (N. Y.: Oxford University Press, 1999).

Blusse, L., "Minnan-jen or Cosmopolitan? The rise of Cheng Chih-lung alias Nicolas Iquan", in E. B. Vermeer, ed., *Development and decline of Fukien province in the 17th and 18th centuries* (Leiden, 1990).

Braudel, Fernand, *The Perspective of the World-Civilization and Capitalism, 15th-18th Century. Vol.3* (N.Y.: Harper and Raw, 1979).

Cambell, W., *Formosa under the Dutch* (Taipei：SMC Publishing Inc., 1992), pp.174-186.

Croce, Giovanni, *The New Cambridge Modern History*, *Vol.I* (Cambridge: Cambridge University Press, 1961).

Evans, Peter Dietrich Rueschemeyer and Theda Skocpol, *Bringing the State Back in* (Cambridge: Cambridge University Press, 1985).

Evans, Peter, *Embedded Autonomy: States and Industrial Transformation* (Princeton: Princeton University Press, 1995).

Fairbank, J. K. & Merle Goldman, *China:A New History* (N.Y. : Harvard University Press, 1991).

Galbraith, J. K., *The Age of Uncertainty* (N. Y.: Houghton Mifflin, 1977).

Giddens, Anthony, *The Nation-State and Violence*(Cambridge: Polity Press,1985).

Giddens, Anthony, *Mordern Social Theory* (Cambridge: Polity Press,1988).

Giddens, Anthony, *The Third Way : The Renewal of Social Democracy* (Cambridge: Polity Press, 1998).

Gilpin, Robert, *The Political Economy of International Relations* (N.J. : Princeton University Press, 1987).

Goddard, W. G., *Formosa: A study in Chinese History* (London: MacMillan, 1966).

Hobsbawn, Eric, *The Age of Revolution 1789-1848* (N. Y. : New American Library, 1962).

Huang, Ray (黃仁宇).,*China: A Macro History* (Armonk: M. E. Sharpe, 1990).

Huntington, Samuel P., *The Third Wave—Democratization in the Last Twentieth Century* (Norman: University of Oklahoma Press, 1991).

Jessop, Bob, *The Capitalist State* (Oxford: Martin Robertson, 1982).

Jessop, Bob, *State Theory: Putting Capitalist State in Their Place* (Cambridge: Polity, 1990).

Keene, Edward, *Beyond the Anarchical Society*: *Grotius, Colonialism and Order in World Politics* (Cambridge: Cambridge University Press, 2002).

Kelling, G. L. and M. H. Moore, *The Evolving Strategy of Policing* (Washington D. C. : National Institute of Justice, 1988).

Kennedy, Paul., *The Rise and Fall of the Great Power: Economic Change and Military Conflict From 1500 to 2000* (N.Y.: Random House, 1987).

Keohane, Robert O., *After Hegemony: Cooperation and Discord in the World Political Economy* (Princeton: Princeton University Press, 1984).

Kindleberger, Charles P., *Power and Money: The Economics of International Politics and the Politics of International Economics* (New York: Basic Books, 1970).

Kuhn, Thomas S., *The Structure of Scientific Revolutions* (Chicago: Chicago University Press, 1962).

Landes, David S., *The Wealth and Poverty of Nations* (N.Y. : W.W.Norton,1999).

Mankiw, N. Gregory, *The Principles of Economics* (Ohio: South-Western, 2004).

Moulder, Frances V., *Japan, China and the Modern World Economy* (Cambridge: Cambridge University Press, 1977).

North, D. C., *Institutions, Institutional Change and Economic Performance* (Cambridge: Cambridge University Press, 1990).

Porter, Michael E., *Competitive Advantage: Creating and Sustaining Superior Performance* (New York: The Free Press, 1985).

Skocpol, Theda, *States & Social Revolutions* (Cambridge : Cambridge University Press,1979).

Viner, Jacob, *The Long View and The Short: Studies in Economic Theory and Policy* (New York: Free Press, 1958).

Wallerstein, Immunal, *The Modern World-System, Vol.1: Capitalist Agriculture and the Origins of the European World-Economy in the Sixteenth Century* (New York: Academic Press, 1974).

Wallerstein, Immunal, *The Modern World-System, Vol.2: Mercantilism and Consolidation of the European World-Economy,1600-1750s* (New York: Academic Press, 1980).

Wallerstein, Immunal, *The Modern World-System, Vol.3: The Second Era of Great Expansion of the Capitalist World-Economy, 1730-1840s* (New York: Academic Press, 1989).

國家圖書館出版品預行編目(CIP) 資料

臺灣政治經濟思想史論叢. 卷五, 臺灣治安史略
= Proceedings : the history of Taiwan political
and economic thought. V / 陳添壽著. -- 初版. --
臺北市：元華文創, 2020.07
　面；　公分

　ISBN 978-957-711-176-0 (平裝)

1.臺灣經濟 2.政治經濟 3.經濟史

552.339                                    109008529

# 臺灣政治經濟思想史論叢(卷五)：臺灣治安史略

Proceedings: The History of Taiwan Political and Economic Thought V

陳添壽　著

發 行 人：賴洋助
出 版 者：元華文創股份有限公司
公司地址：新竹縣竹北市台元一街 8 號 5 樓之 7
聯絡地址：100 臺北市中正區重慶南路二段 51 號 5 樓
電　　話：(02) 2351-1607　　傳　　真：(02) 2351-1549
網　　址：www.eculture.com.tw
E - m a i l：service@eculture.com.tw
出版年月：2020 年 07 月 初版
定　　價：新臺幣 550 元

ISBN：978-957-711-176-0 (平裝)

總經銷：聯合發行股份有限公司
地　址：231 新北市新店區寶橋路 235 巷 6 弄 6 號 4F
電　話：(02)2917-8022　　　　傳　真：(02)2915-6275